# 古史人镜辑录

一

王丑乙

中国社会科学出版社

## 图书在版编目（CIP）数据

古史人镜辑录：全三卷／王忍之编．—北京：中国社会科学出版社，2019.11

ISBN 978-7-5203-5128-7

Ⅰ.①古… Ⅱ.①王… Ⅲ.①中国历史—史籍—古代—通俗读物 Ⅳ.①K204-49

中国版本图书馆 CIP 数据核字（2019）第 214425 号

| | |
|---|---|
| 出 版 人 | 赵剑英 |
| 责任编辑 | 孙　萍 |
| 特约编辑 | 李凯凯 |
| 责任校对 | 赵　威 |
| 责任印制 | 王　超 |

| | |
|---|---|
| 出　　版 | 中国社会科学出版社 |
| 社　　址 | 北京鼓楼西大街甲 158 号 |
| 邮　　编 | 100720 |
| 网　　址 | http://www.csspw.cn |
| 发 行 部 | 010-84083685 |
| 门 市 部 | 010-84029450 |
| 经　　销 | 新华书店及其他书店 |

| | |
|---|---|
| 印刷装订 | 北京君升印刷有限公司 |
| 版　　次 | 2019 年 11 月第 1 版 |
| 印　　次 | 2019 年 11 月第 1 次印刷 |

| | |
|---|---|
| 开　　本 | 710×1000　1/16 |
| 印　　张 | 133.25 |
| 字　　数 | 1382 千字 |
| 定　　价 | 396.00 元（全三卷） |

凡购买中国社会科学出版社图书，如有质量问题请与本社营销中心联系调换
电话：010-84083683
版权所有　侵权必究

王忍之同志（摄于二〇一六年）

**王忍之** 1933年9月生，江苏省无锡市人。曾在中共中央政治研究室、马列主义研究院和国家计划委员会从事历史、逻辑、国际共产主义运动、经济理论和政策问题的研究。1978年，任国家计划委员会政策研究室主任、研究员。1982年4月，任《红旗》杂志社副总编辑。1987年2月至1992年年底，任中共中央宣传部部长。1993年至2000年夏，任中国社会科学院党委书记、副院长。出版有：《王忍之文集》《在中国社会科学院》《王忍之诗书选集》《耄耋书作集》《毛泽东晚年属意的宋词（书作集）》。

王忍之同志（摄于二〇一八年）

王忍之同志手迹

释文

一抔清水吾已足,不事浓妆不媚俗。
洁白缥青幽馥送,亭亭玉立伴君读。

癸酉岁末,手植水仙数盆,观赏之馀,成此小诗,以抒情怀。
甲午端阳,王忍之再书

王忍之同志手迹

释文

闭门即是深山,读书随处净土。

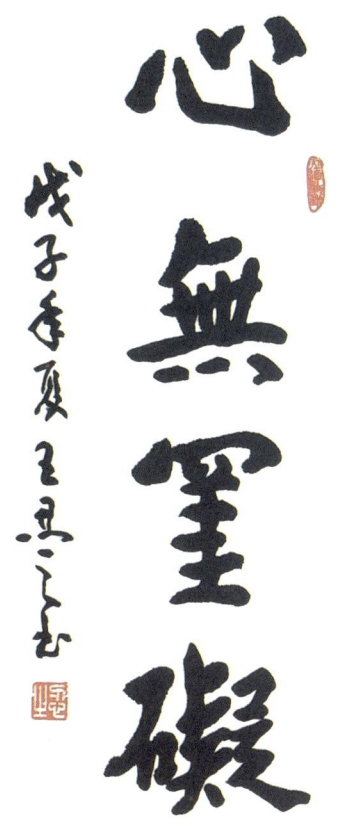

王忍之同志手迹

释文

心无挂碍

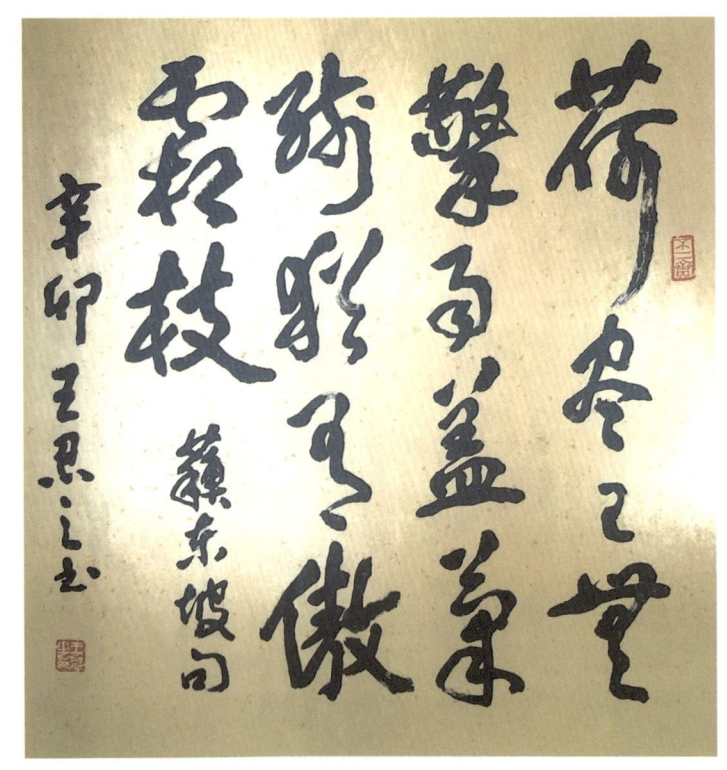

王忍之同志手迹

释文

　　　　荷尽菊残·苏轼
　　荷尽已无擎雨盖,菊残犹有傲霜枝。

王忍之同志手迹

释文

    从心者语

我本书生事笔耕，神差鬼使履悬崖。
风波几度心弥静，冷暖尽尝识有加。
功过是非均不论，荣辱进退俱由他。
热肠冷眼看世界，翰墨诗书伴晚霞。

王忍之同志手迹

释文

　　旅夜述怀·杜甫

细草微风岸，危樯独夜舟。
星垂平野阔，月涌大江流。
名岂文章著，官应老病休。
飘飘何所似，天地一沙鸥。

# 自　序

余年八十有馀，精神气力俱衰，能为之事无多矣。为颐养性情，安顿馀生，乃读史书。一如前贤所云："人间日日翻新历，老去孜孜读古书。"

惟所读书之内容，不旬日辄忘却十之八九。遂不计进度，边阅读、边选编、边录入电脑，以弥补记忆功能之衰退。所记者，皆可敬可惜、可亲可恨、可喜可悲、可恶可笑之人和事，言和行，可供师法，可资参考，可为教训。

夫古人皆已远去，却与当今之人并非毫不相干，而仍有相通之处。当今之人虽绝非古人之翻版，但古人之或一些基因、或一些肢节，会或隐或显体现于今人之身。此所以今人当需当能以古人为鉴。所谓以人为镜，可以明得失也。

昔司马光之撰《通鉴》，所图者"资治"，即治国平天下。今余编《人镜》，所求者辨善恶是非，以修己身、察世人。因目标志趣有异，故选择之史实有宽窄

## 自 序

之分，叙述之详略与关注之角度亦有不同。此二者区别之大端也。

夫人之心，并非单纯之善或恶，乃善与恶矛盾之统一体，可以为善，亦可以为恶。善与恶，及其相关者是与非、福与祸，并非绝对不变、截然相反，而系相反相成、相克相生。一时一事为善并不难，一生一世不为恶则甚难。大凡追逐据有财富权势却又毫无制约监督，人之恶便易于泛滥；而身处艰难困厄却能刻苦自励，人之善常可发扬光大。善恶是非之判，兹事体大，不可不慎者也。而扬心中之善，抑心中之恶，乃成为学养之大要。

何者为善，何者为恶，修身察人欲达之境界为何，因社会发展、历史文化、阶级集团、民族宗教诸因素之影响制约，并无普世一致之认知与见解，而有种种解答。《人镜》所载史实，仅为正确之抉择提供若干思考之素材。阅读此笔记，而能鉴别取舍、消化融通，或有助于涵养品德、启发智慧，有益于练达人情、洞明世事。知人者明，知己者哲，未能尽至，心向往之。

《人镜》始自西周兴于岐，止于清鸦片战争，上下凡三千年，录条目约三千则。所载诸篇什，辑录自二十六史、《资治通鉴》、《续资治通鉴》、《明通鉴》、《清通鉴》、《春秋左传》、《战国策》、《世说新语》等名著。除绵延不断被称之为正史者外，其他文献，如稗史、笔记、纪实、小说等，许多亦是我国优秀文化传统之载体。限于时间，未能博涉，以致众多有意义有趣味之言行，未能录入，是所至憾。

所用文言力求简洁、易懂、生动。为此，辑录时于文字有些许删节改动，然均遵循毋以辞害意之原则。所述虽皆有所本，未尚杜撰，惟仅为其人之某些片断，不得以全豹视之。且于史实未作考异，于义理未作辩证，非不欲为，力不能及也。至于其中含义启示，定是仁者见仁、智者见智，毋需预先设定、以谋求一致者也。诗无达诂，事亦差近，作如是观，庶几可矣。

余辑录此《人镜》，历时三年，始于二〇一六年七月一日，完成于二〇一九年六月末，时年已八十有六矣。年老昏昏，顾此失彼，错误粗疏，定必皆有。有识之士，更而正之，是所至盼，预表感谢。

是为序。

王忍之
于不二斋
二〇一九年七月一日

# 总　目　录

### 第一卷　西周至三国

西周（约公元前1100年至前770年） ……………（1）
春秋（公元前769年至前404年） ………………（8）
战国（公元前403年至前256年） ………………（63）
秦（公元前255年至前207年） …………………（133）
西汉（公元前206年至公元24年） ………………（149）
东汉（公元25年至219年） ………………………（310）
三国（公元220年至264年） ……………………（487）

### 第二卷　晋至五代

晋（公元265年至419年） …………………………（545）
南北朝（公元420年至588年） …………………（693）
隋（公元581年至617年） …………………………（859）
唐（上）（公元618年至756年） …………………（894）
唐（下）（公元756年至906年） …………………（1052）

五代（公元907年至959年） …………………………（1172）

## 第三卷 宋至清

宋（上）（公元960年至1126年） ……………………（1235）
宋（下）（公元1127年至1279年） ……………………（1421）
元（公元1280年至1367年） ……………………………（1517）
明（公元1368年至1644年） ……………………………（1656）
清（公元1644年至1839年） ……………………………（1828）

# 目　录

（第一卷·西周至三国）

## 西　周

约公元前1100年至前770年

一　泰伯让国文王兴岐山 ………………………………（1）
二　武王使人探殷之乱 …………………………………（2）
三　殷纣淫虐武王东伐 …………………………………（2）
四　伯夷叔齐不食周粟 …………………………………（3）
五　周公摄政诫子无骄 …………………………………（3）
六　作《甘棠》之诗怀召公 ……………………………（4）
七　姜尚至齐就国 ………………………………………（4）
八　成王桐叶封弟 ………………………………………（5）
九　箕子作《麦秀》之歌 ………………………………（5）
一〇　厉王防民之口 ……………………………………（6）
一一　幽王举烽火求笑 …………………………………（6）

古史人镜辑录 · 第一卷 · 西周至三国

# 春 秋
## 公元前769年至前404年

一　郑伯克段于鄢 ············································ (8)
二　颍考叔纯孝 ·············································· (9)
三　石碏谏宠州吁 ············································ (9)
四　子都射颍考叔 ············································ (10)
五　息犯五不韪而败 ·········································· (10)
六　华督杀孔父嘉 ············································ (10)
七　郑太子忽辞婚 ············································ (11)
八　虞叔献玉 ················································ (11)
九　齐小白立为桓公 ·········································· (12)
一〇　齐桓公重用管仲 ········································ (12)
一一　知管仲者鲍叔 ·········································· (13)
一二　管仲治齐论卑而易行 ···································· (13)
一三　齐桓公不失信不失礼 ···································· (14)
一四　鲍叔诫桓公管仲 ········································ (14)
一五　管仲称非人情者不可用 ·································· (15)
一六　曹刿论战 ·············································· (15)
一七　庆父不死鲁难未已 ······································ (16)
一八　公仪休不受鱼 ·········································· (16)
一九　卫懿公好鹤亡 ·········································· (17)
二〇　晋献公假道灭虢 ········································ (17)
二一　骊姬潛杀太子申生 ······································ (18)
二二　重耳流亡简史 ·········································· (19)

· 2 ·

## 目录

| 二三 | 介子推不言禄 | (20) |
| --- | --- | --- |
| 二四 | 晋文公行赏之等差 | (21) |
| 二五 | 李离不推罪下吏 | (21) |
| 二六 | 郭偃说治国之难易 | (22) |
| 二七 | 秦缪公以五羊皮赎百里傒 | (22) |
| 二八 | 秦缪公与粟济晋 | (23) |
| 二九 | 秦缪公赦盗马者 | (23) |
| 三〇 | 秦缪公悔不听二老之言 | (23) |
| 三一 | 贾人弦高献牛救郑 | (25) |
| 三二 | 桓公尸虫出户 | (25) |
| 三三 | 宋襄公欲合诸侯 | (25) |
| 三四 | 宋襄公不击未济 | (25) |
| 三五 | 臧文仲当事不避难 | (26) |
| 三六 | 鲁僖公轻小国 | (27) |
| 三七 | 展喜犒师 | (27) |
| 三八 | 秦缪公计收由余 | (28) |
| 三九 | 楚庄王三年不鸣一鸣惊人 | (28) |
| 四〇 | 楚庄王问鼎 | (29) |
| 四一 | 楚庄王伐陈不贪其地 | (29) |
| 四二 | 楚庄王以信解宋围 | (30) |
| 四三 | 优孟讽谏楚王葬马 | (30) |
| 四四 | 优孟言楚相不足为 | (31) |
| 四五 | 齐懿公之死 | (32) |
| 四六 | 钽麑宁死不杀忠臣 | (32) |
| 四七 | 桑下饿人救赵盾 | (32) |
| 四八 | 良史董狐书法不隐 | (33) |

· 3 ·

| 四九 | 晋景公不听郤克伐齐之请 | (33) |
| --- | --- | --- |
| 五〇 | 孔子云唯名与器不可假人 | (34) |
| 五一 | 解张负伤率师败齐 | (34) |
| 五二 | 南冠而絷者君子也 | (35) |
| 五三 | 良医缓曰病入膏肓不可治 | (35) |
| 五四 | 祁傒举荐不隐仇与子 | (36) |
| 五五 | 晏平仲相齐 | (36) |
| 五六 | 晏婴不为庄公殉死 | (37) |
| 五七 | 崔杼杀齐太史 | (37) |
| 五八 | 晏婴谏景公 | (38) |
| 五九 | 司马穰苴之用兵 | (38) |
| 六〇 | 田乞行阴德得众心 | (40) |
| 六一 | 齐桓侯不治病 | (40) |
| 六二 | 子产预言不谬 | (41) |
| 六三 | 子产问政然明 | (41) |
| 六四 | 子产治郑 | (41) |
| 六五 | 子产不禁议执政之善否 | (42) |
| 六六 | 季札挂剑徐君墓 | (42) |
| 六七 | 程婴公孙杵臼救孤 | (43) |
| 六八 | 和曰近女室不节不可治 | (44) |
| 六九 | 赵简子忧不闻鄂鄂 | (45) |
| 七〇 | 楚灵王之死 | (45) |
| 七一 | 伍尚死节伍胥奔吴 | (46) |
| 七二 | 伍胥过昭关 | (47) |
| 七三 | 公子光见伍子胥 | (47) |
| 七四 | 专诸刺王僚 | (48) |

· 4 ·

| 七五 | 孙武小试勒兵 | (49) |
| --- | --- | --- |
| 七六 | 伍子胥鞭平王尸 | (49) |
| 七七 | 申包胥哭秦廷 | (50) |
| 七八 | 吴王夫差不听伍胥谏 | (50) |
| 七九 | 越王句践饮食尝胆 | (51) |
| 八〇 | 夫差赐伍胥自刎 | (52) |
| 八一 | 夫差不同于阖庐 | (52) |
| 八二 | 越灭吴夫差自杀 | (53) |
| 八三 | 范蠡走文种死 | (53) |
| 八四 | 范蠡治产成巨富 | (54) |
| 八五 | 老子著《道德经》 | (54) |
| 八六 | 孔子生平 | (55) |
| 八七 | 孔子与老子师襄子等对 | (57) |
| 八八 | 孔子叹目与心不足恃 | (58) |
| 八九 | 孔子评颜回 | (59) |
| 九〇 | 孔子评子路 | (59) |
| 九一 | 夫子之道大不容何病 | (60) |
| 九二 | 伯牙与钟子期 | (61) |
| 九三 | 宓子贱与巫马期 | (61) |

# 战 国
公元前403年至前256年

| 一 | 智果评智伯之才与德 | (63) |
| --- | --- | --- |
| 二 | 魏文侯贤人是礼 | (63) |
| 三 | 魏文侯待士与官 | (64) |

古史人镜辑录·第一卷·西周至三国

四　魏文侯不失期 …………………………………（64）
五　魏文侯以田子方为师 …………………………（65）
六　田子方论贫贱者骄人 …………………………（65）
七　李克论识人之法 ………………………………（65）
八　西门豹为邺令 …………………………………（66）
九　西门豹止为河伯娶妇 …………………………（66）
一〇　魏文侯信用乐羊 ……………………………（68）
一一　吴起功成招怨致死 …………………………（68）
一二　吴起先见而泣 ………………………………（69）
一三　李克论吴国之亡 ……………………………（69）
一四　子思论君自以为是之祸 ……………………（70）
一五　孟子见梁惠王 ………………………………（70）
一六　孟子曰天下定于一 …………………………（71）
一七　孟子曰圣人过则改之 ………………………（71）
一八　孟子不合时退而著书 ………………………（72）
一九　淳于髡见梁惠王 ……………………………（72）
二〇　庄子论材与不材 ……………………………（73）
二一　列子辞子阳之粟 ……………………………（73）
二二　子顺耻尸利素餐 ……………………………（74）
二三　公叔痤不以功自居 …………………………（74）
二四　季子曰服牛骖骥牛马俱死 …………………（75）
二五　梁惠王觞诸侯于范台 ………………………（75）
二六　魏惠王葬期之更改 …………………………（76）
二七　惠施诫田需 …………………………………（77）
二八　淳于髡说齐毋伐魏 …………………………（77）
二九　侯生教信陵君窃符救赵 ……………………（78）

· 6 ·

| | | |
|---|---|---|
| 三〇 | 唐雎教信陵君 | (79) |
| 三一 | 龙阳君涕泣语魏王 | (80) |
| 三二 | 齐威王明察吏治 | (80) |
| 三三 | 邹忌讽齐王纳谏 | (81) |
| 三四 | 齐威王以贤臣为宝 | (81) |
| 三五 | 孙膑智取庞涓 | (82) |
| 三六 | 淳于髡笑付少欲多 | (82) |
| 三七 | 淳于髡言酒极则乱 | (83) |
| 三八 | 田婴辍城薛 | (83) |
| 三九 | 靖郭君善待齐貌辨 | (84) |
| 四〇 | 齐王夫人死 | (85) |
| 四一 | 孟尝君转祸为功 | (85) |
| 四二 | 孟尝君求谏 | (86) |
| 四三 | 冯谖为孟尝君市义 | (87) |
| 四四 | 冯谖为孟尝君营三窟 | (88) |
| 四五 | 颜斶见齐宣王 | (89) |
| 四六 | 王斗见齐宣王 | (90) |
| 四七 | 阿谀齐宣王能为九石弓 | (91) |
| 四八 | 齐稷下多学士 | (91) |
| 四九 | 赵威后问齐使者 | (91) |
| 五〇 | 齐人讽田骈 | (92) |
| 五一 | 乐毅取齐被谗 | (92) |
| 五二 | 王蠋宁死不为燕将 | (93) |
| 五三 | 田单收复齐城 | (94) |
| 五四 | 鲁仲连析攻狄不下 | (94) |
| 五五 | 齐襄王嘉田单之善为己善 | (95) |

古史人镜辑录·第一卷·西周至三国

| 五六 | 太史女为王后 | (96) |
| --- | --- | --- |
| 五七 | 聂政姊弟情 | (96) |
| 五八 | 申不害察王之颜色而言 | (97) |
| 五九 | 张丑说境吏 | (97) |
| 六〇 | 燕昭王招贤 | (98) |
| 六一 | 宋王欲群臣畏 | (98) |
| 六二 | 墨子止楚攻宋 | (98) |
| 六三 | 宋康王称万岁 | (99) |
| 六四 | 白圭善治生产 | (99) |
| 六五 | 温人之周自谓非客 | (100) |
| 六六 | 杜赫说周君施景翠 | (100) |
| 六七 | 苏秦主合纵相六国 | (101) |
| 六八 | 苏秦助张仪入秦为相 | (102) |
| 六九 | 昭奚恤狐假虎威 | (103) |
| 七〇 | 郑袖以计除新人 | (103) |
| 七一 | 陈轸说昭阳毋画蛇添足 | (104) |
| 七二 | 献不死之药于楚王 | (105) |
| 七三 | 石渚为人忠且孝 | (105) |
| 七四 | 张仪破楚齐纵约 | (106) |
| 七五 | 楚怀王再被张仪骗 | (107) |
| 七六 | 屈原作《离骚》 | (107) |
| 七七 | 屈原自沉汨罗 | (108) |
| 七八 | 魏加教春申君 | (109) |
| 七九 | 春申君冒死救主出秦 | (110) |
| 八〇 | 春申君之死 | (110) |
| 八一 | 荀子著书数万言 | (111) |

目　录

八二　豫让欲愧有二心者 …………………………（111）
八三　赵武灵王胡服骑射 …………………………（112）
八四　李疵称可伐中山 ……………………………（112）
八五　赵奢导平原君奉公守法 ……………………（112）
八六　公孙龙论臧三耳 ……………………………（113）
八七　平原君不受封 ………………………………（113）
八八　毛遂自荐于平原君 …………………………（114）
八九　鲁仲连不受封爵金帛 ………………………（115）
九〇　蔺相如完璧归赵 ……………………………（115）
九一　廉颇负荆请罪 ………………………………（116）
九二　赵使毁廉颇老不能用 ………………………（116）
九三　触龙说赵太后 ………………………………（117）
九四　赵奢答田单问 ………………………………（117）
九五　郑同说赵王不能无兵 ………………………（118）
九六　苏代说赵王毋鹬蚌相争 ……………………（119）
九七　李牧击败匈奴 ………………………………（119）
九八　建信君诿事诿过于人 ………………………（120）
九九　秦孝公发愤强秦 ……………………………（121）
一〇〇　商鞅以树信严刑变法 ……………………（121）
一〇一　扁鹊见秦武王 ……………………………（122）
一〇二　甘茂攻克宜阳 ……………………………（122）
一〇三　秦武王有力好戏 …………………………（123）
一〇四　狗盗鸡鸣者亦有用 ………………………（123）
一〇五　秦宣太后欲魏丑夫殉 ……………………（124）
一〇六　范雎入秦为相 ……………………………（124）
一〇七　范雎之报仇与报德 ………………………（125）

· 9 ·

| 一〇八 | 范雎以赂破合纵 | （126） |
| --- | --- | --- |
| 一〇九 | 魏牟临别赠言应侯 | （127） |
| 一一〇 | 蔡泽说范雎让相印 | （127） |
| 一一一 | 三国攻秦得三城 | （128） |
| 一一二 | 顿弱献策秦王 | （129） |
| 一一三 | 秦昭王与中期争不胜不罪 | （130） |
| 一一四 | 苏厉称一发不中前功尽弃 | （130） |
| 一一五 | 白起大败赵括 | （130） |
| 一一六 | 白起死非其罪 | （131） |

# 秦

公元前 255 年至前 207 年

| 一 | 李斯谏逐客 | （133） |
| --- | --- | --- |
| 二 | 韩非著《说难》 | （133） |
| 三 | 唐雎谈布衣之怒 | （134） |
| 四 | 荆轲刺秦王 | （135） |
| 五 | 王翦多置田宅以释疑 | （135） |
| 六 | 吕不韦居奇货为秦相 | （136） |
| 七 | 甘罗十二为上卿 | （138） |
| 八 | 吕不韦使客著《吕氏春秋》 | （139） |
| 九 | 秦王嬴政称始皇帝 | （139） |
| 一〇 | 优旃以笑言谏 | （140） |
| 一一 | 乌氏倮寡妇清以富而贵 | （140） |
| 一二 | 张良狙击秦始皇 | （141） |
| 一三 | 高渐离刺始皇帝 | （142） |

一四　胡亥赵高君臣对 …………………………（142）

一五　陈胜吴广起义 ……………………………（143）

一六　项羽不学书剑 ……………………………（145）

一七　李斯称贤主当独断于上 …………………（145）

一八　李斯恐盛极而衰 …………………………（145）

一九　李斯之死 …………………………………（146）

二〇　叔孙通以谀脱虎口 ………………………（146）

二一　项羽大破秦军于巨鹿 ……………………（147）

二二　胡亥之死 …………………………………（147）

# 西　汉

公元前 206 年至公元 24 年

一　刘邦起于沛 ……………………………………（149）

二　郦生见沛公 ……………………………………（150）

三　刘邦入关安民 …………………………………（150）

四　项羽设宴鸿门 …………………………………（151）

五　项羽为西楚霸王 ………………………………（152）

六　韩信登坛拜将 …………………………………（153）

七　韩信评刘项 ……………………………………（153）

八　刘邦信用陈平行反间 …………………………（154）

九　张良止汉王立六国之后 ………………………（155）

一〇　蒯彻说韩信击齐 …………………………（155）

一一　韩信请为假齐王 …………………………（156）

一二　项羽逞匹夫之勇 …………………………（156）

一三　项羽乌江自刎 ……………………………（157）

古史人镜辑录・第一卷・西周至三国

一四　汉王能用三杰故胜 …………………………（158）
一五　娄敬建言定都长安 …………………………（158）
一六　刘邦伪游云梦 ………………………………（159）
一七　高祖论萧何之功 ……………………………（160）
一八　张良促定功行封 ……………………………（161）
一九　田横五百壮士从容就义 ……………………（162）
二〇　任氏以屯米富 ………………………………（163）
二一　刘邦区别待楚将 ……………………………（163）
二二　朱家趋人之急甚己之私 ……………………（164）
二三　张良愿从赤松子游 …………………………（164）
二四　叔孙通制朝仪 ………………………………（164）
二五　叔孙通知世务 ………………………………（165）
二六　叔孙通始主以鲜果献宗庙 …………………（165）
二七　萧何营造未央宫 ……………………………（166）
二八　吕后萧何诛韩信 ……………………………（166）
二九　蒯通荐东郭先生 ……………………………（167）
三〇　陆贾著《新语》………………………………（168）
三一　冒顿射杀其父 ………………………………（168）
三二　冒顿不爱宝马女子爱疆土 …………………（169）
三三　冒顿围高祖于白登 …………………………（170）
三四　栾布哭祠彭越 ………………………………（170）
三五　萧何自污以止疑 ……………………………（171）
三六　高祖责罚萧何 ………………………………（171）
三七　高祖还故乡 …………………………………（172）
三八　张良招商山四老辅太子 ……………………（173）
三九　高祖安排后事 ………………………………（174）

・12・

| 四〇 | 樊哙见临终之高祖 | （174） |
| 四一 | 周昌坚忍质直敢言 | （175） |
| 四二 | 戚夫人之歌 | （176） |
| 四三 | 惠帝不忍睹吕后之恶毒 | （176） |
| 四四 | 赵王友之悲鸣与幽死 | （177） |
| 四五 | 萧何不治垣屋 | （177） |
| 四六 | 曹参以黄老术安集百姓 | （178） |
| 四七 | 萧规曹随 | （178） |
| 四八 | 吕太后用诸吕 | （179） |
| 四九 | 季布驳樊哙 | （179） |
| 五〇 | 朱虚侯以军法行酒 | （180） |
| 五一 | 朱建阴救辟阳侯 | （181） |
| 五二 | 陈平周勃不面折廷争 | （182） |
| 五三 | 陆贾之退居生活 | （182） |
| 五四 | 陈平蒙蔽吕太后 | （183） |
| 五五 | 陈平周勃深相结 | （183） |
| 五六 | 周勃陈平安刘 | （184） |
| 五七 | 选节行之士为太子师 | （184） |
| 五八 | 陈平论各司其职 | （185） |
| 五九 | 穆生见几而退 | （185） |
| 六〇 | 文帝理政求谏 | （186） |
| 六一 | 贾谊才高早卒 | （186） |
| 六二 | 袁盎称周勃功臣非社稷臣 | （187） |
| 六三 | 周勃知狱吏之贵 | （188） |
| 六四 | 张苍善律历 | （188） |
| 六五 | 张释之止迁啬夫 | （189） |

古史人镜辑录·第一卷·西周至三国

六六 张释之公平执法 …………………………………（189）
六七 王生故辱张释之 …………………………………（190）
六八 冯唐荐魏尚 ………………………………………（190）
六九 邓通得自铸钱却贫死 ……………………………（191）
七〇 申屠嘉诫训邓通 …………………………………（192）
七一 缇萦上书求废肉刑 ………………………………（193）
七二 文帝废诽谤之罪 …………………………………（193）
七三 文帝禁为其祈福 …………………………………（193）
七四 文帝诛诈骗者 ……………………………………（194）
七五 周亚夫细柳治军 …………………………………（194）
七六 文帝之节俭 ………………………………………（195）
七七 袁盎数直谏 ………………………………………（195）
七八 袁盎善待从人 ……………………………………（196）
七九 晁错学《尚书》号"智囊" …………………………（197）
八〇 晁错建言削藩 ……………………………………（198）
八一 吴王濞等七国反 …………………………………（198）
八二 梁孝王受宠致祸 …………………………………（199）
八三 田叔办案 …………………………………………（200）
八四 剧孟以任侠显诸侯 ………………………………（201）
八五 无盐氏以高利贷富 ………………………………（201）
八六 河间献王修学好古籍 ……………………………（201）
八七 赵王彭祖与中山靖王胜 …………………………（202）
八八 郅都号"苍鹰" ……………………………………（203）
八九 李广智退敌骑 ……………………………………（203）
九〇 中行说降匈奴为汉患 ……………………………（204）
九一 直不疑被疑不自明 ………………………………（205）

· 14 ·

| 九二 | 周亚夫绝食而死 | （205） |
| 九三 | 文翁始修学官 | （206） |
| 九四 | 万石君家不言躬行 | （206） |
| 九五 | 董仲舒说武帝尊儒术 | （207） |
| 九六 | 申公答武帝问 | （208） |
| 九七 | 武帝招选才智之士 | （209） |
| 九八 | 卓氏冶铁富拟人君 | （209） |
| 九九 | 司马相如与卓文君 | （210） |
| 一〇〇 | 武帝微行夜出 | （211） |
| 一〇一 | 窦婴有功封侯 | （212） |
| 一〇二 | 田蚡窦婴好儒术被免 | （212） |
| 一〇三 | 田蚡骄侈 | （213） |
| 一〇四 | 灌夫刚直任侠 | （214） |
| 一〇五 | 韩安国死灰复燃 | （214） |
| 一〇六 | 淮南王刘安著书 | （215） |
| 一〇七 | 会稽太守严助善属文 | （215） |
| 一〇八 | 朱买臣由贫至贵 | （216） |
| 一〇九 | 吾丘寿王谏毋禁民持弓弩 | （218） |
| 一一〇 | 李广与程不识 | （218） |
| 一一一 | 飞将军李广之死 | （219） |
| 一一二 | 李陵奋战不敌降匈奴 | （220） |
| 一一三 | 苏武牧羊十九年 | （221） |
| 一一四 | 汲黯之为人及理政 | （222） |
| 一一五 | 郑当时存故人荐贤者 | （223） |
| 一一六 | 翟公说如何见交情 | （224） |
| 一一七 | 辕固生诫公孙弘 | （224） |

古史人镜辑录·第一卷·西周至三国

一一八　公孙弘顺旨诈伪性忌 …………………………（225）
一一九　主父偃称不鼎食即鼎烹 ……………………（226）
一二〇　周阳由暴酷骄恣 ……………………………（227）
一二一　张汤舞智以御人 ……………………………（227）
一二二　赵禹深刻廉倨 …………………………………（228）
一二三　王温舒少文好杀多诈 …………………………（228）
一二四　兒宽温良无所匡谏 ……………………………（229）
一二五　杜周为治酷烈专承上意 ………………………（230）
一二六　张骞出使西域 …………………………………（231）
一二七　汉公主嫁乌孙国王 ……………………………（232）
一二八　卫青却封其子为侯 ……………………………（232）
一二九　卫青霍去病不招士 ……………………………（233）
一三〇　霍去病不治第 …………………………………（233）
一三一　卜式输财助边 …………………………………（234）
一三二　武帝好宛马 ……………………………………（235）
一三三　武帝伐大宛取善马 ……………………………（235）
一三四　武帝炫富于外国客 ……………………………（236）
一三五　武帝宠臣韩嫣善佞 ……………………………（237）
一三六　李延年善歌能作新声 …………………………（237）
一三七　李夫人临终不见武帝 …………………………（238）
一三八　郭舍人教乳母 …………………………………（239）
一三九　郭解厚施不矜功 ………………………………（239）
一四〇　武帝下诏求茂材异等 …………………………（241）
一四一　义纵专以鹰击为治 ……………………………（241）
一四二　颜异以腹诽而死 ………………………………（241）
一四三　作承露盘求长生 ………………………………（242）

· 16 ·

| 一四四 | 方士栾大拜五利将军 | (242) |
| 一四五 | 东方朔避世金马门 | (243) |
| 一四六 | 东方朔谏浮海求仙 | (244) |
| 一四七 | 杨王孙裸葬以矫厚葬 | (244) |
| 一四八 | 公孙贺惧为丞相 | (245) |
| 一四九 | 史马迁著《史记》 | (245) |
| 一五〇 | 江充其人 | (247) |
| 一五一 | 田千秋敦厚有智 | (248) |
| 一五二 | 武帝欲立其子先去其母 | (248) |
| 一五三 | 霍光受命辅少主 | (249) |
| 一五四 | 金日䃅笃慎忠信 | (250) |
| 一五五 | 隽不疑曰吏当刚柔相济 | (251) |
| 一五六 | 隽不疑严而不残 | (251) |
| 一五七 | 杜延年谏应俭约宽和 | (252) |
| 一五八 | 桑弘羊伐其功 | (252) |
| 一五九 | 蔡义八十为丞相 | (252) |
| 一六〇 | 胡建被冤自杀 | (253) |
| 一六一 | 霍光宁负王不敢负社稷 | (253) |
| 一六二 | 赵广汉治京兆 | (254) |
| 一六三 | 夏侯胜非议诏书下狱 | (255) |
| 一六四 | 夏侯胜扬天子之善言 | (256) |
| 一六五 | 陈万年教子 | (256) |
| 一六六 | 宣帝以太守为吏民之本 | (256) |
| 一六七 | 霍氏奢侈而亡 | (257) |
| 一六八 | 赵充国平羌 | (257) |
| 一六九 | 路温舒论逼供 | (258) |

| 一七〇 | 龚遂罢兵安民 | (259) |
| 一七一 | 召信臣兴水利倡俭约 | (260) |
| 一七二 | 尹翁归不以行能骄人 | (260) |
| 一七三 | 盖宽饶刚直高节 | (261) |
| 一七四 | 魏相防雍蔽去副封 | (262) |
| 一七五 | 丙吉问牛喘 | (263) |
| 一七六 | 丙吉不道前恩 | (263) |
| 一七七 | 疏广不为子孙置产业 | (264) |
| 一七八 | 黄霸力行教化后诛罚 | (264) |
| 一七九 | 韩延寿治冯翊得人心 | (265) |
| 一八〇 | 张安世匿名迹 | (265) |
| 一八一 | 于定国为廷尉罪疑从轻 | (266) |
| 一八二 | 严延年号屠伯 | (267) |
| 一八三 | 宣帝责黄霸越职荐举 | (267) |
| 一八四 | 杨恽廉洁公平多怨望 | (267) |
| 一八五 | 张敞为妇画眉 | (268) |
| 一八六 | 张敞杀无辜 | (269) |
| 一八七 | 严彭祖不苟求富贵 | (270) |
| 一八八 | 王尊惩治贪污 | (270) |
| 一八九 | 薛广德谏止射猎 | (271) |
| 一九〇 | 冯婕妤以身当熊 | (272) |
| 一九一 | 贡禹上书倡节俭减赋 | (272) |
| 一九二 | 王吉严于厉志 | (273) |
| 一九三 | 诸葛丰刚直其节被收 | (273) |
| 一九四 | 石显贵幸倾朝 | (274) |
| 一九五 | 萬章不受石显财物 | (274) |

| | | |
|---|---|---|
| 一九六 | 萧望之忤权臣被陷害 | （275） |
| 一九七 | 元帝京房君臣对 | （275） |
| 一九八 | 元帝多才艺 | （276） |
| 一九九 | 王昭君和匈奴 | （276） |
| 二〇〇 | 匡衡持禄保位 | （277） |
| 二〇一 | 王凤信讹言而失言 | （277） |
| 二〇二 | 王章妻女有见识 | （278） |
| 二〇三 | 刘向著《洪范五行传论》 | （279） |
| 二〇四 | 成帝无奈王凤专权 | （279） |
| 二〇五 | 诸侯王不宜留意诸子书 | （280） |
| 二〇六 | 侯文称豺狼当道安问狐狸 | （280） |
| 二〇七 | 王氏五侯以奢侈相尚 | （281） |
| 二〇八 | 王莽恭俭博学声誉日隆 | （282） |
| 二〇九 | 班婕伃与赵飞燕 | （282） |
| 二一〇 | 刘向因赵飞燕事著《列女传》 | （283） |
| 二一一 | 谷永愿危亡之言得上闻 | （283） |
| 二一二 | 班伯诫沉湎于酒 | （284） |
| 二一三 | 张禹外谨厚内殖货财 | （284） |
| 二一四 | 成帝不易槛以旌直臣 | （285） |
| 二一五 | 孔光不苟合不强谏不泄密 | （286） |
| 二一六 | 薛宣治冯翊吏民称之 | （287） |
| 二一七 | 朱博为治疏略不可欺 | （288） |
| 二一八 | 翟方进由微贱至丞相 | （289） |
| 二一九 | 何武正直无赫赫名 | （290） |
| 二二〇 | 王莽为大司马 | （291） |
| 二二一 | 刘歆辑《七略》 | （292） |

| 二二二 | 严君平隐于卜筮 | （292） |
| 二二三 | 哀帝复兴神祠 | （293） |
| 二二四 | 何并治颍川 | （293） |
| 二二五 | 平当不受侯印 | （294） |
| 二二六 | 哀帝宠董贤 | （294） |
| 二二七 | 鲍宣刻切陈词 | （295） |
| 二二八 | 王嘉封还诏书 | （295） |
| 二二九 | 刘辅郑崇因谏获罪 | （296） |
| 二三〇 | 哀帝欲禅位于董贤 | （296） |
| 二三一 | 王莽秉政专权 | （297） |
| 二三二 | 王莽收人心以篡汉 | （298） |
| 二三三 | 孺子退位之剧 | （299） |
| 二三四 | 龚胜龚舍并著名节 | （299） |
| 二三五 | 薛方不应征 | （300） |
| 二三六 | 王莽颁行王田制 | （301） |
| 二三七 | 王莽时吏不得俸禄 | （301） |
| 二三八 | 扬雄善辞赋作《法言》 | （302） |
| 二三九 | 扬雄用心于内不求于外 | （303） |
| 二四〇 | 陈遵与张竦操行不同 | （303） |
| 二四一 | 王莽消盗贼攻匈奴之法 | （304） |
| 二四二 | 王莽筑九庙 | （305） |
| 二四三 | 绿林赤眉起义 | （305） |
| 二四四 | 官吏贪饥民廪食 | （305） |
| 二四五 | 王莽之死 | （306） |
| 二四六 | 复见汉官威仪 | （306） |
| 二四七 | 寇恂力主守信 | （307） |

二四八　邓禹愿垂功名于竹帛 …………………（307）
二四九　更始之政乱 …………………………（308）
二五〇　冯异号大树将军 ……………………（308）

# 东　汉
## 公元 25 年至 219 年

一　　刘秀起于宛 …………………………（310）
二　　赤眉立刘盆子为帝 …………………（311）
三　　刘秀取关中之道 ……………………（311）
四　　刘旷之孝行 …………………………（312）
五　　盛氏事姑至孝 ………………………（313）
六　　淳于恭之义行 ………………………（313）
七　　卓茂爱民如子 ………………………（314）
八　　伏湛称民皆饥焉能独饱 ……………（315）
九　　侯霸政理有能名 ……………………（315）
一〇　樊重好货殖赈宗族 …………………（316）
一一　李通功成身退 ………………………（316）
一二　邓晨为太守汝土以殷 ………………（317）
一三　马援不做守财奴 ……………………（317）
一四　宋弘诫朝廷耽悦郑声 ………………（318）
一五　宋弘拒与公主婚 ……………………（318）
一六　马援识别二帝 ………………………（319）
一七　郑兴拒以亲为饵 ……………………（320）
一八　逢萌自称迷路东西 …………………（320）
一九　周党不屈体不受禄 …………………（321）

| 二〇 | 严光耕钓富春山 | (321) |
| 二一 | 井丹不坐人车 | (322) |
| 二二 | 高凤诵读不觉潦水流麦 | (322) |
| 二三 | 赵憙济活诸妇 | (323) |
| 二四 | 崔篆有善政 | (324) |
| 二五 | 冯良耻为县吏 | (324) |
| 二六 | 冯异愿光武无忘河北之难 | (325) |
| 二七 | 岑熙无为而化 | (325) |
| 二八 | 贾复勇冠诸将 | (326) |
| 二九 | 王丹好施周急 | (327) |
| 三〇 | 李忠治丹阳 | (327) |
| 三一 | 朱祐以定城邑为本 | (328) |
| 三二 | 景丹封栎阳侯 | (328) |
| 三三 | 光武与诸侯宴语 | (329) |
| 三四 | 光武省减吏员 | (329) |
| 三五 | 光武好图谶 | (330) |
| 三六 | 马援陈灭嚣之策 | (330) |
| 三七 | 寇恂斩来使迫降高峻 | (331) |
| 三八 | 来歙临终上表 | (332) |
| 三九 | 岑彭遇刺被害 | (332) |
| 四〇 | 光武谴责吴汉刘尚 | (333) |
| 四一 | 李业不奉诏饮毒而死 | (333) |
| 四二 | 张堪才兼文武秋毫无私 | (333) |
| 四三 | 窦融不自安数上书辞职 | (334) |
| 四四 | 孔奋力行清洁 | (335) |
| 四五 | 光武痛悼祭遵 | (336) |

| | | |
|---|---|---|
| 四六 | 铫期称不宜封子 | (336) |
| 四七 | 贵戚敛手避二鲍 | (337) |
| 四八 | 马援治陇西 | (337) |
| 四九 | 卫飒治桂阳 | (338) |
| 五〇 | 茨充教民桑蚕织履 | (338) |
| 五一 | 任延治九真武威 | (339) |
| 五二 | 光武善待功臣 | (340) |
| 五三 | 郅恽拒不开关 | (340) |
| 五四 | 韩歆以直谏死 | (341) |
| 五五 | 帝城帝乡不可问 | (341) |
| 五六 | 强项令董宣 | (342) |
| 五七 | 吴汉隐若敌国 | (342) |
| 五八 | 刘昆如实而言 | (343) |
| 五九 | 马援诫兄子书 | (343) |
| 六〇 | 马援诫游侠通贵戚 | (344) |
| 六一 | 马援被陷妻子诉冤 | (344) |
| 六二 | 光武欲以柔道治天下 | (345) |
| 六三 | 郭伋谏不宜专用南阳人 | (346) |
| 六四 | 杜诗造作水排铸为农器 | (347) |
| 六五 | 张湛矜严好礼 | (347) |
| 六六 | 范迁有清行 | (347) |
| 六七 | 解经不穷戴侍中 | (348) |
| 六八 | 欧阳歙因赃罪死 | (349) |
| 六九 | 阴兴让爵禄 | (349) |
| 七〇 | 虞延执法不受请托 | (350) |
| 七一 | 杨政学《易》果敢自矜 | (350) |

| 七二 | 甄宇号瘦羊博士 | (351) |
| 七三 | 刘强废不以过 | (351) |
| 七四 | 第五伦说动光武 | (352) |
| 七五 | 第五伦未尝无私 | (352) |
| 七六 | 钟离意行政以仁 | (353) |
| 七七 | 韦彪孝行纯至 | (354) |
| 七八 | 范式如约而至 | (355) |
| 七九 | 李善抚养孤儿 | (356) |
| 八〇 | 光武诏墓地不过三顷 | (356) |
| 八一 | 光武与封禅 | (356) |
| 八二 | 马皇后谦肃明理 | (357) |
| 八三 | 桓荣力学讲授为帝师 | (357) |
| 八四 | 郑众不见太子 | (358) |
| 八五 | 中国始传佛教 | (359) |
| 八六 | 袁安平反楚狱 | (359) |
| 八七 | 班超志在立功异域 | (360) |
| 八八 | 班超出使西域 | (360) |
| 八九 | 明帝慎用官吏 | (361) |
| 九〇 | 吴良责佞邪 | (361) |
| 九一 | 承宫苦学不倦名播匈奴 | (362) |
| 九二 | 包咸拒往教太守子 | (362) |
| 九三 | 戴封之义行 | (363) |
| 九四 | 周泽卧疾斋宫 | (363) |
| 九五 | 张玄讲经举数家说 | (364) |
| 九六 | 王望怀义忘罪 | (364) |
| 九七 | 王景修千里汴渠 | (365) |

| | | |
|---|---|---|
| 九八 | 孟尝使商货流通 | （366） |
| 九九 | 刘睦能屈伸 | （366） |
| 一〇〇 | 马太后严律外戚 | （367） |
| 一〇一 | 廉范不禁民夜作 | （368） |
| 一〇二 | 章帝出行务为省约 | （368） |
| 一〇三 | 马防兄弟贵盛骄陵 | （368） |
| 一〇四 | 鲁恭以德化治中牟 | （369） |
| 一〇五 | 鲁丕以名儒为郡守 | （370） |
| 一〇六 | 朱晖济贫赢重友情 | （370） |
| 一〇七 | 张禹修水利执法正 | （371） |
| 一〇八 | 魏霸以宽恕为政 | （371） |
| 一〇九 | 窦宪夺公主园田 | （372） |
| 一一〇 | 毛义郑均之义行 | （372） |
| 一一一 | 章帝令诸儒讲经白虎观 | （373） |
| 一一二 | 章帝尊师崇儒 | （373） |
| 一一三 | 孔僖谓应容臣子议论 | （374） |
| 一一四 | 梁鸿与孟光 | （375） |
| 一一五 | 黄香至孝 | （376） |
| 一一六 | 邓训深为羌胡爱戴 | （376） |
| 一一七 | 王充著《论衡》 | （377） |
| 一一八 | 章帝令曹褒独修汉礼 | （378） |
| 一一九 | 窦宪专权而亡 | （378） |
| 一二〇 | 班固著《汉书》未就死狱中 | （379） |
| 一二一 | 李郃迟留观变 | （379） |
| 一二二 | 梁竦以诗书自娱 | （380） |
| 一二三 | 班超离任赠言 | （380） |

| | | |
|---|---|---|
| 一二四 | 李充休妻 | (381) |
| 一二五 | 陈重之义行 | (381) |
| 一二六 | 邓后克己节俭有善政 | (382) |
| 一二七 | 班昭号大家作《女诫》 | (384) |
| 一二八 | 乐羊子受妻之教 | (384) |
| 一二九 | 李穆姜义导前妻之子 | (385) |
| 一三〇 | 唐羌谏止贡龙眼 | (386) |
| 一三一 | 蔡伦造纸 | (386) |
| 一三二 | 郭玉言医贵人之难 | (387) |
| 一三三 | 王涣明察奸伏 | (388) |
| 一三四 | 杨震不受赠 | (388) |
| 一三五 | 虞诩不避难事 | (389) |
| 一三六 | 杜根避祸十五年 | (389) |
| 一三七 | 法雄禁捕仁及飞走 | (390) |
| 一三八 | 翟酺以骗术拜尚书 | (390) |
| 一三九 | 薛包之孝悌至行 | (391) |
| 一四〇 | 周燮论度时而动 | (391) |
| 一四一 | 虞诩荐左雄 | (392) |
| 一四二 | 梁商居高位存谦柔 | (392) |
| 一四三 | 樊英出处进退失据 | (393) |
| 一四四 | 李固与黄琼书 | (394) |
| 一四五 | 沈景训导河间王 | (395) |
| 一四六 | 张衡作浑天仪 | (395) |
| 一四七 | 王符著《潜夫论》 | (396) |
| 一四八 | 左雄接受所荐者劾奏 | (396) |
| 一四九 | 张纲劾奏外戚梁冀 | (396) |

| | | |
|---|---|---|
| 一五〇 | 张纲抚平广陵 | （397） |
| 一五一 | 苏章区别私恩与公法 | （398） |
| 一五二 | 民不忍欺胶东相 | （398） |
| 一五三 | 李固杜乔死于狱 | （399） |
| 一五四 | 陈寔不拘申诉 | （399） |
| 一五五 | 梁冀骄奢淫侈 | （401） |
| 一五六 | 陈蕃有志扫除天下 | （401） |
| 一五七 | 陈蕃延笃抗拒梁冀 | （402） |
| 一五八 | 黄宪士所仰服 | （402） |
| 一五九 | 刘陶忧民无食而反 | （403） |
| 一六〇 | 梁冀专权由盛而亡 | （404） |
| 一六一 | 五侯专横无度 | （405） |
| 一六二 | 范滂欲澄清天下 | （405） |
| 一六三 | 徐穉姜肱不应征召 | （406） |
| 一六四 | 魏桓不愿生行死归 | （406） |
| 一六五 | 桓帝可与为善可与为非 | （407） |
| 一六六 | 徐穉不答国事 | （407） |
| 一六七 | 郭林宗不危言善知人 | （408） |
| 一六八 | 郭林宗游洛阳 | （409） |
| 一六九 | 杨秉有三不惑 | （409） |
| 一七〇 | 黄门常侍畏李膺校尉 | （409） |
| 一七一 | 刘宽以蒲鞭罚吏民 | （410） |
| 一七二 | 皇甫规欲以计避仕途 | （410） |
| 一七三 | 桓帝保护宦官 | （411） |
| 一七四 | 宦官告李膺等结党 | （411） |
| 一七五 | 史弼所治平原无党人 | （412） |

| 一七六 | 王畅严惩豪贵躬行俭约 | (413) |
| 一七七 | 种暠甚得百姓羌胡欢心 | (413) |
| 一七八 | 袁闳苦身修节散发绝世 | (414) |
| 一七九 | 无禁忌者之证 | (415) |
| 一八〇 | 应奉聪明强记 | (416) |
| 一八一 | 边韶才捷著作东观 | (416) |
| 一八二 | 张升任情不羁 | (417) |
| 一八三 | 甑中生尘范史云 | (417) |
| 一八四 | 韩康口不二价 | (418) |
| 一八五 | 为孝女曹娥立碑 | (418) |
| 一八六 | 赵娥为父报仇 | (419) |
| 一八七 | 汉阴老父不观天子 | (419) |
| 一八八 | 窦武谋诛宦官未成 | (420) |
| 一八九 | 灵帝问钩党事 | (420) |
| 一九〇 | 党人从容赴难 | (421) |
| 一九一 | 侯览贪侈奢纵 | (422) |
| 一九二 | 孟佗贿张让得刺史 | (423) |
| 一九三 | 捕大字报作者 | (423) |
| 一九四 | 山民赍钱送刘宠 | (423) |
| 一九五 | 蔡邕书五经精音律 | (424) |
| 一九六 | 赵苞之忠与孝 | (425) |
| 一九七 | 灵帝呈顽皮少年本性 | (426) |
| 一九八 | 公卿放枭而囚鸾凤 | (426) |
| 一九九 | 张角起事 | (427) |
| 二〇〇 | 曹腾奉事四帝而无过 | (427) |
| 二〇一 | 曹操少时之行为 | (428) |

| 二〇二 | 曹操参与讨黄巾 | (428) |
| 二〇三 | 灵帝敛钱修宫室 | (429) |
| 二〇四 | 灵帝讲武厌大兵 | (430) |
| 二〇五 | 曹操笑引外兵诛宦官 | (430) |
| 二〇六 | 董卓立献帝专朝政 | (431) |
| 二〇七 | 皇甫规妻骂董卓而死 | (432) |
| 二〇八 | 弘农王饮鸩悲歌 | (432) |
| 二〇九 | 董卓迁都长安之浩劫 | (433) |
| 二一〇 | 刘翊济贫以至于死 | (433) |
| 二一一 | 王烈以德感人 | (434) |
| 二一二 | 刘备关羽张飞与赵云 | (435) |
| 二一三 | 管宁与邴原 | (435) |
| 二一四 | 王允结吕布诛董卓 | (436) |
| 二一五 | 蔡邕因过死于狱 | (437) |
| 二一六 | 李傕郭汜放兵劫掠 | (438) |
| 二一七 | 胡广庸庸历事六帝 | (438) |
| 二一八 | 羊续悬鱼以拒贿 | (439) |
| 二一九 | 贾琮治交阯 | (439) |
| 二二〇 | 马融为世通儒 | (440) |
| 二二一 | 郑玄之为学为人 | (440) |
| 二二二 | 张楷讲学所居成市 | (442) |
| 二二三 | 荀悦强记好著述 | (442) |
| 二二四 | 卢植学为儒宗刚毅有大节 | (443) |
| 二二五 | 桥玄称劫质不得以财赎 | (444) |
| 二二六 | 陈球拒绝行贿 | (444) |
| 二二七 | 荀彧投曹操 | (445) |

| | | |
|---|---|---|
| 二二八 | 曹操始奉天子令不臣 | （445） |
| 二二九 | 曹操得谋士荀攸郭嘉 | （446） |
| 二三〇 | 孔融幼有异才 | （446） |
| 二三一 | 孔融才疏意广 | （447） |
| 二三二 | 祢衡恃才傲慢致死 | （448） |
| 二三三 | 曹操屯田许下 | （449） |
| 二三四 | 郭嘉论曹操十胜袁绍 | （450） |
| 二三五 | 高顺谏吕布 | （451） |
| 二三六 | 曹操何夔评袁术 | （451） |
| 二三七 | 贾诩用兵因势而变 | （451） |
| 二三八 | 吕布命丧白门楼 | （452） |
| 二三九 | 曹操荀彧评袁绍及其谋士 | （453） |
| 二四〇 | 贾诩论不如从曹公 | （453） |
| 二四一 | 曹操与刘备论英雄 | （454） |
| 二四二 | 卫觊献强本弱敌之策 | （454） |
| 二四三 | 袁绍不听谋士攻许之策 | （455） |
| 二四四 | 袁绍官渡大败 | （455） |
| 二四五 | 孙权举贤任能 | （456） |
| 二四六 | 张昭孙策之间 | （457） |
| 二四七 | 郭嘉献计平定袁绍二子 | （457） |
| 二四八 | 曹操释免陈琳 | （458） |
| 二四九 | 诸葛亮隆中对 | （458） |
| 二五〇 | 崔琰毛玠用人之则 | （459） |
| 二五一 | 许攸孔融之死 | （460） |
| 二五二 | 刘备不忍弃民众 | （460） |
| 二五三 | 周瑜孙权决计抗曹 | （461） |

目 录

| 二五四 | 周瑜火烧赤壁 | （462） |
| --- | --- | --- |
| 二五五 | 周瑜雅量高致 | （463） |
| 二五六 | 和洽论通人情为可继 | （463） |
| 二五七 | 曹操之自白书 | （464） |
| 二五八 | 周瑜赍志而殁 | （464） |
| 二五九 | 鲁肃向孙权建言 | （465） |
| 二六〇 | 孙权劝吕蒙读书 | （466） |
| 二六一 | 程昱力主不杀降者 | （467） |
| 二六二 | 荀彧荀攸之不同结局 | （467） |
| 二六三 | 曹操孙权交相评论 | （468） |
| 二六四 | 时人皆服袁涣之清 | （468） |
| 二六五 | 张飞义释严颜 | （469） |
| 二六六 | 刘备庞统取成都 | （470） |
| 二六七 | 刘备治蜀 | （471） |
| 二六八 | 诸葛亮宽待法正 | （471） |
| 二六九 | 诸葛亮治蜀尚严峻 | （472） |
| 二七〇 | 张鲁传五斗米教 | （472） |
| 二七一 | 献帝守位伏后被杀 | （473） |
| 二七二 | 周泰战如熊虎肤如刻画 | （474） |
| 二七三 | 文姬归汉 | （474） |
| 二七四 | 神医华佗二三事 | （475） |
| 二七五 | 曹丕以术自饰定为太子 | （476） |
| 二七六 | 曹彰愿为将破乌丸 | （477） |
| 二七七 | 曹植善属文任性而行 | （478） |
| 二七八 | 曹冲聪察仁爱 | （479） |
| 二七九 | 王粲才高举笔成文 | （480） |

· 31 ·

二八〇　曹丕评建安七子 …………………………（480）

二八一　赵子龙一身是胆 …………………………（481）

二八二　关羽拒与黄忠并列 ………………………（482）

二八三　关羽失荆州走麦城 ………………………（482）

二八四　杨修捷悟 …………………………………（483）

二八五　杨修交关诸侯获诛 ………………………（484）

二八六　曹操追杀匈奴使 …………………………（485）

二八七　仲长统著《昌言》 ………………………（485）

# 三　国

公元 220 年至 264 年

一　献帝让位于曹丕 ………………………………（487）

二　陈群立九品中正法 ……………………………（487）

三　贾逵称刺史应有督察之才 ……………………（488）

四　钟繇舆车上殿 …………………………………（488）

五　华歆高行显名 …………………………………（489）

六　苏则称市珠不足贵 ……………………………（490）

七　辛毗引裾而谏 …………………………………（490）

八　司马芝抑强扶弱私请不行 ……………………（491）

九　乐详博学勤于教授 ……………………………（491）

一〇　胡质断案 ……………………………………（492）

一一　郑浑修水利种树木 …………………………（492）

一二　常林为官清白而严 …………………………（493）

一三　吉茂修行安贫 ………………………………（493）

一四　任嘏沉默潜行不显其美 ……………………（494）

| | | |
|---|---|---|
| 一五 | 简雍以滑稽言事 | （494） |
| 一六 | 董和殷勤尽言 | （495） |
| 一七 | 刘巴恭默守静 | （495） |
| 一八 | 刘备大败于夷陵 | （496） |
| 一九 | 赵咨绍介孙权 | （497） |
| 二〇 | 文帝求珍玩于吴 | （497） |
| 二一 | 孙权听谏罢酒 | （498） |
| 二二 | 诸葛亮与法正 | （498） |
| 二三 | 诸侯王有名无实 | （499） |
| 二四 | 文帝防外戚与政 | （499） |
| 二五 | 刘备托孤教子 | （499） |
| 二六 | 杨颙谏诸葛亮 | （500） |
| 二七 | 邓芝以诚说孙权修好 | （501） |
| 二八 | 诸葛亮攻心服孟获 | （501） |
| 二九 | 曹丕挟嫌欲诛曹洪 | （502） |
| 三〇 | 文帝下笔成章著《典论》 | （503） |
| 三一 | 曹植七步成诗 | （503） |
| 三二 | 陈群以臣下雷同或相仇为患 | （503） |
| 三三 | 杨阜议政 | （504） |
| 三四 | 仓慈获民夷爱戴 | （505） |
| 三五 | 王肃赞司马迁 | （505） |
| 三六 | 董允守正下士 | （506） |
| 三七 | 诸葛亮出师未捷身先死 | （507） |
| 三八 | 马谡失街亭 | （507） |
| 三九 | 王平屡立战功 | （508） |
| 四〇 | 郤正论为储君之道 | （509） |

| 四一 | 宗预抗直不屈 | （509） |
| 四二 | 孙权张昭君臣之间 | （510） |
| 四三 | 顾雍为相与为人 | （511） |
| 四四 | 顾邵留心下士举善以教 | （512） |
| 四五 | 郑泉称不畏龙鳞 | （513） |
| 四六 | 孙权深信诸葛瑾 | （513） |
| 四七 | 虞翻险遭杀害 | （514） |
| 四八 | 陆绩志在著述 | （515） |
| 四九 | 步骘能屈能伸 | （516） |
| 五〇 | 张纮遗书诫孙权 | （516） |
| 五一 | 阚泽劝孙权读《过秦论》 | （517） |
| 五二 | 辛毗曰天下未尝缺一人 | （518） |
| 五三 | 双面人刘晔之辩词 | （518） |
| 五四 | 陈矫慎评司马懿 | （519） |
| 五五 | 刘衮家训 | （519） |
| 五六 | 王昶诫子侄书 | （520） |
| 五七 | 卫觊谏制裁侈靡 | （520） |
| 五八 | 卢毓称循名可得常士 | （521） |
| 五九 | 司马懿平辽东 | （521） |
| 六〇 | 是仪独据实而言 | （522） |
| 六一 | 司马懿诛曹爽 | （522） |
| 六二 | 何晏好清谈 | （523） |
| 六三 | 管辂为何晏卜卦 | （524） |
| 六四 | 何晏著《道德二论》 | （525） |
| 六五 | 辛宪英教其弟 | （525） |
| 六六 | 蒋琬宽以待人 | （526） |

| | | |
|---|---|---|
| 六七 | 费祎识悟过人 | （526） |
| 六八 | 诸葛恪才捷善应对 | （527） |
| 六九 | 吕岱诫诸葛恪 | （528） |
| 七〇 | 司马师以过归己 | （528） |
| 七一 | 诸葛恪被诛之由 | （529） |
| 七二 | 曹髦不受司马昭之废辱 | （529） |
| 七三 | 吕岱愿闻己过 | （530） |
| 七四 | 王祥王览兄弟情深 | （530） |
| 七五 | 刘禅黄皓治下之蜀汉 | （531） |
| 七六 | 王弼注《老子》与《易》 | （531） |
| 七七 | 竹林七贤 | （532） |
| 七八 | 嵇康性烈才俊超然独达 | （532） |
| 七九 | 阮籍生平 | （534） |
| 八〇 | 向秀作《思旧赋》 | （536） |
| 八一 | 刘伶因酒而名 | （537） |
| 八二 | 邓艾钟会破蜀 | （537） |
| 八三 | 谯周献策降魏 | （538） |
| 八四 | 郤正淡于荣利 | （539） |
| 八五 | 刘禅乐不思蜀 | （540） |

附　秦汉三国纪年表 …………………………（541）

# 西　周

约公元前1100年至前770年

## 一　泰伯让国文王兴岐山

岐山古公亶父有长子曰泰伯，次曰仲雍，少曰季历。季历生昌，有圣瑞。古公曰："我世当有兴者，其在昌乎？"泰伯、仲雍知古公欲立季历以传昌，二人乃亡如荆蛮，文身断发，以让季历。泰伯居梅里（今无锡市锡山区东南六十里），从而归之千馀家。后，于江浙之间建句吴国。

古公卒，季历立。季历卒，子昌立，是为西伯，即周文王。笃仁，敬老，慈少。礼下贤者，日中不暇食以待士，士以此多归之。伯夷、叔齐在孤竹，闻西伯善养老，盍往归之。太颠、闳夭、散宜生、鬻子、辛甲大夫之徒皆往归之。

文王卒，武王发即位，太公望（即吕尚、姜尚）为师，周公旦为辅，召公、毕公之徒左右王，师修文王绪业。

《史记》卷四、卷三一

## 二　武王使人探殷之乱

武王使人候殷，返报岐周曰："殷其乱矣。"武王曰："其乱焉至？"对曰："谗慝胜良。"武王曰："尚未也。"又复往，返报曰："其乱加矣。"武王曰："焉至？"对曰："贤者出走矣。"武王曰："尚未也。"又往，返报曰："其乱甚矣。"武王曰："焉至？"对曰："百姓不敢诽怨矣。"武王曰："嘻！"遽告太公。太公对曰："谗慝胜良，命曰戮；贤者出走，命曰崩；百姓不敢诽怨，命曰刑胜。其乱至矣，不可以驾矣。"故选车三百、虎贲三千，朝要甲子之期，而纣为擒。

《吕氏春秋·贵因》

## 三　殷纣淫虐武王东伐

殷纣资辨捷疾，闻见甚敏；材力过人，手格猛兽；知足以距谏，言足以饰非；矜人臣以能，高天下以声，以为皆出己之下。好酒淫乐，嬖于妇人。爱妲己，妲己之言是从。以酒为池，悬肉为林，使男女倮相逐其间，为长夜之饮。

纣淫乱不止，微子数谏，不听，遂去。比干曰："为人臣者，不得不以死争。"乃强谏纣。纣怒曰："吾闻圣人心有七窍。"剖比干，观其心。箕子惧，乃佯狂为奴，纣又囚之。殷之大师、少师乃持其祭乐器奔周。周武王于是遂率诸侯伐纣。纣亦发兵距之牧野。纣兵败。纣走，入登鹿台，衣其宝玉衣，赴火而死。周武王遂斩纣头，悬之白旗。杀妲己。释箕子之囚，封比干之墓。于是周武王为天子，其后世号为王。

《史记》卷三

## 四　伯夷叔齐不食周粟

武王载木主，号为文王，东伐纣。伯夷、叔齐叩马而谏曰："父死不葬，爰及干戈，可谓孝乎？以臣弑君，可谓仁乎？"左右欲兵之。太公曰："此义人也。"扶而去之。武王已平殷乱，天下宗周，而伯夷、叔齐耻之，义不食周粟，隐于首阳山，采薇而食之。遂饿死于首阳山。

《史记》卷六一

## 五　周公摄政诫子无骄

武王封其弟周公旦于曲阜，是为鲁公。周公不就封，留佐武王。其后，武王崩，成王少，在襁褓之中。周公恐天下闻武王崩而叛，乃代成王摄行政当国。管叔及其群弟流言于国曰："周公将不利于成王。"周公乃告太公望、召公奭曰："我之所以弗避而摄行政者，恐天下叛周，无以告我先王太王、王季、文王。"于是卒相成王，而使其子伯禽代就封于鲁。

周公诫伯禽曰："我文王之子，武王之弟，成王之叔父，我于天下亦不贱矣。然我一沐三捉发，一饭三吐哺，起以待士，犹恐失天下之贤人。子之鲁，慎无以国骄人。"

管叔、蔡叔叛，周公奉成王之命平之。成王长，周公还政于成王。

周公卒，子伯禽为鲁公。

《史记》卷三三

## 六　作《甘棠》之诗怀召公

周武王之灭纣，封召公于北燕。召公之治，甚得兆民和。召公巡行乡邑，有棠树，决狱政事其下，自侯伯至庶人各得其所，无失职者。召公卒，而民人思召公之政，怀棠树不敢伐，歌咏之，作《甘棠》之诗。

《史记》卷三四

## 七　姜尚至齐就国

武王平商而王天下，封师尚父于齐营丘。东就国，道宿行迟。逆旅之人曰："吾闻时难得而易失。客寝甚安，殆非就国者也。"太公闻之，夜衣而行，犁明至国。太公至国，修政，因其俗，简其礼，通商工之业，便鱼盐之利，而人民多归齐，齐为大国。

《史记》卷三二

## 八 成王桐叶封弟

成王与叔虞戏,削桐叶为珪以与叔虞,曰:"以此封若。"史佚因请择日立叔虞。成王曰:"吾与之戏耳。"史佚曰:"天子无戏言。言则史书之,礼成之,乐歌之。"于是遂封叔虞于唐。唐在河、汾之东,方百里,故曰唐叔虞。唐叔子燮,是为晋侯。

《史记》卷三九

## 九 箕子作《麦秀》之歌

武王封箕子于朝鲜而不臣。其后箕子朝周,过故殷虚,感宫室毁坏,生禾黍,箕子伤之,欲哭则不可,欲泣为其近妇人。乃作《麦秀》之诗以歌咏之。其诗曰:"麦秀渐渐兮,禾黍油油。彼狡僮兮,不与我好兮!"所谓狡童者,纣也。殷民闻之,皆为流涕。

箕子者,纣亲戚也。纣始为象箸,箕子叹曰:"彼为象箸,必为玉杯;为杯,则必思远方珍怪之物而御之矣。舆马宫室之渐自此始,不可振也。"纣为淫泆,箕子谏,不听。人或曰:"可以去矣。"箕子曰:"为人臣谏不听而去,是彰君之恶而自悦于民,吾不忍为也。"乃被发佯狂而为奴。遂隐而鼓琴以自悲,故传之曰《箕子操》。

《史记》卷三八

## 一〇　厉王防民之口

周厉王暴虐侈傲，国人谤王。召公谏曰："民不堪命矣。"王怒，得卫巫，使监谤者，以告则杀之。其谤鲜矣，诸侯不朝，国人道路以目。厉王喜，告召公曰："吾能弭谤矣，乃不敢言。"召公曰："是障之也。防民之口，甚于防水。水壅而溃，伤人必多，民亦如之。是故为水者决之使导，为民者宣之使言。夫民虑之于心而宣之于口，成而行之。若壅其口，其与能几何？"王不听。于是国莫敢出言，三年，乃相与叛，袭厉王。厉王出奔于彘。

召公、周公二相行政，号曰"共和"。共和十四年，厉王死于彘。太子静长于召公家，二相乃共立之为王，是为宣王。宣王即位，二相辅之，修政，法文、武、成、康之遗风，诸侯复宗周。

《史记》卷四

## 一一　幽王举烽火求笑

褒姒不好笑，幽王欲其笑万方，故不笑。幽王为烽燧大鼓，有寇至则举烽火。诸侯悉至，至而无寇，褒姒乃大笑。幽王悦之，为数举烽火。其后不信，诸侯益亦不至。

幽王废申后，去太子也，申侯怒，与缯、西夷犬戎攻幽王。幽王举烽火征兵，兵莫至。遂杀幽王骊山下，虏褒姒，尽取周赂而去。于是诸侯乃即申侯而共立故幽王太子宜臼，是为平王，以奉周祀。

平王立，东迁于雒邑，辟戎寇。平王之时，周室衰微，诸侯强并弱，齐、楚、秦、晋始大，政由方伯。

《史记》卷四

# 春　秋
公元前769年至前404年

## 一　郑伯克段于鄢

郑武公娶武姜，生庄公及共叔段。庄公寤生，惊姜氏，遂恶之。爱共叔段，欲立之。亟请于武公，公弗许。及庄公即位，为之请京，使居之，谓之京城大叔。祭仲谓庄公曰："今京不度，非制也，君将不堪。"公曰："姜氏欲之，焉辟害？"对曰："姜氏何厌之有？不如早为之所，无使滋蔓。蔓，难图也。蔓草犹不可除，况君之宠弟乎？"公曰："多行不义，必自毙，子姑待之。"

既而大叔命西鄙、北鄙贰于己。公子吕曰："国不堪贰，君将若之何？欲与大叔，臣请事之；若弗与，则请除之，无生民心。"公曰："无庸，将自及。"大叔又收贰以为己邑。子封曰："可矣，厚将得众。"公曰："不义不昵，厚将崩。"

大叔完聚，缮甲兵，具卒乘，将袭郑，夫人将启之。公闻其期，曰："可矣。"命子封帅车二百乘以伐京。京叛大叔段，段入于鄢，公伐诸鄢。大叔出奔共。

遂寘姜氏于城颍，而誓之曰："不及黄泉，无相见也。"既而悔之。

《左传》隐公元年

## 二　颍考叔纯孝

颍考叔，颍谷封人，有献于郑庄公，公赐之食，食舍肉。公问之，对曰："小人有母，皆尝小人之食矣，未尝君之羹，请以遗之。"公曰："尔有母遗，繄我独无！"颍考叔曰："敢问何谓也?"公语之故，且告之悔。对曰："君何患焉？若阙地及泉，隧而相见，其谁曰不然？"公从之。公入而赋："大隧之中，其乐也融融！"姜出而赋："大隧之外，其乐也泄泄！"遂为母子如初。

君子曰："颍考叔，纯孝也，爱其母，施及庄公。《诗》曰'孝子不匮，永锡尔类'其是之谓乎！"

《左传》隐公元年

## 三　石碏谏宠州吁

卫庄公之子州吁，有宠而好兵，公弗禁。石碏谏曰："臣闻爱子，教之以义方，弗纳于邪。骄、奢、淫、佚，所自邪也。四者之来，宠禄过也。将立州吁，乃定之矣，若犹未也，阶之为祸。夫宠而不骄，骄而能降，降而不憾，憾而能眕者，鲜矣。且夫贱妨贵，少陵长，远间亲，新间旧，小加大，淫破义，所谓六逆也。君义，臣行，父慈，子孝，兄爱，弟敬，所谓六顺也。去顺效逆，所以速祸也。"弗听。

《左传》隐公三年

## 四　子都射颍考叔

郑伯伐许。颍考叔取郑伯之旗蝥弧以先登。子都争功，自下射之，颠。瑕叔盈又以蝥弧登，周麾而呼曰："君登矣！"郑师毕登。遂入许。

《左传》隐公十一年

## 五　息犯五不韪而败

郑、息有违言，息侯伐郑。郑伯与战于竟，息师大败而还。君子是以知息之将亡也。不度德，不量力，不亲亲，不征辞，不察有罪，犯五不韪而以伐人，其丧师也，不亦宜乎！

《左传》隐公十一年

## 六　华督杀孔父嘉

宋大司马孔父嘉妻好，出，道遇太宰华督，督悦，目而观之。督利孔父妻，乃使人宣言国中曰："殇公即位十年耳，而十一战，民苦不堪，皆孔父为之，我且杀孔父以宁民。"华督攻杀孔父取其妻，并杀殇公。

《史记》卷三八

## 七　郑大子忽辞婚

齐侯欲以文姜妻郑大子忽。大子忽辞，人问其故。大子曰："人各有偶，齐大，非吾偶也。《诗》云：'自求多福。'在我而已，大国何为？"君子曰："善自为谋。"及其败戎师也，齐侯又请妻之，固辞。人问其故。大子曰："无事于齐，吾犹不敢。今以君命奔齐之急，而受室以归，是以师婚也。民其谓我何？"遂辞。

《左传》桓公六年

## 八　虞叔献玉

虞叔有玉，虞公求之。弗献，既而悔之，曰："周谚有之：'匹夫无罪，怀璧其罪。'吾焉用此，其以贾害也？"乃献之。又求其宝剑。叔曰："是无厌也。无厌，将及我。"遂伐虞公，虞公出奔共池。

《左传》桓公十年

## 九　齐小白立为桓公

齐襄公醉杀鲁桓公，通其夫人，杀诛数不当，数欺大臣，群弟恐祸及，故次弟纠奔鲁，管仲、召忽傅之。次弟小白奔莒，鲍叔傅之。及襄公被杀，议立君，召小白于莒。鲁亦发兵送公子纠，而使管仲别将兵遮莒道，射中小白带钩。小白佯死，管仲使人驰报鲁。鲁送纠者行益迟，六日至齐，则小白已入，高傒立之，是为桓公。

《史记》卷三二

## 一〇　齐桓公重用管仲

齐与鲁战，鲁败。齐遗鲁书曰："子纠兄弟，弗忍诛，请鲁自杀之。召忽、管仲雠也，请得而甘心醢之。不然，将围鲁。"鲁人患之，遂杀子纠，召忽自杀，管仲请囚。

桓公之立，发兵攻鲁，心欲杀管仲。鲍叔牙曰："臣幸得从君，君竟以立。君之尊，臣无以增君。君将治齐，即高傒与叔牙足也。君且欲霸王，非管夷吾不可。"于是桓公从之。乃佯为召管仲欲甘心，实欲用之。管仲知之，故请往。鲍叔牙迎受管仲，脱桎梏，斋祓而见桓公。桓公厚礼以为大夫，任政。

桓公既得管仲，与鲍叔、隰朋、高傒修齐国政，连五家之兵，设轻重鱼盐之利，以赡贫穷禄贤能，齐人皆悦。

《史记》卷三二

## 一一　知管仲者鲍叔

管仲曰："吾始困时，尝与鲍叔贾，分财利多自与，鲍叔不以我为贪，知我贫也。吾尝为鲍叔谋事而更穷困，鲍叔不以我为愚，知时有利不利也。吾尝三仕三见逐于君，鲍叔不以我为不肖，知我不遭时也。吾尝三战三走，鲍叔不以我为怯，知我有老母也。公子纠败，召忽死之，吾幽囚受辱，鲍叔不以我为无耻，知我不羞小节而耻功名不显于天下也。生我者父母，知我者鲍子也。"

鲍叔既进管仲，以身下之。子孙世禄于齐，有封邑者十余世，常为名大夫。天下不多管仲之贤而多鲍叔能知人也。

《史记》卷六二

## 一二　管仲治齐论卑而易行

管仲既任政相齐，以区区之齐在海滨，通货积财，富国强兵，与俗同好恶。故其称曰："仓廪实而知礼节，衣食足而知荣辱，上服度则六亲固。四维不张，国乃灭亡。下令如流水之原，令顺民心。"故论卑而易行。俗之所欲，因而予之；俗之所否，因而去之。齐桓公以霸，九合诸侯，一匡天下，管仲之谋也。

《史记》卷六二

## 一三　齐桓公不失信不失礼

齐伐鲁，鲁将师败。鲁庄公请献遂邑以平，桓公许，与鲁会柯而盟。鲁将盟，曹沫以匕首劫桓公于坛上，曰："反鲁之侵地！"桓公许之。已而曹沫去匕首，北面就臣位。桓公后悔，欲无与鲁地而杀曹沫。管仲曰："夫劫许之而倍信杀之，愈一小快耳，而弃信于诸侯，失天下之援，不可。"于是遂与曹沫三败所亡地于鲁。诸侯闻之，皆信齐而欲附焉。桓公于是始霸。

山戎伐燕，燕告急于齐。齐桓公救燕，遂伐山戎，至于孤竹而还。燕庄公遂送桓公入齐境。桓公曰："非天子，诸侯相送不出境，吾不可以无礼于燕。"于是分沟割燕君所至与燕，命燕君复修召公之政，纳贡于周，如成康之时。诸侯闻之，皆从齐。

《史记》卷三二

## 一四　鲍叔诫桓公管仲

齐桓公、管仲、鲍叔、宁戚相与饮。酒酣，桓公谓鲍叔曰："何不起为寿？"鲍叔奉杯而进曰："使公毋忘出奔在于莒也，使管仲毋忘束缚而在于鲁也，使宁戚毋忘其饭牛而居于车下。"桓公避席再拜曰："寡人与大夫能皆毋忘夫子之言，则齐国之社稷幸于不殆矣！"当此时也，桓公可与言极言矣。可与言极言，故可与为霸。

《吕氏春秋·直谏》

## 一五　管仲称非人情者不可用

管仲病，桓公问曰："群臣谁可相者？"管仲曰："知臣莫如君。"公曰："易牙如何？"对曰："杀子以适君，非人情，不可。"公曰："开方如何？"对曰："倍亲以适君，非人情，难近。"公曰："竖刀如何？"对曰："自宫以适君，非人情，难亲。"管仲死，而桓公不用管仲言，卒近用三子，三子专权。

《史记》卷三二

## 一六　曹刿论战

齐师伐鲁。庄公将战，曹刿请见。其乡人曰："肉食者谋之，又何间焉？"刿曰："肉食者鄙，未能远谋。"乃入见。问："何以战？"公曰："衣食所安，弗敢专也，必以分人。"对曰："小惠未遍，民弗从也。"公曰："牺牲玉帛，弗敢加也，必以信。"对曰："小信未孚，神弗福也。"公曰："小大之狱，虽不能察，必以情。"对曰："忠之属也，可以一战，战则请从。"

公与之乘。战于长勺。公将鼓之。刿曰："未可。"齐人三鼓，刿曰："可矣。"齐师败绩。公将驰之。刿曰："未可。"下，视其辙，登，轼而望之，曰："可矣。"遂逐齐师。

既克，公问其故。对曰："夫战，勇气也。一鼓作气，再而衰，三而竭。彼竭我盈，故克之。夫大国难测也，惧有伏焉。吾视其辙乱，望其旗靡，故逐之。"

《左传》庄公十年

## 一七　庆父不死鲁难未已

鲁庄公弟庆父与庄公妻哀姜私通，欲立哀姜娣子开。及庄公卒，庆父使圉人荦杀鲁公子斑于党氏。庆父立子开，是为湣公。

湣公二年，庆父与哀姜通益甚。哀姜与庆父谋杀湣公而立庆父。庆父使卜齮袭杀湣公于武闱。

齐桓公闻哀姜与庆父乱以危鲁，乃召之邾而杀之，以其尸归，戮之鲁。鲁釐公请而葬之。

《史记》卷三三

## 一八　公仪休不受鱼

公仪休者，鲁博士，为鲁相。奉法循理，无所变更，百官自正。使食禄者不得与下民争利，受大者不得取小。

客有遗相鱼者，相不受。客曰："闻君嗜鱼，遗君鱼，何故不受也？"相曰："以嗜鱼，故不受也。今为相，能自给鱼；今受鱼而免，谁复给我鱼者？吾故不受也。"食茹而美，拔其园葵而弃之。见其家织布好，而疾出其家妇，燔其机，云："欲令农士工女安所雠其货乎？"

《史记》卷一一九

## 一九　卫懿公好鹤亡

卫懿公即位，好鹤，淫乐奢侈。翟伐卫，卫懿公欲发兵，兵或叛。大臣言曰："君好鹤，鹤可令击翟。"翟于是遂入，杀懿公。

《史记》卷三七

## 二〇　晋献公假道灭虢

晋献公假道于虞以伐虢。虞之大夫宫之奇谏虞君曰："晋不可假道也，是且灭虞。"虞君曰："晋我同姓，不宜伐我。"宫之奇曰："将虢是灭，何爱于虞？虞之与虢，唇之与齿，唇亡则齿寒。"虞公不听，遂许晋。宫之奇以其族去虞。其冬，晋灭虢。还，袭灭虞，虏虞公及其大夫百里奚，以媵秦穆姬，而修虞祀。荀息牵曩所遗虞屈产之乘马奉之献公，献公笑曰："马则吾马，齿亦老矣！"

《史记》卷三九

## 二一　骊姬谮杀太子申生

　　晋献公伐骊戎，得骊姬、骊姬弟，俱爱幸之。骊姬生奚齐。献公有意废太子而以奚齐代之。骊姬泣曰："太子之立，诸侯皆已知之，而数将兵，百姓附之，奈何以贱妾之故废嫡立庶？君必行之，妾自杀也。"骊姬佯誉太子，而阴令人谮恶太子，而欲立其子。

　　太子申生祭其母齐姜于曲沃，上其荐胙于献公。献公时出猎，置胙于宫中。骊姬使人置毒药胙中。献公从猎来还，宰人上胙献公，献公欲飨之。骊姬从旁止之，曰："所从来远，宜试之。"祭地，地坟；与犬，犬死；与小臣，小臣死。骊姬泣曰："太子何忍也！其父而欲弑代之，况他人乎？且君老矣，旦暮之人，曾不能待而欲弑之！"谓献公曰："太子所以然者，不过以妾及奚齐之故。妾愿子母避之他国，若早自杀，毋徒使母子为太子所鱼肉也。始君欲废之，妾犹恨之；至于今，妾殊自失于此。"太子闻之，奔新城。献公怒，乃诛其傅杜原款。

　　或谓太子曰："为此药者乃骊姬也，太子何不自辞明之？"太子曰："吾君老矣，非骊姬，寝不安，食不甘。即辞之，君且怒之。不可。"或谓太子曰："可奔他国。"太子曰："被此恶名以出，人谁纳我？我自杀耳。"申生自杀于新城。

　　此时重耳、夷吾来朝。人或告骊姬曰："二公子怨骊姬谮杀太子。"骊姬恐，因谮二公子："申生之药胙，二公子知之。"二子闻之，恐，重耳走蒲，夷吾走屈。

《史记》卷三九

## 二二　重耳流亡简史

晋文公重耳，自少好士，年十七，有贤士五人：曰赵衰；狐偃咎犯，文公舅也；贾佗；先轸；魏武子。献公十三年，以骊姬故，重耳遂奔狄。从此五士，其馀不名者数十人。重耳居狄凡十二年而去，是时年四十三。

过卫，卫文公不礼。去，过五鹿，饥而从野人乞食，野人盛土器中进之。重耳怒。赵衰曰："土者，有土也，君其拜受之。"

至齐，齐桓公厚礼，而以宗女妻之，有马二十乘，重耳安之。重耳留齐凡五岁。重耳爱齐女，毋去心。赵衰、咎犯乃于桑下谋行。齐女侍者在桑上闻之，以告其主。其主乃杀侍者，劝重耳趣行。重耳曰："人生安乐，孰知其他！必死于此，不能去。"齐女曰："子一国公子，穷而来此，数士者以子为命。子不疾反国，报劳臣，而怀女德，窃为子羞之。且不求，何时得功？"乃与赵衰等谋，醉重耳，载以行。行远而觉，重耳大怒，引戈欲杀咎犯。咎犯曰："杀臣成子，偃之愿也。"重耳曰："事不成，我食舅氏之肉。"咎犯曰："事不成，犯肉腥臊，何足食！"乃止，遂行。

重耳经曹、宋、郑去之楚，楚成王以诸侯礼待之，重耳谢不敢当。赵衰曰："子亡在外十馀年，小国轻子，况大国乎？今楚大国而固遇子，子其毋让，此天开子也。"遂以客礼见之。成王厚遇重耳，重耳甚卑。成王曰："子即反国，何以报寡人？"重耳曰："羽毛齿角玉帛，君王所馀，未知所以报。"王曰："虽然，何以报不谷（诸侯自称）？"重耳曰："即不得已，与君王以兵车会平原广泽，请辟王三舍。"楚将子玉怒曰："王遇晋公子至厚，今重耳言不逊，请杀之。"成王曰："晋公子贤而困于外久，从者皆国器，此天所置，庸可杀乎？且言何以易之。"居楚数月，至秦。

秦缪公与重耳饮。赵衰歌《黍苗》诗。缪公曰："知子欲急返国矣。"赵衰与重耳下，再拜曰："孤臣之仰君，如百谷之望时雨。"于是秦缪公乃发兵与重耳归晋。晋闻秦兵来，亦发兵拒之。然皆阴知公子重耳入也。重耳出亡凡十九岁而得入，时年六十二矣，晋人多附焉。

《史记》卷三九

## 二三　介子推不言禄

晋文公修政，施惠百姓。赏从亡者及功臣，大者封邑，小者尊爵。因备战，是以赏从亡未至隐者介子推。推亦不言禄，禄亦不及。推曰："献公子九人，唯君在矣。天未绝晋，必将有主，主晋祀者，非君而谁？天实开之，二三子以为己力，不亦诬乎？窃人之财，犹曰是盗，况贪天之功以为己力乎？下冒其罪，上赏其奸，上下相蒙，难与处矣。"其母曰："亦使知之，若何？"对曰："言，身之文也；身欲隐，安用文之？文之，是求显也。"其母曰："能如此乎？与汝偕隐。"至死不复见。

介子推从者怜之，乃悬书宫门曰："龙欲上天，五蛇为辅。龙已升云，四蛇各入其宇。一蛇独怨，终不见处所。"文公出，见其书，曰："此介子推也。吾方忧王室，未图其功。"使人召之，则亡。遂求所在，闻其入绵上山中，于是文公环绵上山中而封之，以为介推田，号曰介山，"以记吾过，且旌善人"。

《史记》卷三九

## 二四　晋文公行赏之等差

从亡贱臣壶叔曰："君三行赏，赏不及臣，敢请罪。"晋文公报曰："夫导我以仁义，防我以德惠，此受上赏。辅我以行，卒以成立，此受次赏。矢石之难，汗马之劳，此复受次赏。若以力事我而无补吾缺者，此复受次赏。三赏之后，故且及子。"晋人闻之皆悦。

《史记》卷三九

## 二五　李离不推罪下吏

李离者，晋文公之理也。过听杀人，自拘当死。文公曰："官有贵贱，罚有轻重。下吏有过，非子之罪也。"李离曰："臣居官为长，不与吏让位；受禄为多，不与下分利。今过听杀人，传其罪下吏，非所闻也。"辞不受令。文公曰："子则自以为有罪，寡人亦有罪邪？"李离曰："理有法，失刑则刑，失死则死。公以臣能听微决疑，故使为理。今过听杀人，罪当死。"遂不受令，伏剑而死。

《史记》卷一一九

## 二六　郭偃说治国之难易

晋文公问于郭偃曰："始也，吾以治国为易，今也难。"对曰："君以为易，其难也将至矣。君以为难，其易也将至焉。"

《国语》卷一〇

## 二七　秦缪公以五羊皮赎百里傒

晋献公灭虞、虢，虏虞君与其大夫百里傒。既虏百里傒，以为秦缪公夫人媵于秦。百里傒亡秦走宛，楚鄙人执之。缪公闻百里傒贤，欲重赎之，恐楚人不与，乃使人谓楚曰："吾媵臣百里傒在焉，请以五羖羊皮赎之。"楚人遂许与之。当是时，百里傒年已七十馀。缪公释其囚，与语国事。谢曰："臣亡国之臣，何足问！"缪公曰："虞君不用子，故亡，非子罪也。"固问，语三日，缪公大悦，授之国政，号曰五羖大夫。百里傒让曰："臣不及臣友蹇叔，蹇叔贤而世莫知。"于是缪公使人厚币迎蹇叔，以为上大夫。

《史记》卷五

## 二八　秦缪公与粟济晋

晋旱，来请粟。丕豹说缪公勿与，因其饥而伐之。缪公问公孙支，支曰："饥穰更事耳，不可不与。"问百里傒，傒曰："夷吾得罪于君，其百姓何罪？"于是用百里傒、公孙支言，卒与之粟。以船漕车转，自雍相望至绛。

《史记》卷五

## 二九　秦缪公赦盗马者

缪公亡善马，岐下野人共得而食之者三百馀人，吏逐得，欲法之。缪公曰："君子不以畜产害人。吾闻食善马肉不饮酒，伤人。"乃皆赐酒而赦之。三百人者闻秦击晋，皆求从，从而见缪公窘，亦皆推锋争死，以报食马之德。于是缪公虏晋君以归。

《史记》卷五

## 三〇　秦缪公悔不听二老之言

郑人有卖郑于秦曰："我主其城门，郑可袭也。"缪公问蹇叔、百里傒,对曰:"径数国千里而袭人,希有得利者。且人卖郑,庸知我国人不有以我情告郑者乎?不可。"缪公曰:"子不知也,吾已决矣。"遂发兵,使百里傒子孟明视、蹇叔子西乞术及白乙丙将兵。行日,百里傒、蹇叔二人哭之。缪公闻,怒曰:"孤发兵而子沮哭吾军,何也?"二老曰:"臣非敢沮君军。军行,臣子与往;臣老,迟还恐不相见,故哭耳。"二老退,谓其子曰:"汝军即败,必于殽阸矣。"

当是时,晋文公丧尚未葬。太子襄公怒曰:"秦侮我孤,因丧破我滑。"遂墨衰绖,发兵遮秦兵于殽,击之,大破秦军,无一人得脱者。虏秦三将以归。

文公夫人,秦女也,为秦三囚将请曰:"缪公之怨此三人入于骨髓,愿令此三人归,令我君得自快烹之。"晋君许之,归秦三将。三将至,缪公素服郊迎,向三人哭曰:"孤以不用百里傒、蹇叔言以辱三子,三子何罪乎?子其悉心雪耻,毋怠。"遂复三人官秩如故,愈益厚之。

缪公复使孟明等将兵伐晋,渡河焚船,大败晋人,以报殽之役。晋人皆城守不敢出。于是缪公乃自茅津渡河,封殽中尸,为发丧,哭之三日。乃誓于军曰:"嗟!士卒,听无哗,余誓告汝。古之人谋黄发番番,则无所过。"以申思不用蹇叔、百里傒之谋,故作此誓,令后世以记余过。"君子闻之,皆为垂涕,曰:"嗟乎!秦缪公之与人周也,卒得孟明之庆。"

《史记》卷五

## 三一　贾人弦高献牛救郑

秦兵至滑，郑贩卖贾人弦高持十二牛将卖之周，见秦兵，恐死虏，因献其牛，曰："闻大国将诛郑，郑君谨修守御备，使臣以牛十二劳军士。"秦三将军相谓曰："将袭郑，郑今已觉之，往无及已。"灭滑。滑，晋之边邑也。

《史记》卷五

## 三二　桓公尸虫出户

齐桓公病，五公子各树党争立。及桓公卒，遂相攻，以故宫中空，莫敢棺。桓公尸在床上六十七日，尸虫出于户。无诡立，乃棺赴。

《史记》卷三二

## 三三　宋襄公欲合诸侯

宋襄公欲合诸侯，臧文仲闻之，曰："以欲从人，则可；以人从欲，鲜济。"

《左传》僖公二十年

## 三四　宋襄公不击未济

齐桓公卒，宋欲为盟会。宋襄公为鹿上之盟，以求诸侯于楚，楚人许之。公子目夷谏曰："小国争盟，祸也。"不听。秋，诸侯会宋公盟于盂。目夷曰："祸其在此乎？君欲已甚，何以堪之。"于是楚执宋襄公以伐宋。冬，会于亳，以释宋公。子鱼曰："祸犹未也。"

宋伐郑。子鱼曰："祸在此矣。"

楚伐宋以救郑。襄公与楚成王战于泓。楚人未济，目夷曰："彼众我寡，及其未济击之。"公不听。已济未陈，又曰："可击。"公曰："待其已陈。"陈成，宋人击之。宋师大败，襄公伤股。国人皆怨公。公曰："君子不困人于厄，不鼓不成列。"子鱼曰："兵以胜为功，何常言与！必如公言，即奴事之耳，又何战为？"

《史记》卷三八

## 三五　臧文仲当事不避难

鲁饥，臧文仲言于庄公曰："铸名器，藏宝财，固民之珍病是待。今国病矣，君盍以名器请籴于齐。"公曰："谁使？"对曰："国有饥馑，卿出告籴，古之制也。辰也备卿，辰请如齐。"公使往。

从者曰："君不命吾子，吾子请之，其为选事乎？"文仲曰："贤者急病而让夷，居官者当事不避难，在位者恤民之患，是以国家无违。今我不如齐，非急病也。在上不恤下，居官而惰，非事君也。"

文仲以鬯圭与玉磬如齐告籴。齐人归其玉而予之籴。

《国语》卷四

## 三六　鲁僖公轻小国

邾人出师伐鲁。鲁僖公卑邾，不设备而御之。臧文仲曰："国无小，不可易也。无备，虽众不可恃也。《诗》曰：'战战兢兢，如临深渊，如履薄冰。'先王之明德，犹无不难也，无不惧也，况我小国乎！君其无谓邾小。蜂虿有毒，而况国乎？"弗听。

僖公及邾师战于升陉，鲁师败绩。邾人获公胄，悬诸鱼门。

《左传》僖公二十二年

## 三七　展喜犒师

齐孝公伐鲁。展禽使展喜犒师。喜曰："寡君不佞，不能事疆埸之司，使君盛怒，以暴露于弊邑之野，敢犒舆师。"齐侯见使者曰："鲁国恐乎？"对曰："小人恐矣，君子则否。"公曰："室如悬磬，野无青草，何恃而不恐？"对曰："恃二先君之所职业。昔者成王命我先君周公及齐先君太公曰：'汝股肱周室，以夹辅先王。赐汝土地，质之以牺牲，世世子孙无相害也。'君今来讨弊邑之罪，必不泯其社稷；岂其贪壤地，而弃先王之命？其何以镇抚诸侯？恃此以不恐。"齐侯乃许为平而还。

《国语》卷四

## 三八　秦缪公计收由余

戎王使由余观秦。缪公问内史廖曰："孤闻邻国有圣人，敌国之忧也。今由余贤，寡人之害，将奈之何？"内史廖曰："戎王处辟匿，未闻中国之声。君试遗其女乐，以夺其志；为由余请，以疏其间；留而莫遣，以失其期。戎王怪之，必疑由余。君臣有间，乃可虏也。且戎王好乐，必怠于政。"缪公曰："善。"因与由余曲席而坐，传器而食，问其地形与其兵势，而后令内史廖以女乐二八遗戎王。戎王受而悦之，终年不还。于是秦乃归由余。由余数谏不听，缪公又数使人间要由余，由余遂去降秦。缪公以客礼礼之，问伐戎之形。

秦用由余谋伐戎王，益国十二，开地千里，遂霸西戎。天子使召公过贺缪公以金鼓。缪公卒，葬雍。从死者百七十七人，秦之良臣子舆氏三人名曰奄息、仲行、针虎，亦在从死之中。秦人哀之，为作歌《黄鸟》之诗。

《史记》卷五

## 三九　楚庄王三年不鸣一鸣惊人

楚庄王即位三年，不出号令，日夜为乐，令国中曰："有敢谏者，死无赦。"伍举入谏。庄王左抱郑姬，右抱越女，坐钟鼓之间。伍举曰："愿有进。"隐曰："有鸟在于阜，三年不蜚不鸣，是何鸟也？"庄王曰："三年不蜚，蜚将冲天；三年不鸣，鸣将惊人。举退矣，吾知之矣。"居数月，淫益甚。大夫苏从乃入谏。王曰："若不闻令乎？"对曰："杀身以明君，臣之愿也。"于是乃罢淫乐，听政，所诛者数百人，所进者数百人，任伍举、苏从以政，国人大悦。是岁灭庸。六年，伐宋，获五百乘。

《史记》卷四〇

## 四〇 楚庄王问鼎

楚庄王伐陆浑戎，遂至洛，观兵于周郊。周定王使王孙满劳楚王。楚王问鼎小大轻重，对曰："在德不在鼎。"庄王曰："子无阻九鼎。楚国折钩之喙，足以为九鼎。"王孙满曰："呜呼！君王其忘之乎？昔虞夏之盛，远方皆至，贡金九牧，铸鼎象物，百物而为之备，使民知神奸。桀有乱德，鼎迁于殷，载祀六百。殷纣暴虐，鼎迁于周。德之休明，虽小必重；其奸回昏乱，虽大必轻。昔成王定鼎于郏鄏，卜世三十，卜年七百，天所命也。周德虽衰，天命未改。鼎之轻重，未可问也。"楚王乃归。

《史记》卷四〇

## 四一 楚庄王伐陈不贪其地

陈灵公与其大夫孔宁、仪行父皆通于夏姬，衷其衣以戏于朝。泄冶谏曰："君臣淫乱，民何效焉？"灵公以告二子，二子请杀泄冶，公弗禁，遂杀泄冶。灵公与二子饮于夏氏。公戏二子曰："征舒似汝。"二子曰："亦似公。"征舒怒。灵公罢酒出，征舒伏弩厩门射杀灵公。征舒自立为陈侯。征舒，故陈大夫也。夏姬，舒之母也。

  楚庄王伐陈，杀夏征舒。已破陈，即县之。群臣皆贺，申叔时使齐来，不贺。王问，对曰："鄙语曰，牵牛径人田，田主取其牛。径者则不直矣，取之牛不亦甚乎？且王以陈之乱而率诸侯伐之，以义伐之而贪其县，亦何以复令于天下？"庄王乃复国陈后。

《史记》卷三六、卷四〇

## 四二　楚庄王以信解宋围

  楚庄王围宋，五月不解。宋城中急，无食。宋将华元夜私见楚将子反。子反告庄王。王问："城中何如？"曰："析骨而炊，易子而食。"庄王曰："诚哉言！我军亦有二日粮。"以信故，遂罢兵去。

《史记》卷三八

## 四三　优孟讽谏楚王葬马

  优孟，故楚之乐人也。长八尺，多辩，常以谈笑讽谏。楚庄王之时，有所爱马，衣以文绣，置之华屋之下，席以露床，啖以枣脯。马病肥死，使群臣丧之，欲以棺椁大夫礼葬之。左右争之，以为不可。王下令曰："有敢以马谏者，罪至死。"优孟闻之，入殿门，仰天大哭。王惊而问其故。优孟曰："马者王之所爱也，以楚国堂堂之大，何求不得，而以大夫礼葬之，薄，请以人君礼葬之。"王曰："何如？"对曰："臣请以彫玉为棺，文梓为椁，发甲卒为穿圹，老弱负土，齐赵陪位于前，韩魏翼卫其后，庙食太牢，奉以万户之邑。诸侯闻之，皆知大王贱人而贵马也。"王曰："寡人之过一至此乎！为之奈何？"优孟曰："请为大王六畜葬之。祭以粮稻，衣以火光，葬之于人腹肠。"于是王乃使以马属太官，无令天下久闻也。

《史记》卷一二六

## 四四　优孟言楚相不足为

楚相孙叔敖病且死，嘱其子曰："我死，汝必贫困。若往见优孟，言我孙叔敖之子也。"居数年，其子穷困负薪，逢优孟，与言曰："我，孙叔敖子也。父且死时，嘱我贫困往见优孟。"优孟即为孙叔敖衣冠，抵掌谈语。岁馀，像孙叔敖，楚王及左右不能别也。庄王置酒，优孟前为寿。庄王大惊，以为孙叔敖复生也，欲以为相。优孟曰："请归与妇计之。"庄王许之。三日后，优孟复来。王曰："妇言谓何？"孟曰："妇言慎无为，楚相不足为也。如孙叔敖之为楚相，尽忠为廉以治楚，楚王得以霸。今死，其子无立锥之地，贫困负薪以自饮食。必如孙叔敖，不如自杀，不足为也！"于是庄王谢优孟，乃召孙叔敖子，封之寝丘四百户，以奉其祀。

《史记》卷一二六

## 四五　齐懿公之死

齐懿公为公子时，与丙戎之父猎，争获不胜，及即位，断丙戎父足，而使丙戎仆。阎职之妻好，公纳之宫，使阎职骖乘。懿公游于申池，二人浴，戏。职曰："断足子！"戎曰："夺妻者！"二人俱病此言，乃怨。谋与公游竹中，二人弑懿公车上，弃竹中而亡去。

《史记》卷三二

## 四六　鉏麑宁死不杀忠臣

晋灵公壮，侈，厚敛以雕墙。从台上弹人，观其避丸也。宰夫胹熊掌不熟，灵公怒，杀宰夫，使妇人持其尸出弃之。赵盾见，谏，不听。灵公患之，使鉏麑刺赵盾。盾闺门开，居处节，鉏麑退，叹曰："杀忠臣，弃君命，罪一也。"遂触树而死。

《史记》卷三九

## 四七　桑下饿人救赵盾

初，赵盾常田首山，见桑下有饿人。饿人，示眯明也。盾与之食，食其半。问其故，曰："宦三年，未知母之存不，原遗母。"盾义之，益与之饭肉。已而为晋宰夫，赵盾弗复知也。

晋灵公饮赵盾酒，伏甲将攻盾。公宰示眯明知之，恐盾醉不能起，而进曰："君赐臣，觞三行，可以罢。"欲赵盾先去，毋及难也。盾既去，灵公伏士未会，先纵啮狗名敖。明为盾搏杀狗。盾不知明之为阴德也。已而灵公纵伏士出逐赵盾，示眯明反击灵公之伏士，伏士不能进，而竟脱盾。盾问其故，曰："我桑下饿人。"问其名，弗告。明亦因亡去。

《史记》卷三九

## 四八　良史董狐书法不隐

赵盾奔，未出晋境。盾昆弟将军赵穿袭杀灵公于桃园而迎赵盾。赵盾素贵，得民和；灵公少，侈，民不附，故为弑易。盾复位。晋太史董狐书曰"赵盾弑其君"，以视于朝。盾曰："弑者赵穿，我无罪。"太史曰："子为正卿，而亡不出境，反不诛国乱，非子而谁？"孔子闻之，曰："董狐，古之良史也，书法不隐。"

《史记》卷三九

## 四九　晋景公不听郤克伐齐之请

晋使郤克于齐。齐顷公母从楼上观而笑之。所以然者，郤克偻，而鲁使蹇，卫使眇，故齐亦令人如之以导客。郤克怒，归至河上，曰："不报齐者，河伯视之！"至国，请君，欲伐齐。景公问知其故，曰："子之怨，安足以烦国。"弗听。

《史记》卷三九

## 五〇 孔子云唯名与器不可假人

卫侵齐。仲叔于奚救卫将孙桓子，桓子是以免。卫人赏之以邑，辞。请曲县、繁缨（诸侯所用之乐器与马饰，非邑大夫所能用）以朝，许之。仲尼闻之曰："惜也，不如多与之邑。唯器与名，不可以假人，君之所司也，政之大节也。若以假人，与人政也。政亡，则国家从之，弗可止也已。"

《左传》成公二年

## 五一 解张负伤率师败齐

齐、晋战。齐侯曰："余姑翦灭此而朝食。"不介马而驰之。晋将郤克伤于矢，流血及屦，未绝鼓音，曰："余病矣！"晋大夫解张驾车，曰："自始合，而矢贯余手及肘，余折以御，左轮朱殷，岂敢言病。吾子忍之！"又曰："师之耳目，在吾旗鼓，进退从之。此车一人殿之，可以集事，若之何其以病败君之大事也？擐甲执兵，固即死也。病未及死，吾子勉之！"左并辔，右援枹而鼓，马逸不能止，师从之。齐师败绩。

《左传》成公二年

## 五二　南冠而絷者君子也

晋景公观于军府，见钟仪，问之曰："南冠而絷者，谁也？"有司对曰："郑人所献楚囚也。"召而问其族，对曰："伶人也。"公曰："能乐乎？"对曰："先父之职官也，敢有二事？"使与之琴，操南音。公曰："君王何如？"对曰："非小人之所得知也。"固问之。对曰："其为大子也，师保奉之，以朝于婴齐而夕于侧也。不知其他。"

公语范文子，文子曰："楚囚，君子也。言称先职，不背本也。乐操土风，不忘旧也。称大子，抑无私也。名其二卿，尊君也。不背本，仁也。不忘旧，信也。无私，忠也。尊君，敏也。仁以接事，信以守之，忠以成之，敏以行之。事虽大，必济。君盍归之，使合晋、楚之成。"公从之，重为之礼，使归求成。

《左传》成公九年

## 五三　良医缓曰病入膏肓不可治

晋景公疾病，求医于秦。秦伯使医缓为之。未至，公梦疾为二竖子，曰："彼，良医也。惧伤我，焉逃之？"其一曰："居肓之上，膏之下，若我何？"医至，曰："疾不可为也。在肓之上，膏之下，攻之不可，达之不及，药不至焉，不可为也。"公曰："良医也。"厚为之礼而归之。

景公欲麦，将食，胀，如厕，陷而卒。

《左传》成公十年

## 五四　祁傒举荐不隐仇与子

晋悼公问群臣可用者，祁傒举解狐。解狐，傒之仇。复问，举其子祁午。君子曰："祁傒可谓不党矣，外举不隐仇，内举不隐子。"

《史记》卷三九

## 五五　晏平仲相齐

晏平仲婴者，事齐灵公、庄公、景公，以节俭力行重于齐。既相齐，食不重肉，妾不衣帛。其在朝，君语及之，即危言；语不及之，即危行。国有道，即顺命；无道，即衡命。

越石父贤，在缧绁中。晏子出，遭之途，解左骖赎之，载归。弗谢，入闺。久之，越石父请绝。晏子戄然，摄衣冠谢曰："婴虽不仁，免子于厄，何子求绝之速也？"石父曰："不然。吾闻君子屈于不知己而申于知己者。方吾在缧绁中，彼不知我也。夫子既已感寤而赎我，是知己；知己而无礼，固不如在缧绁之中。"晏子于是延入为上客。

晏子为齐相，出，其御之妻从门间而窥其夫。其夫为相御，拥大盖，策驷马，意气扬扬甚自得也。既而归，其妻请去。夫问其故。妻曰："晏子长不满六尺，身相齐国，名显诸侯。今者妾观其出，志念深矣，常有以自下者。今子长八尺，乃为人仆御，然子之意自以为足，妾是以求去也。"其后夫自抑损。晏子怪而问之，御以实对。晏子荐以为大夫。

《史记》卷六二

## 五六　晏婴不为庄公殉死

齐庄公与崔杼之妻通，数如崔氏。崔杼怒，遂弑之。晏婴立崔杼门外，曰："君为社稷死则死之，为社稷亡则亡之。若为己死己亡，非其私昵，谁敢任之。"门开而入，枕公尸而哭，三踊而出。人谓崔杼："必杀之。"崔杼曰："民之望也，舍之得民。"

《史记》卷三二

## 五七　崔杼杀齐太史

崔杼立庄公异母弟杵臼，是为景公。景公立，以崔杼为右相，庆封为左相。二相恐乱起，乃与国人盟曰："不与崔、庆者死！"晏子仰天曰："婴所不获，唯忠于君利社稷者是从。"不肯盟。庆封欲杀晏子，崔杼曰："忠臣也，舍之。"齐太史书曰"崔杼弑庄公"，崔杼杀之。其弟复书，崔杼复杀之。少弟复书，崔杼乃舍之。

《史记》卷三二

## 五八　晏婴谏景公

彗星见。齐景公曰："彗星出东北，当齐分野，寡人以为忧。"晏子曰："君高台深池，赋敛如弗得，刑罚恐弗胜，茀星将出，彗星何惧乎？"公曰："可禳否？"晏子曰："使神可祝而来，亦可禳而去也。百姓苦怨以万数，而君令一人禳之，安能胜众口乎？"是时景公好治宫室，聚狗马，奢侈，厚赋重刑，故晏子以此谏之。

《史记》卷三二

## 五九　司马穰苴之用兵

齐景公时，晋、燕侵齐。齐师败绩，景公患之。晏婴乃荐田穰苴曰："穰苴其人，文能附众，武能威敌，愿君试之。"景公召穰苴，与语兵事，大悦之，以为将军，将兵扞燕晋之师。穰苴曰："臣素卑贱，君擢之间伍之中，加之大夫之上，士卒未附，百姓不信，人微权轻，愿得君之宠臣，国之所尊，以监军，乃可。"于是景公许之，使庄贾往。穰苴既辞，与庄贾约曰："旦日日中会于军门。"

穰苴先驰至军，立表下漏待贾。贾素骄贵，以为将己之军而己为监，不甚急。亲戚左右送之，留饮。日中而贾不至。穰苴则仆表决漏，入，行军勒兵，申明约束。约束既定，夕时，庄贾乃至。穰苴曰："何后期为？"贾谢曰："不佞大夫亲戚送之，故留。"穰苴曰："将受命之日则忘其家，临军约束则忘其亲，援枹鼓之急则忘其身。今敌国深侵，邦内骚动，士卒暴露于境，君寝不安席、食不甘味，百姓之命皆悬于君，何谓相送乎！"召军正问曰："军法期而后至者云何？"对曰："当斩。"庄贾惧，使人驰报景公，请救。既往，未及反，于是遂斩庄贾以徇三军。三军之士皆振栗。久之，景公遣使者持节赦贾，驰入军中。穰苴曰："将在军，君令有所不受。"问军正曰："驰三军法何？"正曰："当斩。"使者大惧。穰苴曰："君之使不可杀之。"乃斩其仆，车之左驸，马之左骖，以徇三军。遣使者还报，然后行。

士卒次舍，井灶饮食问疾医药，身自拊循之。悉取将军之资粮享士卒，身与士卒平分粮食。三日而后勒兵。病者皆求行，争奋出为之赴战。晋师闻之，为罢去。燕师闻之，度水而解。于是追击之，遂取所亡封内故境而引兵归。

未至国，释兵旅，解约束，誓盟而后入邑。景公与诸大夫郊迎，劳师成礼，然后反归寝。既见穰苴，尊为大司马。

已而大夫鲍氏之属害之，谮于景公。景公退穰苴，苴发疾而死。

《史记》卷六四

## 六〇　田乞行阴德得众心

田乞事齐景公为大夫，其收赋税于民以小斗受之，其禀予民以大斗，行阴德于民，而景公弗禁。由此田氏得齐众心，宗族益强，民思田氏。晏子数谏景公，景公弗听。已而使于晋，与叔向私语曰："齐国之政卒归于田氏矣。"

《史记》卷四六

## 六一　齐桓侯不治病

扁鹊，姓秦，名越人。过齐，齐桓侯客之。入朝见，曰："君有疾，在腠理，不治将深。"桓侯曰："寡人无疾。"扁鹊出。桓侯谓左右曰："医之好利也，欲以不疾者为功。"后五日，扁鹊复见，曰："君有疾在血脉，不治恐深。"桓侯曰："寡人无疾。"扁鹊出，桓侯不悦。后五日，扁鹊复见，曰："君有疾在肠胃间，不治将深。"桓侯不应。扁鹊出，桓侯不悦。后五日，扁鹊复见，望见桓侯而退走。桓侯使人问其故。扁鹊曰："疾之居腠理也，汤熨之所及也；在血脉，针石之所及也；其在肠胃，酒醪之所及也；其在骨髓，虽司命无奈之何。今在骨髓，臣是以无请也。"后五日，桓侯体病，使人召扁鹊，扁鹊已逃去。桓侯遂死。

《史记》卷一〇五<br>（注：是时齐无桓侯，不可考。姑录之，以为诫。）

## 六二　子产预言不谬

子产之父子国与子耳侵蔡，获蔡司马公子燮。郑人皆喜，唯子产不顺，曰："小国无文德，而有武功，祸莫大焉。楚人来讨，能勿从乎？从之，晋师必至。晋、楚伐郑，自今郑国不四五年，弗得宁矣。"子国怒之曰："尔何知？国有大命，而有正卿。童子言焉，将为戮矣。"

其后证明，子产之预言不谬。

《左传》襄公八年

## 六三　子产问政然明

子产始知大夫然明，问为政焉。对曰："视民如子。见不仁者诛之，如鹰鹯之逐鸟雀也。"子产喜，以语子大叔，且曰："他日吾见蔑之面而已，今吾见其心矣。"子大叔问政于子产。子产曰："政如农功，日夜思之，思其始而成其终。朝夕而行之，行无越思，如农之有畔。其过鲜矣。"

《左传》襄公二十五年

## 六四　子产治郑

子产使都鄙有章，上下有服，田有封洫，庐井有伍。大人之忠俭者，从而与之。泰侈者，因而毙之。

从政一年，舆人诵之，曰："取我衣冠而储之，取我田畴而伍之。孰杀子产，吾其与之！"及三年，又诵之，曰："我有子弟，子产诲之。我有田畴，子产殖之。子产而死，谁其嗣之。"

《左传》襄公三十年

## 六五　子产不禁议执政之善否

郑人游于乡校，以论执政。然明谓子产曰："毁乡校，何如？"子产曰："何为？夫人朝夕退而游焉，以议执政之善否。其所善者，吾则行之。其所恶者，吾则改之。是吾师也，若之何毁之？我闻忠善以损怨，不闻作威以防怨。岂不遽止，然犹防川，大决所犯，伤人必多，吾不克救也，不如小决使道。不如吾闻而药之也。"然明曰："蔑也，今而后知吾子之信可事也，小人实不才。若果行此，其郑国实赖之，岂唯二三臣？"仲尼闻是语也，曰："以是观之，人谓子产不仁，吾不信也。"

郑相子产卒，郑人皆哭泣，悲之如亡亲戚。子产为人仁爱人，事君忠厚。孔子尝过郑，与子产如兄弟云。及闻子产死，孔子为泣曰："古之遗爱也。"

《左传》襄公三十一年；《史记》卷四二

## 六六　季札挂剑徐君墓

自泰伯至十九世孙寿梦，吴始大，称王。寿梦有子四人，长曰诸樊，次曰馀祭，次曰馀眛，次曰季札。季札贤，而寿梦欲立之，季札让不可，于是乃立长子诸樊。吴人固立季札，季札弃其室而耕，乃舍之。季札封于延陵，故号曰延陵季子。

季札使齐，说晏平仲曰："子速纳邑与政。无邑无政，乃免于难。齐国之政将有所归；未得所归，难未息也。"故晏子因陈桓子以纳政与邑，是以免于栾、高之难。

去齐，使于郑。见子产，如旧交。谓子产曰："郑之执政侈，难将至矣，政必及子。子为政，慎以礼。不然，郑国将败。"

适晋，说赵文子、韩宣子、魏献子曰："晋国其萃于三家乎！"将去，谓叔向曰："吾子勉之。君侈而多良，大夫皆富，政将在三家。吾子直，必思自免于难。"

季札之初使，北过徐君。徐君好季札剑，口弗敢言。季札心知之，为使上国，未献。还至徐，徐君已死，于是乃解其宝剑，系之徐君冢树而去。从者曰："徐君已死，尚谁予乎？"季子曰："不然。始吾心已许之，岂以死背吾心哉！"

《史记》卷三一

## 六七　程婴公孙杵臼救孤

晋景公之三年，屠岸贾欲诛赵氏。贾与诸将攻赵氏于下宫，杀赵朔、赵同等，皆灭其族。赵朔妻，有遗腹，走匿宫中。赵朔客公孙杵臼谓朔友人程婴曰："胡不死？"程婴曰："朔之妇有遗腹，若幸而男，吾奉之；即女也，吾徐死耳。"居无何，而朔妇娩身，生男。屠岸贾闻之，索于宫中。夫人置儿绔中，祝曰："赵宗灭乎，若号；即不灭，若无声。"及索，儿竟无声。

已脱，程婴谓公孙杵臼曰："今一索不得，后必且复索之，奈何？"公孙杵臼曰："立孤与死孰难？"程婴曰："死易，立孤难耳。"公孙杵臼曰："子强为其难者，吾为其易者，请先死。"乃二人谋取他人婴儿负之，衣以文葆，匿山中。程婴出，谬谓诸将军曰："婴不肖，不能立赵孤。谁能与我千金，吾告赵氏孤处。"诸将皆喜，许之，发师随程婴攻公孙杵臼。杵臼谬曰："小人哉程婴！昔与我谋匿赵氏孤儿，今又卖我。纵不能立，而忍卖之乎！"诸将遂杀杵臼与孤儿。然赵氏真孤乃反在，程婴卒与俱匿山中。

居十五年，景公召赵孤（名武）、程婴攻屠岸贾，灭其族。及赵武冠，为成人，程婴乃辞诸大夫，谓赵武曰："我将下报公孙杵臼。"赵武啼泣顿首固请，曰："武愿苦筋骨以报子至死，而子忍去我死乎！"程婴曰："不可。彼以我为能成事，故先我死；今我不报，是以我事为不成。"遂自杀。赵武服齐衰三年，为之祭邑，春秋祠之，世世勿绝。

《史记》卷四三

## 六八　和曰近女室不节不可治

晋平公求医于秦。秦景公使医和视之，曰："疾不可为也。是谓：'近女室，疾如蛊。非鬼非食，惑以丧志。良臣将死，天命不佑'。"公曰："女不可近乎？"对曰："节之。今君不节不时，能无及此乎？"

《左传》昭公元年

## 六九　赵简子忧不闻鄂鄂

赵简子有臣曰周舍，好直谏。周舍死，简子每听朝，常不悦。大夫请罪。简子曰："大夫无罪。吾闻千羊之皮不如一狐之腋。诸大夫朝，徒闻唯唯，不闻周舍之鄂鄂，是以忧也。"

《史记》卷四三

## 七〇　楚灵王之死

楚灵王伐徐以恐吴，次于乾溪，乐乾溪，不能去也。公子弃疾遂杀灵王太子禄，立子比为王。楚众皆溃，去灵王而归。

灵王闻太子禄之死也，自投车下，而曰："人之爱子亦如是乎？"侍者曰："甚是。"王曰："余杀人之子多矣，能无及此乎？"右尹曰："请待于郊以听国人。"王曰："众怒不可犯。"曰："且入大县而乞师于诸侯。"王曰："皆叛矣。"又曰："且奔诸侯以听大国之虑。"王曰："大福不再，只取辱耳。"于是王乘舟将欲入鄢。

灵王于是独傍偟山中，野人莫敢入王。王行遇其故铜人，谓曰："为我求食，我已不食三日矣。"铜人曰："新王下法，有敢馕王从王者，罪及三族，且又无所得食。"王因枕其股而卧。铜人又以土自代，逃去。王觉而弗见，遂饥弗能起。申亥遇王饥于厘泽，奉之以归。灵王死申亥家。

弃疾逼王比自杀，即位为王，是为平王。

《史记》卷四〇

## 七一　伍尚死节伍胥奔吴

楚平王使费无忌如秦为太子建娶妇。妇好，来，未至，无忌先归，说平王曰："秦女好，可自娶，为太子更求。"平王听之，卒自娶秦女，生熊珍。更为太子娶，是时伍奢为太子太傅，无忌为少傅。

无忌又日夜谗太子建于王。平王召其傅伍奢责之。伍奢知无忌谗，乃曰："王奈何以小臣疏骨肉？"无忌曰："今不制，后悔也。"于是王遂囚伍奢。太子建奔宋。

无忌曰："伍奢有二子，不杀者为楚国患。盍以免其父召之，必至。"于是王使使谓奢："能致二子则生，不能将死。"奢曰："尚至，胥不至。"王曰："何也？"奢曰："尚之为人，廉，死节，慈孝而仁，闻召而免父，必至，不顾其死。胥之为人，智而好谋，勇而矜功，知来必死，必不来。然为楚国忧者必此子。"于是王使人召之，曰："来，吾免尔父。"伍尚谓伍胥曰："闻父免而莫奔，不孝也；父戮莫报，无谋也；度能任事，智也。子其行矣，我其归死。"伍尚遂归。伍胥弯弓属矢，出见使者，曰："父有罪，何以召其子为？"将射，使者还走，遂出奔吴。伍奢闻之，曰："胥亡，楚国危哉。"楚人遂杀伍奢及尚。

《史记》卷四〇

## 七二　伍胥过昭关

伍胥奔吴。到昭关，昭关欲执之。伍胥遂步走，几不得脱。追者在后。至江，江上有一渔父乘船，知伍胥之急，乃渡伍胥。伍胥既渡，解其剑曰："此剑值百金，以与父。"父曰："楚国之法，得伍胥者赐粟五万石，爵执珪，岂徒百金剑邪！"不受。伍胥未至吴而疾，止中道，乞食。至于吴，吴王僚方用事，公子光为将。伍胥乃因公子光以求见吴王。

《史记》卷四〇

## 七三　公子光见伍子胥

伍子胥欲见吴王而不得。客有言之于公子光者，见之而恶其貌，不听其说而辞之。客请之公子光，公子光曰："其貌适吾所甚恶也。"客以闻伍子胥，伍子胥曰："此易故也。愿令王子居于堂上，重帷而见其衣若手，请因说之。"王子许。伍子胥说之半，公子光举帷，搏其手而与之坐。说毕，公子光大悦。伍子胥以为有吴国者，必公子光也，退而耕于野。七年，公子光代吴王僚为王。

《吕氏春秋·首时》

## 七四　专诸刺王僚

馀眛之子僚为王。公子光，诸樊之子也，常以为："吾父兄弟四人，当传至季子。季子即不受国，光父先立。即不传季子，光当立。"阴纳贤士，欲以袭王僚。

伍子胥之初奔吴，说吴王僚以伐楚之利。公子光曰："胥之父兄为僇于楚，欲自报其仇耳。未见其利。"于是伍员知光有他志，乃求勇士专诸，见之光。光喜，乃客伍子胥。子胥退而耕于野，以待专诸之事。

吴伐楚。公子光曰："此时不可失也。"告专诸曰："不索何获！我真王嗣，当立，吾欲求之。季子虽至，不吾废也。"专诸曰："王僚可杀也。母老子弱，而两公子将兵攻楚，楚绝其路。方今吴外困于楚，而内空无骨鲠之臣，是无奈我何。"光曰："我身，子之身也。"光伏甲士于窟室，而谒王僚饮。王僚使兵陈于道，自王宫至光之家，门阶户席，皆王僚之亲也。公子光伴为足疾，入于窟室，使专诸置匕首于炙鱼之中以进食。手匕首刺死王僚。专诸亦被杀。公子光代立为王，是为吴王阖庐。阖庐乃以专诸子为卿。

《史记》卷三一

## 七五　孙武小试勒兵

孙武者，齐人也。以兵法见于吴王阖庐。阖庐曰："子之十三篇，吾尽观之矣，可以小试勒兵乎？"对曰："可。"阖庐曰："可试以妇人乎？"曰："可。"于是许之，出宫中美女，得百八十人。孙子分为二队，以王之宠姬二人各为队长，皆令持戟。约束既布，乃设鈇钺，即三令五申之。于是鼓之右，妇人大笑。孙子曰："约束不明，申令不熟，将之罪也。"复三令五申而鼓之左，妇人复大笑。孙子曰："约束不明，申令不熟，将之罪也。既已明而不如法者，吏士之罪也。"乃欲斩左右队长。吴王下令曰："寡人已知将军能用兵矣。寡人非此二姬，食不甘味，愿勿斩也。"孙子曰："臣既已受命为将，将在军，君命有所不受。"遂斩队长二人以徇。用其次为队长，于是复鼓之。妇人左右前后跪起皆中规矩绳墨，无敢出声。于是孙子使使报王曰："兵既整齐，王可试下观之，唯王所欲用之，虽赴水火犹可也。"吴王曰："将军罢休就舍，寡人不愿下观。"于是阖庐知孙子能用兵，卒以为将。西破强楚，入郢，北威齐晋，显名诸侯，孙子与有力焉。

《史记》卷六五

## 七六　伍子胥鞭平王尸

吴王阖庐与子胥、伯嚭将兵伐楚，拔舒，杀吴亡将二公子。光谋欲入郢，将军孙武曰："民劳，未可，待之。"

六年后，吴袭楚，楚五战五败，吴兵遂入郢。子胥、伯嚭鞭平王之尸以报父仇。

《史记》卷三一

## 七七　申包胥哭秦廷

始伍子胥与申包胥为交，子胥之亡也，谓包胥曰："我必覆楚。"包胥曰："我必存之。"及吴兵入郢，伍子胥掘楚平王墓，出其尸，鞭之三百，然后已。申包胥亡于山中，使人谓子胥曰："子之报仇，其以甚乎！吾闻之，人众者胜天，天定亦能破人。子故平王之臣，亲北面而事之，今至于僇死人，此岂其无天道之极乎！"伍子胥曰："为我谢申包胥曰'吾日暮途远，吾故倒行而逆施之。'"于是申包胥走秦告急，求救于秦。秦不许。包胥立于秦廷，昼夜哭，七日七夜不绝其声。秦哀公怜之，曰："楚虽无道，有臣若是，可无存乎！"乃遣车五百乘救楚击吴，败吴兵于稷。楚昭王乃复入郢。

《史记》卷六六

## 七八　吴王夫差不听伍胥谏

吴伐越，越王句践迎击之檇李。越使死士挑战，三行造吴师，呼，自刭。吴师观之，越因伐吴，败之姑苏，伤吴王阖庐指，军却七里。吴王病伤而死。阖庐使立太子夫差，谓曰："尔而忘句践杀汝父乎？"对曰："不敢！"

夫差元年，以大夫伯嚭为太宰。习战射，常以报越为志。二年，吴王悉精兵以伐越，败之夫椒，报姑苏也。越王句践乃以甲兵五千人栖于会稽，使大夫种因吴太宰嚭请委国为臣妾。吴王将许之，伍子胥谏曰："今不因此而灭之，又将宽之，不亦难乎！且句践为人能辛苦，今不灭，后必悔之。"吴王不听，听太宰嚭，卒许越平，与盟而罢兵去。

吴王夫差闻齐景公死而大臣争宠，新君弱，乃兴师北伐齐。子胥谏曰："越王句践食不重味，衣不重采，吊死问疾，且欲有所用其众。此人不死，必为吴患。今越在腹心疾而王不先，而务齐，不亦谬乎！"吴王不听，遂北伐齐，败齐师于艾陵。

《史记》卷三一

## 七九　越王句践饮食尝胆

句践之困会稽也，喟然叹曰："吾终于此乎？"大夫文种曰："汤系夏台，文王囚羑里，晋重耳奔翟，齐小白奔莒，其卒王霸。由是观之，何遽不为福乎？"

吴既赦越，越王句践反国，乃苦身焦思，置胆于坐，坐卧即仰胆，饮食亦尝胆也。曰："汝忘会稽之耻邪？"身自耕作，夫人自织，食不加肉，衣不重采，折节下贤人，厚遇宾客，振贫吊死，与百姓同其劳。欲使范蠡治国政，蠡对曰："兵甲之事，种不如蠡；填抚国家，亲附百姓，蠡不如种。"于是举国政属大夫种，而使范蠡与大夫柘稽行成，为质于吴。二岁而吴归蠡。

《史记》卷四一

## 八〇　夫差赐伍胥自刎

越王句践率其众以朝吴，厚献遗之，吴王喜。唯子胥惧，曰："是豢吴也。"谏曰："越在腹心，今得志于齐，犹石田，无所用。"吴王不听。使于齐，子胥嘱其子于齐鲍氏，还报吴王。吴王闻之，大怒，赐子胥属镂之剑以死。将死，曰："树吾墓上以梓，令可为器。抉吾眼置之吴东门，以观越之灭吴也。"

《史记》卷三一

## 八一　夫差不同于阖庐

楚子西叹于朝，蓝尹亹问其故，子西曰："阖庐能败吾师。阖庐即世，吾闻其嗣又甚焉。吾是以叹。"对曰："子患政德之不修，无患吴矣。夫阖庐口不贪嘉味，耳不乐逸声，目不淫于色，身不怀于安，朝夕勤志，恤民之羸，闻一善若惊，得一士若赏，有过必悛，有不善必惧，是故得民以济其志。今吾闻夫差好疲民力以成私好，纵过而翳谏，一夕之宿，台榭陂池必成，六畜玩好必从。夫差先自败也已，焉能败人。子修德以待吴，吴将毙矣。"

《国语》卷一八

## 八二　越灭吴夫差自杀

居三年，句践召范蠡曰："吴已杀子胥，导谀者众，可乎？"对曰："未可。"

至明年春，吴王北会诸侯于黄池，吴国精兵从王，惟独老弱与太子留守。句践复问范蠡，蠡曰"可矣"。乃伐吴。吴师败，遂杀吴太子。越自度未能灭吴，乃与吴平。

其后四年，越复伐吴。吴士民疲弊，轻锐尽死于齐、晋。而越大破吴，因而留，围之三年。吴师败，越遂复栖吴王于姑苏之山。句践使人谓吴王曰："吾置王甬东，君百家。"吴王谢曰："吾老矣，不能事君王！"遂自杀。乃蔽其面，曰："吾无面以见子胥也。"越王乃葬吴王而诛太宰嚭。

《史记》卷四一

## 八三　范蠡走文种死

句践平吴后，范蠡遂去，遗文种书曰："蜚鸟尽，良弓藏；狡兔死，走狗烹。越王为人长颈鸟喙，可与共患难，不可与共乐。子何不去？"种见书，称病不朝。人或谗种且作乱，越王乃赐种剑曰："子教寡人伐吴七术，寡人用其三而败吴,其四在子,子为我从先王试之。"种遂自杀。

《史记》卷四一

## 八四　范蠡治产成巨富

范蠡事越王句践,既苦身戮力,与句践深谋二十余年,竟灭吴,报会稽之耻,北渡兵于淮,以临齐、晋,号令中国,以尊周室,句践以霸,而范蠡称上将军。还返国,范蠡以为大名之下,难以久居,且句践为人可与同患,难与处安,乃装其轻宝珠玉,自与其私徒属乘舟浮海以行,终不返。于是句践表会稽山以为范蠡奉邑。

范蠡浮海出齐,变姓名,自谓鸱夷子皮,耕于海畔,苦身戮力,父子治产。居无几何,致产数十万。齐人闻其贤,以为相。范蠡喟然叹曰:"居家则致千金,居官则至卿相,此布衣之极也。久受尊名,不祥。"乃归相印,尽散其财,以分与知友乡党,而怀其重宝,间行以去,止于陶。以为此天下之中,交易有无之路通,为生可以致富矣。于是自谓陶朱公。候时转物,逐什一之利。居无何,则致赀累巨万。

《史记》卷四一

## 八五　老子著《道德经》

老子,姓李,名耳,字聃,周守藏室之史也。

孔子适周，问礼于老子。老子曰："吾闻之，良贾深藏若虚，君子盛德容貌若愚。去子之骄气与多欲，态色与淫志，是皆无益于子之身。吾所以告子，若是而已。"孔子去，谓弟子曰："鸟，吾知其能飞；鱼，吾知其能游；兽，吾知其能走。走者可以为罔，游者可以为纶，飞者可以为矰。至于龙，吾不能知其乘风云而上天。吾今日见老子，其犹龙邪！"

老子修道德，其学以自隐无名为务。居周久之，见周之衰，乃遂去。至函谷关，关令尹喜曰："子将隐矣，强为我著书。"于是老子乃著书上下篇，言道德之意五千馀言而去，莫知其所终。

《史记》卷六三

## 八六　孔子生平

孔子，其先宋人也。其父叔梁纥与颜氏女野合而生孔子曲阜，生而首上圩顶，因名曰丘云。字仲尼，姓孔氏。

孔子贫且贱。及长，尝为季氏史，料量平。尝为司职吏而畜蕃息。孔子长九尺有六寸，人皆谓之"长人"。

时鲁自大夫以下皆僭离于正道。故孔子不仕，退而修诗书礼乐，弟子弥众，至自远方，莫不受业焉。

鲁定公十四年，孔子年五十六，由大司寇行摄相事，有喜色。门人曰："闻君子祸至不惧，福至不喜。"孔子曰："有是言也。不曰'乐其以贵下人'乎？"于是诛鲁大夫乱政者少正卯。与闻国政三月，途不拾遗。

季桓子受齐女乐，三日不听政；郊，又不致祭肉于大夫。孔子遂行，宿乎屯。而师己送，曰："夫子则非罪。"孔子曰："盖优哉游哉，维以卒岁。"师己返，桓子曰："孔子亦何言？"师己以实告。桓子喟然叹曰："夫子罪我以群婢故也夫！"

孔子将适陈，过匡。匡人以为鲁之阳虎，拘焉五日。颜渊后至，子曰："吾以汝为死矣。"颜渊曰："子在，回何敢死。"匡人拘孔子益急，弟子惧。孔子曰："文王既没，文不在兹乎？天之将丧斯文也，后死者不得与于斯文也。天之未丧斯文也，匡人其如予何！"

卫灵公夫人有南子者，使人谓孔子曰："四方之君子不辱欲与寡君为兄弟者，必见寡小君。寡小君愿见。"孔子辞谢，不得已而见之。夫人在绤帷中。孔子入门，北面稽首。夫人自帷中再拜，环佩玉声璆然。子路不悦。孔子矢之曰："予所不者，天厌之！天厌之！"居卫月馀，灵公与夫人同车，使孔子为次乘，招摇市过之。孔子曰："吾未见好德如好色者也。"于是丑之。

孔子去卫适宋，与弟子习礼大树下。宋司马桓魋欲杀孔子，拔其树。孔子去。弟子曰："可以速矣。"孔子曰："天生德于予，桓魋其如予何！"

孔子适郑，与弟子相失，独立郭东门。郑人或谓子贡曰："东门有人，其颡似尧，其项类皋陶，其肩类子产，然自腰以下不及禹三寸。累累若丧家之狗。"子贡以实告孔子。孔子欣然笑曰："形状，末也。而谓似丧家之狗，然哉！然哉！"

孔子居陈三岁，陈常被寇。孔子曰："归与归与！吾党之小子狂简，进取不忘其初。"于是孔子去陈。后，周游于楚、卫，均不见用。

孔子去鲁十四年而返乎鲁。序《书传》，删《诗》为三百篇，读《易》韦编三绝。孔子以诗书礼乐教，弟子盖三千焉，身通六艺者七十有二人。

子曰："君子病没世而名不称焉。吾道不行矣，吾何以自见于后世哉？"乃因史记作《春秋》，上至隐公，下讫哀公十四年，十二公。约其文辞而指博。《春秋》之义行，则天下乱臣贼子惧焉。孔子在位听讼，文辞有可与人共者，弗独有也。至于为《春秋》，笔则笔，削则削，子夏之徒不能赞一辞。弟子受《春秋》，孔子曰："后世知丘者以《春秋》，而罪丘者亦以《春秋》。"

孔子年七十三，以鲁哀公十六年四月己丑卒。

《史记》卷四七

## 八七　孔子与老子师襄子等对

孔子适周问礼，见老子。辞去，老子送之曰："吾闻富贵者送人以财，仁人者送人以言。吾不能富贵，窃仁人之号，送子以言，曰'聪明深察而近于死者，好议人者也。博辩广大危其身者，发人之恶者也。为人子者毋以有己，为人臣者毋以有己'。"

子路曰："由闻诸夫子，'其身亲为不善者，君子不入也'。今佛肸亲以中牟叛，子欲往，如之何？"孔子曰：

"有是言也。不曰坚乎，磨而不磷；不曰白乎，涅而不淄。我岂匏瓜也哉，焉能系而不食？"

孔子学鼓琴师襄子，十日不进。师襄子曰："可以益矣。"孔子曰："丘已习其曲矣，未得其数也。"有间，曰："已习其数，可以益矣。"孔子曰："丘未得其志也。"有间，曰："已习其志，可以益矣。"孔子曰："丘未得其为人也。"有间，有所穆然深思焉，有所怡然高望而远志焉。曰："丘得其为人，非文王其谁能为此也！"师襄子避席再拜，曰："师盖云《文王操》也。"

叶公问政，孔子曰："政在来远附迩。"他日，叶公问孔子于子路，子路不对。孔子闻之，曰："由，尔何不对曰'其为人也，学道不倦，诲人不厌，发愤忘食，乐以忘忧，不知老之将至'云尔。"

他日，子路行，遇荷蓧丈人，曰："子见夫子乎？"丈人曰："四体不勤，五谷不分，孰为夫子！"植其杖而芸。子路以告，孔子曰："隐者也。"复往，则亡。

孔子在陈蔡之间，不得行，绝粮。从者病，莫能兴。孔子讲诵弦歌不衰。子路愠见曰："君子亦有穷乎？"孔子曰："君子固穷，小人穷斯滥矣。"

孔子曰："赐，尔以予为多学而识之者与？"曰："然。非与？"孔子曰："非也。予一以贯之。"

《史记》卷四七

## 八八　孔子叹目与心不足恃

孔子穷乎陈、蔡之间，藜羹不斟，七日不尝粒。昼寝。颜回索米，得而爨之，几熟。孔子望见颜回攫其甑中而食之。选间，食熟，谒孔子而进食。孔子佯为不见之。孔子起曰："今者梦见先君，食洁而后馈。"颜回对曰："不可。向者煤炱入甑中，弃食不祥，回攫而饭之。"孔子叹曰："所信者目也，而目犹不可信；所恃者心也，而心犹不足恃。弟子记之，知人固不易矣。"

《吕氏春秋·任数》

## 八九　孔子评颜回

颜回者，鲁人也，字子渊。少孔子三十岁。

颜回问仁，孔子曰："克己复礼，天下归仁焉。"

孔子曰："贤哉回也！一箪食，一瓢饮，在陋巷，人不堪其忧，回也不改其乐。""回也如愚；退而省其私，亦足以发，回也不愚。""用之则行，舍之则藏，唯我与尔有是夫！"

回年二十九，发尽白，早死。孔子哭之恸，曰："自吾有回，门人益亲。"鲁哀公问："弟子孰为好学？"孔子对曰："有颜回者好学，不迁怒，不贰过。不幸短命死矣，今也则亡。"

《史记》卷六七

## 九〇　孔子评子路

仲由，字子路，卞人也。少孔子九岁。

子路性鄙，好勇力，志伉直，冠雄鸡，佩猳豚，陵暴孔子。孔子设礼稍诱子路，子路后儒服委质，因门人请为弟子。

子路问政，孔子曰："先之，劳之。"请益。曰："无倦。"

子路问："君子尚勇乎？"孔子曰："义之为上。君子好勇而无义则乱，小人好勇而无义则盗。"

子路有闻，未之能行，唯恐有闻。

孔子曰："片言可以折狱者，其由也与！""由也好勇过我，无所取材。""若由也，不得其死然。""衣敝缊袍与衣狐貉者立而不耻者，其由也与！""由也升堂矣，未入于室也。"

季康子问："仲由仁乎？"孔子曰："千乘之国可使治其赋，不知其仁。"

《史记》卷六七

## 九一　夫子之道大不容何病

孔子曰："赐，《诗》云'匪兕匪虎，率彼旷野'。吾道非邪？吾何为于此？"子贡曰："夫子之道至大也，故天下莫能容夫子。夫子盖少贬焉？"孔子曰："赐，良农能稼而不能为穑，良工能巧而不能为顺。君子能修其道，纲而纪之，统而理之，而不能为容。今尔不修尔道而求为容。赐，而志不远矣。"

子贡出，颜回入见。孔子曰："回，《诗》云'匪兕匪虎，率彼旷野'。吾道非邪？吾何为于此？"颜回曰："夫子之道至大，故天下莫能容。虽然，夫子推而行之，不容何病？不容然后见君子。夫道之不修也，是吾丑也。夫道既已大修而不用，是有国者之丑也。不容何病，不容然后见君子。"孔子欣然而笑曰："有是哉！颜氏之子。使尔多财，吾为尔宰。"

《史记》卷四七

## 九二　伯牙与钟子期

伯牙鼓琴，钟子期听之。方鼓琴而志在太山，钟子期曰："善哉乎鼓琴，巍巍乎若太山。"少选之间，而志在流水，钟子期又曰："善哉乎鼓琴，汤汤乎若流水。"钟子期死，伯牙破琴绝弦，终身不复鼓琴，以为世无足复为鼓琴者。非独琴若此也，贤者亦然。虽有贤者，而无礼以接之，贤奚由尽忠？犹御之不善，骥不自千里也。

《吕氏春秋·本味》

## 九三　宓子贱与巫马期

宓子贱治单父，弹鸣琴，身不下堂，而单父治。巫马期以星出，以星入，日夜不居，以身亲之，而单父亦治。巫马期问其故于宓子，宓子曰："我之谓任人，子之谓任力；任力者故劳，任人者故逸。"宓子则君子矣。逸四肢，全耳目，平心气，而百官以治。

《吕氏春秋·察贤》

# 战 国

公元前 403 年至前 256 年

## 一　智果评智伯之才与德

晋智宣子将以瑶为后，智果曰："瑶之贤于人者五，美鬓长大，射御足力，伎艺毕给，巧文辩惠，强毅果敢，有此五贤而甚不仁。以其五贤陵人而以不仁行之，其谁能待之。"弗听。

智伯（即瑶）为政后，恃强凌弱，索地于韩、魏，皆与之，以纵其欲，骄其志，所谓"将欲取之，必姑与之"。又求地于赵，勿与。赵乃联合韩、魏，共击败智伯军，杀智伯，灭其族。

周威烈王二十三年，命晋大夫魏斯、赵籍、韩虔为诸侯。是谓三家分晋，战国时期自此始。

《通鉴》卷一

## 二　魏文侯贤人是礼

初，魏绛事晋悼公。悼公三年，会诸侯。悼公弟杨干乱行，魏绛辱杨干。悼公怒曰："合诸侯以为荣，今辱吾弟！"将诛魏绛。或说悼公，悼公止。卒任魏绛政。其后传至斯，是为文侯。

文侯受子夏经艺，客段干木，过其闾，未尝不轼也。秦尝欲伐魏，或曰："魏君贤人是礼，国人称仁，上下和合，未可图也。"文侯由此得誉于诸侯。

《史记》卷四四

## 三　魏文侯待士与官

魏文侯见段干木，立倦而不敢息。反见翟黄，踞于堂而与之言。翟黄不悦，文侯曰："段干木官之则不肯，禄之则不受；今汝欲官则相位，欲禄则上卿。既受吾实，又责吾礼，无乃难乎？"文侯好礼士，故南胜荆于连堤，东胜齐于长城，虏齐侯。

《吕氏春秋·下贤》

## 四　魏文侯不失期

文侯与虞人期猎。是日，饮酒乐，天雨。文侯将出，左右曰："今日饮酒乐，天又雨，公将焉之？"文侯曰："吾与虞人期猎，虽乐，岂可不一往会其所期哉！"乃往，身自罢之。魏于是乎始强。

《战国策》卷二三

## 五　魏文侯以田子方为师

魏文侯以田子方为师。两人方饮，文侯曰："钟声不比乎？左高。"田子方笑曰："臣闻之，君明乐官，不明乐音。今君审于音，臣恐其聋于官也。"文侯曰："善。"

《通鉴》卷一

## 六　田子方论贫贱者骄人

魏文侯之子击，遭田子方于道，下车伏谒。子方不为礼。子击怒曰："富贵者骄人乎？贫贱者骄人乎？"子方曰："亦贫贱者骄人耳，富贵者安敢骄人！国君骄人则失其国，大夫骄人则失其家。失其国者未闻有以国待之者，失其家者未闻有以家待之者。夫士贫贱者，言不用，行不合，则纳履而去耳。安往而不得贫贱哉！"

《通鉴》卷一

## 七　李克论识人之法

魏文侯谓李克曰："先生尝有言：'家贫思良妻，国乱思良相。'今所置非成则璜，二子何如？"对曰："卑不谋尊，疏不谋戚。臣在阙门之外，不敢当命。"文侯曰："先生临事勿让。"克曰："居视其所亲，富视其所与，达视其所举，穷视其所不为，贫视其所不取。五者足以定之矣。何待克哉！"文侯曰："先生就舍，吾之相定矣。"

《通鉴》卷一

## 八　西门豹为邺令

西门豹为邺令，而辞乎魏文侯。文侯曰："子往矣，必就子之功而成子之名。"

西门豹曰："敢问就功成名，亦有术乎？"文侯曰："有之。夫乡邑老者而先受坐之，士子入而问其贤良之士而师事之，求其好掩人之美而扬人之丑者而参验之。夫物多相类而非也，幽莠之幼也似禾，犁牛之黄也似虎，白骨疑象，武夫石类玉，此皆似之而非者也。"

《战国策》卷二三

## 九　西门豹止为河伯娶妇

西门豹到邺，会长老，问之民所疾苦。长老曰："苦为河伯娶妇，以故贫。"豹问其故，对曰："邺三老、廷掾常岁赋敛百姓，收取其钱得数百万，用其二三十万为河伯娶妇，与祝巫共分其馀钱持归。当其时，巫行视小家女好者，云是当为河伯妇，即娉取。洗沐之，为治新缯绮縠衣，间居斋戒。为治斋宫河上，张缇绛帷，女居其中。为具牛酒饭食，十馀日。共粉饰之，如嫁女床席，令女居其上，浮之河中。始浮，行数十里乃没。其人家有好女者，恐大巫祝为河伯取之，以故多持女远逃亡。以故城中益空无人，又困贫，所从来久远矣。"西门豹曰："至为河伯娶妇时，原三老、巫祝、父老送女河上，幸来告语之，吾亦往送女。"皆曰："诺。"

至其时，西门豹往会之河上。三老、官属、豪长者、里父老皆会，人民往观之者三二千人。其巫，老女子也，已年七十。从弟子女十人所，皆衣缯单衣，立大巫后。西门豹曰："呼河伯妇来，视其好丑。"即将女出帷中，来至前。豹视之，顾谓三老、巫祝、父老曰："是女子不好，烦大巫妪为入报河伯，得更求好女，后日送之。"即使吏卒共抱大巫妪投之河中。有顷，曰："巫妪何久也？弟子趣之。"复以弟子一人投河中。有顷，曰："弟子何久也？复使一人趣之。"复投一弟子河中。凡投三弟子。西门豹曰："巫妪弟子是女子也，不能白事，烦三老为入白之。"复投三老河中。西门豹向河立待良久。长老、吏傍观者皆惊恐。西门豹顾曰："巫妪、三老不来还，奈之何？"欲复使廷掾与豪长者一人入趣之。皆叩头，额血流地，色如死灰。西门豹曰："诺，且留待之须臾。"须臾，豹曰："廷掾起矣。状河伯留客之久，若皆罢去归矣。"邺吏民大惊恐，从是以后，不敢复言为河伯娶妇。

西门豹即发民凿十二渠，引河水灌民田，田皆溉。当其时，民治渠少烦苦，不欲也。豹曰："今父老子弟虽患苦我，然百岁后期令父老子孙思我言。"至今皆得水利。西门豹为邺令，名闻天下，泽流后世。

《史记》卷一二六

## 一〇　魏文侯信用乐羊

魏攻中山，乐羊将。已得中山，还反报文侯，有贵功之色。文侯知之，命主书曰："群臣宾客所献书者，操以进之。"主书举两箧以进。令将军视之，书尽难攻中山之事也。将军还走，北面再拜曰："中山之举，非臣之力，君之功也。"

《吕氏春秋·乐成》

## 一一　吴起功成招怨致死

吴起者，卫人，仕于鲁。齐伐鲁。起之妻为齐人，鲁人疑之。起杀妻以求将，大破齐师。或谮之鲁侯曰："起母死不奔丧，杀妻以求将，残忍薄行人也。"起恐得罪，闻魏文侯贤，乃往归之。文侯问李克，对曰："起贪而好色，然用兵，司马穰苴弗如也。"于是，文侯以为将，击秦，拔五城。

起之为将，与士卒最下者同衣食，卧不设席，行不骑乘，亲裹赢粮，与士卒分劳苦。卒有病疽者，起为吮之。卒母闻而哭。人曰："何哭为？"母曰："往年吴公吮其父疽，其父战不旋踵，遂死于敌。吴公今又吮其子，妾不知其死所矣。是以哭之。"

魏文侯卒，太子击立，是为武侯。武侯浮西河而下，中流顾吴起曰："美哉山河之固，此魏国之宝也。"对曰：

"在德不在险。"

武侯之相公叔进谗言,并设计陷之。起惧,遂奔楚。楚悼王闻其贤,任之为相。起明法审令,捐不急之官,废公族疏远者,以抚养战斗之士,要在强兵,破游说之言纵横者。于是南平百越,北却三晋,西伐秦,诸侯皆患楚之强,而楚贵戚大臣多怨吴起者。

楚悼王卒,贵戚大臣作乱,攻吴起。起走之王尸而伏之。击起之徒因射刺起,并中王尸。肃王即位,尽诛为乱者,坐起灭宗者七十馀家。

《通鉴》卷一

## 一二　吴起先见而泣

吴起治西河之外,王错谮之于魏武侯,武侯使人召之。吴起至于岸门,止车而休,望西河,泣数行而下。其仆谓之曰:"窃观公之志,视舍天下若舍屣。今去西河而泣,何也?"吴起雪泣而应之曰:"子弗识也。君诚知我,而使我毕能,秦必可亡,而西河可以王。今君听谗人之议,而不知我,西河之为秦也不久矣,魏国从此削矣。"吴起果去魏入荆,而西河毕入秦。魏日以削,秦日益大。此吴起之所以先见而泣也。

《吕氏春秋·观表》

## 一三　李克论吴国之亡

魏武侯之居中山也,问于李克曰:"吴之所以亡者何也?"李克对曰:"骤战而骤胜。"武侯曰:"骤战而骤胜,国家之福也,其独以亡,何故?"对曰:"骤战则民疲,骤胜则主骄。以骄主使疲民,然而国不亡者,天下少矣。骄则恣,恣则极物;疲则怨,怨则极虑。上下俱极,吴之亡犹晚。此夫差之所以自殁也。"

《吕氏春秋·适威》

## 一四 子思论君自以为是之祸

卫文侯言计非是,而群臣和者如出一口。子思曰:"以吾观卫,所谓'君不君,臣不臣'者也。"公丘懿子曰:"何乃若是?"子思曰:"人主自臧,众谋不进,事是而臧之,犹却众谋,况和非以长恶乎!夫不察事之是非而悦人赞己,暗莫甚焉;不度理之所在而阿谀求容,谄莫甚焉。君暗臣谄以居百姓之上,民不与也。若此不已,国无类矣!"

子思言于卫文侯曰:"君出言而自以为是,而卿大夫莫敢矫其非;卿大夫出言亦自以为是,而士庶人莫敢矫其非。君臣自贤矣,而群下同声贤之,贤之则顺而有福,矫之则逆而有祸,如此则善安生!《诗》曰:'具曰予圣,谁知乌之雌雄?'"

《通鉴》卷一

## 一五 孟子见梁惠王

梁惠王数被于军旅,卑礼厚币以招贤者。邹衍、淳于髡、孟轲皆至梁。梁惠王曰："寡人不佞，兵三折于外，太子虏，上将死，国以空虚，以羞先君宗庙社稷，寡人甚丑之。叟不远千里，辱幸至弊邑之廷，将何利吾国？"孟轲曰："君不可以言利若是。夫君欲利则大夫欲利，大夫欲利则庶人欲利，上下争利，国则危矣。为人君，仁义而已矣，何以利为！"

《史记》卷一四

## 一六　孟子曰天下定于一

孟子见魏襄王，出而语人曰："望之不似人君，就之而不见所畏焉。王卒然问曰：'天下恶乎定？'吾对曰：'定于一。''孰能一之？'对曰：'不嗜杀人者能一之。''孰能与之？'对曰：'天下莫不与也。久旱而油然作云，沛然下雨，其如是，孰能御之。'"

《通鉴》卷三

## 一七　孟子曰圣人过则改之

陈贾曰："圣人亦有过与？"孟子曰："古之君子，过则改之；今之君子，过则顺之。古之君子，其过也如日月之食，民皆见之；及其更也，民皆仰之。今之君子，岂徒顺之，又从为之辞。"

《通鉴》卷三

## 一八　孟子不合时退而著书

孟轲，受业子思之门人。道既通，游事齐宣王，宣王不能用。适梁，梁惠王不果所言，则见以为迂远而阔于事情。当是之时，秦用商君，富国强兵；楚、魏用吴起，战胜弱敌；齐威王、宣王用孙子、田忌之徒，而诸侯东面朝齐。天下方务于合纵连衡，以攻伐为贤，而孟轲乃述唐、虞、三代之德，是以所如者不合。退而与万章之徒序《诗》《书》，述仲尼之意，作《孟子》七篇。

邹衍后于孟子。衍睹有国者益淫侈，不能尚德。乃深观阴阳消息而作怪迂之变，《终始》《大圣》之篇十馀万言。其语闳大不经，必先验小物，推而大之，至于无垠。

《史记》卷七四

## 一九　淳于髡见梁惠王

淳于髡，齐人也。博闻强记，学无所主。其谏说，慕晏婴之为人也，然而承意观色为务。客有见髡于梁惠王，惠王屏左右，独坐而再见之，终无言也。惠王怪之，以让客曰："子之称淳于先生，管、晏不及，及见寡人，寡人未有得也。岂寡人不足为言邪？何故哉？"客以谓髡。髡曰："固也。吾前见王，王志在驱逐；后复见王，王志在音声。吾是以默然。"客具以报王，王大骇，曰："嗟乎，淳于先生诚圣人也！前淳于先生之来，人有献善马者，寡人未及视，会先生至。后先生之来，人有献讴者，未及试，亦会先生来。寡人虽屏人，然私心在彼，有之。"后淳于髡见，壹语连三日三夜无倦。惠王欲以卿相位待之，髡因谢去。于是送以安车驾驷，束帛加璧，黄金百镒。终身不仕。

《史记》卷七四

## 二〇 庄子论材与不材

庄子行于山中，见木甚美长大，枝叶盛茂，伐木者止其旁而弗取。问其故，曰："无所可用。"庄子曰："此以不材得终其天年矣。"出于山，及邑，舍故人之家。故人喜，具酒肉，令竖子为杀雁飨之。竖子请曰："其一雁能鸣，一雁不能鸣，请奚杀？"主人之公曰："杀其不能鸣者。"

明日，弟子问于庄子曰："昔者山中之木以不材得终天年，主人之雁以不材死，先生将何以处？"庄子笑曰："周将处于材、不材之间。材、不材之间，似之而非也，故未免乎累。若夫道德则不然。无讦无訾，一龙一蛇，与时俱化，而无肯专为；一上一下，以禾为量，而浮游乎万物之祖，物物而不物于物，则胡可得而累？"

《吕氏春秋·必己》

## 二一 列子辞子阳之粟

列子穷，容貌有饥色。客有言之于郑子阳者，曰："列御寇，盖有道之士也，居君之国而穷，君无乃为不好士乎？"郑子阳令官遗之粟数十秉。列子出见使者，再拜而辞。使者去，列子入，其妻望而拊心，曰："闻为有道者妻子，皆得逸乐。今妻有饥色矣，君过而遗先生食，先生又弗受也。岂非命也哉？"

列子笑而谓之曰："君非自知我也，以人之言而遗我粟，此吾所以不受也。"其卒民果作难，杀子阳。受人之养而不死其难，则不义；死其难，则死无道也。死无道，逆也。列子除不义、去逆也，岂不远哉？

《吕氏春秋·观世》

## 二二　子顺耻尸利素餐

子顺，孔子六世孙。魏王闻子顺贤，遣使奉黄金束帛，聘以为相。子顺曰："若王能信用吾道，吾道固为治世也，虽蔬食饮水，吾犹为之。若徒制服吾身，委以重禄，吾犹一夫耳，魏王奚少于一夫！"使者固请，子顺乃之魏，魏王以为相。凡九月，陈大计辄不用，乃喟然曰："言不当于主，居人之官，食人之禄，是尸利素餐，吾罪深矣！"退而以病致仕。

《通鉴》卷五

## 二三　公叔痤不以功自居

魏公叔痤为魏将，而与韩、赵战浍北，擒乐祚。魏王悦，迎郊，以赏田百万禄之。公叔痤反走，再拜辞，归功于其师吴起之教，同僚巴宁、爨襄之力，王法之明。仅曰："见敌之可也，鼓之不敢怠倦者，臣也。王特为臣之右手不倦赏臣，何也？臣何力之有乎？"王曰："善。"于是索吴起之后，赐之田二十万。巴宁、爨襄田各十万。

惠王曰："公叔岂非长者哉？既为寡人胜强敌矣，又不遗贤者之后，不掩能士之迹，公叔何可无益乎？"故又与田四十万，加之百万之上，使百四十万。

故《老子》曰："圣人无积，尽以为人己愈有；既以与人己愈多。"公叔当之矣。

《战国策》卷二三

## 二四　季子曰服牛骖骥牛马俱死

公孙衍为魏将，与其相田繻不善。季子为衍谓梁王曰："王独不见夫服牛骖骥乎？不可以行百步。今王以衍为可使将，故用之也；而听相之计，是服牛骖骥也。牛马俱死，而不能成其功，王之国必伤矣！愿王察之。"

《战国策》卷二三

## 二五　梁惠王觞诸侯于范台

梁惠王魏婴觞诸侯于范台。酒酣，请鲁君举觞。鲁君兴，避席择言曰："昔者，帝女令仪狄作酒而美，进之禹，禹饮而甘之，遂疏仪狄，绝旨酒，曰：'后世必有以酒亡其国者。'齐桓公夜半不快，易牙乃煎熬燔炙，和调五味而进之，桓公食之而饱，至旦不觉，曰：'后世必有以味亡其国者。'晋文公得南之威，三日不听朝，遂推南之威而远之，曰：'后世必有以色亡其国者。'楚王登强台而望崩山，左江而右湖，以临彷徨，其乐忘死，遂盟强台而弗登，曰：'后世必有以高台陂池亡其国者。'今主君之尊，仪狄之酒也；主君之味，易牙之调也；左白台而右闾须，南威之美也；前夹林而后兰台，强台之乐也。有一于此，足以亡其国。今主君兼此四者，可无戒与！"梁王称善相属。

《战国策》卷二三

## 二六　魏惠王葬期之更改

魏惠王死，葬有日矣。天大雨雪，至于牛目，坏城郭，且为栈道而葬。群臣多谏太子者，曰："雪甚如此而丧行，民必甚病之。官费又恐不给，请弛期更日。"太子曰："为人子而以民劳与官费用之故，而不行先王之丧，不义也。子勿复言。"群臣皆不敢言。

惠施见太子曰："葬有日矣。"太子曰："然。"惠公曰："昔王季历葬于楚山之尾也，灓水啮其墓，见棺之前端。文王曰：'嘻！先君必欲一见群臣百姓也夫，故使灓水见之。'于是出而为之张于朝，百姓皆见之，三日而后更葬。此文王之义也。今葬有日矣，而雪甚，及牛目，难以行，愿太子更日。先王必欲少留而扶社稷、安黔首也，故使雪甚。因弛期而更为日，此文王之义也。若此而勿为，意者羞法文王乎？"太子曰："甚善。敬弛期，更择日。"

《战国策》卷二三

## 二七　惠施诫田需

田需贵于魏王，惠施曰："子必善左右。今夫杨，横树之则生，倒树之则生，折而树之又生。然使十人树杨，一人拔之，则无生杨矣。故以十人之众，树易生之物，然而不胜一人者，何也？树之难而去之易也。今子虽自树于王，而欲去子者众，则子必危矣。"

《战国策》卷二三

## 二八　淳于髡说齐毋伐魏

齐欲伐魏，魏使人谓淳于髡曰："齐欲伐魏，能解魏患唯先生也。敝邑有宝璧二双，文马二驷，请致之先生。"淳于髡曰："诺。"入说齐王曰："魏，齐之与国也。夫伐与国，使仇敌制其馀敝，名丑而实危，为王弗取也。"齐王曰："善。"乃不伐魏。

客谓齐王曰："淳于髡言不伐魏者，受魏之璧、马也。"王以谓淳于髡曰："闻先生受魏之璧、马，有诸？"

曰："有之。""然则先生之为寡人计之何如？"淳于髡曰："伐魏之事若诚不便，魏虽封髡，于王何损？且夫王无伐与国之诽，魏无见亡之危，百姓无被兵之患，髡有璧、马之宝于王何伤乎？"

苏代为燕说齐，未见齐王，先说淳于髡曰："人有卖骏马者，比三旦立市，人莫之知。往见伯乐曰：'臣有骏马欲卖之，比三旦立于市，人莫与言，愿子还而视之，去而顾之，臣请献一朝之贾。'伯乐乃还而视之，去而顾之，一旦而马价十倍。今臣欲以骏马见于王，莫为臣先后者，足下有意为臣伯乐乎？臣请献白璧一双，黄金千镒，以为马食。"淳于髡曰："谨闻命矣。"

入言之王而见之，齐王大说苏子。

《战国策》卷二四、卷三〇

## 二九　侯生教信陵君窃符救赵

魏公子无忌仁而下士，致食客三千人。魏有隐士侯嬴，年七十，家贫，为夷门监。公子大会宾客，坐定，公子从车骑自迎侯生。侯生上坐不让，又谓公子曰："臣有客在市屠中，愿枉车骑过之。"公子引车入市，侯生下见其客朱亥，久与客语，微察公子色愈和，乃谢客，就车。至公子家，引侯生上坐，宾客皆惊。及秦围赵，公子请魏王敕晋鄙令救赵，终不听。公子约宾客百馀乘，欲赴死救赵。过夷门，侯生曰："公子勉之矣，老臣不能从。"公子行数里，心不快，还见侯生。侯笑曰："固知公子之还也！

公子欲赴秦军，如以肉投虎，何功之有！"公子再拜问计。侯曰可求如姬于王卧室中窃兵符。公子如其言，果得兵符。公子行，侯曰："将在外君令有所不受，如晋鄙合符而不授兵，可使臣客朱亥击之！"公子依计而行，成。遂勒兵下令军中曰："父子俱在军中者，父归！兄弟俱在军中者，兄归！独子无兄弟者，归养！"得选兵八万，将之而进，大破秦军于邯郸。

公子既存赵，不敢归魏，与宾客留居赵，使将将其军还魏。魏以信陵奉公子。

后，秦师伐魏，信陵君趣驾还，魏王以为上将军。诸侯闻信陵君复为将，皆遣兵救魏，败秦军。秦王使人行万金于魏，以间信陵君。令晋鄙客说魏王曰："天下徒闻信陵君而不闻魏王！"又数使人贺信陵君："得为魏王未也？"魏王信，使人代信陵君将兵。信陵君乃谢病不朝，日夜以酒色自娱，凡四岁而卒。

《通鉴》卷五、卷六

## 三〇　唐雎教信陵君

唐雎谓信陵君曰："臣闻之曰，事有不可知者，有不可不知者；有不可忘者，有不可不忘者。"信陵君曰："何谓也？"对曰："人之憎我也，不可不知也；吾憎人也，不可得而知也。人之有德于我也，不可忘也；吾有德于人也，不可不忘也。今君杀晋鄙，救邯郸，破秦人，存赵国，此大德也。今赵王自郊迎，猝然见赵王，臣愿君之忘之也。"信陵君曰："无忌谨受教。"

《战国策》卷二五

## 三一　龙阳君涕泣语魏王

魏王与男宠龙阳君共船而钓，龙阳君得十馀鱼而涕下。王曰："有所不安乎？如是，何不相告也？"对曰："臣无敢不安也。"王曰："然则何为涕出？"曰："臣为王之所得鱼也。"王曰："何谓也？"对曰："臣之始得鱼也，臣甚喜，后得又益大，今臣直欲弃臣前之所得矣。今以臣之恶，而得为王拂枕席。今臣爵至人君，走人于庭，避人于途。四海之内美人亦甚多矣，闻臣之得幸于王也，必褰裳而趋王。臣亦犹曩臣之前所得鱼也，臣亦将弃矣，臣安能无涕出乎？"魏王曰："误！有是心也，何不相告也？"于是布令于四境之内曰："有敢言美人者族。"

《战国策》卷二五

## 三二　齐威王明察吏治

齐威王召即墨大夫，语之曰："自子之居即墨也，毁言日至。然吾使人视即墨，田野辟，人民给，官无事，东方以宁，是子不事吾左右以求助也。"召阿丈夫，语之曰："自子守阿，誉言日至，然吾使人视阿，田野不辟，人民贫馁，是子厚币事吾左右以求誉也。"是日，烹阿大夫及左右尝誉者。于是群臣耸惧，莫敢饰诈，务尽其情。齐国大治，强于天下。

《通鉴》卷一

## 三三　邹忌讽齐王纳谏

齐相邹忌修八尺有馀，身体昳丽，入朝见威王曰："臣诚知不如城北徐公美，臣之妻私臣，臣之妾畏臣，臣之客欲有求于臣，皆以美于徐公。今齐地方千里，百二十城，宫妇左右莫不私王，朝廷之臣莫不畏王，四境之内莫不有求于王。由此观之，王之蔽甚矣。"王曰："善。"

乃下令："群臣、吏民能面刺寡人之过者，受上赏；上书谏寡人者，受中赏；能谤议于市朝，闻寡人之耳者，受下赏。"

令初下，群臣进谏，门庭若市。数月之后，时时而间进。期年之后，虽欲言，无可进者。

燕、赵、韩、魏闻之，皆朝于齐。此所谓战胜于朝廷。

《战国策》卷八

## 三四　齐威王以贤臣为宝

齐威王、魏惠王会于郊。惠王曰："魏虽小，尚有径寸之珠，照车前后各十二乘者十枚。"威王曰："寡人之所以为宝者与王异。吾有檀子、盼子、黔夫、种首四臣，将照千里，岂特十二乘哉！"惠王有惭色。

《通鉴》卷二

## 三五　孙膑智取庞涓

孙膑与庞涓俱学兵法。庞为魏将军，自度不及孙膑，乃召之，至则以法断其两足而黥之。齐使窃载孙之齐。威王问兵法，遂以为师。威王使田忌救赵，以孙子为师，居辎车中，坐为计谋。孙以围魏法救赵。后，庞涓伐韩，齐起兵救。孙膑以减灶法示以怯。庞轻敌冒进，遇伏于马陵。庞涓知智穷兵败，乃自刎，曰："遂成竖子之名！"

《通鉴》卷二

## 三六　淳于髡笑付少欲多

威王八年，楚大发兵加齐。齐王使淳于髡之赵请救兵，赍金百斤，车马十驷。淳于髡仰天大笑，冠缨索绝。王曰："先生少之乎？"髡曰："何敢！"王曰："笑岂有说乎？"髡曰："今者臣从东方来，见道傍有禳田者，操一豚蹄，酒一盂，祝曰：'五谷蕃熟，穰穰满家。'臣见其所持者狭而所欲者奢，故笑之。"于是齐威王乃益赍黄金千镒，白璧十双，车马百驷。髡辞而行，至赵。赵王与之精兵十万，革车千乘。楚闻之，夜引兵而去。

《史记》卷一二六

## 三七　淳于髡言酒极则乱

威王置酒后宫，召髡赐之酒。问曰："先生能饮几何而醉？"对曰："臣饮一斗亦醉，一石亦醉。"威王曰："先生饮一斗而醉，恶能饮一石哉！其说可得闻乎？"髡曰："赐酒大王之前，执法在傍，御史在后，髡恐惧俯伏而饮，不过一斗径醉矣。若亲有严客，髡跪待酒于前，时赐馀沥，奉觞上寿，数起，饮不过二斗径醉矣。若朋友交游，久不相见，卒然相睹，欢然道故，私情相语，饮可五六斗径醉矣。若乃州闾之会，男女杂坐，行酒稽留，六博投壶，相引为曹，握手无罚，目眙不禁，前有堕珥，后有遗簪，髡窃乐此，饮可八斗而醉。日暮酒阑，合尊促坐，男女同席，履舄交错，杯盘狼藉，堂上烛灭，主人留髡而送客，罗襦襟解，微闻芗泽，当此之时，髡心最欢，能饮一石。故曰酒极则乱，乐极则悲；万事尽然，言不可极，极之而衰。"以讽谏焉。齐王曰："善。"乃罢长夜之饮。

《史记》卷一二六

## 三八　田婴辍城薛

齐威王之子田婴封于薛。田婴将城薛，客多以谏。靖郭君（即田婴）谓谒者，无为客通。

齐人有请者曰："臣请三言而已矣！益一言，臣请烹。"靖郭君因见之。客趋而进曰："海大鱼。"因反走。君曰："客有，无走。"客曰："鄙臣不敢以死为戏。"君曰："亡，更言之。"对曰："君不闻大鱼乎？网不能止，钩不能牵，荡而失水，则蝼蚁得意焉。今夫齐亦君之水也。君长有齐阴，奚以薛为！失齐，虽隆薛之城到于天，犹之无益也。"君曰："善。"乃辍城薛。

《战国策》卷八

## 三九　靖郭君善待齐貌辨

靖郭君善齐貌辨。齐貌辨之为人也多疵，门人弗悦。靖郭君之子田文（即孟尝君）又窃以谏，靖郭君大怒，曰："划而类，破吾家，苟可慊齐貌辨者，吾无辞为之。"于是舍之上舍，令长子御，旦暮进食。

数年，威王卒，宣王立。靖郭君之交，大不善于宣王，辞而之薛，与齐貌辨俱留。无几何，齐貌辨辞而行，请见宣王。靖郭君曰："王之不悦婴甚，公往，必得死焉。"齐貌辨曰："固不求生也，请必行。"靖郭君不能止。

齐貌辨行至齐，宣王闻之，藏怒以待之。齐貌辨见宣王，王曰："子，靖郭君之所听爱夫？"齐貌辨曰："爱则有之，听则无有。王之方为太子之时，辨谓靖郭君曰：'太子相不仁，不若废太子，更立卫姬婴儿郊师。'靖郭君泣而曰：'不可，吾不忍也。'若听辨而为之，必无今日之患也。"宣王大息，动于颜色曰："靖郭君之于寡人，一至此乎？寡人少，殊不知此。客肯为寡人来靖郭君乎？"齐貌辨对曰："敬诺。"

靖郭君衣威王之衣冠，带其剑。宣王自迎靖郭君于郊，望之而泣。靖郭君至，因请相之。靖郭君辞，不得已而受。七日谢病，强辞。

当是时，靖郭君可谓能自知人矣。能自知人，故人非之不为沮。此齐貌辨之所以外生、乐患、趣难者也。

《战国策》卷八

## 四〇　齐王夫人死

齐王夫人死，有七孺子皆近。薛公田婴欲知王所欲立，乃献七珥，美其一，明日视美珥所在，劝王立为夫人。

《战国策》卷一〇

## 四一　孟尝君转祸为功

孟尝君田文之舍人有与君之夫人相爱者。或以问孟尝君曰："为君舍人，而内与夫人相爱，亦甚不义矣。君其杀之。"君曰："睹貌而相悦者，人之情也，其错之勿言也。"

居期年，君召爱夫人者而谓之曰："子与文游久矣，大官未可得，小官公又弗欲。卫君与文布衣交，请具车马、皮币，愿君以此从卫君游。"于卫甚重。

齐、卫之交恶，卫君甚欲约天下之兵以攻齐。是人谓卫君曰："臣闻齐、卫先君，盟曰：'齐、卫后世无相攻伐'，今君约天下者兵以攻齐，是足下背先君盟约而欺孟尝君也。君听臣则可，不听臣，臣辄以颈血湔足下衿。"卫君乃止。

齐人闻之，曰："孟尝君可语善为事矣，转祸为功。"

《战国策》卷一〇

## 四二　孟尝君求谏

孟尝君，饶智略，招致诸侯游士及有罪亡人，皆舍业厚遇之，存救其亲戚，食客常数千人，各自以为孟尝君亲己，由是名重天下。

孟尝君聘于楚，楚王遗之象床。登徒直送之，不欲行，以先人之宝剑赠孟尝君之门人公孙戍。戍入见孟尝君曰："小国所以皆致相印于君者，以君能振达贫穷，存亡继绝，故莫不悦君之义，慕君之廉也。今始之楚而受象床，则未至之国何以待君哉！"孟尝君曰："善。"公孙戍出，足高气扬。孟尝君召而反，问其故，公孙戍以实对。孟尝君乃书门版曰："有能扬文之名，止文之过，私得宝于外者，疾入谏。"

《通鉴》卷二

## 四三　冯谖为孟尝君市义

齐人有冯谖者，贫乏不能自存，使人嘱孟尝君，愿寄食门下。孟尝君曰："客何好？"曰："客无好也。"曰："客何能？"曰："客无能也。"孟尝君笑而受之，曰："诺。"左右以君贱之也，食以草具。

居有顷，倚柱弹其剑，歌曰："长铗归来乎！食无鱼。"左右以告。孟尝君曰："食之，比门下之客。"居有顷，复弹其铗，歌曰："长铗归来乎！出无车。"左右皆笑之，以告。孟尝君曰："为之驾，比门下之车客。"于是，乘其车，揭其剑，过其友曰："孟尝君客我。"后有顷，复弹其剑铗，歌曰："长铗归来乎！无以为家。"左右皆恶之，以为贪而不知足。孟尝君问："冯公有亲乎？"对曰："有老母。"孟尝君使人给其食用，无使乏。于是冯谖不复歌。

后孟尝君问门下诸客："谁习计会，能为文收债于薛乎？"冯谖署曰："能。"孟尝君怪之，曰："此谁也？"左右曰："乃歌夫'长铗归来'者也。"

孟尝君笑曰："客果有能也，吾负之，未尝见也。"请而见之，谢曰："文倦于事，愦于忧，而性懧愚，沉于国家之事，开罪于先生。先生不羞，乃有意欲为收债于薛乎？"冯谖曰："愿之。"于是，约车治装，载券契而行。辞曰："债毕收，以何市而返？"孟尝君曰："视吾家所寡有者。"

未几，长驱到齐，晨而求见。孟尝君怪其疾也，衣冠而见之，曰："债毕收乎？来何疾也！"曰："收毕矣。""以何市而反？"冯谖曰："君云'视吾家所寡有者'。臣窃计，君宫中积珍宝，狗马实外厩，美人充下陈。君家所寡有者以义耳！窃以为君市义。"孟尝君曰："市义奈何？"曰："今君有区区之薛，不拊爱子其民，因而贾利之。臣窃矫君命，以责赐诸民，因烧其券，民称万岁。乃臣所以为君市义也。"孟尝君不悦，曰："诺，先生休矣！"

后期年，齐王谓孟尝君曰："寡人不敢以先王之臣为臣。"孟尝君就国于薛。未至百里，民扶老携幼，迎君道中。孟尝君顾谓冯谖："先生所为文市义者，乃今日见之。"

《战国策》卷一一

## 四四　冯谖为孟尝君营三窟

冯谖曰："狡兔有三窟，仅得免其死耳。今君有一窟，未得高枕而卧也。请为君复凿二窟。"孟尝君予车五十乘，金五百斤，西游于梁，谓惠王曰："齐放其大臣孟子诸侯，诸侯先迎之者富而兵强。"于是，梁王虚上位，以故相为上将军；遣使者，黄金千斤、车百乘，往聘孟尝君。冯谖先驱，诫孟尝君曰："千金，重币也；百乘，显使也。齐其闻之矣。"梁使三反，孟尝君固辞不往也。

齐王闻之，君臣恐惧，遣太傅赍黄金千斤，文车二驷，服剑一，封书谢孟尝君曰："寡人不祥，被于宗庙之崇，沉于谄谀之臣，开罪于君，寡人不足为也，愿君顾先王之宗庙，姑反国统万人乎！"冯谖诫孟尝君曰："愿请先王之祭器，立宗庙于薛。"庙成，还报孟尝君曰："三窟已就，君姑高枕为乐矣。"

《战国策》卷一一

## 四五　颜斶见齐宣王

齐宣王见颜斶，曰："斶前！"斶亦曰："王前！"宣王不悦。左右曰："王，人君也；斶，人臣也；王曰'斶前'，亦曰'王前'，可乎？"斶对曰："夫斶前为慕势，王前为趋士；与使斶为趋势，不如使王为趋士。"王忿然作色曰："王者贵乎，士贵乎？"对曰："士贵耳，王者不贵。"王曰："有说乎？"

斶曰："有。昔者秦攻齐，令曰：'有敢去柳下季垄五十步而樵采者，死不赦。'令曰：'有能得齐王头者，封万户侯，赐金千镒。'由是观之，生王之头曾不若死士之垄也。"

宣王曰："嗟乎，君子焉可侮哉！寡人自取病耳。及今闻君子之言，愿请受为弟子。且颜先生与寡人游，食必太牢，出必乘车，妻子衣服丽都。"

颜斶辞去，曰："夫玉生于山，制则破焉，非弗宝贵矣，然夫璞不完。士生乎鄙野，推选则禄焉，非不得尊遂也，然而形神不全。斶愿得归，晚食以当肉，安步以当车，无罪以当贵，清静贞正以自虞。"则再拜而辞去也。

· 89 ·

髑知足矣，归反扑，则终身不辱也。

《战国策》卷一一

## 四六　王斗见齐宣王

先生王斗造门而欲见齐宣王。宣王趋而迎之于门，与入，曰："寡人奉先君之宗庙，守社稷，闻先生直言正谏不讳。"王斗对曰："王闻之过。斗生于乱世，事乱君，焉敢直言正谏？"宣王忿然作色不悦。

有间，王斗曰："昔先君桓公所好者，九合诸侯，一匡天下，天子受籍，立为大伯。今王有四焉。"宣王悦，曰："寡人愚陋，守齐国，唯恐失损之，焉能有四焉？"王斗曰："否。先君好马，王亦好马；先君好狗，王亦好狗；先君好酒，王亦好酒；先君好色，王亦好色；先君好士，是王不好士。"宣王曰："当今之世无士，寡人何好？"王斗曰："世无骐驎，王驷已备矣；世无卢氏之狗，王之走狗已具矣；世无毛嫱、西施，王宫已充矣。王亦不好士也，何患无士？"王曰："寡人忧国爱民，固愿得士以治之。"王斗曰："王之忧国爱民，不若王爱一尺之縠也。"王曰："何谓也？"王斗曰："王使人为冠，不使左右便辟，而使工者何也？为能之也。今王治齐，非左右便辟无使也，臣故曰'不如爱尺縠'也。"

宣王谢曰："寡人有罪国家。"于是举士五人任官，齐国大治。

《战国策》卷一一

## 四七　阿谀齐宣王能为九石弓

齐宣王好射,悦人之谓己能用强弓也。其尝所用不过三石,以示左右,左右皆试引之,中关而止。皆曰:"此不下九石,非王其孰能用是?"宣王之情,所用不过三石,而终身自以为用九石,岂不悲哉!非直士其孰能不阿主?世之直士,其寡不胜众,数也。故乱国之主,患存乎用三石为九石也。

《吕氏春秋·壅塞》

## 四八　齐稷下多学士

齐宣王喜文学游说之士,自如驺衍、淳于髡、田骈、接予、慎到、环渊之徒七十六人,皆赐列第,为上大夫,不治而议论。是以齐稷下学士复盛,且数百千人。

《史记》卷四六

## 四九　赵威后问齐使者

齐王使使者问赵威后。书未发,威后问使者曰:"岁亦无恙耶?民亦无恙耶?王亦无恙耶?"使者不悦,曰:"臣奉使使威后,今不问王而先问岁与民,岂先贱而后尊贵者乎?"威后曰:"不然。苟无岁,何以有民?苟无民,何以有君？故有问舍本而问末者耶？"

乃进而问之曰："齐有处士曰钟离子，无恙耶？是其为人也，有粮者亦食，无粮者亦食；有衣者亦衣，无衣者亦衣。是助王养其民也，何以至今不业也？叶阳子无恙乎？是其为人，哀鳏寡，恤孤独，振困穷，补不足。是助王息其民者也，何以至今不业也？北宫之女婴儿子无恙耶？彻其环瑱，至老不嫁，以养父母。是皆率民而出于孝情者也，胡为至今不朝也？此二士弗业，一女不朝，何以王齐国、子万民乎？于陵子仲尚存乎？是其为人也，上不臣于王，下不治其家，中不索交诸侯。此率民而出于无用者，何为至今不杀乎？"

《战国策》卷一一

## 五〇　齐人讽田骈

齐人见田骈曰："闻先生高义，设为不宦，而愿为役。"田骈曰："子何闻之？"对曰："臣闻之邻人之女。"田骈曰："何谓也？"对曰："臣邻人之女，设为不嫁，行年三十，而有七子。不嫁则不嫁，然过于嫁矣。今先生设为不宦，资养千钟，徒百人。不宦则然矣，而富过于也。"田子辞。

《战国策》卷一一

## 五一　乐毅取齐被谗

齐湣王灭宋而骄，杀敢直言者。燕昭王起兵，以乐毅为上将军，并将秦、魏、韩、赵之兵以伐齐，齐师大败。乐毅曰："齐王伐功矜能，谋不逮下，废黜贤良，信任谄谀，政令戾虐，百姓怨怼，军皆破亡，若因而乘之，其民必叛，祸乱内作，齐可取也。"遂进军深入，下齐七十馀城。

齐王走莒，子法章为齐王，保莒以拒燕，而田单守即墨。乐毅围二邑，三年不克。或谗之于燕昭王曰："乐毅智谋过人，两城非其力不能拔，欲仗兵威南面而王耳。"昭王于是置酒大会，引言者而痛责之并诛之。燕王立乐毅为齐王，乐毅惶恐不受，拜书，以死自誓。由是齐人服其义，诸侯畏其信，莫敢复有谋者。

《通鉴》卷四

## 五二　王蠋宁死不为燕将

燕之初入齐，闻画邑人王蠋贤，使人谓蠋曰："齐人多高子之义，吾以子为将，封子万家。"蠋固谢。燕人曰："子不听，吾引三军而屠画邑。"王蠋曰："忠臣不事二君，贞女不更二夫。齐王不听吾谏，故退而耕于野。国既破亡，吾不能存；今又劫之以兵为君将，是助桀为暴也。与其生而无义，固不如烹！"遂经其颈于树枝而死。齐亡大夫闻之，曰："王蠋，布衣也，义不北面于燕，况在位食禄者乎！"乃相聚如莒，求诸子，立为襄王。

《史记》卷八二

## 五三　田单收复齐城

燕昭王卒，惠王立。齐田单行反间，惠王疑乐毅，使骑劫代乐毅，燕将士由是愤惋不平。

田单宣言："吾惟恐燕军劓所得齐卒，置之前行，即墨败矣！"燕人闻之，如其言。城中皆怒，坚守。田单又言："吾惧燕人掘吾城外冢墓，可为寒心。"燕军尽掘冢墓，烧死人。齐人望见，皆涕泣，共欲出战。田单知士卒之可用，乃身操版锸，与士卒分劳，妻妾编于行伍之间，尽散饮食飨士。令甲卒皆伏，使老、弱、女子乘城。田单又遣使约降，燕将大喜，许之。田单乃收牛千馀，为绛缯衣，画以五彩龙纹，束兵刃于其角，燃其尾，壮士五千随其后，燕军大惊，所触尽死伤。城中鼓噪从之，老弱皆击铜器为声，声动天地，燕军大骇，败走。齐人杀骑劫。而齐七十馀城皆复。

《通鉴》卷四

## 五四　鲁仲连析攻狄不下

田单将攻狄。鲁仲连曰："将军攻狄，不能下也。"田单曰："臣以即墨破亡馀卒破万乘之燕，何攻狄而不能下？"田单上车弗谢而去。遂攻狄，三月不克。田单乃惧，问鲁仲连，对曰："将军之在即墨，坐则织蕢，立则仗锸，为士卒倡曰：'无可往矣，宗庙亡矣，今日尚矣，归于何党矣！'

当此之时,将军有死之心,士卒无生之气,莫不奋臂而欲战,此所以破燕也。当今将军东有夜邑之奉,西有淄上之娱,黄金横带而骋乎淄、渑之间,有生之乐,无死之心,所以不胜也。"田单曰:"单之有心,先生志之矣。"明日,乃厉气循城,立于矢石之所,援枹鼓之,狄乃下。

《通鉴》卷四

## 五五　齐襄王嘉田单之善为己善

田单复齐城。湣王之子法章,立为襄王,田单相之。

过菑水,有老人涉菑而寒,出不能行,坐于沙中。田单见其寒,欲使后车分衣,无可以分者,单解裘而衣之。襄王恶之,曰:"田单之施,将欲以取我国乎?不早图,恐后之。"左右顾无人,岩下有贯珠者,襄王呼而问之曰:"汝闻吾言乎?"对曰:"闻之。"王曰:"汝以为何若?"对曰:"王不如因以为己善。王嘉单之善,下令曰:'寡人忧民之饥也,单收而食之;寡人忧民之寒也,单解裘而衣之;寡人忧劳百姓,而单亦忧之,称寡人之意。'单有是善,而王嘉之。善单之善,亦王之善已。"王曰:"善。"乃赐单牛酒,嘉其行。

后数日,贯珠者复见王曰:"王至朝日,宜召田单而揖之于庭,口劳之。乃布令求百姓之饥寒者,收谷之。乃使人听于闾里。闻丈夫之相与语,曰:'田单之爱人,嗟乃王之教泽也!'"

《战国策》卷一三

## 五六　太史女为王后

初，法章变姓名为莒太史家庸夫。太史敫女，奇法章之状貌，以为非常人，怜而常窃衣食之，与私焉。莒中及齐亡臣相聚求王子，欲立之。法章乃自言于莒，乃立为襄王，以太史氏女为王后，生子建。

太史敫曰："女无媒而嫁者，非吾种也，污吾世矣。"终身不睹。君王后贤，不以不睹之故，失人子之礼也。

襄王卒，子建立为齐王。君王后事秦谨，与诸侯信，以故建立四十有馀年不受兵。

秦始皇尝使使者遗君王后玉连环曰："齐多智，而解此环不？"君王后以示群臣，群臣不知解。君王后引椎椎破之，谢秦使曰："谨以解矣。"

及君王后病且卒，诫建曰："群臣之可用者某。"建曰："请书之。"君王后曰："善。"取笔牍受言。君王后曰："老妇已忘矣。"

《战国策》卷一三

## 五七　聂政姊弟情

韩相侠累与濮阳严仲子有恶。仲子闻轵人聂政之勇，以黄金百镒为政母寿，欲因以报仇。政不受，曰："老母在，政身未敢以许人。"及母卒，仲子乃使政刺侠累，成。政自皮面抉眼，自屠出肠。韩人暴其尸于市，悬赏以募告者，莫能识。其姊闻而往，哭之曰："是轵深井里聂政也，以妾尚在之故，重自刑以绝从。妾奈何以畏殁身之诛，终灭贤弟之名。"遂死于政尸之旁。

《通鉴》卷一

## 五八　申不害察王之颜色而言

魏之围邯郸也，申不害始合于韩昭王，然未知王之所欲也，恐言而未必中于王也。王闻申子曰："吾谁与而可？"对曰："此安危之要，国家之大事也。臣请深惟而苦思之。"乃微谓赵卓、韩晁曰："子皆国之辩士也，夫为人臣者，言可必用，尽忠而已矣。"二人各进议于王以事。申子微视王之所悦以言于王，王大悦之。

申不害学黄、老、刑名，以干韩昭侯。昭侯用以为相，内修政教，外应诸侯，十五年，国治兵强。

《战国策》卷二六；《纲鉴易知录》卷五

## 五九　张丑说境吏

张丑为质于燕，燕王欲杀之，走且出境，境吏得丑。丑曰："燕王所为将杀我者，人有言我有宝珠也，王欲得之。今我已亡之矣，而燕王不我信。今子且致我，我且言子之夺我珠而吞之，燕王必当杀子，刳子腹及子之肠矣。夫欲得之君，不可说以理。吾要且死，子肠亦且寸绝。"境吏恐而赦之。

《战国策》卷三一

## 六〇　燕昭王招贤

燕被齐破后,燕昭王吊死问孤,与百姓同甘苦,卑身厚币以招贤。郭隗曰:"古之君有以千金使涓人求千里马者,马已死,买其首五百金而返。君大怒。涓人曰:'死马且买之,况生者,马必至矣。'今王必欲致士,先从隗始!况贤于隗者,岂远千里哉!"于是,昭王为隗改筑宫而师事之。于是士争趣燕。乐毅自魏往,昭王任以国政。

《通鉴》卷三

## 六一　宋王欲群臣畏

宋王谓其相唐鞅曰:"寡人所杀戮者众矣,而群臣愈不畏,其故何也?"唐鞅对曰:"王之所罪,尽不善者也。罪不善,善者故为不畏。王欲群臣之畏也,不若无辨其善与不善而时罪之,若此则群臣畏矣。"居无几何,宋君杀唐鞅。

《吕氏春秋·淫辞》

## 六二　墨子止楚攻宋

公输般(即鲁班)为高云梯,欲以攻宋。墨子闻之,自鲁往，裂裳裹足，日夜不休，十日十夜而至于郢。见荆王曰："臣北方之鄙人也，闻大王将攻宋，信有之乎？"王曰："然。"墨子曰："必得宋乃攻之乎？亡其不得宋且不义犹攻之乎？"王曰："必不得宋且有不义，则曷为攻之？"墨子曰："甚善。臣以宋必不可得。"

王曰："公输般，天下之巧工也。已为攻宋之械矣。"墨子曰："请令公输般试攻之，臣请试守之。"于是公输般设攻宋之械，墨子设守宋之备。公输般九攻之，墨子九却之，不能入。故荆辍不攻宋。

《吕氏春秋·爱类》

## 六三　宋康王称万岁

宋有雀生鸇于城之隅。史占之曰："吉。小而生巨，必霸天下。"宋康王喜，起兵灭滕，伐薛，东败齐，南取楚地三百里，西败魏军，乃愈自信其霸。为长夜之饮于室中，室中人呼万岁，则堂上之人应之，堂下之人又应之，门外之人又应之，以至于国中，无敢不呼万岁者。天下谓之"桀宋"。齐湣王起兵伐之，民散，城不守。宋王奔魏，死于温。

《通鉴》卷四

## 六四　白圭善治生产

白圭，周人也。当魏文侯时，李克务尽地力，而白圭乐观时变，故人弃我取，人取我与。夫岁熟取谷，予之丝漆；茧出取帛絮，予之食。欲长钱，取下谷；长石斗，取上种。能薄饮食，忍嗜欲，节衣服，与用事僮仆同苦乐，趋时若猛兽挚鸟之发。故曰："吾治生产，犹伊尹、吕尚之谋，孙吴用兵，商鞅行法是也。是故其智不足与权变，勇不足以决断，仁不能以取予，强不能有所守，虽欲学吾术，终不告之矣。"盖天下言治生祖白圭。

《史记》卷一二九

## 六五　温人之周自谓非客

温邑属魏。温人之周，周不纳。问曰："客耶？"对曰："主人也。"问其巷而不知也，吏因囚之。君使人问之曰："子非周人，而自谓非客，何也？"对曰："臣少而诵《诗》，《诗》曰：'普天之下，莫非王土；率土之滨，莫非王臣。'今周君天下，则我天子之臣，而又为客哉？故曰主人。"君乃使吏出之。

《战国策》卷一

## 六六　杜赫说周君施景翠

杜赫欲使周重景翠，乃谓周君曰："君之国小，尽君之重宝珠玉以事诸侯，不可不察也。譬之如张罗者，张于无鸟之所，则终日无所得矣；张于多鸟处，则又骇鸟矣。

必张于有鸟无鸟之际，然后能多得鸟矣。今君将施于大人，大人轻君；施于小人，小人无可以求，又费财焉。君必施于今之穷士且为大人者，故能得欲矣。"

《战国策》卷一

## 六七　苏秦主合纵相六国

苏秦者，东周洛阳人也。东事师于齐，而习之于鬼谷先生。出游数岁，大困而归。兄弟嫂妹妻妾窃皆笑之，曰："周人之俗，治产业，力工商，逐什二以为务。今子释本而事口舌，困，不亦宜乎！"苏秦闻之而惭，自伤，乃闭室不出，出其书遍观之。曰："夫士业已屈首受书，而不能以取尊荣，虽多亦奚以为！"于是得周书《阴符》，伏而读之。期年，以出揣摩，曰："此可以说当世之君矣。"

苏秦求说周显王、秦惠王、赵相奉阳君，均不信不用。乃游燕，说燕文侯以合纵。文侯信之，资苏秦车马金帛，苏乃游说赵、韩、魏、齐、楚，于是六国纵合而并力焉；苏秦为纵约长并相六国。秦兵不敢窥函谷关十五年。

苏秦行过洛阳，车骑辎重，诸侯各发使送之甚众，拟于王者。周显王闻之恐惧，除道，使人郊劳。苏秦之昆弟妻嫂侧目不敢仰视，俯伏侍取食。苏秦笑谓其嫂曰："何前倨而后恭也？"嫂委蛇蒲服，以面掩地而谢曰："见季子位高金多也。"苏秦喟然叹曰："此一人之身，富贵则亲戚畏惧之，贫贱则轻易之，况众人乎！且使我有洛阳负郭田二顷，吾岂能佩六国相印乎！"于是散千金以赐宗族朋友。

苏秦与燕文侯夫人私通，燕王知之。苏秦恐诛，走齐，病死。

《史记》卷六九

## 六八　苏秦助张仪入秦为相

张仪者，魏人也。始尝与苏秦俱事鬼谷先生，学术，苏秦自以不及张仪。

张仪已学而游说诸侯。尝从楚相饮，已而楚相亡璧，门下意张仪，曰："仪贫无行，必此盗相君之璧。"共执张仪，掠笞数百，不服，释之。其妻曰："嘻！子毋读书游说，安得此辱乎？"张仪谓其妻曰："视吾舌尚在不？"其妻笑曰："舌在也。"仪曰："足矣。"

张仪于是之赵，上谒求见苏秦。苏秦乃诫门下人不为通，又使不得去者数日。已而见之，坐之堂下，赐仆妾之食。因而数让之曰："以子之材能，乃自令困辱至此。吾宁不能言而富贵子，子不足收也。"谢去之。张仪见辱，怒，念诸侯莫可事，独秦能苦赵，乃遂入秦。

苏秦已而告其舍人曰："张仪，天下贤士，吾殆弗如也。今吾幸先用，而能用秦柄者，独张仪可耳。然贫，无因以进。吾恐其乐小利而不遂，故召辱之，以激其意。子为我阴奉之。"乃言赵王，发金币车马，使人微随张仪，与同宿舍，稍稍近就之，奉以车马金钱，所欲用，为取给，而弗告。张仪遂得以见秦惠王。

苏秦之舍人乃辞去。张仪曰："赖子得显，方且报德，何故去也？"舍人曰："臣非知君，知君乃苏君。苏君忧秦伐赵败从约，以为非君莫能得秦柄，故感怒君，使臣阴奉给君资，尽苏君之计谋。今君已用，请归报。"张仪曰："嗟乎，吾不及苏君明矣！吾又新用，安能谋赵乎？为吾谢苏君，苏君之时，仪何敢言。且苏君在，仪宁渠能乎！"张仪既相秦，为文檄告楚相曰："始吾从若饮，我不盗而璧，若笞我。若善守汝国，我顾且盗而城！"

《史记》卷七〇

## 六九　昭奚恤狐假虎威

楚宣王问群臣曰："吾闻北方之畏昭奚恤也，果诚何如？"群臣莫对。江乙对曰："虎求百兽而食之，得狐。狐曰：'子无食我也。天帝使我长百兽，今子食我，是逆天帝命也。子以我为不信，吾为子先行，子随我后，观百兽之见我而敢不走乎？'虎以为然，故遂与之行。兽见之皆走。虎不知兽畏己而走也，以为畏狐也。今王之地方五千里，带甲百万，而专属之昭奚恤。故北方之畏奚恤也，其实畏王之甲兵也，犹百兽之畏虎也。"

《战国策》卷一四

## 七〇　郑袖以计除新人

魏王遗楚怀王美人，楚王悦之。夫人郑袖知王之悦新人也,甚爱新人:衣服玩好,择其所喜而为之;宫室卧具,择其所善而为之。爱之甚于王。王曰:"妇人所以事夫者,色也;而妒者,其情也。今郑袖知寡人之悦新人也,其爱之甚于寡人,此孝子之所以事亲,忠臣之所以事君也!"

郑袖知王以己为不妒也,因谓新人曰:"王爱子美矣。虽然,恶子之鼻。子为见王,则必掩子鼻。"新人见王,因掩其鼻。王谓郑袖曰:"夫新人见寡人,则掩其鼻,何也?"郑袖曰:"妾知也。"王曰:"虽恶必言之。"郑袖曰:"其似恶闻君王之臭也。"王曰:"悍哉!"令劓之,无使逆命。

《战国策》卷一七

## 七一 陈轸说昭阳毋画蛇添足

楚怀王使柱国昭阳将兵而攻魏,破之于襄陵,得八邑。又移兵而攻齐,齐王患之。陈轸适为秦使齐,齐王曰:"为之奈何?"陈轸曰:"王勿忧,请令罢之。"即往见昭阳军中,曰:"原闻楚国之法,破军杀将者何以贵之?"昭阳曰:"其官为上柱国,封上爵执珪。"陈轸曰:"其有贵于此者乎?"昭阳曰:"令尹。"陈轸曰:"今君已为令尹矣,此国冠之上。臣请得譬之。人有遗其舍人一卮酒者,舍人相谓曰:'数人饮此,不足以遍,请遂画地为蛇,蛇先成者独饮之。'一人曰:'吾蛇先成。'举酒而起,曰:'吾能为之足。'及其为之足而后成,人夺之酒而饮之,曰：'蛇固无足，今为之足，是非蛇也。'今君相楚而攻魏，破军杀将，功莫大焉，冠之上不可以加矣。今又移兵而攻齐，攻齐胜之，官爵不加于此；攻之不胜，身死爵夺，有毁于楚：此为蛇为足之说也。不若引兵而去以德齐，此持满之术也。"昭阳曰："善。"引兵而去。

《史记》卷四〇

## 七二　献不死之药于楚王

有献不死之药于楚王者，谒者操以入。中射之士问曰："可食乎？"曰："可。"因夺而食之。王怒，使人杀中射之士。中射之士使人说王曰："臣问谒者，谒者曰'可食'。臣故食之。是臣无罪，而罪在谒者也。且客献不死之药，臣食之，而王杀臣，是死药也。王乃杀无罪之臣，而明人之欺王。"王乃不杀。

《战国策》卷一七

## 七三　石渚为人忠且孝

荆昭王之时，有士焉，曰石渚。其为人也，公直无私，王使为政廷。有杀人者，石渚追之，则其父也。还车而返，立于廷曰："杀人者，仆之父也。以父行法，不忍；阿有罪，废国法，不可。失法伏罪，人臣之义也。"于是乎伏斧锧，请死于王。王曰："追而不及，岂必伏罪哉！子复事矣。"石渚辞曰："不私其亲，不可谓孝子；事君枉法，不可谓忠臣。君令赦之，上之惠也；不敢废法，臣之行也。"不去斧锧，殁头乎王廷。正法枉必死，父犯法而不忍，王赦之而不肯，石渚之为人臣也，可谓忠且孝矣。

《吕氏春秋·高义》

## 七四　张仪破楚齐纵约

秦欲伐齐，而楚与齐从亲，秦惠王患之，乃宣言张仪免相，使张仪南见楚王，谓楚王曰："敝邑之王所甚悦者无先大王，敝邑之王所甚憎者无先齐王。王今使使者从仪取故秦所分楚商于之地方六百里与楚。"怀王大悦，乃置相玺于张仪，日与置酒，宣言"吾复得吾商于之地"。群臣皆贺，而陈轸独吊。怀王曰："何故？"陈轸对曰："秦之所为重王者，以王之有齐也。今地未可得而齐交先绝，是楚孤也。夫秦又何重孤国哉，必轻楚矣。且先出地而后绝齐，则秦计不为。先绝齐而后责地，则必见欺于张仪。见欺于张仪，则王必怨之。怨之，是西起秦患，北绝齐交。则两国之兵必至。臣故吊。"楚王弗听，因使一将军西受封地。

张仪至秦，佯醉坠车，称病不出三月，地不可得。楚王曰："仪以吾绝齐为尚薄邪？"乃使勇士宋遗北辱齐王。齐王大怒，折楚符而合于秦。秦齐交合，张仪乃起朝，谓楚将军曰："子何不受地？从某至某，广袤六里。"楚将军曰："臣之所以见命者六百里，不闻六里。"即以归报怀王。怀王大怒，兴师伐秦，大败而归。

《史记》卷四〇

## 七五　楚怀王再被张仪骗

秦使使约复与楚亲，分汉中之半以和楚。楚王曰："愿得张仪，不愿得地。"张仪闻之，请之楚。秦惠王曰："楚且甘心于子，奈何？"张仪曰："臣善其左右靳尚，靳尚又能得事于楚王幸姬郑袖，袖所言无不从者。且仪以前使负楚以商于之约，今秦楚大战，有恶，臣非面自谢楚不解。且大王在，楚不宜敢取仪。诚杀仪以便国，臣之愿也。"仪遂使楚。

至，怀王不见，因而囚张仪，欲杀之。仪私于靳尚，靳尚为请怀王曰："拘张仪，秦王必怒。天下见楚无秦，必轻王矣。"又说夫人郑袖，郑袖卒言张仪于王而出之。仪出，怀王因善遇仪，仪因说楚王以叛纵约而与秦合亲，约婚姻。张仪已去，屈原使从齐来，谏王曰："何不诛张仪？"怀王悔，使人追仪，弗及。

《史记》卷四〇

## 七六　屈原作《离骚》

屈原，名平，为楚怀王左徒。博闻强志，明于治乱，娴于辞令。入则与王图议国事，以出号令；出则接遇宾客，应对诸侯。王甚任之。

上官大夫与之同列，争宠而心害其能。怀王使屈原造为宪令，屈平属草稿未定。上官大夫见而欲夺之，屈平不与，因谗之曰："王使屈平为令，众莫不知，每一令出，平伐其功，以为'非我莫能为'也。"王怒而疏屈平。

屈平疾王听之不聪也，谗曲之害公也，方正之不容也，故忧愁幽思而作《离骚》。离骚者，犹离忧也。夫天者，人之始也；父母者，人之本也。人穷则反本，故劳苦倦极，未尝不呼天也；疾痛惨怛，未尝不呼父母也。屈平正道直行，竭忠尽智以事其君，谗人间之，可谓穷矣。信而见疑，忠而被谤，能无怨乎？屈平之作《离骚》，盖自怨生也。《国风》好色而不淫，《小雅》怨诽而不乱。若《离骚》者，可谓兼之矣。

《史记》卷八四

## 七七　屈原自沉汨罗

时秦昭王与楚婚，欲与怀王会。怀王欲行，屈平曰："秦虎狼之国，不可信，不如毋行。"怀王稚子子兰劝王行："奈何绝秦欢！"怀王卒行。入武关，秦伏兵绝其后，因留怀王，以求割地。怀王怒，不听。竟死于秦而归葬。

怀王以不知忠臣之分，故内惑于郑袖，疏屈平而信上官大夫、令尹子兰。兵挫地削，亡其六郡，身客死于秦，为天下笑。此不知人之祸也。王之不明，岂足福哉！

屈原既流放，至于江滨，被发行吟泽畔。颜色憔悴，形容枯槁。渔父见而问之曰："子非三闾大夫欤？何故而至此？"屈原曰："举世混浊而我独清，众人皆醉而我独醒，是以见放。"渔父曰："夫圣人者，不凝滞于物而能与世推移。举世混浊，何不随其流而扬其波？众人皆醉，何不铺其糟而啜其醨？何故怀瑾握瑜而自令见放为？"屈原曰："吾闻之，新沐者必弹冠，新浴者必振衣，人又谁能以身之察察，受物之汶汶者乎！宁赴常流而葬乎江鱼腹中耳，又安能以皓皓之白而蒙世俗之温蠖乎！"

于是怀石遂自沉汨罗以死。

屈原既死之后，楚有宋玉、唐勒、景差之徒者，皆好辞而以赋见称；然皆祖屈原之从容辞令，终莫敢直谏。其后楚日以削，数十年竟为秦所灭。

《史记》卷八四

## 七八　魏加教春申君

天下合纵，赵使魏加见楚春申君曰："君有将乎？"曰："有矣。仆欲将临武君。"魏加曰："臣少之时好射，臣愿以射譬之，可乎？"春申君曰："可。"加曰："异日者，更羸与魏王处京台之下，仰见飞鸟，更羸谓魏王曰：'臣为王引弓虚发而下鸟。'魏王曰：'然则射可至此乎？'更羸曰：'可。'有间，雁从东方来，更羸以虚发而下之。魏王曰：'然则射之精可至此乎？'更羸曰：'此孽也。'王曰：'先生何以知之？'对曰：'其飞徐而鸣悲。飞徐者，故疮痛也；鸣悲者，久失群也。故疮未息而惊心未至也，闻弦音引而高飞，故疮陨也。'今临武君尝为秦孽（伤害），不可为拒秦之将也。"

《战国策》卷一七

## 七九　春申君冒死救主出秦

楚顷襄王病，黄歇与质于秦之太子谋回楚。太子因变服为楚使者御而出关。黄歇守舍，度太子已远，告秦王，求赐死。王怒，欲听之。应侯范雎曰："歇出身以徇其主，太子立，必用歇。不如无罪而归之，以亲楚。"黄歇至楚三月，顷襄王卒，太子即位，以黄歇为相，封以淮北地，号曰春申君。

《通鉴》卷五

## 八〇　春申君之死

赵人李园引春申君纳其妹，有娠。李园使其妹说春申君，将其进于楚王，如幸得子，为王，则君尽得楚。春申君然之，如其言。李园妹生男，立为太子。李圆恐事泄，阴养死士，欲杀春申君灭口。楚王卒，李园伏死士于棘门之内，刺杀春申君。

《通鉴》卷六

## 八一　荀子著书数万言

荀况，赵人。年五十始游学于齐。齐尚修列大夫之缺，而荀卿三为祭酒焉。齐人或谗荀卿，荀卿乃适楚，而春申君以为兰陵令。春申君死而荀卿废，因家兰陵。李斯尝为弟子，已而相秦。荀卿嫉浊世之政，亡国乱君相属，不遂大道而营于巫祝，信禨祥，鄙儒小拘，如庄周等又滑稽乱俗，于是推儒、墨、道德之行事兴坏，序列著数万言而卒。因葬兰陵。

《史记》卷七四

## 八二　豫让欲愧有二心者

赵襄子漆智伯之头，以为饮器。智伯之臣豫让，欲刺赵襄子，未成被擒。襄子念其为主报仇，是真义士，舍之。豫让又漆身为癞，吞炭为哑，行乞于市，其妻不识。有友识之，泣曰："以子之才，臣事赵，必得近幸，子乃为所欲为，顾不易邪？何乃自苦如此？求以报仇，不亦难乎！"豫让曰："既已委质为臣，而又求杀之，是二心也。凡吾所为者，极难耳。然所以为此者，将以愧天下后世之为人臣怀二心者也。"襄子出，豫让伏于桥下。襄子至桥，马惊，索之，得豫让，遂杀之。

《通鉴》卷一

## 八三　赵武灵王胡服骑射

赵武灵王谋胡服骑射以教百姓，曰："愚者所笑，贤者察焉。虽驱世以笑我，胡地、中山，吾必有之！"国人皆不欲，公子成称疾不朝。王自往请之曰："制国有常，利民为本；从政有经，令行为上。而从政先信于贵，故愿慕公叔之义以成胡服之功也。""寡人变服骑射，欲以备四境之难，报中山之怨。而叔顺中国之俗，恶变服之名，非寡人所望也。"公子成听命，明日胡服而朝。于是，出胡服令，而招骑射。后，赵王伐中山，与齐燕共灭之。

《通鉴》卷三

## 八四　李疵称可伐中山

赵武灵王欲伐中山，使李疵观之。李疵曰："可伐也。君弗攻，恐后天下。"主父曰："何以？"对曰："中山之君所倾盖与车而朝穷闾隘巷之士者七十家。"主父曰："是贤君也，安可伐？"李疵曰："不然。举士，则民务名不存本；朝贤，则耕者惰而战士懦。若此不亡者，未之有也。"

《战国策》卷三三

## 八五　赵奢导平原君奉公守法

赵田部吏赵奢收租税，平原君家不肯出，赵奢以法治之，杀平原君家臣用事者九人。平原君怒，将杀之。赵奢曰："君为贵公子，今纵君家而不奉公则法削，法削则国弱，国弱则诸侯加兵，是无赵也。君安得有此富！君奉公如法则上下平，国上下平则国强，而君为贵戚，岂轻于天下邪！"平原君以为贤，言之于王，王使治国赋，国赋大平，民富而府库实。

秦伐赵，围阏与，王令赵奢将兵救之，秦师大败。赵王封奢为马服君，与廉、蔺同位。

《通鉴》卷五

## 八六　公孙龙论臧三耳

赵平原君好士，食客常数千人。有公孙龙者善辩，平原君客之。孔穿自鲁适赵，与公孙龙论臧三耳。平原君曰："公孙之言信辩也，先生以为何如？"孔穿曰："然。几能令臧三耳矣。虽然，实难。今谓三耳甚难而实非也，谓两耳甚易而实是也。不知君将从易而是者乎，亦从难而非者乎？"平原君无以应。明日，谓公孙龙曰："孔理胜于辞，公辞胜于理，终必受诎。"

《通鉴》卷三

## 八七　平原君不受封

秦攻赵，平原君使人请救于魏。信陵君发兵至邯郸城下，秦兵罢。虞卿为平原君请益地，谓赵王曰："夫不斗一卒，不坏一戟，而解二国患者，平原君之力也。用人之力而忘人之功，不可。"赵王曰："善。"将益之地。

公孙龙闻之，见平原君曰："君无覆军杀将之功而封以东武城。赵国豪杰之士多在君之右，而君为相国者以亲故。夫君封以东武城不让无功，佩赵国相印不辞无能，一解国患欲求益地，是因亲戚受封而国人则需计功也。为君计者，不如勿受便。"平原君曰："谨受令。"乃不受封。

《战国策》卷二〇

## 八八　毛遂自荐于平原君

秦使王陵攻邯郸，少利。秦王欲使白起代之，起曰："秦虽胜于长平，士卒死者过半，国内空，远绝河山而争人国都，赵应其内，诸侯攻其外，破秦军必矣。"乃辞疾，不肯行。

赵王使平原君求救于楚，平原君约其门下贤士二十人与之俱，得十九人，馀无可取。毛遂自荐于平原君。平原君曰："夫贤士之处世也，若锥之处囊中，其末立见。今先生处胜门下三年，左右未有所称颂，胜未有所闻，是先生无所有也。先生不能，先生留。"毛遂曰："使遂早得处囊中，乃脱颖而出，非特其末见而已。"平原君乃与之俱。十九人相与目笑之。

平原君至楚，与楚王言合纵，日出而言之，日中不决。毛遂按剑历阶上，问平原君："何也？"楚王怒叱之曰："吾与而君言，汝何为者也？"毛遂按剑而前，侃侃言合纵之利。楚王唯唯。毛遂曰："纵定乎？"楚王曰："定矣。"楚王、平原君、毛遂歃血为盟。毛遂招十九人曰："公等录录，所谓因人成事者也。"

平原君归赵曰："胜不敢相天下士矣。"遂以毛遂为上客。

《通鉴》卷五

## 八九　鲁仲连不受封爵金帛

平原君欲封鲁仲连，不受，又以千金为其寿，仲连笑曰："所贵于天下士，为人排患释难解纷乱而无取也。有取，是商贾之事也。"

田单言鲁仲连于齐，欲爵之。仲连逃之海上，曰："吾与富贵而诎于人，宁贫贱而轻世肆志焉！"

《通鉴》卷五、卷六

## 九〇　蔺相如完璧归赵

赵惠文王得和氏璧，秦昭王欲之，请易以十五城。赵王欲勿与，畏秦强；欲与之，恐见欺。以问蔺相如。对曰："求而不许曲在我，与之璧而不与我城曲在秦。臣愿奉璧而往，使秦城不入，臣请完璧归之！"后，果如其所言。

秦王与赵王会于渑池。酒酣，秦王请赵王鼓瑟，赵王鼓之。蔺相如复请秦王击缶，秦王不肯。相如曰："五步之内，请得以颈血溅大王！"左右欲刃相如，相如张目叱之，左右皆靡。王不怿，为一击缶。罢酒，秦终不能有加于赵。赵王归国，以相如为上卿，位在廉颇右。

《通鉴》卷四

## 九一　廉颇负荆请罪

廉颇恃有攻城野战之功，不忍为相如下，宣言曰："我见相如，必辱之！"相如闻之，不与会；每朝，常称病，不欲争列。出而望见，辄引车避。其舍人皆以为耻。相如曰："夫以秦王之威而廷叱之，独畏廉将军哉！顾吾念之，强秦所以不敢加兵于赵者，徒以吾两人在也。今两虎相斗，其势不俱生。吾所以为此者，先国家之急而后私仇也！"廉颇闻之，肉袒负荆至门谢罪。遂为刎颈之交。

《通鉴》卷四

## 九二　赵使毁廉颇老不能用

廉颇之免长平归也，失势之时，故客尽去。及复用为将，客又复至。廉颇曰："客退矣！"客曰："吁！君何见之晚也？夫天下以市道交，君有势，我则从君，君无势则去，此固其理也，有何怨乎？"

悼襄王立，使乐乘代廉颇。廉颇遂奔魏之大梁。廉颇居梁久之，赵王使使者视廉颇尚可用否。廉颇之仇郭开，多与使者金，令毁之。赵使者既见廉颇，廉颇为之一饭斗米，肉十斤，被甲上马，以示尚可用。赵使还报王曰："廉将军虽老，尚善饭，然与臣坐，顷之三遗矢矣。"赵王以为老，遂不召。

《史记》卷八一

## 九三　触龙说赵太后

秦伐赵，求救于齐，齐必以长安君为质。赵太后不可。左师触龙见太后，曰："父母之爱其子则为之计深远。今三世以前至于赵王之子孙为侯者，其继有在位者乎？"太后曰："无有。"左师曰："此其近者祸及身，远者及其子孙。岂人主之子侯则不善哉？位尊而无功，奉厚而无劳，而挟重器多也。今媪尊长安君之位，封以膏腴之地，多与之重器，而不及今令有功于国，一旦山陵崩，长安君何以自托于赵哉？"太后曰："诺，恣君之所使之。"于是长安君质于齐。齐师乃出，秦师退。

《通鉴》卷五

## 九四　赵奢答田单问

赵惠文王时，都平君田单问赵奢曰："吾非不悦将军之兵法也，所以不服者独将军之用众。用众者，使民不得耕作，粮食挽赁不可给也。此坐而自破之道也，非单之所为也。单闻之，帝王之兵所用者不过三万而天下服矣。今将军必负十万、二十万之众乃用之，此单之所不服也。"

马服君（赵奢）曰："君非徒不达于兵也，又不明其时势。夫吴干之剑，肉试则断牛马，金试则截盘匜；薄之柱上而击之则折为三，质之石上而击之则碎为百。今以三万之众而应强国之兵，是薄柱击石之类也。且古者四海之内分为万国，城虽大无过三百丈者，人虽众无过三千家者，而以集兵三万，距此奚难哉！今取古之为万国者分以为战国七，能具数十万之兵，旷日持久数岁。即君之齐以二十万之众攻荆，五年乃罢；赵以二十万之众攻中山，五年乃归。今者齐、韩相方，而国围攻焉，岂有敢曰我其以三万救是者乎哉？今千丈之城、万家之邑相望也，而求以三万之众围千丈之城，曾不处其一角，而野战不足用也，君将以此何之？"都平君喟然太息曰："单不至也！"

《战国策》卷二〇

## 九五　郑同说赵王不能无兵

郑同北见赵惠文王。赵王曰："子南方之博士也，何以教之？"郑同曰："臣南方草鄙之人也，何足问？虽然，王致之于前，安敢不对乎？臣少之时，亲尝教以兵。"赵王曰："寡人不好兵。"郑同因抚手仰天而笑之曰："兵固天下之狂器也，臣故意大王不好也。臣亦尝以兵说魏昭王，昭亦曰：'寡人不喜。'臣曰：'王之行能如许由乎？许由无天下之累，故不受也。今王既受先王之传，欲宗庙之安、壤地不削、社稷之血食乎？'王曰：'然。'今有人操随侯之珠，万金之财，时宿于野，内无孟贲之威，外无弓弩之御，不出宿夕，人必危之矣。今有强贪之国临王之境，索王之地，告以理则不可，说以义则不听。王非战国守圉之具，其将何以当之？王若无兵，邻国得志矣。"赵王曰："寡人请奉教。"

《战国策》卷二〇

## 九六　苏代说赵王毋鹬蚌相争

赵且伐燕，苏代为燕王谓赵惠王曰："今者臣来，过易水，蚌方出曝，而鹬啄其肉，蚌合而钳其喙。鹬曰：'今日不雨，明日不雨，即有死蚌。'蚌亦谓鹬曰：'今日不出，明日不出，即有死鹬。'两者不肯相舍，渔者得而并擒之。今赵且伐燕，燕、赵久相支，以弊大众，臣恐强秦之为渔父也。故愿王之熟计之也。"惠王曰："善。"乃止。

《战国策》卷三〇

## 九七　李牧击败匈奴

李牧，赵之北边良将，居代、雁门备匈奴，以便宜置吏，市租皆输入幕府，为士卒费。习骑射，谨烽火，多间谍，为约曰："匈奴如入盗，急入收保，有敢捕虏者斩！"匈奴每入，辄入收保不战，亦不亡失。如是数岁，匈奴以为怯，赵边兵亦以为怯。赵王让之，李牧如故。王怒，使他人代之。屡出战，不利，多亡失。王复请李牧，李牧称病不出，曰："必欲用臣，如前，乃敢奉令。"王许之。李牧至边，如约。匈奴终以为怯。边士日得赏赐而不用，皆愿一战。于是选骑得万三千匹，兵十五万人，悉勒习战。大纵畜牧，人民满野。匈奴小入，佯北不胜，以数十人委之。单于率众来入。李牧多为奇阵，张左右翼击之，大破之，杀匈奴十馀万骑。单于奔走，十馀岁不敢近赵边。

《通鉴》卷六

## 九八　建信君诿事诿过于人

或谓建信君曰："君之所以事王者色也，葺之所以事王者智也。色老而衰，智老而多。以日多之智而逐衰恶之色，君必困矣。"建信君曰："奈何？"曰："并骥而走者五里而罢，乘骥而御之不倦而取道多。君令葺乘独断之车、御独断之势以居邯郸，令之内治国事，外刺诸侯，则葺之事有不言者矣。君因言王而重责之，葺之轴今折矣。"建信君再拜受命，入言于王厚任葺以事能，重责之，未期年而葺亡走矣。

魏勉谓建信君曰："人有置系蹄者而得虎。虎怒，决蹯而去。虎之情非不爱其蹯也，然而不以环寸之蹯害七尺之躯者，权也。今有国，非直七尺躯也，而君之身于王非环寸之蹯也。愿公之熟图之也。"

《战国策》卷二〇

## 九九　秦孝公发愤强秦

显王七年（公元前362年），秦孝公立。时皆以夷翟遇秦，摈斥之，不得与中国之会盟。孝公发愤，布德修政，欲以强秦。次年，下令国中曰："宾客群臣有能出奇计强秦者，吾且尊官，与之分土。"卫鞅闻是令下，乃西入秦。

鞅，好刑名之学，事魏相公叔痤。痤荐鞅于魏惠王曰："鞅虽年少，有奇才，愿君举国而听之。"王嘿然。公叔曰："君即不听用鞅，必杀之，无令出境。"王许诺而去。公叔召鞅谢曰："吾先君而后臣，故先为君谋，后以告子。子必速行矣。"鞅曰："君不能用子之言任臣，又安能用子之言杀臣乎！"卒不去。

后，卫鞅之秦。见孝公，说以富国强兵之事，公大悦。遂变法。

《通鉴》卷二

## 一〇〇　商鞅以树信严刑变法

卫鞅初变法，下徙木之令以树信于民，太子犯法刑其师傅。法行十年，秦道不拾遗，山无盗贼，民勇于公战，怯于私斗，乡邑大治。鞅率师伐魏，大破之。魏割河西之地于秦。惠王叹曰："吾恨不听公叔之言。"秦封鞅于商。

商鞅用法严酷，尝临渭论囚，渭水尽赤，人多怨之。孝公卒后，秦人攻商君，秦惠王车裂之，尽灭其家。

《通鉴》卷二

## 一〇一　扁鹊见秦武王

医扁鹊见秦武王，武王示之病。扁鹊请治。左右曰："君之病在耳之前，目之下，除之未必已也，将使耳不聪，目不明。"君以告扁鹊。

扁鹊怒而投其石，曰："君与知之者谋之，而与不知者败之。使此知秦国之政也，则君一举而亡国矣。"

《战国策》卷四

## 一〇二　甘茂攻克宜阳

甘茂与秦武王谋伐宜阳。甘茂曰："昔者，曾子处费，费人有与曾子同名族者而杀人。人告曾子母曰：'曾参杀人。'曾子之母曰：'吾子不杀人。'织自若。有顷焉，人又曰：'曾参杀人。'其母尚织自若也。顷之，一人又告之曰：'曾参杀人。'其母惧，投杼逾墙而走。夫以曾参之贤与母之信也，而三人疑之，则慈母不能信也。今臣贤不及曾子，而王之信臣又未若曾子之母也。疑臣者不特三人，臣恐王为臣之投杼也。"王曰："寡人不听也，请与子盟。"于是与之盟于息壤。

果攻宜阳，五月而不能拔也。樗里疾、公孙衍二人在，争之王。王将听之，召甘茂而告之。甘茂对曰："息壤在彼。"王曰："有之。"因悉起兵，复使甘茂攻之，遂拔宜阳。

《战国策》卷四

## 一〇三 秦武王有力好戏

武王有力好戏，力士任鄙、乌获、孟说皆至大官。王与孟说举鼎，绝膑。武王死。族孟说。武王无子。立异母弟，是为昭王。昭王母楚人，姓芈氏，号宣太后。

《史记》卷五

## 一〇四 狗盗鸡鸣者亦有用

孟尝君相秦。或谓秦昭襄王曰："孟尝君必先齐而后秦，秦其危矣！"秦王囚孟尝君，欲杀之。孟尝君藉门人狗盗、鸡鸣之徒得脱归。

《通鉴》卷三

## 一〇五　秦宣太后欲魏丑夫殉

秦宣太后爱魏丑夫。太后病将死，出令曰："为我葬，必以魏子为殉。"魏子患之。庸芮为魏子说太后曰："以死者为有知乎？"太后曰："无知也。"曰："若太后之神灵，明知死者之无知矣，何为空以生所爱葬于无知之死人哉？若死者有知，先王积怒之日久矣。太后救过不赡，何暇乃私魏丑夫乎？"太后曰："善。"乃止。

《战国策》卷四

## 一〇六　范雎入秦为相

范雎者，魏人也，先事魏中大夫须贾。须贾使于齐，范雎从。须贾以为雎持魏国阴事告齐，以告魏相魏齐。魏齐大怒，使舍人笞击雎，折胁折齿。雎佯死，即卷以箦，置厕中。宾客饮者醉，更溺雎，故僇辱以惩后，令无妄言者。雎从箦中谓守者曰："公能出我，我必厚谢公。"守者乃请出弃箦中死人。魏齐醉，曰："可矣。"范雎得出。魏人郑安平闻之，乃遂操范雎亡，伏匿，更名姓曰张禄。当此时，秦昭王使谒者王稽于魏。王稽知范雎贤，乃载之入秦。

当是时昭王母宣太后及穰侯专政，范雎因间言于昭王曰："臣居山东时，闻齐之有田文，不闻其有王也；闻秦之有太后、穰侯、华阳、高陵、泾阳，不闻其有王也。夫擅国之谓王，能利害之谓王，制杀生之威之谓王。今太后擅行不顾，穰侯出使不报，华阳、泾阳等击断无讳，乃所谓无王也。然则权安得不倾，令安得从王出？臣窃恐有秦国者非王子孙也。"昭王闻之大惧，曰："善。"于是废太后，逐穰侯、高陵、华阳、泾阳君于关外。秦王乃拜范雎为相。

《史记》卷七九

## 一〇七　范雎之报仇与报德

范雎既相秦，秦号曰张禄，而魏不知，魏使须贾于秦。范雎闻之，为微行，敝衣间步之邸，须贾见之而惊曰："范叔固无恙乎！"范雎曰："然。"须贾曰："今叔何事？"范雎曰："臣为人庸赁。"须贾意哀之，留与坐饮食，曰："范叔一寒如此哉！"乃取其一绨袍以赐之。须贾因问曰："秦相张君，公知之乎？孺子岂有客习于相君者哉？"范雎曰："主人翁习知之。唯雎亦得谒，雎请为见君于张君。"须贾曰："吾马病，车轴折，非大车，吾固不出。"范雎曰："愿为君借大车驷马于主人翁。"

范雎归取大车驷马，为须贾御之，入秦相府，谓须贾曰："待我，我为君先入通于相君。"须贾待门下良久，问门下曰："范叔不出，何也？"门下曰："无范叔。"须贾曰："向者与我载而入者。"门下曰："乃吾相张君也。"须贾大惊，自知见卖，乃肉袒膝行，因门下人谢罪。于是范雎盛帷帐，侍者甚众，见之。须贾顿首言死罪，曰："贾不意君能自致于青云之上。贾有汤镬之罪，唯君死生之！"

范雎曰："汝罪有三耳。公前以雎为有外心于齐而恶雎于魏齐，公之罪一也。当魏齐辱我于厕中，公不止，罪二也。更醉而溺我，公其何忍乎？罪三矣。然公之所以得无死者，以绨袍恋恋，有故人之意，故释公。"乃谢罢。入言之昭王，罢归须贾。

须贾辞于范雎，范雎大供具，尽请诸侯使，与坐堂上，食饮甚设。而坐须贾于堂下，置莝豆其前，令两黥徒夹而马食之。数曰："为我告魏王，急持魏齐头来！不然者，我且屠大梁。"须贾归，以告魏齐。魏齐恐，亡走赵，后自刎于赵。

范雎既相，昭王召王稽，拜为河东守，三岁不上计。又任郑安平，昭王以为将军。范雎于是散家财物，尽以报所尝困厄者。一饭之德必偿，睚眦之怨必报。

《史记》卷七九

## 一〇八　范雎以赂破合纵

天下之士合纵相聚于赵，而欲攻秦。秦相范雎曰："王勿忧也，请令废之。秦于天下之士非有怨也，相聚而攻秦者，以己欲富贵耳。王见大王之狗，卧者卧，起者起，行者行，止者止，无相与斗者。投之一骨，轻起相牙者，何则？有争意也。"

于是，令唐雎载音乐，予之五千金，居武安，高会相于饮。谓："邯郸人谁来取者？"于是，其谋攻秦者固未可得予也；其可得与者与之昆弟矣。"公为秦计功者，不问金之所之，金尽者功多矣。今令人复载五千金随公。"

唐雎行，行至武安，散不能三千金，天下之士大相与斗矣。

《战国策》卷五

## 一〇九　魏牟临别赠言应侯

公子魏牟游于秦，且东，而辞应侯范雎。应侯曰："公子将行矣，独无以教之乎？"曰："臣固且有效于君。夫贵不与富期而富至，富不与粱肉期而粱肉至，粱肉不与骄奢期而骄奢至，骄奢不与死亡期而死亡至。累世以前，坐此者多矣。"应侯曰："公子之所以教之者厚矣。"

《战国策》卷二〇

## 一一〇　蔡泽说范雎让相印

秦昭王任郑安平，使击赵。郑安平为赵所围，以兵二万人降赵。秦之法，任人而所任不善者，各以其罪罪之。于是应侯罪当收三族。秦昭王恐伤应侯之意，乃下令国中："有敢言郑安平事者，以其罪罪之。"而加赐相国应侯食物日益厚，以顺适其意。后二岁，王稽为河东守，与诸侯通，坐法诛。而应侯日益以不怿。

燕人蔡泽，游学干诸侯小大甚众，不遇。闻应侯任郑安平、王稽皆负重罪于秦，应侯内惭，蔡泽乃西入秦。使人宣言以感怒应侯曰："燕客蔡泽，天下雄俊弘辩智士也。彼一见秦王，秦王必困君而夺君之位。"

应侯闻不快，及见之，又倨。应侯因让之曰："子尝宣言欲代我相秦，宁有之乎？"对曰："然。"应侯曰："请闻其说。"蔡泽曰："吁，君何见之晚也！夫人之立功，岂不期于成全邪？身与名俱全者，上也。名可法而身死者，其次也。名在僇辱而身全者，下也。""吾闻之，'鉴于水者见面之容，鉴于人者知吉与凶'。《书》曰'成功之下，不可久处'。商鞅、白起、吴起、文种之祸，君何居焉？君何不以此时归相印，让贤者而授之，退而岩居川观，而有许由、延陵季子之让，乔松之寿，孰与以祸终哉？《易》曰'亢龙有悔'，此言上而不能下，伸而不能屈，往而不能自返者也。愿君熟计之！"应侯曰："善。先生幸教，雎敬受命。"于是乃延入坐，为上客。

后数日，入朝，应侯因谢病请归相印。昭王强起应侯，应侯遂称病笃。范雎免相，昭王新悦蔡泽计画，遂拜为秦相，东收周室。

蔡泽相秦数月，人或恶之，惧诛，乃谢病归相印，号为纲成君。

《史记》卷七九

## 一一一 三国攻秦得三城

以孟尝君为主谋，齐、韩、魏三国攻秦，入函谷。秦昭王谓楼缓曰："三国之兵深矣，寡人欲割河东。"对曰：

"割河东大费也,免于国患大利也。此父兄之任也,王何不召公子池而问焉?"

王召公子池而问焉,对曰:"割亦悔,不割亦悔。"王曰:"何也?"对曰:"王割河东,三国虽去,王必曰:'惜矣,三国且去,吾特以三城从之。'此割之悔也。王不割,三国入函谷,咸阳必危,王又曰:'惜矣,吾爱三城而不割。'此又不割之悔也。"王曰:"钧吾悔也,宁亡三城而悔,无危咸阳而悔也。寡人决讲矣。"

卒使公子池以割三城讲于三国,之兵乃退。

《战国策》卷六

## 一一二 顿弱献策秦王

秦王欲见顿弱,顿弱曰:"臣之义,不参拜;王能使臣无拜,即可矣;不,即不见也。"

秦王曰:"山东之国可兼与?"顿子曰:"韩,天下之咽喉;魏,天下之胸腹。王资臣万金而游,听之韩、魏,入其社稷之臣于秦,即韩、魏从;韩、魏从,而天下可图也。"秦王曰:"寡人之国贫,恐不能给也。"顿子曰:"天下未尝无事也,非纵即横也。横成,则秦帝;纵成,即楚王。秦帝,即以天下恭养;楚王,即王虽有万金,弗得私也。"秦王曰:"善。"

乃资万金,使东游韩、魏,入其将相,北游于燕、赵,而杀李牧。齐王入朝,四国必从,顿子之说也。

《战国策》卷六

## 一一三　秦昭王与中期争不胜不罪

秦昭王与中期争论，不胜。秦王大怒，中期徐行而去。或为中期说秦王曰："悍人也。中期适遇明君故也，向者遇桀、纣，必杀之矣。"秦王因不罪。

《战国策》卷七

## 一一四　苏厉称一发不中前功尽弃

苏厉谓周君曰："秦破韩、魏，扑师武，北取赵蔺、离石者，皆白起也。是善用兵，又有天命。今又将兵出塞攻梁，梁破则周危矣。君何不令人说白起乎？曰'楚有养由基者，善射者也。去柳叶百步而射之，百发而百中之。左右观者数千人，皆曰善射。有一夫立其旁，曰："善，可教射矣。"养由基怒，释弓搤剑，曰："客安能教我射乎？"客曰："非吾能教子支左诎右也。夫去柳叶百步而射之，百发而百中之，不以善息，少焉气衰力倦，弓拨矢钩，一发不中者，百发尽息。"今破韩、魏，扑师武，北取赵蔺、离石者，公之功多矣。今又将兵出塞，过两周，背韩，攻梁，一举不得，前功尽弃。公不如称病而无出'。"

《史记》卷四

## 一一五　白起大败赵括

秦伐赵，数败之。廉颇军于长平，坚壁不出。赵惠文王以为颇失亡多而怯战，怒，数让之。应侯又使人行千金于赵为反间，曰："秦之所畏独赵奢之子赵括为将耳！廉颇易与，且降矣。"赵王遂以括代颇将。蔺相如曰："括徒能读其父书传，不知合变，使括若胶柱鼓瑟耳！"王不听。

初，括少时学兵法，以天下莫能当；与其父奢言兵事，奢不能难，然不称其善。括母问其故，奢曰："兵，死地也，而括易言之。若将之，破赵军者必括也。"及括将行，母上书曰："始妾事其父，王及宗室所赏赐者，尽以与军吏士大夫；受命之日，不问家事。今括一为将，王所赐金帛，归藏于家，而日视便利田宅可买者买之。王以为如其父，父子异心，愿王勿遣。"王曰："吾已决矣！"母曰："如不称，妾请勿随坐。"王许之。

秦王闻括已为赵将，阴使白起为上将军，秘而不泄。赵括至军，悉更约束，易置军吏，出兵击秦师。白起佯败而走，括追造秦壁，不得入。秦断其后与粮道。赵军食绝四十六日，阴相杀食。括出战被射杀。赵师大败，卒四十万人皆降，白起尽坑杀之。

《通鉴》卷五

## 一一六　白起死非其罪

武安君白起坑赵兵四十万之后一年，秦复发兵，使王陵攻赵邯郸。是时武安君病，不任行。陵攻邯郸，少利。秦昭王欲使武安君代陵将。武安君言曰："邯郸实未易攻也。且诸侯救日至，彼诸侯怨秦之日久矣。今秦虽破长平军,而秦卒死者过半,国内空。远绝河山而争人国都,赵应其内,诸侯攻其外,破秦军必矣。不可。"秦王自命,不行;乃使应侯范雎请之,武安君终辞不肯行,遂称病。

秦王使王龁代陵将,八九月围邯郸,不能拔。楚使春申君及魏公子将兵数十万攻秦军,秦军多失亡。武安君言曰:"秦不听臣计,今如何矣!"秦王闻之,怒,强起武安君,武安君遂称病笃。应侯请之,不起。于是免武安君为士伍,迁之阴密。武安君病,未能行。

居三月,秦王乃使人遣白起,不得留咸阳中。武安君既行,出咸阳西门十里,至杜邮。秦昭王与应侯、群臣议曰:"白起之迁,其意尚怏怏不服,有馀言。"乃使使者赐之剑,自裁。武安君引剑将自刭,曰:"我何罪于天而至此哉?"良久,曰:"我固当死。长平之战,赵卒降者数十万人,我诈而尽坑之,是足以死。"遂自杀。武安君死而非其罪,秦人怜之,乡邑皆祭祀焉。

《史记》卷七三

# 秦
公元前 255 年至前 207 年

## 一　李斯谏逐客

秦宗室大臣议逐客。客卿楚人李斯上书曰："臣闻太山不让土壤故能成其大，河海不择细流故能就其深，王者不却众庶故能明其德，此五帝三王之所以无敌也。今乃弃黔首以资敌国，却宾客以业诸侯，所谓藉寇兵、赍盗粮者也。"秦王政召李斯，复其官，除逐客令。王用李斯之谋，阴遣辩士携金玉游说诸侯名士，可下以财者厚遗结之，不肯者利剑刺之，离间其君臣，然后使良将随其后，数年之中，卒兼天下。

《通鉴》卷六

## 二　韩非著《说难》

韩非者，韩之公子也，善刑名法术之学，见韩之削弱，数以书干韩王，不能用。韩非疾治国不务求任贤，反举浮淫之士而加之功实之上，宽则宠名誉之人，急则用介胄之士，所养非所用，所用非所养。悲廉直不容于邪臣，观往者得失之变，作《孤愤》《说难》等五十六篇，十馀万言。非使于秦，上书说秦王，不能用。李斯嫉之，下吏治非。李斯使人遗非药，令自杀。非欲自陈，不得见王。王使人赦之，非已死矣。

《通鉴》卷六

## 三　唐雎谈布衣之怒

秦王政谓唐雎曰："寡人以五百里之地易安陵，安陵君不听寡人，何也？且秦灭韩亡魏，而君以五十里之地存者，以君为长者，故不措意也。今吾以十倍之地，请广于君，而君逆寡人者，轻寡人与？"

唐雎对曰："否，非若是也。安陵君受地于先生而守之，虽千里不敢易也，岂直五百里哉？"秦王怫然怒，谓唐雎曰："公亦尝闻天子之怒乎？"唐雎对曰："臣未尝闻也。"秦王曰："天子之怒，伏尸百万，流血千里。"唐雎曰："大王尝闻布衣之怒乎？"秦王曰："布衣之怒，亦免冠徒跣以头抢地尔。"唐雎曰："此庸夫之怒也，非士之怒也。夫专诸之刺王僚也，彗星袭月；聂政之刺韩傀也，白虹贯日；要离之刺庆忌也，仓鹰击于殿上。此三子者，皆布衣之士也，怀怒未发，休祲降于天，与臣而将四矣。若士必怒，伏尸二人，流血五步，天下缟素，今日是也。"挺剑而起。秦王色挠，长跪而谢之曰："先生坐，何至于此，寡人谕矣。夫韩、魏灭亡，而安陵以五十里之地存者，徒以有先生也。"

《战国策》卷二五

## 四　荆轲刺秦王

燕太子丹闻荆轲贤，卑辞厚礼而请之，求其刺秦王，荆轲许之。荆轲曰："诚得秦亡将樊于期之首与燕督亢之地图，献秦王，秦王必喜而见臣，其时可刺之。"樊闻之，遂自刎。太子求天下之利匕首，以药焠之，以试人，人无不立死者。

荆轲将发，太子及宾客知其事者皆白衣冠以送之。至易水上。高渐离击筑，荆轲和而歌，为变徵之声，士皆垂泪涕泣。又前而为歌曰："风萧萧兮易水寒，壮士一去兮不复还！"复为慷慨羽声，士皆瞋目，发尽上指冠。于是荆轲遂就车而去，终已不顾。

秦王见。荆轲奉图进于王，图穷而匕首见，因把王袖而刺，未至身。王绝袖环柱而走，拔剑以击荆轲，断其左股。王命体解之。王令王翦伐燕，大破之。燕王使使斩太子丹，以献秦。

《通鉴》卷六；《战国策》卷三一

## 五　王翦多置田宅以释疑

秦伐楚，王问于李信曰："吾欲取荆，将军度用几何人而足？"对曰："不过二十万。"王以问王翦，翦曰："非六十万人不可。"王曰："将军老矣！何怯也。"遂使李信伐楚，始胜而后败。王谢王翦曰："寡人不用将军谋，果辱秦军，将军独忍弃寡人乎！"王翦谢："病不能将。"王曰："已矣，勿复言！"王翦曰："必不得已用臣，非六十万人不可。"王从之。

于是，王翦将六十万人伐楚。王送至霸上，王翦请美田宅甚多。王曰："将军行矣，何患贫乎？"王翦曰："为大王将，有功，终不得封侯，故请田宅为子孙业耳！"王大笑。王翦对责之者曰："王粗而不信人，今空国中甲士而专委于我，我不多请田宅为子孙业，顾令王坐而疑我矣。"王翦大破楚师，杀其将军项燕。

《通鉴》卷七

## 六　吕不韦居奇货为秦相

濮阳人吕不韦贾于邯郸，见秦质子异人，归而谓父曰："耕田之利几倍？"曰："十倍。""珠玉之赢几倍？"曰："百倍。""立国家之主赢几倍？"曰："无数。"曰："今力田疾作不得暖衣馀食，今定国立君，泽可以遗世。愿往事之。"乃往说异人。

子楚为秦质子于赵。赵不甚礼子楚。子楚车乘进用不饶，居处困，不得意。吕不韦贾邯郸，见而怜之，曰："此奇货可居。"乃往见子楚，说曰："吾能大子之门。"子楚笑曰："且自大君之门，而乃大吾门！"吕不韦曰："子不知也，吾门待子门而大。"子楚心知所谓，乃引与坐，深语。吕不韦曰："秦王老矣，安国君得为太子。窃闻安国君爱幸华阳夫人，华阳夫人无子，能立嫡嗣者独华阳夫人。不韦虽贫，请以千金为子西游，事安国君及华阳夫人，立子为嫡嗣。"子楚乃顿首曰："必如君策，请得分秦国与君共之。"

吕不韦乃以五百金与子楚，为进用，结宾客；而复以五百金买奇物玩好，自奉而西游秦，皆以其物献华阳夫人。

华阳夫人无子，不韦因使其姊说夫人曰："吾闻之，以色事人者，色衰而爱弛。今夫人事太子，甚爱而无子，不以此时早自结于诸子中贤孝者，举立以为嫡而子之，夫在则重尊，夫百岁之后，所子者为王，终不失势，此所谓一言而万世之利也。今子楚贤，自附夫人，夫人诚以此时拔以为嫡，夫人则竟世有宠于秦矣。"华阳夫人以为然，因涕泣请安国君以子楚为嫡嗣，安国君许之。安国君及夫人因厚馈遗子楚，而请吕不韦傅之，子楚以此名誉益盛于诸侯。

吕不韦取邯郸诸姬绝好善舞者与居，知有身。子楚从不韦饮，见而悦之，请之。吕不韦欲以钓奇，乃遂献其姬。姬自匿有身，生子政。子楚遂立姬为夫人。

及子楚即位，是为庄襄王，以吕不韦为丞相，封为文信侯，食河南洛阳十万户。

《战国策》卷七；《史记》卷八五

## 七　甘罗十二为上卿

甘罗年十二，事秦相文信侯吕不韦。

秦始皇使张唐往相燕，欲与燕共伐赵以广河间之地。张唐不欲行。文信侯不快，未有以强也。甘罗曰："臣请行之。"文信侯叱曰："去！我身自请之而不肯，汝焉能行之？"甘罗曰："大项橐生七岁为孔子师。今臣生十二岁于兹矣，君其试臣，何遽叱乎？"于是甘罗见张卿曰："卿之功孰与武安君？"卿曰："臣之功不如也。"甘罗曰："卿明知其不如文信侯专与？"曰："知之。"甘罗曰："今文信侯自请卿相燕而不肯行，臣不知卿所死处矣。"张唐曰："请因孺子行。"令装治行。

行有日，甘罗谓文信侯曰："借臣车五乘，请为张唐先报赵。"文信侯乃入言之于始皇曰："昔甘茂之孙甘罗，年少耳，然名家之子孙，诸侯皆闻之。今者张唐欲称疾不肯行，甘罗说而行之。今愿先报赵，请许遣之。"始皇召见，使甘罗于赵。赵襄王迎甘罗。甘罗说赵王曰："王闻燕太子丹入质秦欤？"曰："闻之。"曰："闻张唐相燕欤？"曰："闻之。""燕太子丹入秦者，燕不欺秦也。张唐相燕者，秦不欺燕也。燕、秦不相欺者，伐赵，危矣。燕、秦不相欺无异故，欲攻赵而广河间。王不如赍臣五城以广河间，请归燕太子，赵攻燕。"赵王立自割五城以广河间。秦归燕太子。赵攻燕，得上谷三十城，令秦有十一。

甘罗还报秦，乃封甘罗以为上卿。

《史记》卷七一

## 八　吕不韦使客著《吕氏春秋》

庄襄王即位三年，卒，太子政立为王，尊吕不韦为相国，号称"仲父"。秦王年少，太后时时窃私通吕不韦。不韦家僮万人。

吕不韦招致士，厚遇之，至食客三千人。吕不韦乃使其客人人著所闻，集论以为八览、六论、十二纪，二十馀万言。以为备天地万物古今之事，号曰《吕氏春秋》。布咸阳市门，悬千金其上，延诸侯游士宾客有能增损一字者予千金。

始皇九年，有告嫪毐实非宦者，常与太后私乱，生子二人，皆匿之。于是秦王下吏治，具得情实，事连相国吕不韦。夷嫪毐三族，杀太后所生两子。十年，乃免吕不韦相，吕不韦恐诛，饮酖而死。

《史记》卷八五

## 九　秦王嬴政称始皇帝

秦王始并天下，自以为德兼三皇，功过五帝，乃更号曰"皇帝"，自称曰"朕"。自为始皇帝，后世以计数，二世、三世至于万世。分天下为三十六郡，不置王侯；统一度量衡，书同文，车同轨，治驰道于天下。修筑长城，以备外敌。使徐市带童男女，入海求不死之药。听从李斯之议焚书，又坑侯生等犯禁者四百六十馀人。始皇卒，赵高、李斯立胡亥，是为二世。

《通鉴》卷七

## 一〇　优旃以笑言谏

优旃者，秦倡侏儒也。善为笑言，然合于大道。秦始皇时，置酒而天雨，陛楯者皆沾寒。优旃见而哀之，谓之曰："汝欲休乎？"陛楯者皆曰："幸甚。"优旃曰："我即呼汝，汝疾应曰诺。"居有顷，殿上上寿呼万岁。优旃临槛大呼曰："陛楯郎！"郎曰："诺。"优旃曰："汝虽长，何益，幸雨立。我虽短也，幸休居。"于是始皇使陛楯者得半相代。

始皇尝议欲大苑囿，东至函谷关，西至雍、陈仓。优旃曰："善。多纵禽兽于其中，寇从东方来，令麋鹿触之足矣。"始皇以故辍止。

二世立，又欲漆其城。优旃曰："善。主上虽无言，臣固将请之。漆城虽于百姓愁费，然佳哉！漆城荡荡，寇来不能上。"二世止之。

《史记》卷一二六

## 一一　乌氏倮寡妇清以富而贵

乌氏倮畜牧，及众，斥卖，求奇缯物，间献遗戎王。戎王什倍其偿，与之畜。畜至用谷量马牛。秦始皇帝令倮比封君，以时与列臣朝请。而巴寡妇清，其先得丹穴，而擅其利数世，家亦不訾。清，寡妇也，能守其业，用财自卫，不见侵犯。秦皇帝以为贞妇而客之，为筑女怀清台。夫倮鄙人牧长，清穷乡寡妇，礼抗万乘，名显天下，岂非以富邪？

《史记》卷一二九

## 一二　张良狙击秦始皇

张良者，其先韩人也。韩破，良家僮三百人，弟死不葬，悉以家财求客刺秦王，为韩报仇。得力士，为铁椎重百二十斤。秦皇帝东游，良与客狙击秦皇帝博浪沙中，误中副车。秦皇帝大怒，大索天下。良乃更名姓，亡匿下邳。

良尝闲从容步游下邳圯上，有一老父，衣褐，至良所，直堕其履圯下，顾谓良曰："孺子，下取履！"良鄂然，欲殴之。为其老，强忍，下取履。父曰："履我！"良业为取履，因长跪履之。父以足受，笑而去。良殊大惊，随目之。父去里所，复还，曰："孺子可教矣。后五日平明，与我会此。"良因怪之，跪曰："诺。"五日平明，良往。父已先在，怒曰："与老人期，后，何也？"去，曰："后五日早会。"五日鸡鸣，良往。父又先在，复怒曰："后，何也？"去，曰："后五日复早来。"五日，良夜未半往。有顷，父亦来，喜曰："当如是。"出一编书，曰："读此则为王者师矣。"遂去，不复见。旦日视其书，乃

《太公兵法》也。良因异之，常习诵读之。

《史记》卷五五

## 一三　高渐离刺始皇帝

秦并天下，善击筑者高渐离变名姓为人庸保，匿作于宋子。久之，闻其家堂上客击筑，傍偟不能去。每出言曰："彼有善有不善。"从者以告其主，曰："彼庸乃知音，窃言是非。"家丈人召使前击筑，一坐称善，赐酒。而高渐离念久隐无穷时，乃退，出其装匣中筑与其善衣，更容貌而前。举坐客皆惊，下与抗礼，以为上客。使击筑而歌，客无不流涕而去者。闻于秦始皇。始皇召见，人有识者，乃曰："高渐离也。"秦皇帝惜其善击筑，赦之，乃燻盲其目。使击筑，未尝不称善。稍益近之，高渐离乃以铅置筑中，举筑扑秦皇帝，不中。于是遂诛高渐离，终身不复近诸侯之人。

《史记》卷八六

## 一四　胡亥赵高君臣对

秦二世谓赵高曰："夫人居世间也，如六骥过决隙，吾既以临天下，欲悉耳目之所好，穷心志之所乐，以终吾年寿，可乎？"高曰："此贤主之所能行而昏乱主所禁也。虽然，有所未可。今陛下初立，宗室大臣恐为变，陛下安得为此乐？"高建言严法刻刑，诛灭宗室大臣，二世然之。于是，公子十二人、公主十人，戮死于咸阳，财物被没收。

赵高恃恩专恣，以私怨杀人众多，恐大臣入朝言之，乃说二世曰："天子之所以贵者，但以闻声，群臣莫得见其面也。且陛下富于春秋，未必尽通诸事。今坐朝廷，有不当者，则见短于大臣，不如深拱禁中，与臣及侍中处事。如此，则大臣不敢奏疑事，天下称圣主矣。"二世用其计，于是事皆决于赵高。

赵高持鹿献于二世曰："马也。"二世笑曰："丞相误邪，谓鹿为马？"问左右，或默，或言马以阿赵高。或言鹿者，高皆治之。后，群臣莫敢言其过。

《通鉴》卷七、卷八

## 一五　陈胜吴广起义

陈胜者，阳城人也，字涉。吴广者，阳夏人也，字叔。陈涉少时，尝与人佣耕，辍耕之垄上，怅恨久之，曰："苟富贵，无相忘。"庸者笑而应曰："若为庸耕，何富贵也？"陈涉太息曰："嗟乎，燕雀安知鸿鹄之志哉！"

二世元年七月，发闾左谪戍渔阳，九百人屯大泽乡。陈胜、吴广皆次当行，为屯长。会天大雨，道不通，度已失期。失期，法皆斩。陈胜、吴广乃谋曰："今亡亦死，举大计亦死，等死，死国可乎？"陈胜曰："天下苦秦久矣。今诚以吾众诈自称公子扶苏、项燕，为天下唱，宜多应者。"吴广以为然。乃丹书帛曰"陈胜王"，置人所罾鱼腹中。卒买鱼烹食，得鱼腹中书，固以怪之矣。又间令吴广之次近所旁丛祠中，夜篝火，狐鸣呼曰"大楚兴，陈胜王"。卒皆夜惊恐。旦日，卒中往往语，皆指目陈胜。

吴广素爱人，士卒多为用者。广起，杀将尉。陈胜佐之，召令徒属曰："公等遇雨，皆已失期，失期当斩。藉第令毋斩，而戍死者固十六七。且壮士不死即已，死即举大名耳，王侯将相宁有种乎！"徒属皆曰："敬受命。"陈胜自立为将军，吴广为都尉。攻大泽乡，比至陈，车六七百乘，骑千馀，卒数万人。陈涉乃立为王，号为张楚。九月，刘邦起兵于沛，项梁起兵于吴。

陈胜既为王，其故人皆往依之。妻之父亦往，陈以众宾待之，长揖不拜。妻之父怒曰："傲长者，不能久矣！"不辞而去。

尝与庸耕者之陈，扣宫门曰："吾欲见涉。"宫门令欲缚之。自辩数，乃置，不肯为通。陈王出，遮道而呼涉。陈王闻之，乃召见，载与俱归。入宫，见殿屋帷帐，客曰："夥颐！涉之为王沈沈者！"客出入愈益发舒，言陈王故情。或说陈王曰："客愚无知，颛妄言，轻威。"陈王斩之。诸陈王故人皆自引去。

诸将徇地，至，令之不是者，系而罪之，以苛察为忠。其所不善者，弗下吏，辄自治之。诸将以其故不亲附，此其所以败也。腊月其御庄贾杀陈王。

陈胜虽已死，其所置遣侯王将相竟亡秦，由涉首事也。

《史记》卷四八；《通鉴》卷八

秦（公元前255年至前207年）

## 一六　项羽不学书剑

项籍（项羽），项梁之侄。少时学书不成，学剑又不成，项梁怒之。籍曰："书，足以记名姓而已，剑，一人敌不足学，学万人敌！"项梁教其兵法。籍大喜，略知其意，又不竟学。籍长八尺馀，力能扛鼎，才器过人。闻陈胜起，斩会稽守头，举吴中兵，得八千人。籍是时年二十四。

《通鉴》卷七

## 一七　李斯称贤主当独断于上

二世因群雄蜂起，诮让李斯："居三公位，如何令盗如此！"李斯惧，乃阿二世意，对曰："夫贤主者必能行督责之术者，独断于上，权不在臣下，然后莫之敢逆，群臣百姓救过不给，何变之敢图！"二世悦，于是行督责益严，税民深者为明吏，杀人众者为忠臣，刑者相半于道，而死人日积于市。秦民益骇惧思乱。

《通鉴》卷八

## 一八　李斯恐盛极而衰

李斯长男由为三川守，诸男皆尚秦公主，女悉嫁秦诸公子。三川守李由告归咸阳，李斯置酒于家，百官长皆前为寿，门廷车骑以千数。李斯喟然而叹曰："嗟乎！吾闻之荀卿曰'物禁大盛'。夫斯乃上蔡布衣，闾巷之黔首，上不知其驽下，遂擢至此。当今人臣之位无居臣上者，可谓富贵极矣。物极则衰，吾未知所税驾也！"

《史记》卷八七

## 一九　李斯之死

二世方燕乐，妇女居前，赵高使人告李斯曰："上方闲，可奏事。"李至宫门上谒，如此者三。二世怒曰："吾闲日不来，吾方燕私辄来请事！"赵高因曰："丞相权重于陛下，欲裂地而王，其子与楚贼有文书往来。"二世以为然，属赵高治之。李斯被笞击千馀，不胜痛，自诬服，腰斩咸阳市。刑前顾其子曰："吾欲与若复牵黄犬，俱出上蔡东门逐狡兔，岂可得乎！"

《通鉴》卷八

## 二〇　叔孙通以谀脱虎口

叔孙通，薛人也。秦时以文学征，待诏博士。数岁，陈胜起，二世召博士诸儒生问曰："楚戍卒攻蕲入陈，于公何如？"博士诸生三十馀人前曰："罪死无赦。愿陛下急发兵击之。"二世怒，作色。通前曰："诸生言皆非。明主在上，法令具于下，吏人人奉职，四方辐辏，安有反者！此特群盗鼠窃狗盗，何足置齿牙间哉？郡守尉今捕诛，何足忧？"二世喜，尽问诸生，诸生或言反，或言盗。于是二世令御史按诸生言反者下吏，诸生言盗者皆罢之。乃赐通帛二十匹，衣一袭，拜为博士。通已出，返舍，诸生曰："生何言之谀也？"通曰："公不知，我几不免虎口！"乃亡去之薛，薛已降楚矣。

《汉书》卷四三

## 二一　项羽大破秦军于巨鹿

项羽与秦章邯军战于巨鹿。项羽悉引兵渡河，皆沉船，破釜，烧庐舍，持三日粮，以示士卒必死，无一还心。与秦军遇，九战，大破之。当是时，楚兵冠诸侯。军救巨鹿者十馀壁，莫敢纵兵。及楚击秦，诸侯将作壁上观。楚战士无不一当十，呼声动天地。诸侯军无不惴恐。已破秦军，项羽召见诸侯将。诸侯将无不膝行而前，莫敢仰视。项羽由是始为诸侯上将军，诸侯皆属焉。

《通鉴》卷八

## 二二　胡亥之死

赵高数言关东盗无能为也，及项羽大破秦军，关东大抵叛秦吏。高恐二世怒，乃与其婿咸阳令阎乐谋杀二世。乐引兵入望夷宫，数二世曰："足下骄恣，诛杀无道，天下共叛，其自为计。"二世曰："吾愿得一郡为王。"弗许。又曰："愿为万户侯。"弗许。曰："愿与妻子为黔首，比诸公子。"乐曰:"臣受命于丞相,为天下诛足下。"麾其兵进,二世自杀。赵高立子婴为秦王。高令子婴斋戒五日,当庙见。高数请,子婴不行。高自往请,子婴遂刺杀高于斋宫。

《通鉴》卷八

# 西　汉
公元前 206 年至公元 24 年

## 一　刘邦起于沛

刘邦，沛丰邑人，不事家人生产作业。及壮，试为吏，为泗水亭长，廷中吏无所不狎侮。好酒及色。刘邦常役于咸阳，观秦皇帝，太息曰："嗟乎，大丈夫当如此也！"

单父人吕公善沛令，因家沛焉。沛中豪杰吏闻令有重客，皆往贺。萧何为主吏，主进，令诸大夫曰："进不满千钱，坐之堂下。"刘邦为亭长，素易诸吏，乃绐为谒曰"贺钱万"，实不持一钱。谒入，吕公大惊，起，迎之门，重敬之，引入坐。萧何曰："彼固多大言，少成事。"刘邦狎侮诸客，坐上坐，无所诎。酒阑，吕公固留高祖，以女妻之。

刘邦以亭长为县送徒郦山，徒多道亡。自度比至皆亡之，到丰西泽中止饮，夜乃解纵所送徒。曰："公等皆去，吾亦从此逝矣！"徒中壮士愿从者十馀人。

及陈胜起义，萧何、曹参、樊哙拥刘邦反于沛，立刘邦为沛公。

《史记》卷八

## 二　郦生见沛公

沛公引兵过高阳。郦食其好读书，家贫落魄，为里监门，县中皆谓之狂生。郦生曰："诸将过此者多，吾视沛公大人长者。"乃求见说沛公。沛公方踞床，使两女子洗足。郦生不拜，长揖，曰："足下必欲诛无道秦，不宜踞见长者。"于是沛公起，摄衣谢之，延上坐。食其说沛公袭陈留，得秦积粟。乃以郦食其为广野君。

《史记》卷八

## 三　刘邦入关安民

沛公刘邦入关至霸上，秦王子婴降。诸将言诛之。刘邦曰："人已降，杀之不祥。"

入咸阳，诸将争走金帛财物之府分之。萧何独收秦丞相府图籍藏之，沛公以此得知天下阨塞，户口多少，强弱之处。沛公见秦宫室、重宝、狗马、妇女以千数，欲居留之。樊哙谏曰："沛公欲有天下耶，将为富家翁耶？凡此奢丽之物，皆秦之所以亡也，沛公何用焉！愿急还霸上。"沛公不听。张良曰："今始入秦，即安其乐，此所谓助桀所虐。且忠言逆耳利于行，良药苦口利于病。愿沛公听樊哙言！"沛公乃还霸上。

沛公召父老、豪杰曰："吾与父老约法三章，杀人者死、伤人及盗抵罪，馀悉除秦法。余为父老除害，非有所侵暴。无恐。"秦民大喜，争以牛羊酒食献军士，唯恐沛公不为秦王。

《通鉴》卷九

## 四　项羽设宴鸿门

项羽使黥布等攻破函谷关，将兵四十万，在鸿门。沛公兵十万。范增说项羽急击沛公，不听。

项宴沛公于鸿门。范增数目项羽，举所佩玉玦以示之者三，项羽默然不应。范增召项庄曰："君王为人不忍，若请以剑舞，击杀沛公于座。"庄入为寿，请以剑舞。项伯亦拔剑起舞，以身蔽沛公，庄不得击。

于是，张良至军门见樊哙曰："今项庄舞剑，其意常在沛公。"哙即带剑拥盾入，瞋目视项羽，头发上指，目眦尽裂。项羽曰："客何为者？"张良曰："此沛公之参乘。"项羽曰："壮士！赐之酒、彘肩！"则与一生彘肩。樊哙覆其盾于地，拔剑切而啖之，曰："今沛公先破秦入咸阳，毫毛不敢有所近，还军霸上以待将军，劳苦功高，未有封赏，而听细人之说，欲诛有功之人，此亡秦之续也，窃为将军不取！"项羽未有应。

坐须臾，沛公起如厕，招樊哙出，曰："今者出，未辞行,为之奈何?"樊哙曰:"如今人方为刀俎,我方为鱼肉,何辞为!"遂去,留白璧以谢项羽,玉斗与亚父范增。项羽受璧,置之坐上。亚父受玉斗,拔剑撞破之,曰:"竖子不足与谋,夺将军天下者,必沛公。吾属今为之虏矣!"

《通鉴》卷九

## 五　项羽为西楚霸王

项羽至咸阳,屠城,杀王子婴,烧秦宫室,三月不灭,收其货宝妇女而东,秦民大失望。韩生说项羽曰:"关中阻山带河,四塞之地,地肥饶,可都以霸。"项羽心思东归,曰:"富贵不归故乡,如衣锦夜行,谁知之者。"韩生退曰:"人言楚人沐猴而冠耳,果然!"项羽烹韩生。项羽自立为西楚霸王,都彭城。立沛公为汉王,都南郑。

汉王怒,欲谋攻项羽。周勃、灌婴、樊哙皆劝之,萧何谏之曰:"虽王汉中之恶,不犹愈于死乎?"汉王曰:"何为乃死也?"何曰:"今众弗如,百战百败,不死何为?《周书》曰'天予不取,反受其咎'。语曰'天汉',其称甚美。夫能屈于一人之下,而伸于万乘之上者,汤、武是也。臣愿大王王汉中,养其民以致贤人,收用巴、蜀,还定三秦,天下可图也。"汉王曰:"善。"

汉王率三万人之国,良因说上烧栈道,以备诸侯兵,且示项羽无东归意。

《通鉴》卷九;《汉书》卷三九

西汉（公元前206年至公元24年）

## 六　韩信登坛拜将

　　淮阴人韩信，家贫，无行，不得择为吏，不能为商贾，常从人寄食，人多厌之。有漂母饭信，信曰必当重报。又有少年侮信曰："出我袴下。"信熟视之，俯出袴下。信初属楚，后归汉。萧何荐与汉王，初不用，即亡去。萧何追回，语汉王曰："信者，国士无双。王欲长王汉中，无所事信；必欲争天下，非信无可与计者。"于是，王设坛拜韩信为大将。

《通鉴》卷九

## 七　韩信评刘项

　　信拜大将毕，汉王问计。信曰："大王自料，勇悍仁强孰与项王。"汉王默然良久，曰"不如也。"信贺曰："信也以为大王不如。项王喑恶叱咤，千人皆废。然不能任贤将，特匹夫之勇耳！项王见人，恭敬慈爱，言语呕呕，人有疾病，涕泣分食饮；至使人，有功当封爵者，印刓敝，忍不能予；此所谓妇人之仁也。项王虽霸天下，不居关中而都彭城，以亲爱王诸侯，不平；所过无不残灭，百姓不亲附，实失天下心，其强易弱。今大王诚能反其道而行之，任天下武勇，何所不诛；以天下城邑封功臣，何所不服。且大王之入关，秋毫无所犯，秦民无不欲大王王秦者。今大王举而东，三秦可传檄而定。"于是汉王大喜，自以为得信晚。部署诸将所击,留萧何收巴蜀租给军粮。

《通鉴》卷九

## 八　刘邦信用陈平行反间

阳武人陈平,家贫,好读书,里中社,分肉甚均。平曰:"使平得宰天下,亦当如是肉。"平归汉王,使为参乘,典护军。

周勃等言于汉王曰:"臣闻平居家时盗其嫂,事魏不容,亡归楚,不中,又归汉。平受诸将金,金多者得善处,金少者得恶处。平,反复乱臣也。"汉王疑之,召荐陈平者魏无知,让之。无知曰:"臣进奇谋之士,顾其计诚足以利国家否耳。盗嫂、受金,又何足疑乎!"汉王又让平,平曰:"魏不用臣说,故去事项王。项王不能信人,其所任爱,非诸项,即妻之昆弟,虽有奇士不能用。闻汉王能用人,故归大王。臣裸身来,不受金无以为资。臣计有可采者,愿大王用之;使无用,金具在,请封输官,请骸骨。"汉王乃谢,厚赐,诸将不复敢言。

汉王谓陈平曰:"天下纷纷,何时定?"陈平曰:"项王骨鲠之臣,仅亚父、钟离昧、龙且,不过数人耳。大王诚能用数万金行反间,项羽意忌信谗,必内相诛;汉因举兵攻之,破楚必矣。"汉王曰:"善"。乃出黄金四万斤与平,恣所为,不计其出入。计行,项王果不信亚父等。

《通鉴》卷九、卷十

西汉（公元前206年至公元24年）

## 九　张良止汉王立六国后

汉三年，项羽急围汉王荥阳，汉王恐忧，与郦食其谋桡楚权。食其曰："陛下诚能复立六国后世，毕已受印，此其君臣百姓必皆戴陛下之德，莫不向风慕义，愿为臣妾。德义已行，陛下南向称霸，楚必敛衽而朝。"汉王曰："善。趣刻印，先生因行佩之矣。"

食其未行，张良从外来谒。汉王方食，以郦生语告，曰："于子房何如？"良曰："谁为陛下画此计者？陛下事去矣。"汉王曰："何哉？"张良对曰："天下游士离其亲戚，弃坟墓，去故旧，从陛下游者，徒欲日夜望咫尺之地。今复六国，立韩、魏、燕、赵、齐、楚之后，天下游士各归事其主，从其亲戚，反其故旧坟墓，陛下与谁取天下乎？诚用客之谋，陛下事去矣。"汉王辍食吐哺，骂曰："竖儒，几败乃公事！"令促销印。

《史记》卷五五

## 一〇　蒯彻说韩信击齐

韩信虏魏王，破赵、代，降燕，定三国，引兵将东击齐。闻汉王使郦食其说下齐，信欲止。蒯彻说信曰："将军受诏击齐，而汉独发间使下齐，宁有诏止将军乎？何以得无行！且郦生一士，伏轼掉三寸舌，下齐七十馀城，将军将数万之众，乃下赵五十馀城。为将数岁，反不如一竖儒之功乎！"于是信然之，从其计，遂渡河。齐已听郦生，即留之纵酒，罢备汉守御。信因袭历下军，遂至临菑。齐王以郦生为欺己而烹之，因败走。

《汉书》卷四五

## 一一　韩信请为假齐王

韩信引兵伐齐，下七十馀城，使人言汉王曰："齐伪诈多变，反复之国，请为假王以镇之"。汉王大怒，骂之。张良、陈平蹑汉王足，附耳语曰："汉方不利，宁能禁信之为王乎！不如因而立之，善遇，不然，变生。"汉王亦悟，因复骂曰："大丈夫定诸侯，即为真王，何以假为！"遣张良操印，立韩信为齐王，征其兵击楚。

时，信右投则汉王胜，左投则项王胜。蒯彻知天下之权在信，乃说信曰："听臣之计，莫若两利而俱存之，三分天下，鼎足而居。臣闻勇略震主者身危，今足下戴震主之威，挟不赏之功，归楚，楚人不信；归汉，汉人震恐。足下欲持是安归乎？"韩信犹豫，不忍背汉。遂谢蒯彻，因去，佯狂为巫。

《通鉴》卷一〇

## 一二　项羽逞匹夫之勇

刘、项战于广武。项羽置刘邦父于俎，曰："今不急下，吾烹太公！"汉王曰："吾与汝俱北面事怀王，约为兄弟，吾翁即若翁，必欲烹尔翁，幸分我一杯羹。"项伯曰杀之无益，项王从之。

项王谓汉王曰："愿与汉王挑战，决雌雄，毋徒苦天下之民也。"汉王笑谢曰："吾宁斗智，不愿斗力。"项王三令壮士出挑战，汉有善射者楼烦辄射杀之。项王乃自被甲持戟挑战，楼烦欲射，项王怒目叱之，楼烦目不敢视，手不敢发，走还入壁，不敢复出。汉王闻之，大惊。

《通鉴》卷一〇

## 一三　项羽乌江自刎

项王军壁垓下，兵少食尽，汉军及诸侯兵围之数重。夜闻汉军四面皆楚歌，项王乃大惊曰："汉皆已得楚乎？是何楚人之多也！"项王夜起，饮帐中。有美人名虞，常幸从；骏马名骓，常骑之。于是项王乃悲歌慷慨，自为诗曰："力拔山兮气盖世，时不利兮骓不逝。骓不逝兮可奈何，虞兮虞兮奈若何！"歌数阕，美人和之。项王泣数行下，左右皆泣，莫能仰视。

项王率八百骑突围，至东城，仅有二十八骑。项王谓其从者曰："吾起兵至今，八岁矣。身七十馀战，未尝败北，遂霸有天下。然今卒困于此，此天亡我，非战之罪也。"项王至乌江，亭长备船待，谓王曰："江东虽小，亦足王也，愿急渡。"项王笑曰："籍与江东子弟八千人渡江而西，今无一人还，我何面目见江东父老！"以所乘骓马赐亭长,步行持短兵接战,所杀汉军数百人,身亦被十馀创,乃自刎而死。汉王礼葬项王,亲为发哀,哭之而去。

《史记》卷七

## 一四　汉王能用三杰故胜

汉王即皇帝位,都洛阳。置酒问诸将:"吾所以有天下者何,项氏所以失天下者何?"王陵对曰:"陛下使人攻城略地,因以与之,与天下同其利;项羽不然,有功者害之,贤者疑之,此其所以失天下也。"上曰:"公知其一,未知其二。夫运筹帷幄之中,决胜千里之外,吾不如子房。镇国家,抚百姓,给饷粮,吾不如萧何。连百万之众,战必胜,攻必取,吾不如韩信。三者皆人杰,吾能用之,此吾所以有天下也。项羽有一范增而不能用,此所以为我擒也。"

《通鉴》卷一一

## 一五　娄敬建言定都长安

娄敬,齐人,汉五年,戍陇西,过洛阳,高帝在焉。娄敬衣其羊裘,见齐人虞将军曰:"臣愿见上言便事。"虞将军欲与之鲜衣,娄敬曰:"臣衣帛,衣帛见;衣褐,衣褐见,终不敢易衣。"于是虞将军入言上。上召入见,赐食。

娄敬建言定都长安。高帝问群臣，群臣皆山东人，争言周王数百年，秦二世即亡，不如都周。上疑未能决。及留侯明言入关便，即日车驾西，都关中。

汉七年，韩王信反，高帝自往击之。至晋阳，闻信与匈奴欲共击汉，上大怒，使人使匈奴。匈奴匿其壮士肥牛马，但见老弱及赢畜。使者十辈来，皆言匈奴可击。上使娄敬复往使匈奴，还报曰："两国相击，此宜夸矜见所长。今臣往，徒见赢瘠老弱，此必欲见短，伏奇兵以争利。愚以为匈奴不可击也。"是时汉二十馀万兵已行。上怒，骂娄敬曰："齐虏！以口舌得官，今乃妄言沮吾军。"械系敬广武。遂往，至平城，匈奴果出奇兵围高帝白登，七日然后得解。高帝至广武，赦敬，曰："吾不用公言，以困平城。吾皆已斩前使十辈言可击者矣。"乃封敬二千户，为关内侯，号为建信侯。

《史记》卷九九

## 一六　刘邦伪游云梦

项王灭后，韩信改封为楚王。信至楚，召漂母赐千金。召辱己少年以为中尉。告诸将曰："此壮士也。方辱我时，我宁不能杀之邪？杀之无名，故忍。"

人有上书告信反。帝问诸将，皆曰发兵讨伐。帝默然，又问陈平，平曰："陛下精兵孰与楚？"上曰："不能过。"平曰："诸将用兵有能过韩信者乎？"上曰："莫及也。"平曰："如此，举兵攻之。窃为陛下危。"上曰："为之奈何？"平曰："陛下出，伪游云梦，信必郊迎，陛下因擒之，此特一力士之事耳。"帝以为然，随以行。帝因以武士缚信，载后车。信曰："果若人言，'狡兔死，走狗烹；高鸟尽，良弓藏；敌国破，谋臣亡'。天下已定，吾固当烹！"遂械系信归。后赦信，改封为淮阴侯。信多称病，不朝从，居常鞅鞅，羞与绛、灌等列。尝过樊哙，哙跪拜迎送，言称臣。信笑曰："生乃与哙等为伍。"

上尝问信："如我能将几何？"信曰："能将十万。"上曰："于君如何？"对曰："臣多多益善。"上笑曰："既如此，何为为我擒？"信曰："陛下善将将。"

《通鉴》卷一一

## 一七　高祖论萧何之功

汉王引兵东定三秦，萧何以丞相留收巴蜀，镇抚谕告，使给军食。汉二年，汉王与诸侯击楚，何守关中，侍太子，治栎阳。为法令约束，立宗庙社稷宫室县邑，辄奏上，可，许以从事；即不及奏上，辄以便宜施行，上来以闻。关中事计户口转漕给军。汉王数失军遁去，何常兴关中卒，辄补缺。上以此专属任何关中事。

汉五年，既杀项羽，定天下，论功行封。群臣争功，岁馀功不决。高祖以萧何功最盛，封为酇侯，所食邑多。功臣皆曰："臣等身被坚执锐，多者百馀战，少者数十合，攻城略地，大小各有差。今萧何未尝有汗马之劳，徒持文墨议论，不战，顾反居臣等上，何也？"高帝曰："诸君知猎乎？"曰："知之。""知猎狗乎？"曰："知之。"高帝曰："夫猎，追杀兽兔者狗也，而发踪指示兽处者人也。今诸君徒能得走兽耳，功狗也。至如萧何，发踪指示，功人也。且诸君独以身随我，多者两三人。今萧何举宗数十人皆随我，功不可忘也。"群臣皆莫敢言。

列侯毕已受封，及奏位次，皆曰："平阳侯曹参身被七十创，攻城略地，功最多，宜第一。"关内侯鄂君曰："群臣议皆误。夫曹参虽有野战略地之功，此特一时之事。夫上与楚相距五岁，常失军亡众，逃身遁者数矣。然萧何常从关中遣军补其处，非上所诏令召，而数万众会上之乏绝者数矣。夫汉与楚相守荥阳数年，军无见粮，萧何转漕关中，给食不乏。陛下虽数亡山东，萧何常全关中以待陛下，此万世之功也。萧何第一，曹参次之。"高祖曰："善。"于是乃令萧何赐带剑履上殿，入朝不趋。

《史记》卷五三

## 一八　张良促定功行封

汉六年正月，封功臣。良未尝有战斗功，高帝曰："运筹策帷帐中，决胜千里外，子房功也。自择齐三万户。"良曰："始臣起下邳，与上会留，此天以臣授陛下。陛下用臣计，幸而时中，臣原封留足矣，不敢当三万户。"乃封张良为留侯，与萧何等俱封。

上已封大功臣二十馀人，其馀日夜争功不决，未得行封。上在洛阳南宫，从复道望见诸将往往相与坐沙中语。上曰:"此何语?"留侯曰:"陛下不知乎?此谋反耳。"上曰:"天下属安定,何故反乎?"留侯曰:"陛下起布衣,以此属取天下,今陛下为天子,而所封皆萧、曹故人所亲爱,而所诛者皆生平所仇怨。今军吏计功,以天下不足遍封,此属畏陛下不能尽封,恐又见疑平生过失及诛,故即相聚谋反耳。"上乃忧曰:"为之奈何?"留侯曰:"上平生所憎,群臣所共知,谁最甚者?"上曰:"雍齿与我故,数尝窘辱我。我欲杀之,为其功多,故不忍。"留侯曰:"今急先封雍齿以示群臣,群臣见雍齿封,则人人自坚矣。"于是上乃置酒,封雍齿为什方侯,而急趣丞相、御史定功行封。群臣罢酒,皆喜曰:"雍齿尚为侯,我属无患矣。"

《史记》卷五五

## 一九　田横五百壮士从容就义

　　田横与其徒五百馀人入海,居岛中。帝以田横兄弟本定齐地,贤者多附,不取,后恐为乱,乃召之。横谢曰:"臣烹陛下之使郦生,今闻其弟为汉将,臣恐惧,不敢奉召,请为庶人,守海岛中。"帝又召曰:"田横来,大者王,小者乃侯,不然举兵加诛焉。"横乃与其客赴洛阳,未至三十里,横谢使者曰:"人臣见天子,当洗沐。"因止留,谓其客曰:"横始与汉王俱南面称孤,汉王为天子,横为亡虏,其耻已甚。且陛下欲见我者,不过欲一见吾面貌,今斩吾头,驰三十里间,形容尚未败,犹可观也。"

遂自刎。其客及五百余人亦皆自杀。

《通鉴》卷一一

## 二〇　任氏以屯米富

宣曲任氏之先，为督道仓吏。秦之败也，豪杰皆争取金玉，而任氏独窖仓粟。楚汉相距荥阳也，民不得耕种，米石至万，而豪杰金玉尽归任氏，任氏以此起富。任氏折节为俭，力田畜。田畜人争取贱贾，任氏独取贵善。富者数世。然任公家约，非田畜所出弗衣食，公事不毕则身不得饮酒食肉。以此为闾里率。

《史记》卷一二九

## 二一　刘邦区别待楚将

楚人季布曾为项羽将，数窘辱帝。项王灭，帝购求布千金，敢有舍匿，罪三族。布自卖为奴于朱家。朱家见滕公曰："季布何罪！臣各为其主耳！项氏臣岂可尽诛邪？今上始得天下，而以私怨求一人，何示不广也！且以季布之贤，汉求之急，北不走胡，便走越耳。夫忌壮士以资敌国，此伍子胥所以鞭楚王之墓也。君何不从容为上言之。"滕公待间，言于上。上乃赦布，召拜郎中，朱家遂不复见之。

布母弟丁公，亦为项羽将，逐窘帝彭城西。短兵接，帝急，求毋迫，丁公引兵还。及项王灭，丁公谒见，帝斩之，曰："使后为人臣者，无效丁公！"

《通鉴》卷一一

## 二二　朱家趋人之急甚己之私

鲁朱家者，与高祖同时。鲁人皆以儒教，而朱家用侠闻。所藏豪士以百数，其馀庸人不可胜言。然终不伐其能，歆其德，诸所尝施，唯恐见之。振人不赡，先从贫贱始。家无馀财，衣不完彩，食不重味，乘不过軥牛。专趋人之急，甚己之私。既阴脱季布将军之厄，及布尊贵，终身不见也。自关以东，莫不延颈愿交焉。

《史记》卷一二四

## 二三　张良愿从赤松子游

张良素多病，从上入关，即杜门不出，曰："家世相韩，乃韩灭，不爱万金之资，为韩报仇，天下震动。今以三寸舌为帝者师，封万户侯，此布衣之极，良足矣。愿弃人间事，从赤松子游。"

《通鉴》卷一一

## 二四　叔孙通制朝仪

刘邦悉去秦仪，群臣饮酒争功，醉，或狂呼，拔剑击柱，帝厌之。叔孙通说上曰："儒者难与进取，可与守成。臣愿征鲁诸生共制朝仪。"上曰："可试为之，令易知，度吾所能行者为之。"月馀，孙言于上曰："可试观矣。"上使行礼，曰："吾能为此。"乃令群臣习之。后，朝会皆依礼，不如仪者辄引去。竟朝置酒，无敢讙哗失礼者。于是帝曰："吾今日乃知为皇帝之贵也！"

《通鉴》卷一一

## 二五　叔孙通知世务

初，叔孙通降汉，从弟子百馀人，然无所进，专言诸故群盗壮士进之。弟子皆曰："事先生数年，幸得从降汉，今不进恤臣等，专言大猾，何也？"通乃谓曰："汉王方蒙矢石争天下，诸生宁能斗乎？故先言斩将搴旗之士。诸生且待我，我不忘矣。"汉王拜通为博士，号稷嗣君。

及高祖因叔孙通制礼仪而拜通为奉常，赐金五百斤。通因进曰："诸弟子儒生随臣久矣，与共为仪，愿陛下官之。"高帝悉以为郎。通出，皆以五百金赐诸生。诸生乃喜曰："叔孙生圣人，知当世务。"

《汉书》卷四三

## 二六　叔孙通始主以鲜果献宗庙

惠帝常出游离宫，通曰："古者有春尝果，方今樱桃熟，可献，愿陛下出，因取樱桃献宗庙。"上许之。诸果献由此兴。

《汉书》卷四三

## 二七　萧何营造未央宫

萧丞相营作未央宫，立东阙、北阙、前殿、武库、太仓。高祖还，见宫阙壮甚，怒，谓萧何曰："天下匈匈，苦战数岁，成败未可知，是何治宫室过度也？"萧何曰："天下方未定，故可因遂就宫室。且夫天子四海为家，非壮丽无以重威，且无令后世有以加也。"高祖乃悦。

未央宫成，高祖大朝诸侯群臣，置酒未央前殿。高祖奉玉卮，起为太上皇寿，曰："始大人常以臣无赖，不能治产业，不如仲力。今某之业所就孰与仲多？"殿上群臣皆呼万岁，大笑为乐。

《史记》卷八

## 二八　吕后萧何诛韩信

阳夏侯陈豨反，韩信称病，不从击豨，阴与之通。信家臣弟告信欲反状于吕后。吕与萧何谋，诈称豨叛已平，群臣皆贺。萧何绐信曰："虽疾，强入贺。"信入，吕后使武士缚信，斩之。信曰："吾悔不用蒯彻之计，乃为女子所诈！"遂夷信三族。

刘邦闻韩信死，且喜且怜之，问吕后曰："信死亦何言？"后曰："信言恨不用蒯彻计！"乃捕蒯彻。上曰："若教淮阴侯反乎？"对曰："然。竖子不用臣之策，故令自夷于此。如用臣之计，陛下安得而夷之乎！"上欲烹之，彻，喊冤，曰："秦失其鹿，天下共逐之，高材疾足者先得焉。当是时，臣独知信，未知陛下也。又何可烹？"赦之。

《通鉴》卷一二

## 二九　蒯通荐东郭先生

曹参为齐悼惠王肥之相，礼下贤人，请蒯通（蒯彻）为客。

初，齐王田荣怨项羽，谋举兵叛之，劫齐士，不与者死。齐处士东郭先生、梁石君在劫中，强从。及田荣败，二人丑之，相与入深山隐居。通见曹相国曰："妇人有夫死三日而嫁者，有幽居守寡不出门者，足下即欲求妇，何娶？"曰："娶不嫁者。"通曰："然则求臣亦犹是也，彼东郭先生、梁石君，齐之俊士也，隐居不嫁，未尝卑节下意以求仕也。愿足下使人礼之。"曹相国曰："敬受命。"皆以为上宾。

通论战国时说士权变，亦自序其说，凡八十一首，号曰《隽永》。

《汉书》卷四五

## 三〇　陆贾著《新语》

大中大夫陆贾时与刘邦说诗书,帝骂之曰:"乃公居马上而得之,安事诗书!"陆生曰:"居马上得之,宁可以马上治之乎?汤、武逆取而以顺守之,文武并用,长久之术也。夫差、智伯、秦始皇,皆以极武而亡。"帝有惭色,曰:"试为我著秦所以失天下,吾所以得之者及古成败之国。"陆生乃粗述存亡之征,凡著十二篇。每奏一篇,帝未尝不称善,左右呼万岁,号其书曰《新语》。

《通鉴》卷一二

## 三一　冒顿射杀其父

匈奴头曼单于有太子名冒顿。后有所爱阏氏,生少子,单于欲废冒顿而立少子,乃使冒顿质于月氏。冒顿既质于月氏,而头曼急击月氏。月氏欲杀冒顿,冒顿盗其善马,骑之亡归。头曼以为壮,令将万骑。

冒顿乃作为鸣镝,习勒其骑射,令曰:"鸣镝所射而不悉射者,斩之。"行猎鸟兽,有不射鸣镝所射者,辄斩之。已而冒顿以鸣镝自射其善马,左右或不敢射者,冒顿立斩不射善马者。居顷之,复以鸣镝自射其爱妻,左右或颇恐,不敢射,冒顿又复斩之。居顷之,冒顿出猎,以鸣镝射单于善马,左右皆射之。于是冒顿知其左右皆可用。

从其父单于头曼猎，以鸣镝射头曼，其左右亦皆随鸣镝而射杀单于头曼，遂尽诛其后母与弟及大臣不听从者。冒顿自立为单于。

《史记》卷一一〇

## 三二　冒顿不爱宝马女子爱疆土

冒顿既立，是时东胡强盛，闻冒顿杀父自立，乃使使谓冒顿，欲得头曼时千里马。冒顿问群臣，群臣皆曰："千里马，匈奴宝马也，勿与。"冒顿曰："奈何与人邻国而爱一马乎？"遂与之千里马。居顷之，东胡以为冒顿畏之，乃使使谓冒顿，欲得单于一阏氏。冒顿复问左右，左右皆怒曰："东胡无道，乃求阏氏！请击之。"冒顿曰："奈何与人邻国爱一女子乎？"遂取所爱阏氏予东胡。东胡王愈益骄，西侵。东胡使使谓冒顿曰："匈奴所与我界瓯脱外弃地，匈奴非能至也，吾欲有之。"冒顿问群臣，群臣或曰："此弃地，予之亦可，勿予亦可。"于是冒顿大怒曰："地者，国之本也，奈何予之！"诸言予之者，皆斩之。冒顿上马，令国中有后者斩，遂东袭东胡。东胡轻冒顿，不为备，冒顿以兵至，击，大破灭东胡王，而虏其民人及畜产。既归，西击走月氏，南并楼烦、白羊河南王。悉复收秦所使蒙恬所夺匈奴地者，遂侵燕、代。

《史记》卷一一〇

## 三三　冒顿围高祖于白登

是时汉初定中国。匈奴大攻围马邑，韩王信降匈奴。匈奴引兵南攻太原。高帝自将兵往击之。会冬大寒雨雪，卒之堕指者十二三，于是冒顿佯败走，诱汉兵。汉兵逐击冒顿，冒顿匿其精兵，见其羸弱，于是汉步兵三十二万，北逐之。高帝先至平城，步兵未尽到，冒顿纵精兵四十万骑围高帝于白登七日，汉兵中外不得相救饷。匈奴骑，其西方尽白马，东方尽青駹马，北方尽乌骊马，南方尽骍马。高帝乃使使间厚遗阏氏，阏氏乃谓冒顿曰："两主不相困。今得汉地，而单于终非能居之也，单于察之。"冒顿取阏氏之言，乃解围之一角。于是汉帝从解角直出，竟与大军合，而冒顿遂引兵而去。汉使娄敬结和亲之约。

《史记》卷一一〇

## 三四　栾布哭祠彭越

汉召彭越，责以谋反，夷三族。已而枭彭越头于洛阳下，诏曰："有敢收视者，辄捕之。"栾布，彭越部属，独于彭越头下，祠而哭之。吏捕布以闻。上召布，骂曰："若与彭越反邪？吾禁人勿收，若独祠而哭之，与越反明矣。趣烹之。"方提趋汤，布顾曰："愿一言而死。"上曰："何言？"布曰："方上之困于彭城，败荥阳、成皋间，项王所以不能西，徒以彭王居梁地，与汉合纵苦楚也。当是之时，彭王一顾，与楚则汉破，与汉而楚破。且垓下之会，微彭王，项氏不亡。天下已定，彭王剖符受封，亦欲传之万世。今陛下一征兵于梁，彭王病不行，而陛下疑以为反，反形未见，以苛小案诛灭之，臣恐功臣人人自危也。今彭王已死，臣生不如死，请就烹。"于是上乃释布罪，拜为都尉。

孝文时，为燕相，至将军。布乃称曰："穷困不能辱身下志，非人也；富贵不能快意，非贤也。"于是尝有德者厚报之，有怨者必以法灭之。

《史记》卷一○○

## 三五　萧何自污以止疑

汉十二年秋，黥布反，高祖自将击之，数使使问相国萧何何为。客有说相国曰："君灭族不久矣。夫君位为相国，功第一，可复加哉？然君初入关中，得百姓心，十馀年矣，皆附君，常复孳孳得民和。上所为数问君者，畏君倾动关中。今君胡不多买田地，贱赊贷以自污？上心乃安。"于是相国从其计，上乃大悦。

《史记》卷五三

## 三六　高祖责罚萧何

高祖罢布军归，民道遮行上书，言相国贱强买民田宅数千万。上至，相国谒。上乃以民所上书与相国，曰："君自谢民。"相国因为民请曰："长安地狭，上林中多空地，弃，愿令民得入田。"上大怒曰："相国多受贾人财物，乃为请吾苑！"乃下相国廷尉，械系之。数日，王卫尉侍，前问曰："相国何大罪，陛下系之暴也？"上曰："吾闻李斯相秦皇帝，有善归主，有恶自与。今相国多受贾竖金而为民请吾苑，以自媚于民，故系治之。"王卫尉曰："夫职事苟有便于民而请之，真宰相事，陛下奈何乃疑相国受贾人钱乎！且陛下拒楚数岁，陈豨、黥布反，陛下自将而往，当是时，相国守关中，摇足则关以西非陛下有也。相国不以此时为利，今乃利贾人之金乎？何疑宰相之浅也。"高帝不怿。是日，使使持节赦出相国。相国年老，素恭谨，入，徒跣谢。高帝曰："相国休矣！相国为民请苑，吾不许，我不过为桀纣主，而相国为贤相。吾故系相国，欲令百姓闻吾过也。"

《史记》卷五三

## 三七　高祖还故乡

高祖还沛，留。置酒沛宫，悉召故人父老子弟纵酒，发沛中儿得百二十人，教之歌。酒酣，高祖击筑，自为歌诗曰："大风起兮云飞扬，威加海内兮归故乡，安得猛士兮守四方！"令儿皆和习之。高祖乃起舞，慷慨伤怀，泣数行下。谓沛父兄曰："游子悲故乡。吾虽都关中，万岁后吾魂魄犹乐思沛。且朕自沛公以诛暴逆，遂有天下，其以沛为朕汤沐邑，复其民，世世无有所与。"沛父兄诸母故人日乐饮极欢，道旧故为笑乐。十馀日，高祖欲去，沛父兄固请留高祖。高祖曰："吾人众多，父兄不能给。"乃去。

《史记》卷八

## 三八　张良招商山四老辅太子

高祖欲废太子，立戚夫人子赵王如意。大臣多争，未能得坚决也。吕后恐，问计于张良。良曰："此难以口舌争也。顾上有所不能致者四人。四人年老矣，皆以上嫚娒士，故逃匿山中，义不为汉臣。然上高此四人。今公诚能毋爱金玉璧帛，令太子为书，卑辞安车，因使辩士固请，宜来。来，以为客，时从入朝，令上见之，则一助也。"于是吕后使人奉太子书，卑辞厚礼，迎此商山四老。四人至，客建成侯所。

及晏，置酒，太子侍。四人者从太子，年皆八十有馀，须眉皓白，衣冠甚伟。上怪，问曰："何为者？"四人前对，各言其姓名。上乃惊曰："吾求公，避逃我，今公何自从吾儿游乎？"四人曰："陛下轻士善骂，臣等义不辱，故恐而亡匿。今闻太子仁孝，恭敬爱士，天下莫不延颈愿为太子死者，故臣等来。"上曰："烦公幸卒调护太子。"

四人为寿已毕，趋去。上目送之，召戚夫人指视曰："我欲易之，彼四人为之辅，羽翼已成，难动矣。吕氏真乃主矣。"戚夫人泣涕，上曰："为我楚舞，吾为若楚歌。"歌曰："鸿鹄高飞，一举千里。羽翼以就，横绝四海。横绝四海，又可奈何！虽有矰缴，尚安所施！"歌数阕，戚夫人歔欷流涕。上起去，罢酒。竟不易太子者，良招此四人之力也。

《汉书》卷四○

## 三九　高祖安排后事

高祖击黥布时，为流矢所中，行道病。病甚，吕后迎良医，医入见，高祖问医，医曰："病可治。"于是高祖嫚骂之曰："吾以布衣提三尺剑取天下，此非天命乎？命乃在天，虽扁鹊何益！"遂不使治病，赐金五十斤罢之。已而吕后问："陛下百岁后，萧相国即死，令谁代之？"上曰："曹参可。"问其次，上曰："王陵可。然陵少戆，陈平可以助之。陈平智有馀，然难以独任。周勃重厚少文，然安刘氏者必勃也，可令为太尉。"吕后复问其次，上曰："此后亦非尔所知也。"

《史记》卷八

## 四○　樊哙见临终之高祖

黥布反时，高祖尝病甚，恶见人，卧禁中，诏户者无得入群臣。群臣绛、灌等莫敢入。十馀日，樊哙乃排闼直入，大臣随之。上独枕一宦者卧。哙等见上流涕曰："始陛下与臣等起丰沛，定天下，何其壮也！今天下已定，又何惫也！且陛下病甚，大臣震恐，不见臣等计事，顾独与一宦者绝乎？且陛下独不见赵高之事乎？"高帝笑而起。

其后卢绾反，高帝使哙击。是时高帝病甚，人有恶哙党于吕氏，谓一旦宫车晏驾，则哙欲以兵尽诛灭戚氏、赵王如意之属。高帝闻之大怒，乃使陈平载绛侯代将，而即军中斩哙。陈平畏吕后，执哙诣长安。至则高祖已崩，吕后释哙，使复爵邑。

《史记》卷四一

## 四一　周昌坚忍质直敢言

周昌者，沛人也。及高祖起沛，为汉王，周昌为中尉、御史大夫。昌为人强力，敢直言，自萧、曹等皆卑下之。昌尝燕时入奏事，高帝方拥戚姬，昌还走。高帝逐得，骑周昌项，问曰："我何如主也？"昌仰曰："陛下即桀纣之主也。"于是上笑之，然尤惮周昌。及帝欲废太子，而立戚姬子如意为太子，大臣固争之，莫能得。而周昌廷争之强，上问其说，昌为人吃，又盛怒，曰："臣口不能言，然臣期期知其不可。陛下虽欲废太子，臣期期不奉诏。"上欣然而笑。既罢，吕后侧耳于东厢听，见周昌，为跪谢曰："微君，太子几废。"

高祖忧己身后赵王如意不能自全，乃选周昌为赵王相，因昌坚忍质直，且自吕后、太子及大臣皆素敬惮之。高祖召周昌，谓曰："吾欲固烦公，公强为我相赵王。"周昌泣曰："臣初起从陛下，陛下独奈何中道而弃之于诸侯乎？"高祖曰："吾极知其左迁，然吾私忧赵王，念非公无可者。公不得已强行！"于是徙御史大夫周昌为赵相。

高祖崩，吕太后使使召赵王，其相周昌令王称疾不行。使者三反，周昌固为不遣赵王。于是高后患之，乃使使召周昌。周昌至，谒高后，高后怒而骂周昌曰："尔不知我之怨戚氏乎？而不遣赵王，何？"昌既征，高后使使召赵王，赵王果来。至长安月馀，饮药而死。周昌因谢病不朝见，三岁而死。

《史记》卷九六

## 四二　戚夫人之歌

吕后为皇太后，乃令永巷囚戚夫人，髡钳衣赭衣，令舂。戚夫人舂且歌曰："子为王，母为虏，终日舂薄暮，常与死为伍！相离三千里，当谁使告汝？"太后闻之大怒，曰："乃欲倚汝子邪？"

《汉书》卷九七上

## 四三　惠帝不忍睹吕后之恶毒

吕太后召戚夫人之子赵王如意，使人持酖饮之，死。

太后遂断戚夫人手足，去眼，煇耳，饮瘖药，使居厕中，命曰"人彘"。居数日，乃召惠帝观。帝见，问知其戚夫人，乃大哭，因病，岁馀不能起。使人谓太后曰："此非人所为，臣为太后子，终不能治天下。"帝以此日饮为淫乐，不听政。在位七年，死于未央宫。

《通鉴》卷一二

## 四四　赵王友之悲鸣与幽死

赵王如意死，孝惠元年，徙高祖子友王赵。友以诸吕女为后，不爱，爱它姬。诸吕女怒去，谗之于太后曰："王曰'吕氏安得王？太后百岁后，吾必击之。'"太后怒，以故召赵王。赵王至，置邸不见，令卫围守之，不得食。其群臣或窃馈之，辄捕论之。赵王饿，乃歌曰："诸吕用事兮，刘氏微；迫胁王侯兮，强授我妃。我妃既妒兮，诬我以恶；谗女乱国兮，上曾不寤。我无忠臣兮，何故弃国？自快中野兮，苍天与直！于嗟不可悔兮，宁早自贼！为王饿死兮，谁者怜之？吕氏绝理兮，托天报仇！"遂幽死。以民礼葬之长安。

《汉书》卷三八

## 四五　萧何不治垣屋

萧何置田宅，必居穷僻处，为家，不治垣屋。曰：

"后世贤，师吾俭；不贤，毋为势家所夺。"

《通鉴》卷一二

## 四六　曹参以黄老术安集百姓

高祖以长子肥为齐王，以曹参为齐丞相。参之相齐，齐七十城。天下初定，参尽召长老诸生，问所以安集百姓，如齐故俗。诸儒以百数，言人人殊，参未知所定。闻胶西有盖公，善治黄老言，使人厚币请之。既见盖公，盖公为言治道贵清静而民自定，推此类具言之。参于是避正堂，舍盖公焉。其治要用黄老术，故相齐九年，齐国安集，大称贤相。

惠帝二年，萧何卒。参闻之，告舍人促治行，"吾将入相"。居无何，使者果召参。

《史记》卷五四

## 四七　萧规曹随

曹参微时，与萧何善；及为将相，有隙；至何且死，所推贤惟参。参为相，举事无所变更，一遵何约束。择郡国吏木讷于文辞、重厚长者，即召为丞相史；吏之言文深刻、欲务声名者，辄斥去之。日夜饮醇酒，来者有欲言，参辄饮以醇酒；间欲有所言，复饮之，醉而后去，终莫得开说，以为常。见人有细过，掩盖之。府中无事。

惠帝怪相国不治事，让参，参免冠谢曰："陛下自察圣武孰与高帝？"上曰："朕安敢望先帝！"又曰："陛下观臣能孰与萧何？"上曰："君似不及也。"参曰："陛下言是也。高帝与萧何定天下，法令既明。今陛下垂拱，参等守职，遵而弗失，不亦可乎！"帝曰："善。"

参为相三年，百姓歌之曰："萧何为法，较若画一。曹参代之，守而勿失。载其清净，民以宁一。"

《通鉴》卷一二

## 四八　吕太后用诸吕

孝惠帝崩。太后哭，泣不下。留侯子张辟疆为侍中，年十五，谓丞相曰："太后独有孝惠，今崩，哭不悲，君知其解乎？"丞相曰："何解？"辟疆曰："帝无壮子，太后畏君等。君今请拜吕台、吕产、吕禄为将，将兵居南北军，及诸吕皆入宫，居中用事，如此则太后心安，君等幸得脱祸矣。"丞相乃如辟疆计。太后悦，其哭乃哀。吕氏权由此起。

《史记》卷九

## 四九　季布驳樊哙

孝惠时，季布为中郎将。单于尝为书嫚吕后，不逊，吕后大怒，召诸将议之。上将军樊哙曰："臣愿得十万众，横行匈奴中。"诸将皆阿吕后意,曰"然"。季布曰:"樊哙可斩也!夫高帝将兵四十馀万众,困于平城,今哙奈何以十万众横行匈奴中,面欺!且秦以事于胡,陈胜等起。于今创痍未瘳,哙又面谀,欲摇动天下。"是时殿上皆恐,太后罢朝,遂不复议击匈奴事。

季布为河东守,孝文时,人有言其贤者,孝文召,欲以为御史大夫。复有言其勇,使酒难近。至,留邸一月,见罢。季布因进曰:"臣无功窃宠,待罪河东。陛下无故召臣,此人必有以臣欺陛下者;今臣至,无所受事,罢去,此人必有以毁臣者。夫陛下以一人之誉而召臣,一人之毁而去臣,臣恐天下有识闻之有以窥陛下也。"上默然惭,良久曰:"河东吾股肱郡,故特召君耳。"布辞之官。

季布弟季心,气盖关中,遇人恭谨,为任侠,方数千里,士皆争为之死。尝杀人,亡之吴,从袁丝匿。长事袁丝,弟畜灌夫、籍福之属。尝为中司马,中尉郅都不敢不加礼。少年多时时窃籍其名以行。当是时,季心以勇,布以诺,著闻关中。

《史记》卷一〇〇

## 五〇　朱虚侯以军法行酒

吕太后时,诸吕专权。朱虚侯刘章年二十,有力,忿刘氏不得职。尝入侍太后宴,太后令章为酒吏。章曰:"臣将种也,请以军法行酒。"许之。酒酣,章请为耕田歌,曰:"深耕穊种,立苗欲疏,非其种者,锄而去之。"

太后默然。顷，诸吕有一人醉，逃酒，章追，拔剑斩之。太后左右皆大惊，业已许其军法，无所罪也。此后，诸吕惮章，刘氏益强。

《通鉴》卷一三

## 五一　朱建阴救辟阳侯

平原君朱建，为人刻廉刚直，家于长安。行不苟合，义不取容。辟阳侯审食其行不正，得幸吕太后。时辟阳侯欲知平原君，平原君不肯见。及平原君母死，家贫未有以发丧，方假贷服具，陆贾令平原君发丧。陆生往见辟阳侯，曰："前日君侯欲知平原君，平原君义不知君，以其母故。今其母死，君诚厚送丧，则彼为君死矣。"辟阳侯乃奉百金。

辟阳侯幸吕太后，人或毁辟阳侯于孝惠帝，孝惠帝大怒，下吏，欲诛之。吕太后惭，不可以言。大臣多害辟阳侯行，欲遂诛之。辟阳侯急，因使人欲见平原君。平原君辞曰："狱急，不敢见君。"乃求见孝惠幸臣闳籍孺说之，闳籍孺从其计，言帝，果出辟阳侯。

辟阳侯之囚，平原君不见辟阳侯，辟阳侯以为背己，大怒。及其成功出之，乃大惊。吕太后崩，大臣诛诸吕，辟阳侯于诸吕至深，而卒不诛。计画所以全者，皆陆生、平原君之力也。

《史记》卷九七

## 五二　陈平周勃不面折廷争

太后称制,议欲立诸吕为王,问右丞相王陵。王陵曰:"高帝刑白马盟曰'非刘氏而王,天下共击之'。今王吕氏,非约也。"太后不悦。问左丞相陈平、绛侯周勃。勃等对曰:"高帝定天下,王子弟,今太后称制,王昆弟诸吕,无所不可。"太后喜,罢朝。王陵让陈平、绛侯曰:"始与高帝喋血盟,诸君不在邪?今高帝崩,太后女主,欲王吕氏,诸君从欲阿意背约,何面目见高帝地下?"陈平、绛侯曰:"于今面折廷争,臣不如君;夫全社稷,定刘氏之后,君亦不如臣。"王陵无以应之。

王陵,沛人也。始为县豪,高祖微时兄事陵。及高祖起沛,入咸阳,陵亦聚党数千人,乃以兵属汉。项羽取陵母置军中,陵使至,欲以招陵。陵母私送使者,泣曰:"愿为老妾语陵,善事汉王。汉王长者,毋以老妾故持二心。"遂伏剑而死。陵,为人少文任气,好直言。于是吕太后欲废陵,乃阳迁陵为帝太傅,实夺之相权。陵怒,谢病免,杜门竟不朝请,十年而薨。

《史记》卷九;《汉书》卷四〇

## 五三　陆贾之退居生活

孝惠时,吕太后用事,欲王诸吕,畏大臣及有口者。陆贾自度不能争之,乃病免。以好畤田地善,往家焉。有五男,乃出所使越橐中装,卖千金,分其子,子二百金,令为生产。贾常乘安车驷马,从歌鼓瑟侍者十人,宝剑值百金,谓其子曰:"与汝约:过汝,汝给人马酒食极欲,十日而更。所死家,得宝剑车骑侍从者。一岁中以往来过它客,率不过再过,数击鲜,毋久溷汝为也。"

《汉书》卷四三

## 五四 陈平蒙蔽吕太后

吕须常以陈平前为高帝谋执樊哙,数谮平曰:"为丞相不治事,日饮醇酒,戏妇人。"平闻,日益甚。吕太后闻之,私喜。面质吕须于平前,曰:"鄙语曰'儿妇人口不可用',顾君与我何如耳,无畏吕须之谮。"

《汉书》卷四〇

## 五五 陈平周勃深相结

陈平患诸吕,力不能制,尝燕居深念。陆贾往,曰:"何念之深?"陈曰:"生揣我何念。"陆生曰:"足下极富贵,无欲矣,不过患诸吕耳!"平曰:"然。为之奈何?"生曰:"天下安,注意相;天下危,注意将。将相和调,天下虽有变,权不分。为社稷计,掌握两军耳。臣尝欲谓太尉绛侯(周勃),彼与我戏,易吾言。君何不交欢太尉,深相结!"陈平用其计,与周勃深相结,吕氏益衰。陈平以奴婢百人、车马五十乘、钱五百万遗陆生为饮食费。

《通鉴》卷一三

## 五六　周勃陈平安刘

吕太后病甚，令吕禄居北军，吕产居南军。周勃不得主兵。勃与陈平谋，使人劫郦商，令其子寄绐吕禄回国守藩，归将印，以兵属太尉。吕禄欲从之。吕禄姑吕媭，闻之大怒曰："若为将而弃军，吕氏今无处矣！"乃悉出珠玉、宝器散堂下，曰："毋为他人守。"

周勃假节矫诏，使吕禄解印。勃至军，行令军中曰："为吕氏右袒，为刘氏左袒。"军中皆左袒，遂将北军。然尚有南军。丞相陈平召朱虚侯刘章佐太尉。太尉予朱虚侯卒千馀人，入未央宫，杀吕产。遂遣人捕诸吕，无少长皆斩之。诸大臣立代王恒为帝，即文帝。

勃为人木强敦厚，高帝以为可属大事。勃不好文学，每召诸生说士，东向坐，责之："促为我语。"其朴钝少文如此。

《通鉴》卷一三；《汉书》卷四〇

## 五七　选节行之士为太子师

文帝立太子母窦氏为皇后。后清河人，有兄弟长君、少君，家于长安。周勃、灌婴等曰："吾属不死，命且悬此两人。两人所出微，不可不为择师傅、宾客，又复效吕氏，大事也！"于是选士之有节行者与居。长君、少君由此为退让君子，不敢以尊贵骄人。

《通鉴》卷一三

## 五八　陈平论各司其职

文帝问右丞相周勃曰："天下一岁决狱几何？"勃谢不知。又问："一岁钱谷入几何？"勃又谢不知，惶愧，汗出沾背。上问左丞相陈平，平曰："有主者。"上曰："主者谁。"曰："问决狱，责廷尉；问钱谷，责治粟内史。"上曰："苟各有主者，君所主者何事？"平谢曰："宰相者，上佐天子，理阴阳，顺四时；下遂万物之宜，外镇抚四夷诸侯，内亲附百姓，使卿丈夫各任其职焉。"帝称善。勃出而让平曰："君独不素教我对！"平曰："君居其位，不知其任也。"于是勃自知不如平远矣。乃谢病，请归相印，上许之。左丞相平专为丞相。

《通鉴》卷一三

## 五九　穆生见几而退

楚元王刘交字游，高祖同父少弟也。好书，多材艺。少时尝与鲁穆生、白生、申公俱受《诗》于浮丘伯。伯者，荀子门人也。元王既至楚，以穆生、白生、申公为中大夫。

初，元王敬礼申公等，穆生不嗜酒，元王每置酒，常为穆生设醴。及王戊即位，常设，后忘设焉。穆生退曰："可以逝矣！醴酒不设，王之意怠，不去，楚人将钳我于市。"称疾卧。申公、白生强起之曰："独不念先王之德与？今王一旦失小礼，何足至此！"穆生曰："《易》称'知几其神乎！几者动之微，吉凶之先见者也。君子见几而作，不俟终日'。先王之所以礼吾三人者，为道之存故也；今而忽之，是忘道也。忘道之人，胡可与久处！岂为区区之礼哉？"遂谢病去。申公、白生独留。

后戊应吴王反，败，自杀。

《汉书》卷三六

## 六〇　文帝理政求谏

文帝以日食，诏曰："群臣悉思朕之过失及知见之所不及，以启告朕。及举贤良、方正、能直言极谏者，以匡朕之不逮。"因敕务省徭费以便民，罢卫将军。

上每朝，从官上书疏，未尝不止辇受其言。言不用置之，言可采用者，未尝不称善。

《通鉴》卷一三

## 六一　贾谊才高早卒

贾谊，洛阳人也，年十八，以能诵诗属文称于郡中。

河南守吴公闻其秀材，召置门下，甚幸爱。文帝初立，吴公乃言谊年少，颇通诸家之书。文帝召以为博士。

是时，谊年二十馀，最为少。每诏令议下，诸老先生未能言，谊尽为之对，人人各如其意所出。诸生于是以为能。文帝悦之，超迁，岁中至太中大夫。

天子议以谊任公卿之位。绛、灌之属尽害之，乃毁谊曰："洛阳之人年少初学，专欲擅权，纷乱诸事。"于是天子后亦疏之，不用其议，以谊为长沙王太傅。

谊既以谪去，意不自得，及渡湘水，为赋以吊屈原因以自谕。

后岁馀，文帝思谊，征之。至，入见，上因感鬼神事，而问鬼神之本。谊具道所以然之故。至夜半，文帝前席。即罢，曰："吾久不见贾生，自以为过之，今不及也。"乃拜谊为梁怀王太傅。怀王，上少子，爱，而好书，故令谊傅之，数问以得失。

后，梁王胜坠马死，谊自伤为傅无状，常哭泣，后岁馀，亦死。贾生之死，年三十三矣。

《汉书》卷四八

## 六二　袁盎称周勃功臣非社稷臣

袁盎，楚人也，字丝。孝文帝即位，任盎为中郎。

绛侯为丞相，朝罢趋出，意得甚。上礼之恭，常自送之。袁盎进曰："陛下以丞相何如人？"上曰："社稷臣。"盎曰："绛侯所谓功臣，非社稷臣。社稷臣主在与在，主亡与亡。方吕后时，诸吕用事，擅相王，刘氏不绝如带。是时绛侯为太尉，主兵柄，弗能正。吕后崩，大臣相与共叛诸吕，太尉主兵，适会其成功，所谓功臣，非社稷臣。丞相有骄主色，陛下谦让，臣主失礼，窃为陛下不取也。"已而绛侯望袁盎曰："吾与而兄善，今儿廷毁我！"盎遂不谢。

及绛侯免相之国，国人上书告以为反，宗室诸公莫敢为言，唯袁盎明绛侯无罪。绛侯得释，盎颇有力。绛侯乃大与盎结交。

《史记》卷一〇一

## 六三　周勃知狱吏之贵

绛侯周勃就国后，每河东守、尉至绛，勃自畏恐诛，常被甲，令家人持兵以见之。人有上书告勃欲反，下廷尉，吏稍侵辱之。勃以千金与狱吏，吏示之"以公主（系勃儿媳）为证"。文帝见周勃狱辞，乃谢曰："吏方验而出之。"于是赦勃。勃既出，曰："吾尝将百万兵，然安知狱吏之贵乎！"

《通鉴》卷一四

## 六四　张苍善律历

张苍者，阳武人，秦时为御史，有罪，亡归。及沛公略地过阳武，苍以客从攻南阳。苍坐法当斩，解衣伏质，身长大，肥白如瓠，时王陵见而怪其美士，乃言沛公，赦勿斩。遂从西入武关，至咸阳。

萧何为相国时，以张苍自秦时为柱下史，明习天下图书计籍，又善用算律历，故令苍以列侯居相府，领主郡国上计者。文帝时，迁为御史大夫、丞相。

自汉兴至孝文二十馀年，会天下初定，将相公卿皆军吏。张苍为计相时，绪正律历。汉家言律历者，本之张苍。

《史记》卷九六

## 六五　张释之止迁啬夫

张释之从文帝登虎圈。上问上林尉诸禽兽簿，十馀问，尉左右视，尽不能对。虎圈啬夫从旁代尉对上所问禽兽簿甚悉，欲以观其能口对响应无穷者。文帝曰："吏不当若是邪？尉无赖！"乃诏释之拜啬夫为上林令。释之久之前曰："陛下以绛侯周勃何如人也？"上曰："长者也。"释之曰："夫绛侯言事若不能出口，岂效此啬夫谍谍利口捷给哉！今陛下以啬夫口辩而超迁之，臣恐天下随风靡靡，争为口辩而无其实。举措不可不审也。"文帝曰："善。"乃止不拜啬夫。

《史记》卷一〇二

## 六六　张释之公平执法

中郎将张释之从文帝行至霸陵，上谓群臣曰："嗟乎！

以北山为椁，用纻絮，漆其间，岂可动哉！"左右皆曰："善。"释之曰："使其中有可欲者，虽锢南山犹有隙；使其中无可欲者，虽无石椁，又何戚焉！"帝称善。后，帝薄葬于霸陵。

释之升为廷尉。上行至中渭桥，有人从桥下走。乘舆马惊，使骑捕之，下廷尉。释之奏曰："此人犯跸，当罚金。"上怒曰："且伤我，廷尉乃仅当之罚金！"释之曰："法者，天下公共也。今法如是，更重之，是法不信于民也。且方其时，上使使诛之则已。今已下廷尉，廷尉，天下之平也，一倾，天下用法皆为之轻重，民安所措其手足！唯陛下察之！"上良久曰："廷尉当是也。"

《通鉴》卷一四

## 六七　王生故辱张释之

王生者，善为黄老言，处士也。尝召居廷中，三公九卿尽会立，王生老人，曰"吾袜解"，顾谓张廷尉："为我结袜！"释之跪而结之。既已，人或谓王生曰："独奈何廷辱张廷尉，使跪结袜？"王生曰："吾老且贱，自度终无益于张廷尉。张廷尉方今天下名臣，吾故聊辱廷尉，使跪结袜，欲以重之。"诸公闻之，贤王生而重张廷尉。

《史记》卷一〇二

## 六八　冯唐荐魏尚

文帝尝搏髀曰："嗟乎！吾独不得廉颇、李牧为吾将，吾岂忧匈奴哉！"中郎署长冯唐曰："陛下虽得廉颇、李牧，弗能用也。"上怒，起入禁中。良久，召唐让曰："公奈何众辱我，独无闲处乎？"唐谢曰："鄙人不知忌讳。"

当是之时，匈奴杀北地都尉卬。上以胡寇为意，乃卒复问唐曰："公何以知吾不能用廉颇、李牧也？"唐对曰："今臣窃闻魏尚为云中守，其军市租尽以飨士卒，私养钱，五日一椎牛，飨宾客军吏舍人，是以匈奴远避，不近云中之塞。虏曾一入，尚率车骑击之，所杀甚众。夫士卒尽家人子，起田中从军，安知尺籍伍符。终日力战，斩首捕虏，上功幕府，一言不相应，文吏以法绳之。臣愚，以为陛下法太明，赏太轻，罚太重。且云中守魏尚坐上功首虏差六级，陛下下之吏，削其爵，罚作之。由此言之，陛下虽得廉颇、李牧，弗能用也。臣诚愚，触忌讳，死罪死罪！"文帝悦。是日令冯唐持节赦魏尚，复以为云中守，而拜唐为车骑都尉。

《史记》卷一〇二

## 六九　邓通得自铸钱却贫死

邓通，文帝宠臣。通愿谨，不好外交，虽赐洗沐，不欲出。文帝赏赐通巨万以十数，官至上大夫。文帝时时如邓通家游戏。然邓通无他能，不能有所荐士，独自谨其身以媚上而已。上使善相者相通，曰"当贫饿死"。文帝曰："能富通者在我也。何谓贫乎？"于是赐邓通蜀铜山，得自铸钱，"邓氏钱"布天下。其富如此。

文帝尝病痈，邓通常为帝唶吮之。文帝从容问通曰："天下谁最爱我者乎？"通曰："宜莫如太子。"太子入问病，文帝使唶痈，唶痈而色难之。已而闻邓通常为帝唶吮之，心惭，由此怨通矣。

及文帝崩，景帝立，邓通免，家居。居无何，人有告邓通盗出徼外铸钱。下吏验问，颇有之，遂竟案，尽没入邓通家，尚负债数巨万。长公主赐邓通，吏辄随没入之，一簪不得著身。竟不得名一钱，寄死人家。

《史记》卷一二五

## 七〇　申屠嘉诫训邓通

丞相申屠嘉为人廉直，门不受私谒。是时，文帝方爱幸邓，赏赐累巨万。嘉尝入朝，而通居上旁，有怠慢之意。嘉因言曰："陛下幸爱群臣，则富贵之；至于朝廷之礼，不可不肃。"上曰："君勿言，吾私之。"

嘉召通诣丞相府，不来，且斩通。通恐，入言上。上曰："汝且去，吾使人召汝。"通诣丞相府，免冠，徒跣，顿首。嘉不为礼，责曰："朝廷者，高帝之朝廷也。通小臣，戏殿上，大不敬，当斩！"通顿首，首尽出血，不解。上度丞相已困通，使使召通而谢丞相："此吾弄臣也，君释之！"通既至，为上泣曰："丞相几杀臣！"

《通鉴》卷一五

## 七一　缇萦上书求废肉刑

淳于意有罪，当刑。其少女缇萦上书曰："妾父为吏，齐下皆称其平，今坐法当刑。妾伤死者不可复生，刑者不可复属，虽后欲改过自新，其道无由也。妾愿没入为官婢，以赎父刑罪，使得自新。"文帝怜悲其意，诏曰："除肉刑。"黥、髡、劓诸刑乃废。

《通鉴》卷一五

## 七二　文帝废诽谤之罪

文帝曰："古之治天下，朝有进善之旌，诽谤之木，所以通治道而来谏者。今法有诽谤妖言之罪，是使众臣不敢尽情，而上无由闻过失也。将何以来远方之贤良？其除之。民或祝诅上以相约结而后相谩，吏以为大逆，其有他言，而吏又以为诽谤。此细民之愚无知，抵死，朕甚不取。自今以来，有犯此者勿听治。"

《史记》卷一〇

## 七三　文帝禁为其祈福

文帝曰："吾闻祠官作厘，皆归于朕躬，不为百姓，朕甚愧之。夫以朕之不德而专飨独美其福，百姓不与焉，是重吾不德也。其令祠官致敬,无有所祈!"

《通鉴》卷一五

## 七四　文帝诛诈骗者

新垣平使人持玉杯献文帝。平言于上曰:"阙下有宝玉气来者。"视之,果有献玉杯者,刻曰:"人主延寿。"不久,人有上书告新垣平所言皆诈。下吏治,诛平。

《通鉴》卷一五

## 七五　周亚夫细柳治军

匈奴三万骑入侵,以诸将守备。文帝自劳军,至霸上及棘门军,直驶入,将以下骑送迎。已而至周亚夫之细柳军,军士吏被甲,锐兵刃,弓弩持满,天子先驱至,不得入。先驱曰:"天子且至!"军门都尉曰:"将军命,军中闻将军令,不闻天子之诏。"居无何,上至,又不得入。上乃使使持节诏将军:"吾欲入营劳军。"亚夫乃传言开壁门。壁门士请车骑曰:"将军约:军中不得驰驱。"天子乃按辔徐行。至营,将军亚夫持兵揖曰:"介胄之士不拜,请以军礼见。"天子为动容,式车,使人称谢:"皇帝敬劳将军。"成礼而去。既出军门,上曰:"嗟乎!此真将军矣!霸上棘门军若儿戏耳!"称善者久之。

《通鉴》卷一五

西汉（公元前 206 年至公元 24 年）

## 七六　文帝之节俭

文帝在位二十三年，卒于未央宫。其间，宫室苑囿，车骑服御，无所增益；有不便，辄弛以利民。尝欲作露台，召匠计之，需百金。上曰："百金，中人十家之产。吾奉先帝宫室尝恐羞之，何以台为！"所幸慎夫人，衣不曳地，帷帐无文绣，以示敦朴，为天下先。治霸陵，皆瓦器，不以金银铜锡为饰；因其山，不起坟。史称其以德化民，是以海内安宁，家给人足，后世鲜能及之。

《通鉴》卷一五

## 七七　袁盎数直谏

袁盎常引大体直言。宦者赵谈以数幸，常害袁盎，袁盎患之。盎兄子种说盎曰："君与斗，廷辱之，使其毁不用。"孝文帝出，赵谈参乘，袁盎伏车前曰："臣闻天子所与共六尺舆者，皆天下豪英。今汉虽乏人，陛下独奈何与刀锯馀人载！"于是上笑，下赵谈。赵谈泣下车。

文帝从霸陵上，欲西驰下峻阪。袁盎骑，并车揽辔。上曰："将军怯邪？"盎曰："臣闻千金之子坐不垂堂，百金之子不骑衡，圣主不乘危而徼幸。今陛下骋六骓，驰下峻山，如有马惊车败，陛下纵自轻，奈高庙、太后何？"上乃止。

上幸上林，皇后、慎夫人从。其在禁中，常同席坐。

及坐，郎署长布席，袁盎引郤慎夫人坐。慎夫人怒，不肯坐。上亦怒，起，入禁中。盎因前说曰："今陛下既已立后，慎夫人乃妾，妾主岂可与同坐哉！适所以失尊卑矣。且陛下幸之，即厚赐之。陛下所以为慎夫人，适所以祸之。陛下独不见'人彘'乎？"于是上乃悦，召语慎夫人。慎夫人赐盎金五十斤。

然袁盎亦以数直谏，不得久居中，调为陇西都尉。仁爱士卒，士卒皆争为死。

《史记》卷一〇一

## 七八　袁盎善待从人

初，袁盎为吴相时，有从史尝盗爱盎侍儿，盎知之，弗泄，遇之如故。人有告从史，言"君知尔与侍者通"，乃亡归。袁盎驱自追之，遂以侍者赐之，复为从史。

及袁盎使吴见守，从史适为守盎校尉司马，乃悉以其醇醪，饮士卒，西南陬卒皆卧，司马夜引袁盎起，曰："君可以去矣，吴王期旦日斩君。"盎弗信，曰："公何为者？"司马曰："臣故为从史盗君侍儿者。"盎乃惊谢曰："公幸有亲，吾不足以累公。"司马曰："君弟去，臣亦且亡，辟吾亲，君何患！"乃道从醉卒隧出。步行七八里，明，见梁骑，遂归报。

袁盎病免居家，与闾里浮沉，相随行，斗鸡走狗。洛阳剧孟尝过袁盎，盎善待之。安陵富人有谓盎曰："吾闻剧孟博徒，将军何自通之？"盎曰："剧孟虽博徒，然母死，客送葬车千馀乘，此亦有过人者。且缓急人所有。夫一旦有急叩门，不以亲为解，不以存亡为辞，天下所望者，独季心、剧孟耳。今公常从数骑，一旦有缓急，宁足恃乎！"骂富人，弗与通。诸公闻之，皆多袁盎。

袁盎虽家居，景帝时时使人问筹策。梁王欲求为嗣，袁盎进说，其后语塞。梁王以此怨盎，曾使人刺盎。刺者至关中，问袁盎，诸君誉之皆不容口。乃见袁盎曰："臣受梁王金来刺君，君长者，不忍刺君。然后刺君者十馀曹，备之！"梁刺客后曹辈果遮刺杀盎。

《史记》卷一〇一

## 七九　晁错学《尚书》号"智囊"

晁错为人峭直刻深。孝文帝时，天下无治《尚书》者，独闻济南伏生故秦博士，治《尚书》，年九十馀，老不可征，乃诏太常使人往受之。太常遣错受《尚书》伏生所。还，因上便宜事，以《书》称说。诏以为太子舍人、门大夫、家令。以其辩得幸太子，太子家号曰"智囊"。数上书孝文时，言削诸侯事，及法令可更定者。书数十上，孝文不听，然奇其材，迁为中大夫。当是时，太子善错计策，袁盎诸大功臣多不好错。

景帝即位，以错为内史。错常数请间言事，辄听。宠幸倾九卿，法令多所更定。迁为御史大夫。

《史记》卷一〇一

## 八〇　晁错建言削藩

晁错上书景帝刘启，言削藩，诸侯哗然。错父闻之谓错曰："尔为政用事，侵削诸侯，疏人骨肉，口语多怨，何为也？"对曰："不如此，天子不尊，宗庙不安。"父曰："刘氏安矣而晁氏危，吾归矣。"遂饮药死。后十馀日，吴、楚七国俱反，以诛错清君侧为名。袁盎上言："方今计独有斩错，发使赦七国，复其故地，则兵可毋血刃而俱罢。"上默然良久，曰："吾不爱一人以谢天下。"上使中尉召错，绐载行市，错衣朝衣斩东市。

晁错已死，谒者仆射邓公为校尉，击吴、楚军为将。还，上书言军事，谒见上。上问曰："闻晁错死，吴楚罢否？"邓公曰："吴王为反数十年矣，发怒削地，以诛错为名，其意非在错也。且臣恐天下之士噤口，不敢复言也！"上曰："何哉？"邓公曰："夫晁错患诸侯强大不可制，故请削地以尊京师，万世之利也。计画始行，卒受大戮，内杜忠臣之口，外为诸侯报仇，臣窃为陛下不取也。"于是景帝默然良久，曰："公言善，吾亦恨之。"乃拜邓公为城阳中尉。

《通鉴》卷一六；《史记》卷一〇一

## 八一　吴王濞等七国反

吴王濞者，高帝兄刘仲之子也，王三郡五十三城。孝惠、高后时，天下初定，郡国诸侯各务自拊循其民。吴有豫章郡铜山，濞则招致天下亡命者铸钱，煮海水为盐，以故无赋，国用富饶。

景帝、晁错议削吴。吴王濞恐削地无已，因以此发谋，约齐、楚等七国举事。

七国之发也，吴王悉其士卒，下令国中曰："寡人年六十二，身自将。少子年十四，亦为士卒先。诸年上与寡人同，下与少子等，皆发！"二十馀万人。南使闽、东越，闽、东越亦发兵从。

太尉周亚夫等破败之。吴王死。

《史记》卷一〇六；《汉书》卷三五

## 八二　梁孝王受宠致祸

梁孝王武，与景帝同母。母，窦太后也。景帝与梁王燕饮，尝从容言曰："千秋万岁后传于王。"王辞谢。虽知非至言，然心内喜。太后亦然。

窦太后宠爱少子孝王，赏赐不可胜道。于是孝王筑东苑，方三百馀里。广睢阳城七十里。大治宫室，为复道，自宫连属于平台三十馀里。得赐天子旌旗，出从千乘万骑。东西驰猎，拟于天子。出言跸，入言警。招延四方豪杰，自山以东游说之士，莫不毕至，如齐人羊胜、公孙诡、邹阳之属。公孙诡多奇邪计，初见王，赐千金，官至中尉，梁号之曰公孙将军。梁多作兵器弩弓矛数十万，而府库金钱且百巨万，珠玉宝器多于京师。

窦太后欲以孝王为后嗣，为大臣袁盎等阻。景帝立胶东王为太子。孝王怨袁盎及议臣，乃与羊胜、公孙诡之属阴使人刺杀袁盎及他议臣十馀人。逐贼，果孝王使之。乃遣使冠盖相望于道，捕公孙诡、羊胜。公孙诡、羊胜匿王后宫。使者责二千石急，王乃令胜、诡皆自杀，出之。上由此怨望于梁王。

后，孝王上疏欲留京，上弗许。归国，意忽忽不乐，卒。

《史记》卷五八

## 八三　田叔办案

梁孝王使人杀故吴相袁盎，景帝召田叔案梁，具得其事，还报。景帝曰："梁有之乎？"叔对曰："死罪！有之。"上曰："其事安在？"田叔曰："上毋以梁事为也。"上曰："何也？"曰："今梁王不伏诛，是汉法不行也；如其伏法，而太后食不甘味，卧不安席，此忧在陛下也。"景帝大贤之，以为鲁相。

鲁相初到，民自言相，讼王取其财物百馀人。田叔取其渠率二十人，各笞五十，馀各搏二十，怒之曰："王非若主邪？何自敢言若主！"鲁王闻之大惭，发中府钱，使相偿之。相曰："王自夺之，使相偿之，是王为恶而相为善也。相毋与偿之。"于是王乃尽偿之。

《史记》卷一〇四

## 八四　剧孟以任侠显诸侯

洛阳有剧孟。周人以商贾为资，而剧孟以任侠显诸侯。吴楚反时，周亚夫为太尉，乘传车将至河南，得剧孟，喜曰："吴楚举大事而不求孟，吾知其无能为已矣。"天下骚动，宰相得之若得一敌国云。剧孟行大类朱家，而好博，多少年之戏。然剧孟母死，自远方送丧盖千乘。及剧孟死，家无馀十金之财。

《史记》卷一二四

## 八五　无盐氏以高利贷富

吴楚七国兵起时，长安中列侯封君行从军旅，赍贷子钱，子钱家以为侯邑国在关东，关东成败未决，莫肯与。唯无盐氏出捐千金贷，其息什之。三月，吴楚平，一岁之中，则无盐氏之息什倍，用此富埒关中。

《史记》卷一二九

## 八六　河间献王修学好古籍

景帝子河间献王德，修学好古，实事求是。从民得善书，必为好写与之，留其真，加金帛赐以招之。由是四方道术之人不远千里，或有先祖旧书，多奉以奏献王者，故得书多，与汉朝等。是时，淮南王安亦好书，所招致率多浮辩。献王所得书皆古文先秦旧书，《周官》《尚书》《礼》《礼记》《孟子》《老子》之属，皆经传说记，七十子之徒所论。其学举六艺，立《毛氏诗》《左氏春秋》博士。修礼乐，被服儒术，造次必于儒者。山东诸儒多从而游。

《汉书》卷五三

## 八七　赵王彭祖与中山靖王胜

景帝之子赵王彭祖，为人巧佞卑谄，足恭而心刻深。好法律，持诡辩以中人。彭祖多内宠姬及子孙。相、二千石欲奉汉法以治，则害于王家。是以每相、二千石至，彭祖衣皂布衣，自行迎，除二千石舍，多设疑事以作动之。得二千石失言，中忌讳，辄书之。二千石欲治者，则以此迫劫；不听，乃上书告，及污以奸利事。彭祖立五十馀年，相、二千石无能满二岁，辄以罪去，大者死，小者刑，以故二千石莫敢治。而赵王擅权，使使即县为贾人榷会，入多于国经租税。以是赵王家多金钱，然所赐姬诸子，亦尽之矣。

中山靖王胜，亦孝景之子。胜为人乐酒好内，有子枝属百二十馀人。常与兄赵王相非，曰："兄为王，专代吏治事。王者当日听音乐声色。"赵王亦非之，曰："中山王徒日淫，不佐天子拊循百姓，何以称为藩臣！"

《史记》卷五九

## 八八　郅都号"苍鹰"

郅都，孝景为中郎将，敢直谏，面折大臣于朝。尝从入上林，贾姬如厕，野彘卒入厕。上目都，都不行。上欲自持兵救贾姬，都伏上前曰："陛下纵自轻，奈宗庙、太后何！"上还，彘亦去。太后闻之，赐都金百斤，由此重郅都。

济南瞯氏宗人三百馀家，豪猾，二千石莫能制，于是景帝乃拜都为济南太守。至则族灭瞯氏首恶，馀皆股栗。居岁馀，郡中不拾遗。

都为人勇，有气力，公廉，不发私书，问遗无所受，请寄无所听。常自称曰："已倍亲而仕，身固当奉职死节官下，终不顾妻子矣。"

孝景使使持节拜都为雁门太守，得以便宜从事。匈奴素闻郅都节，居边，为引兵去，竟郅都死不近雁门。匈奴至为偶人像郅都，令骑驰射莫能中，见惮如此。

郅都迁为中尉。是时民朴，畏罪自重，而都独先严酷，致行法不避贵戚，列侯宗室见都，侧目而视，号曰"苍鹰"。

及郅都死，长安宗室多暴犯法。上召济南都尉宁成为中尉，其治效郅都，其廉弗如，然宗室豪杰人人惴恐。

《通鉴》卷一六；《史记》卷一二二

## 八九　李广智退敌骑

匈奴入雁门，至武泉，入上郡，吏卒战死者二千人。

陇西成纪人李广为上郡太守，尝从百骑出，遇匈奴数千骑，见广，以为诱骑，上山陈。广之百骑，皆大恐，欲驰还走。李广曰："吾去大军数十里，如以百骑走，匈奴追射我立尽。今我留，匈奴必以为我为大军诱，必不敢击我。"广令曰："前！"未到匈奴阵二里，止，令曰："皆下马解鞍！"其骑曰："虏多且近，即有急，奈何？"广曰："解鞍，以示不走，用坚其意。"胡骑遂不敢击。夜半胡兵引而去。平旦，李广乃归其大军。

《通鉴》卷一六

## 九〇　中行说降匈奴为汉患

冒顿死，子稽粥立，号曰老上单于。老上单于初立，孝文皇帝复遣宗室女公主为单于阏氏，使宦者中行说傅公主。说不欲行，汉强使之。说曰："必我行也，为汉患者。"中行说既至，因降单于，单于甚亲幸之。

初，匈奴好汉缯絮食物，中行说曰："匈奴人众不能当汉之一郡，然所以强者，以衣食异，无仰于汉也。今单于变俗好汉物，汉物不过什二，则匈奴尽归于汉矣。"其得汉缯絮，以驰草棘中，衣袴皆裂敝，以示不如旃裘之完善也。得汉食物皆去之，以示不如湩酪之便美也。于是说教单于左右疏记，以计课其人众畜物。

自是之后，汉使欲辩论者，中行说辄曰："汉使无多言，顾汉所输匈奴缯絮米蘖，令其量中，必善美而已矣，何以为言乎？就所给备善则已；不备，苦恶，则候秋熟，

· 204 ·

以骑驰蹂而稼穑耳。"日夜教单于候利害处。

《史记》卷一一〇

## 九一　直不疑被疑不自明

南阳直不疑，同舍有告归，误持其同舍郎金去。已而同舍郎觉亡，意不疑，不疑谢有之，置金偿。后告归者至而还金，亡金郎大惭。以此称为长者。人或廷毁不疑，以为盗嫂。不疑闻，曰："我乃无兄。"然终不自明也。后，不疑官至御史大夫。

不疑学《老子》言，不好立名称，唯恐人知其为吏迹。

《通鉴》卷一六；《史记》卷一〇三

## 九二　周亚夫绝食而死

周亚夫曾任太尉、丞相，后被免职。景帝召亚夫赐食，独置大胾，无切肉，又不置箸。亚夫心不平，顾谓尚席者取箸。上视而笑曰："此非不足君所乎？"亚夫免冠谢上。趋出。上目送之曰："此鞅鞅，非少主臣也。"居无何，亚夫子为父买县官器可以陪葬者，事连亚夫，景帝下之廷尉。廷尉责问曰："君欲反何？"亚夫曰："臣所买器，乃葬器，何谓反乎？"吏曰："君纵不欲反地上，即欲反地下耳！"吏侵之益急。亚夫不食五日，呕血而死。

《通鉴》卷一六

## 九三　文翁始修学官

　　文翁，庐江舒人也。少好学，通《春秋》。景帝末，为蜀郡守，仁爱好教化。见蜀地辟陋有蛮夷风，文翁欲诱进之，乃选郡县小吏开敏有材者张叔等十馀人亲自饬厉，遣诣京师，受业博士，或学律令。减省少府用度，买刀布蜀物，赍计吏以遗博士。数岁，蜀生皆成就还归，文翁用次察举，官有至郡守刺史者。

　　又修起学官于成都市中，招下县子弟以为学官弟子，为除更繇，高者以补郡县吏，次为孝悌力田。常选学官僮子，使在便坐受事。每出行县，益从学官诸生明经饬行者与俱，使传教令，出入闺阁。县邑吏民见而荣之，数年，争欲为学官弟子，富人至出钱以求之。由是大化，蜀地学于京师者比齐鲁焉。至武帝时，乃令天下郡国皆立学校官，自文翁为之始云。

　　文翁终于蜀，吏民为立祠堂，岁时祭祀不绝。至今巴蜀好文雅，文翁之化也。

《汉书》卷八九

## 九四　万石君家不言躬行

　　万石君石奋，其父赵人也。高祖东击项籍，过河内，时奋年十五，为小吏，侍高祖。高祖与语，爱其恭敬，问曰："若何有？"对曰："有母，不幸失明。家贫。有姊，能鼓瑟。"高祖曰："若能从我乎？"曰："愿尽力。"于是高祖召其姊为美人，以奋为中涓，受书谒。徙其家长安中戚里，以姊为美人故也。

奋积功劳，孝文时官至太中大夫。无文学，恭谨。及孝景即位，以奋为诸侯相。奋长子建，次甲，次乙，次庆，皆以驯行孝谨，官至二千石。于是景帝曰："石君及四子皆二千石，人臣尊宠乃举集其门。"凡号奋为万石君。

孝景季年，万石君以上大夫禄归老于家。子孙为小吏，来归谒，万石君必朝服见之。子孙有过失，不诮让，为便坐，对案不食。然后诸子相责，因长老肉袒固谢罪，改之，乃许。上时赐食于家，必稽首俯伏而食，如在上前。万石君家以孝谨闻乎郡国，虽齐、鲁诸儒质行，皆自以为不及也。

窦太后以为儒者文多质少，今万石君家不言而躬行，乃以其长子为郎中令，少子为内史。

《汉书》卷四六；《通鉴》卷一七

## 九五　董仲舒说武帝尊儒术

董仲舒，广川人也。少治《春秋》，孝景时为博士。下帷讲诵，或莫见其面。盖三年不窥园，其精如此。进退容止，非礼不行，学士皆师尊之。

武帝（刘彻）即位，举贤良文学之士前后百数，而仲舒以贤良对策焉。其大意为："《春秋》大一统者，天地之常经，古今之通谊也。今师异道，人异论，百家殊方，指意不同，是以上无以持一统；法制数变，下不知所守。臣愚以为诸不在六艺之科孔子之术者，皆绝其道，勿使并进。邪僻之说灭息，然后统纪可一而法度可明，民知所从。"

对既毕，天子以仲舒为江都相，事易王。易王，帝兄，素骄，好勇。仲舒以礼义匡正，王敬重焉。久之，王问仲舒曰："越王勾践与大夫泄庸、种、蠡谋伐吴，遂灭之。孔子称殷有三仁，寡人亦以为越有三仁。桓公决疑于管仲，寡人决疑于君。"仲舒对曰："臣愚不足以奉大对。闻昔者鲁君问柳下惠：'吾欲伐齐，何如？'柳下惠曰：'不可。'归而有忧色，曰：'吾闻伐国不问仁人，此言何为至于我哉！'徒见问耳，且犹羞之，况设诈以伐吴乎？由此言之，越本无一仁。夫仁人者，正其谊不谋其利，明其道不计其功。是以仲尼之门，五尺之童羞称五伯，为其先诈力而后仁义也。苟为诈而已，故不足称于大君子之门也。五伯比于他诸侯为贤，其比三王，犹武夫之与美玉也。"王曰："善。"

《汉书》卷五六

## 九六　申公答武帝问

武帝，雅重儒术，丞相窦婴、太尉田蚡、御史大夫赵绾俱好儒。绾且荐其师申公。天子使安车驷马迎。天子问治乱之事，申公年八十馀，对曰："为治者不在多言，顾力行何如耳!"天子默然。

《通鉴》卷一七

## 九七　武帝招选才智之士

武帝初即位,招选天下文学才智之士,待以不次之位。四方士上书言得失者以千数,拔其俊异者,宠用之。吴人朱买臣、蜀人司马相如、平原东方朔、吴人枚皋等并在左右,每令与大臣辨论,大臣数屈焉。相如以辞赋得幸。朔、皋好诙谐,上以俳优畜之,虽数赏赐,终不任以事也。朔亦时时直谏,有所补益。

《通鉴》卷一七

## 九八　卓氏冶铁富拟人君

蜀卓氏之先,赵人也,用铁冶富。秦破赵,迁卓氏。诸迁虏少有馀财,争与吏,求近处,处葭萌。唯卓氏曰:"此地狭薄。吾闻汶山之下,沃野,下有蹲鸱,至死不饥。民工于市,易贾。"乃求远迁。致之临邛,大喜。即铁山鼓铸,运筹策,倾滇、蜀之民,富至僮千人。田池射猎之乐,拟于人君。

程郑,山东迁虏也,亦冶铸,贾椎髻之民,富埒卓氏,俱居临邛。

《史记》卷一二九

## 九九　司马相如与卓文君

司马相如，成都人，字长卿。少时好读书，学击剑。慕蔺相如之为人，更名相如。事孝景帝，为武骑常侍，非其好也。是时，游说之士齐人邹阳、淮阴枚乘之徒，相如见而悦之。因病免，客游梁，居数岁，乃著《子虚》之赋。

梁孝王卒，相如归。临邛中多富人，而卓王孙家僮八百人，程郑亦数百人，二人乃相谓曰："临邛令有贵客，为具召之。"令既至，卓氏客以百数。长卿谢病不能往，临邛令自往迎相如。相如不得已，强往，一坐尽倾。酒酣，临邛令前奏琴曰："窃闻长卿好之，愿以自娱。"相如辞谢，为鼓一再行。是时卓王孙有女文君新寡，好音，故相如缪与令相重，而以琴心挑之。相如之临邛，从车骑，雍容闲雅甚都；及饮卓氏，弄琴，文君窃从户窥之，心悦而好之。既罢，相如乃使人重赐文君侍者通殷勤。文君夜亡奔相如，相如乃与驰归成都。家居徒四壁立。卓王孙大怒曰："女至不材，我不忍杀，不分一钱也。"

文君久之不乐，曰："长卿第俱如临邛，从昆弟假贷犹足为生，何至自苦如此！"相如与俱之临邛，尽卖其车骑，买一酒舍酤酒，而令文君当垆。相如身自著犊鼻裈，与保庸杂作，涤器于市中。卓王孙闻而耻之，为杜门不出。昆弟诸公更劝王孙。卓王孙不得已，分予文君僮百人，钱百万，及其嫁时衣被财物。文君乃与相如归成都，买田宅，为富人。

居久之，武帝读《子虚赋》而善之，乃召相如。相如又著《上林赋》等，天子以为郎。

相如口吃而善著书。常有消渴疾。与卓氏婚，饶于财。其进仕宦，未尝肯与公卿国家之事，称病闲居，不慕官爵。

相如既病免，家居茂陵。天子曰："司马相如病甚，可往从悉取其书；若不然，后失之矣。"使往，而相如已死，家无书。问其妻，对曰："长卿固未尝有书也。时时著书，人又取去，即空居。长卿未死时，为一卷书，曰有使者来求书，奏之。无他书。"其遗札书言封禅事。

司马迁称："相如虽多虚辞滥说，然要其归引之于节俭，此亦《诗》之风谏何异？"扬雄以为靡丽之赋，劝百而讽一，犹骋郑、卫之声，曲终而奏雅，不已戏乎！

《史记》卷一一七；《汉书》卷五七下

## 一〇〇　武帝微行夜出

武帝为微行，常以夜出，自称平阳侯。尝夜至柏谷，投逆旅宿，求浆，主人翁曰："无浆，正有溺耳！"且疑上为奸盗，聚少年欲攻之。主人妪止其翁曰："客非常人，且有备，不可图也。"翁不听，妪饮翁以酒，醉而缚之。少年皆散走，妪乃杀鸡为食以待客。明日，上归，招妪，赐金千斤，拜其夫为羽林郎。

武帝好自击熊豕，驰逐野兽。司马相如上疏谏曰：

"涉丰草，驰丘墟，前有利兽之乐，内无存变之意，其为害也不难矣。明者远见于未萌，知者避危于无形，祸固多藏于隐微而发于人之所忽也。故鄙谚曰'家累千金，坐不垂堂'。此言虽小，可以谕大。"上善之。

《通鉴》卷一七

## 一〇一　窦婴有功封侯

窦婴，文帝皇后从兄之子。孝景三年，吴、楚反。上察宗室诸窦无如婴贤，召入见，固让谢，称病不足任。于是上曰："天下方有急，王孙宁可以让邪？"乃拜婴为大将军，赐金千斤。婴言袁盎、栾布诸名将贤士在家者进之。所赐金，陈廊庑下，军吏过，辄令财取为用，金无入家者。婴守荥阳，监齐、赵兵。七国破，封为魏其侯。游士宾客争归之。每朝议大事，条侯、魏其，列侯莫敢与亢礼。

景帝尝曰："魏其沾沾自喜，多易，难以为相持重。"遂不用，用建陵侯卫绾为丞相。

《汉书》卷五二

## 一〇二　田蚡窦婴好儒术被免

田蚡，孝景王皇后同母弟也。窦婴已为大将军，方盛，蚡为诸曹郎，未贵，往来侍酒婴所，跪起如子姓。及孝景晚节，蚡益贵幸，为中大夫。辩有口，王皇后贤之。

武帝初即位，蚡以舅封为武安侯。蚡新用事，卑下宾客，进名士家居者贵之，欲以倾诸将相。上所镇抚，多蚡宾客计策。会丞相绾病免，上乃以婴为丞相，蚡为太尉。

婴、蚡俱好儒术，推毂赵绾为御史大夫，王臧为郎中令。迎鲁申公，欲设明堂，令列侯就国。举谪诸窦宗室无行者，除其属籍。诸外家为列侯，列侯多尚公主，皆不欲就国，以故毁日至窦太后。太后好黄、老言，而婴、蚡、赵绾等务隆推儒术，贬道家言，是以窦太后滋不悦。

御史大夫赵绾请毋奏事东宫。窦太后大怒，乃罢逐赵绾、王臧，而免丞相婴、太尉蚡，婴、蚡以侯家居。蚡虽不任职，以王太后故亲幸，数言事，多效，士吏趋势利者皆去婴而归蚡。蚡日益横。

《汉书》卷五二

## 一〇三　田蚡骄侈

武安侯田蚡为丞相，蚡骄侈。治宅甲诸第，田园极膏腴，多受四方赂遗，其家金玉、妇女、狗马、声乐、玩好，不可胜数。每入奏事，所言皆听。荐人或起家至二千石，权移主上。武帝怒曰："君除吏以尽未？吾亦欲除吏。"是后乃稍退。

元光三年春，黄河水改道，五月复决堤，使卒十万塞之，辄复坏。是时，蚡奉邑食鄃，鄃居河之北，河决而南，则鄃无水灾，邑收多。蚡言于上曰："江河之决皆天事，不易以人力强塞。"而望气用数者亦以为然，于是天子久不复事塞也。

《通鉴》卷一七、卷一八

## 一〇四　灌夫刚直任侠

灌夫以军功为将军，武帝时为燕相，被免后居长安。夫为人刚直使酒，不好面谀。贵戚诸有势在己之右，不欲加礼，必陵之；诸士在己之左，愈贫贱，尤益敬，与钧。稠人广众，荐宠下辈。士亦以此多之。

夫不喜文学，好任侠，已然诺。诸所与交通，无非豪杰大猾。家累数千万，食客日数十百人。陂池田园，宗族宾客为权利，横于颍川。

灌夫与窦婴相得欢甚，恨相知之晚。后因得罪丞相田蚡，均被害致死。

《史记》卷一〇七

## 一〇五　韩安国死灰复燃

韩安国初为梁孝王将，坐法抵罪，狱吏田甲辱安国。安国曰："死灰独不复燃乎？"田甲曰："燃即溺之。"居无何，梁内史缺，汉使使者拜安国为梁内史，为二千石。田甲亡走。安国曰："甲不就官，我灭而宗。"甲因肉袒谢。

安国笑曰："可溺矣！公等足与治乎？"卒善遇之。武帝时任御史大夫，主息战争与匈奴和亲。

安国为人多大略，智足以当世取舍，而出于忠厚。贪嗜财利，然所推举皆廉士贤于己者。于梁举壶遂、臧固，至于其它，亦皆天下名士。士以此称慕之，唯天子以为国器。

《史记》卷一〇八；《汉书》卷一〇八

## 一〇六　淮南王刘安著书

淮南王刘安为人好书，鼓琴，不喜弋猎狗马驰骋，亦欲以行阴德拊循百姓，流名誉。招致宾客方术之士数千人，作为《内书》二十一篇，《外书》甚众，又有《中篇》八卷，言神仙黄白之术，亦二十馀万言。时武帝方好艺文，以安属为诸父，辩博善为文辞，甚尊重之。每为报书及赐，常召司马相如等视草乃遣。初，安入朝，献所作《内篇》，新出，上爱秘之。使为《离骚传》，旦受诏，日食时上。又献《颂德》及《长安都国颂》。每宴见，谈说得失及方技赋颂，昏暮然后罢。后，因谋反罪，自杀。

《汉书》卷四四

## 一〇七　会稽太守严助善属文

严助，会稽人。郡举贤良，对策百馀人，武帝善助对，由是独擢助为中大夫。助侍宴从容，上问助居乡里时，助对曰："家贫，为友婿富人所辱。"上问所欲，对愿为会稽太守。于是拜为会稽太守。

数年，不闻问。赐书曰："制诏会稽太守：君厌承明之庐，劳侍从之事，怀故土，出为郡吏。会稽东接于海，南近诸越，北枕大江。间者，阔焉久不闻问。"助恐，上书谢称："臣事君，犹子事父母也，臣助当伏诛。陛下不忍加诛，愿奉三年计最。"诏许，因留侍中。有奇异，辄使为文，及作赋颂数十篇。

后淮南王安来朝，厚赂遗助，交私论议。及淮南王反，事与助相连，上薄其罪，欲勿诛。廷尉张汤争，以为助出入禁门，腹心之臣，而外与诸侯交私如此，不诛，后不可治。助竟弃市。

《汉书》卷六四上

## 一〇八　朱买臣由贫至贵

朱买臣，吴人也。家贫，好读书，不治产业，常艾薪樵，卖以给食，担束薪，行且诵书。其妻亦负戴相随，数止买臣毋歌呕道中。买臣愈益疾歌，妻羞之，求去。买臣笑曰："我年五十当富贵，今已四十馀矣。汝苦日久，待我富贵报汝功。"妻恚怒曰："如公等，终饿死沟中耳，何能富贵！"买臣不能留，即听去。其后，买臣独行歌道中，负薪墓间。故妻与夫家俱上冢，见买臣饥寒，呼饭饮之。

后数岁，会邑子严助贵幸，荐买臣。召见，说《春秋》，言《楚词》，帝甚悦之，拜买臣为中大夫，与严助俱侍中。后买臣坐事免。

买臣免，常从会稽守邸者寄居饭食。拜为太守，买臣衣故衣，怀其印绶，步归郡邸。会稽吏方相与群饮，不视买臣。买臣入室中，守邸与共食，食且饱，少见其绶，守邸怪之，前引其绶，视其印，会稽太守章也。守邸惊，出语。皆醉，大呼曰："妄诞耳！"守邸曰："试来视之。"其故人素轻买臣者入内视之，还走，疾呼曰："实然！"坐中惊骇，白守丞，相推排陈列中庭拜谒。买臣徐出户。有顷，长安厩吏乘驷马车来迎，买臣遂乘传去。

会稽闻太守且至，发民除道，县长吏并送迎，车百馀乘。入吴界，见其故妻、妻夫治道。买臣驻车，呼令后车载其夫妻，到太守舍，置园中，给食之。居一月，妻自经死，买臣乞其夫钱，令葬。悉召见故人与饮食诸尝有恩者，皆报复焉。

居岁馀，买臣受诏将兵，与横海将军韩说等俱击破东越，有功。征入为主爵都尉，列于九卿。

始，买臣与严助俱侍中，贵用事，张汤尚为小吏，趋走买臣等前。后汤以廷尉治淮南狱，排陷严助，买臣怨汤。及汤数行丞相事，知买臣素贵，故陵折之。买臣见汤，坐床上弗为礼。买臣深怨，常欲死之。后遂告汤阴事，汤自杀，上亦诛买臣。

《汉书》卷六四上

## 一〇九　吾丘寿王谏毋禁民持弓弩

吾丘寿王，赵人也。年少，从中大夫董仲舒受《春秋》，高才通明。迁侍中中郎，坐法免。

稍迁，会东郡盗贼起，拜为东郡都尉。武帝以寿王为都尉，不复置太守。是时，军旅数发，年岁不熟，多盗贼。诏赐寿王玺书曰："子在朕前之时，知略辐凑，以为天下少双，海内寡二。及至连十馀城之守，任四千石之重，职事并废，盗贼纵横，甚不称在前时，何也？"寿王谢罪。

后征入为光禄大夫侍中。丞相公孙弘奏言："民不得挟弓弩。十贼彍弩，百吏不敢前。"上下其议。寿王对曰："愚闻圣王合射以明教矣，未闻弓矢之为禁也。且所为禁者，为盗贼之以攻夺也。攻夺之罪死，然而不止者，大奸之于重诛固不避也。臣恐邪人挟之而吏不能止，良民以自备而抵法禁，是擅贼威而夺民救也。窃以为无益于禁奸，而废先王之典，使学者不得习行其礼，大不便。"书奏，上以难丞相弘。弘屈服焉。

《汉书》卷六四上

## 一一〇　李广与程不识

武帝立，左右以为广名将也，于是广以上郡太守为未央卫尉，而程不识亦为长乐卫尉。程不识故与李广俱以边太守将军屯。及出击胡，广行无部伍行陈，就善水草屯，舍止，人人自便，不击刁斗以自卫，幕府省约文书籍事，然亦远斥候，未尝遇害。程不识正部曲行伍营陈，击刁斗，士吏治军簿至明，军不得休息，然亦未尝遇害。不识曰："李广军极简易，然虏卒犯之，无以禁也；而其士卒亦佚乐，咸乐为之死。我军虽烦扰，然虏亦不得犯我。"是时汉边郡李广、程不识皆为名将，然匈奴畏李广之略，士卒亦多乐从李广而苦程不识。程不识为人廉，谨于文法。

《史记》卷一〇九

## ——— 飞将军李广之死

李广居右北平，匈奴闻之，号曰"汉之飞将军"，避之数岁，不敢入右北平。

广出猎，见草中石，以为虎而射之，中石没镞，视之，石也。因复更射之，终不能复入石矣。

广廉，得赏赐辄分其麾下，饮食与士共之。终广之身，为二千石四十余年，家无余财，终不言家产事。广为人长，猿臂，其善射亦天性也，虽其子孙他人学者，莫能及广。广讷口少言，与人居则画地为军阵。专以射为戏。广之将兵，乏绝之处，见水，士卒不尽饮，广不近水，士卒不尽食，广不尝食。宽缓不苛，士以此爱乐为用。其射，见敌急，非在数十步之内，度不中不发，发即应弦而倒。

广尝与望气王朔语，曰："自汉击匈奴而广未尝不在其中，而诸部校尉以下，才能不及中人，然以击胡军功取侯者数十人，而广不为后人，然无尺寸之功以得封邑者，何也？岂吾相不当侯邪？且固命也？"朔曰："将军自念，岂尝有所恨乎？"广曰："吾尝为陇西守，羌尝反，吾诱而降，降者八百馀人，吾诈而同日杀之。至今大恨独此耳。"朔曰："祸莫大于杀已降，此乃将军所以不得侯者也。"

李广从大将军卫青击匈奴，失道，后至。至幕府，广谓其麾下曰："广结发与匈奴大小七十馀战，今幸从大将军出接单于兵，而大将军又徙广部行回远，而又迷失道，岂非天哉！且广年六十馀矣，终不能复对刀笔之吏。"遂引刀自刭。广军士大夫一军皆哭。百姓闻之，知与不知，无老壮皆为垂涕。

《史记》卷一○九

## 一一二　李陵奋战不敌降匈奴

李陵，李广之孙。既壮，选为建章监，善射，爱士卒。武帝以为李氏世将，而使将八百骑。尝深入匈奴二千馀里，过居延视地形，无所见虏而还。拜为骑都尉，将丹阳楚人五千人，教射酒泉、张掖以屯卫胡。

陵从贰师将军李广利，将其射士步兵出居延北可千馀里，欲以分匈奴兵，毋令专走贰师也。陵既至期还，而单于以兵八万围击陵军。陵军五千人，兵矢既尽，士死者过半，而所杀伤匈奴亦万馀人。且引且战，连斗八日，还未到居延百馀里，匈奴遮狭绝道，陵食乏而救兵不到，虏急击招降陵。陵曰："无面目报陛下。"遂降匈奴。其兵尽没，馀亡散得归汉者四百馀人。

单于既得陵，素闻其家声，及战又壮，乃以其女妻陵而贵之。汉闻，族陵母妻子。自是之后，李氏名败，而陇西之士居门下者皆耻焉。

《史记》卷一〇九

## 一一三　苏武牧羊十九年

武帝时，遣中郎将苏武使匈奴，单于招其降。武谓同行常惠等曰："屈节辱命，虽生，何面目以归汉！"引佩刀自刺，气绝，半日复息。单于壮其节，愈益欲降之，乃幽武置大窖中，不与饮食。武卧，啮雪与旃毛并咽之，数日不死。匈奴以为神，乃徙武北海无人处，使牧羝，曰："羝乳乃归"。常惠等各置他所。苏武既徙北海，禀食不至，掘野鼠所藏草实而食之，杖汉节牧羊，卧起操持，节旄尽落。

李陵降匈奴，不敢见武。久之，单于使陵为武设宴，陵谓武曰："人生如朝露，何自苦如此！"陵与武饮数日，武曰："勿复再言。王必欲武降，请效死于前！"

昭帝时，汉使至匈奴，求苏武等，匈奴诡言武死。常惠私见汉使，教使者谓单于："天子射上林中，得雁，其足系苏武书。"使者如常惠语让单于，单于谢汉使曰："武等实在。"乃归武等。武留匈奴十九岁，以强壮出，及还，须发尽白。

《通鉴》卷二一、卷二三

## 一一四　汲黯之为人及理政

濮阳汲黯始为谒者，以严见惮。河内失火，延烧千馀家。武帝使黯视之，还报曰："家人失火，屋比延烧，不足忧。臣过河南，河南贫人伤水旱万馀家，或父子相食，臣谨以便宜，持节发河南仓粟以赈贫民。臣请归节，伏矫制之罪。"上贤而释之。后，任东海太守，治官理民，好清静，择臣任之，责大旨而已，不苛小。黯多病，卧闺阁内不出。岁馀，东海大治。上闻，召为主爵都尉，列九卿。其治务在无为，引大体，不拘文法。

黯为人，性倨少礼，面折，不容人之过。黯尝曰："陛下内多欲而外施仁术，奈何欲效唐、虞之治乎！"上怒，变色而罢朝。公卿皆为黯惧。上谓左右曰："甚矣，汲黯之戆也！"群臣或数黯，黯曰："天子置公卿辅弼之臣，宁令从谀承意，陷主于不义乎？且已在其位，纵爱身，奈辱朝廷何！"

黯多病，病且满三月，上常赐告者数，终不愈。最后病，庄助为请告。上曰："汲黯何如人哉？"助曰："使黯任职居官，无以逾人。然至其辅少主，守城深坚，招之不来，麾之不去，虽自谓贲育亦不能夺之矣。"上曰："然。古有社稷之臣，至如黯，近之矣。"

于时，卫青尊宠，于群臣无二，公卿以下皆卑奉之，独黯与之亢礼。人或说黯曰："大将军尊重，君不可不拜。"黯曰："大将军有揖客，反不重邪！"大将军闻，愈贤黯，数请问国家朝廷所疑。

卫青虽贵，有时侍中，上踞厕而视之；丞相弘见，上或时不冠；至如汲黯见，上不冠不见也。上尝坐帐中，黯前奏事，上不冠，望见黯，避之，使人可其奏。其敬礼如此。

上招延士大夫，常如不足，然性严峻，虽素所爱信者，或小有犯法，或欺罔，辄按诛之，无所宽假。汲黯谏曰："陛下求贤甚劳，未尽其用，辄已杀之。以有限之士，恣无已之诛，臣恐贤才将尽，陛下谁与共为治乎！"上笑曰："何世无才，患人不能识耳。苟能识之，何患无人。有才而不肯尽用，与无才同，不杀何施！"黯曰："臣虽不能以言屈陛下，而心犹以为非，愿改之。"

《通鉴》卷一七、卷一九

## 一一五　郑当时存故人荐贤者

郑当时，字庄，以任侠自喜，声闻梁楚之间。孝景时，为太子舍人。每五日洗沐，常置驿马长安诸郊，请谢宾客，夜以继日，至其明旦，常恐不遍。

庄好黄老之言，其慕长者如恐不称。年少官薄，然其游知交皆其大父行，天下有名之士也。武帝立，庄稍迁为鲁中尉、济南太守、江都相，至九卿为右内史。

庄为大吏，诫门下："客至，无贵贱无留门下者。"执宾主之礼，以其贵下人。庄廉，又不治产业，仰奉赐以给诸公。每朝，候上之间，说未尝不言天下之长者。其推毂士及官属丞史，常引以为贤于己。闻人之善言，进之上，唯恐后。山东士诸公以此翕然称郑庄。

《史记》卷一二〇

## 一一六　翟公说如何见交情

下邽翟公为廷尉，宾客填门，及废，门外可设雀罗。后复为廷尉，客欲往，翟公大署其门，曰："一死一生，乃知交情；一贫一富，乃知交态；一贵一贱，交情乃见。"

《汉书》卷五〇

## 一一七　辕固生诫公孙弘

辕固生，齐人，以治《诗》，孝景时为博士。与黄生争论景帝前。黄生曰："汤、武非受命，乃弑也。"辕固生曰："不然！必若所云，是高帝代秦即天子之位，非邪？"于是景帝曰："食肉不食马肝，不为不知味；言学者无言汤、武受命，不为愚。"遂罢。

窦太后好《老子》书，召辕固生问《老子》书。固曰："此是家人言耳。"太后怒，乃使固入圈刺豕。景帝知固直言无罪，乃假固利兵，下圈刺豕，正中其心，一刺，豕应手而倒。太后默然，无以复罪，罢之。居顷之，景帝以固为廉直，拜为清河王太傅。久之，病免。

武帝初即位，复以贤良征固。诸谀儒多疾毁固，曰"固老"，罢归之。时固已九十馀矣。固之征也，薛人公孙弘亦征，侧目而视固。固曰："公孙子，务正学以言，无曲学以阿世！"

自是之后，齐言《诗》皆本辕固生也。诸齐人以《诗》显贵，皆固之弟子也。

《史记》卷一二一

## 一一八　公孙弘顺旨诈伪性忌

武帝征吏民有明当世之务者进言。时对者数百人，公孙弘居第一，拜为博士。

弘为人恢奇多闻，常称以为人主病不广大，人臣病不俭节。弘为布被，食不重肉。后母死，服丧三年。每朝会议，开陈其端，令人主自择，不肯面折庭争。于是天子察其行敦厚，辩论有馀，习文法吏事，而又缘饰以儒术，上大悦之。二岁中，至左内史。

弘奏事，有不可，不庭辩之。尝与主爵都尉汲黯请间，汲黯先发之，弘推其后，天子常悦，所言皆听，以此日益亲贵。尝与公卿约议，至上前，皆背其约以顺上旨。汲黯庭诘弘曰："齐人多诈而无情实，始与臣等建此议，今皆背之，不忠。"上问弘。弘谢曰："夫知臣者以臣为忠，不知臣者以臣为不忠。"上然弘言。

以公孙弘为御史大夫。汲黯曰："弘位在三公，奉禄甚多，然为布被，此诈也。"上问弘，弘谢曰："有之。黯今日廷诘弘，诚中弘之病。夫以三公为布被与小吏无差，诚饰诈，欲以钓名。无汲黯忠，陛下安保得闻此言！"天子以为谦让，愈益尊之。

以公孙弘为丞相。弘性忌，外宽内深，诸尝与弘有隙，虽阳为善，后竟报其过。董仲舒为人廉直，以弘为从谀，弘嫉之。胶西王端骄恣，所杀伤二千石甚众，弘乃荐仲舒为胶西相，仲舒以病免。

《通鉴》卷一八；《史记》卷一一二

## 一一九　主父偃称不鼎食即鼎烹

主父偃，齐国临菑人也。学长短纵横术，晚乃学《易》、《春秋》、百家之言。游齐诸子间，诸儒生相与排摈，不容于齐。家贫，假贷无所得，北游燕、赵、中山，皆莫能厚，客甚困。以诸侯莫足游者，乃上书阙下。朝奏，暮召入见，武帝亲幸之，一岁中凡四迁，为中大夫。大臣畏其口，赂遗累千金。或谓偃曰："太横矣！"偃曰："吾生不五鼎食，死即五鼎烹耳。"

主父偃说上曰："今诸侯地方千里，连城数十，缓则骄奢，易为淫乱，急则合纵，以逆京师，以法割削之，则逆节而起，前日晁错是也。愿陛下令诸侯得推恩分子弟，以地侯之，人人喜得所愿。上以德施，实分其国，不削而稍弱矣。"上从之。于是藩国始分。

匈奴屡入侵，主父偃曰："河南地肥饶，外阻河，蒙恬城之以逐匈奴，内省转输戍漕，广中国，灭胡之本也。"

上下公卿议皆言不便。上用偃计，立朔方郡，筑朔方城。

元朔中，偃言齐王内有淫失之行，上拜偃为齐相。至齐，遍召昆弟宾客，散五百金予之，数曰："始吾贫时，昆弟不我衣食，宾客不我内门。今吾相齐，诸君迎我或千里。吾与诸君绝矣，毋复入偃之门！"乃使人以王与姊奸事动王。王以为终不得脱，恐论死，乃自杀。

后，主父偃受诸侯金，遂被诛。

《通鉴》卷一八；《汉书》卷四六上

## 一二〇　周阳由暴酷骄恣

周阳由，为郡守。武帝即位，吏治尚修谨，然由居二千石中最为暴酷骄恣。所爱者，挠法活之；所憎者，曲法灭之。所居郡，必夷其豪。为守，视都尉如令；为都尉，陵太守，夺之治。后由为河东都尉，与其守胜屠公争权，相告言，胜屠公当抵罪，义不受刑，自杀，而由弃市。

《汉书》卷九〇

## 一二一　张汤舞智以御人

张汤之父为长安丞，出，汤为儿守舍。还而鼠盗肉，其父怒，笞汤。汤掘窟得盗鼠及馀肉，劾鼠掠治，讯鞫论报。其父见之，视其文辞如老狱吏，大惊，遂使书狱。父死后，汤为长安吏。

· 227 ·

中大夫张汤为廷尉。汤为人多诈，舞智以御人。时，上方好文学，汤阳浮慕，事董仲舒、公孙弘等。以古法义决疑狱，所治皆称上意，上由是悦之。汤于故人子弟调护尤厚，其造请诸公不避寒暑。是以汤虽文深意忌，然有声誉。

汲黯与汤议论，汤辩常文深小苛，黯伉厉守高，不能屈，忿怒。汲黯曰："天下谓刀笔吏不可以为公卿，果然，必汤也。令天下重足而立，侧目而视矣。"

《通鉴》卷一八；《史记》卷一二二

## 一二二　赵禹深刻廉倨

赵禹，事太尉周亚夫。亚夫为丞相，禹为丞相史，府中皆称其廉平。然亚夫弗任，曰："极知禹无害，然文深，不可以居大府。"武帝时，禹以刀笔吏积劳，迁为御史。上以为能，至中大夫，与张汤论定律令。

禹为人廉倨，为吏以来，舍无食客。公卿相造请，禹终不行报谢，务在绝知友宾客之请，孤立行一意而已。尝中废，已为廷尉。

《汉书》卷九〇

## 一二三　王温舒少文好杀多谄

王温舒，数为吏，以治狱至廷尉史。事张汤，迁为御史，督盗贼，杀伤甚多。稍迁至广平都尉，择郡中豪敢往吏十馀人为爪牙，皆把其阴重罪，而纵使督盗贼，快其意所欲得。此人虽有百罪，弗法；即有避回，夷之，亦灭宗。以故齐、赵之郊盗不敢近广平，广平声为道不拾遗。武帝闻，迁为河内太守。

居广平时，皆知河内豪奸之家。及往，以九月至，令郡具私马五十匹，为驿自河内至长安，部吏如居广平时方略，捕郡中豪猾，相连坐千馀家。上书请，大者至族，小者乃死，家尽没入偿臧。奏行不过二日，得可，杀人至流血十馀里。河内皆怪其奏，以为神速。尽十二月，郡中无犬吠之盗。其颇不得，失之旁郡，追求，会春，温舒顿足叹曰："嗟乎，令冬月益展一月，足吾事矣！"其好杀行威不爱人如此。上闻之，以为能，迁为中尉。

温舒为人少文，居它惛惛不辩，至于中尉则心开。多诌，善事有势者；即无势，视之如奴。有势家，虽有奸如山，弗犯；无势，虽贵戚，必侵辱。奸猾穷治，大抵尽靡烂狱中，行论无出者。

《汉书》卷九〇

## 一二四　兒宽温良无所匡谏

伏生教济南张生及欧阳生，欧阳生教兒宽。兒宽既通《尚书》，以文学应郡举，诣博士受业，受业孔安国。兒宽贫无资用，常为弟子都养，及时时间行佣赁，以给衣食。行常带经，止息则诵习之。以试第次，补廷尉史。

是时张汤方以古法议决疑大狱，而爱幸宽。宽为人温良，有廉智，自持，而善著书，敏于文，口不能发明也。汤以为长者，数称誉之。及汤为御史大夫，以儿宽为掾，荐之武帝。天子见问，悦之。张汤死后六年，儿宽位至御史大夫。九年而以官卒。宽在三公位，以和良承意从容得久，然无有所匡谏。于官，官属易之，不为尽力。

《史记》卷一二一

## 一二五　杜周为治酷烈专承上意

杜周，南阳人也。义纵为南阳太守，以周为爪牙，荐之张汤，为廷尉史。使案边失亡，所论杀甚多。奏事中意。

周少言重迟，而内深次骨。周为廷尉，其治大抵仿张汤。上所欲挤者，因而陷之；上所欲释，久系待问而微见其冤状。客有谓周曰："君为天下决平，不循三尺法，专以人主意指为狱，狱者固如是乎？"周曰："三尺安出哉？前主所是著为律，后主所是疏为令。当时为是，何古之法乎！"

至周为廷尉，诏狱亦益多矣。二千石系者新故相因，不减百馀人。郡吏大府举之廷尉，一岁至千馀章。章大者连逮证案数百，小者数十人；远者数千里，近者数百里。会狱，吏因责如章告劾，不服，以掠笞定之。于是闻有逮证，皆亡匿。狱久者至更数赦十馀岁而相告言，大抵尽诋以不道，以上廷尉及中都官，诏狱逮至六七万人，吏所增加十有馀万。

周后为执金吾，逐捕桑弘羊、卫皇后昆弟子刻深，上以为尽力无私，迁为御史大夫。

始周为廷史，有一马，及久任事，列三公，而两子夹河为郡守，家訾累巨万矣。治皆酷暴，唯少子延年行宽厚云。

《汉书》卷六〇

## 一二六　张骞出使西域

汉中张骞出使西域。骞出陇西，径匈奴中，单于得之，留骞十馀岁。骞得间亡，西走，至大宛，抵康居，致大月氏。留岁馀，不得要领，乃还。复为匈奴所得，又留岁馀，逃归。具为天子言西域诸国风俗，上拜骞为太中大夫。骞初行时百馀人，去十三年，唯二人得还。

骞以校尉从大将军卫青击匈奴，知水草处，军得以不乏，乃封骞为博望侯。是岁元朔六年也。其明年，骞为卫尉，与李广将军俱出右北平击匈奴。匈奴围李将军，军失亡多。而骞后期当斩，赎为庶人。

是后，复拜骞为中郎将，将三百人，马各二匹，牛羊以万数，赍金币帛值数千巨万，多持节副使，道可使，使遗之他旁国。骞因分遣副使使大宛、康居、大月氏、大夏、安息、身毒、于窴、扜鍸及诸旁国。骞至乌孙不得其要领，乌孙发导译送骞还，骞与乌孙遣使数十人，马数十匹报谢，因令窥汉，知其广大。

骞还到，拜为大行，列于九卿。岁馀，卒。

乌孙使既见汉人众富厚，归报其国，其国乃益重汉。

其后岁馀，骞所遣使通大夏之属者皆颇与其人俱来，于是西北国始通于汉矣。然张骞凿空，其后使往者皆称博望侯，以为质于外国，外国由此信之。

《史记》卷一二三；《通鉴》卷一八

## 一二七　汉公主嫁乌孙国王

乌孙使使献马，愿得尚汉公主。汉元封中，遣江都王建女细君为公主，以妻焉。赐乘舆服御物，为备官属宦官侍御数百人，赠送甚盛。乌孙昆莫以为右夫人。匈奴亦遣女妻昆莫，昆莫以为左夫人。

公主至其国，自治宫室居，岁时一再与昆莫会，置酒饮食，以币、帛赐王左右贵人。昆莫年老，言语不通，公主悲愁，自为作歌曰："吾家嫁我兮天一方，远托异国兮乌孙王。穹庐为室兮旃为墙，以肉为食兮酪为浆。居常土思兮心内伤，愿为黄鹄兮归故乡。"天子闻而怜之，间岁遣使者持帷帐锦绣给遗焉。

昆莫年老，欲使其孙岑陬尚公主。公主不听，上书言状，天子报曰："从其国俗，欲与乌孙共灭胡。"岑陬遂妻公主。昆莫死，岑陬代立。

《汉书》卷九六下

## 一二八　卫青却封其子为侯

卫皇后字子夫，生微矣。武帝过平阳主，见所侍美人，独悦卫子夫。武帝起更衣，子夫侍尚衣轩中，得幸。上还坐，欢甚。赐平阳主金千斤。主因奏子夫奉送入宫。子夫入宫，有身，尊宠日隆。召其兄卫长君弟卫青为侍中。子夫后大幸，立为皇后。

车骑将军卫青大败匈奴右贤王之旅。武帝封卫青为大将军，益封青八千七百户，封青之三子皆为列侯。青固谢之曰："赖陛下神灵，军大捷，皆诸校尉力战之功也。陛下已益封臣，青子在襁褓中，未有勤劳，上列地封为三侯，非臣待罪行间所以劝士力战之意也。"天子曰："我非忘诸校尉功也。"乃封公孙敖、韩说等为侯。

《史记》卷四九；《通鉴》卷一九

## 一二九　卫青霍去病不招士

苏建尝说责卫青曰："大将军至尊重，而天下之贤士大夫无称焉，愿将军观古名将所招选者，勉之哉！"青谢曰："自窦婴、田蚡之厚宾客，天子常切齿。彼亲待士大夫，招贤黜不肖者，人主之柄也。人臣奉法遵职而已，何与招士！"骠骑将军霍去病亦方此意，为将如此。

《汉书》卷五五

## 一三〇　霍去病不治第

平阳县县吏霍仲孺与卫青姊卫少儿私通，生霍去病。

去病年十八，为侍中，善骑射，从大将军击匈奴，与轻骑八百，直大军数百里，斩捕首虏过当，封为冠军侯。后，为骠骑将军，屡立战功，与大将军卫青皆为大司马，秩禄与大将军等。自是之后，卫青日退，而去病日益贵。青故人门下多去事去病。

霍去病为人，少言不泄，有气敢往。天子尝欲教之孙、吴兵法，对曰："顾方略何如耳，不至学古兵法。"天子为治第，令霍去病视之，对曰："匈奴未灭，无以为家也！"然少贵，不省士，车馀粱肉，而士有饥者。大将军卫青为人仁，喜士退让，以和柔自媚于上。两人志操如此。

《通鉴》卷一九

## 一三一　卜式输财助边

卜式，河南人也。以田畜为事。有少弟，弟壮，式脱身出，独取畜羊百馀，田宅财物尽与弟。式入山牧，十馀年，羊致千馀头，买田宅。而弟尽破其产，式辄复分与弟者数矣。

卜数清输财助边。武帝使使问式："欲官乎？"式曰："臣少田牧，不习仕宦，不愿也。"又问："家有冤，欲言事乎？"式曰："臣与人无争，邑人贫者贷之，不善者教之，所居人皆从式，何故见冤于人，无所欲言。"再问："苟如此，子何欲而然？"式曰："愚以为贤者宜死节于边，有财者宜输委，如此匈奴可灭也。"上欲尊显以风百姓，乃召拜式为中郎，布告天下，使民知之。

初，式不愿为郎，上曰："吾有羊在上林中，欲令子牧之。"式既为郎，布衣草蹻而牧羊。岁馀，羊肥息。上过其羊所，善之。式曰："非独羊也，治民亦犹是矣。以时起居，恶者辄去，毋令败群。"上奇其言，欲试使治民。拜式缑氏令，缑氏便之；迁成皋令。上以式朴忠，拜为齐王太傅，转为相。

《汉书》卷五八

## 一三二　武帝好宛马

初，武帝见《易》云："神马当从西北来"。得乌孙马好，名曰"天马"。及得大宛汗血马，益壮，更名乌孙马曰"西极"，名大宛马曰"天马"。而汉始置酒泉郡以通西北国。因益发使抵安息、奄蔡、黎轩、条枝、身毒国。而天子好宛马，使者相望于道。诸使外国一辈大者数百，少者百馀人，人所赍操大仿博望侯时。其后益习而衰少焉。汉率一岁中使多者十馀，少者五六辈，远者八九岁，近者数岁而反。

《史记》卷一二三

## 一三三　武帝伐大宛取善马

武帝拜李广利为将军，发属国六千骑，及郡国恶少年数万人，以往伐大宛。期至贰师城取善马，故号"贰师将军"。

贰师将军军既西过盐水，当道小国恐，各坚城守，不肯给食。攻之不能下。下者得食，不下者数日则去。比至郁成，士至者不过数千，皆饥罢。攻郁成，郁成大破之，所杀伤甚众。贰师将军引兵而还。往来二岁。还至敦煌，士不过什一二。使使上书言："道远多乏食，且士卒不患战，患饥。人少，不足以拔宛。愿且罢兵，益发而复往。"天子闻之，大怒，而使使遮玉门，曰军有敢入者辄斩之！贰师恐，因留敦煌。

天子以宛小国而不能下，则大夏之属轻汉，而宛善马绝不来，乌孙、仑头易苦汉使矣，为外国笑。乃益发恶少年及边骑，岁馀而出敦煌者六万人，负私从者不与。牛十万，马三万馀匹，驴、骡、橐驼以万数。多赍粮，兵弩甚设，天下骚动。

于是贰师复行，兵多，而所至小国莫不迎，出食给军。至仑头，仑头不下，攻数日，屠之。自此而西，平行至宛城，汉兵到者三万人。宛兵迎击汉兵，汉兵射败之。宛乃出其善马，令汉自择之，而多出食食给汉军。汉军取其善马数十匹。中马以下牡牝三千馀匹，而立宛贵人之故待遇汉使善者名昧蔡以为宛王，与盟而罢兵。终不得入中城。乃罢而引归。

《史记》卷一二三

## 一三四　武帝炫富于外国客

武帝数巡狩海上，乃悉从外国客，散财帛以赏赐，厚具以饶给之，以览示汉富厚焉。于是大角抵，出奇戏诸怪物，多聚观者，行赏赐，酒池肉林，令外国客遍观仓库府藏之积，见汉之广大，倾骇之。及加其眩者之工，而角抵奇戏岁增变，甚盛益兴，自此始。

《史记》卷一二三

## 一三五　武帝宠臣韩嫣善佞

武帝宠臣，士人则韩嫣。嫣善骑射，善佞。上即位，欲事伐匈奴，而嫣先习胡兵，以故益尊贵，官至上大夫，赏赐拟于邓通。时嫣常与上卧起。

江都王入朝，有诏得从入猎上林中。天子车驾跸道未行，而先使嫣乘副车，从数十百骑，骛驰视兽。江都王望见，以为天子，辟从者，伏谒道傍。嫣驱不见。既过，江都王怒，为皇太后泣曰："请得归国入宿卫，比韩嫣。"太后由此衔嫣。嫣侍上，出入永巷不禁，以奸闻皇太后。皇太后怒，使使赐嫣死。上为谢，终不能得，嫣遂死。

《史记》卷一二五

## 一三六　李延年善歌能作新声

武帝李夫人，本以倡进。初，夫人兄延年性知音，善歌舞，武帝爱之。每为新声变曲，闻者莫不感动。延年侍上起舞，歌曰："北方有佳人，绝世而独立，一顾倾人城，再顾倾人国。宁不知倾城与倾国，佳人难再得！"上叹息曰:"善!世岂有此人乎?"平阳主因言延年有女弟,上乃召见之,实妙丽善舞,由是得幸。

李延年善承意,佩二千石印,与上卧起,甚贵幸,埒如韩嫣也。久之,浸与中人乱,出入骄恣。及其女弟李夫人卒后,爱弛。

《汉书》卷九七上;《史记》卷一二五

## 一三七　李夫人临终不见武帝

李夫人病笃,武帝自临候之,夫人蒙被谢曰:"妾久寝病,形貌毁坏,不可以见帝。愿以王及兄弟为托。"上曰:"夫人病甚,殆将不起,一见我嘱托王及兄弟,岂不快哉?"夫人曰:"妇人貌不修饰,不见君父。"上曰:"夫人弟一见我,将加赐千金,而予兄弟尊官。"夫人曰:"尊官在帝,不在一见。"上复言欲必见之,夫人遂转向歔欷而不复言。于是上不悦而起。夫人姊妹让之曰:"贵人独不可一见上嘱托兄弟邪?何为恨上如此?"夫人曰:"所以不欲见帝者,乃欲以深托兄弟也。我以容貌之好,得从微贱爱幸于上。夫以色事人者,色衰而爱弛,爱弛则恩绝。上所以挛挛顾念我者,乃以平生容貌也。今见我毁坏,颜色非故,必畏恶吐弃我,意尚肯复追思闵录其兄弟哉!"及夫人卒,上以后礼葬焉。其后,上以夫人兄李广利为贰师将军,封海西侯,延年为协律都尉。

上思念李夫人不已,方士齐人少翁言能致其神。乃夜张灯烛,设帷帐,陈酒肉,而令上居他帐,遥望见好女如李夫人之貌，还幄坐而步。又不得就视，上愈益相思悲感，为作诗曰："是邪，非邪？立而望之，偏何姗姗其来迟！"令乐府诸音家弦歌之。上又自为作赋，以伤悼夫人。

《汉书》卷九七上

## 一三八　郭舍人教乳母

武帝少时，东武侯母常养帝，帝壮时，号之曰"大乳母"。率一月再朝，乳母所言，未尝不听。有诏得令乳母乘车行驰道中。当此之时，公卿大臣皆敬重乳母。乳母家子孙奴从者横暴长安中，当道掣顿人车马，夺人衣服。有司请徙乳母家室，处之于边。奏可。乳母当入至前，面见辞。乳母先见郭舍人，为下泣。舍人曰："即入见辞去，疾步数还顾。"乳母如其言，谢去，疾步数还顾。郭舍人疾言骂之曰："咄！老女子！何不疾行！陛下已壮矣，宁尚须汝乳而活邪？尚何还顾！"于是人主怜焉悲之，乃下诏止无徙乳母，罚谪谮之者。

《史记》卷一二六

## 一三九　郭解厚施不矜功

郭解，轵人也，字翁伯。解父以任侠，孝文时诛死。解为人短小精悍，不饮酒。少时阴贼，慨不快意，身所杀甚众。及解年长，更折节为俭，以德报怨，厚施而薄望。

然其自喜为侠益甚。既已振人之命，不矜其功，其阴贼著于心，卒发于睚眦如故云。而少年慕其行，亦辄为报仇，不使知也。

解姊子负解之势，与人饮，使之釂，非其任，强灌之。人怒，刺杀解姊子，亡去。解姊怒，弃其尸道旁，弗葬，欲以辱解。解使人微知贼处。贼窘自归，具以实告解。解曰："公杀之当，吾儿不直。"遂去其罪，罪其姊子，收而葬之。诸公闻之，皆多解之义，益附焉。

解出，人皆避，有一人独箕踞视之。解问其姓名，客欲杀之。解曰："居邑屋不见敬，是吾德不修也，彼何罪！"乃阴请尉史曰："是人吾所重，至践更时脱之。"箕踞者乃肉袒谢罪。少年闻之，愈益慕解之行。

洛阳人有相仇者，邑中贤豪居间以十数，终不听。客乃见解。解夜见仇家，仇家曲听。解谓仇家："吾闻洛阳诸公在间，多不听。今子幸而听解，解奈何从它县夺人邑贤大夫权乎！"乃夜去，不使人知，曰："且毋庸，待我去，令洛阳豪居间乃听。"

解执恭敬，不敢乘车入其县廷。之旁郡国，为人请求事，事可出，出之；不可者，各厌其意，然后乃敢尝酒食。诸公以故严重之，争为用。邑中少年及旁近县贤豪，夜半过门常十馀车，请得解客舍养之。

及徙豪富茂陵也，解家贫，不中訾，吏恐，不敢不徙。卫将军为言："郭解家贫不中徙。"武帝曰："布衣权至使将军为言，此其家不贫。"解家遂徙。诸公送者出千馀万。

《史记》卷一二四；《汉书》卷九二

## 一四〇　武帝下诏求茂材异等

元封五年，武帝因名臣文武欲尽，诏曰："盖有非常之功，必待非常之人，故马或奔踶而致千里，士或有负俗之累而立功名。夫泛驾之马，跅弛之士，亦在御之而已。其令州郡察吏民有茂材、异等可为将相及使绝国者。"

《汉书》卷六

## 一四一　义纵专以鹰击为治

先是，宁成为函谷关都尉，吏民出入关者号曰"宁见乳虎，无值宁成之怒"。及义纵为南阳太守，按宁氏，破碎其家。后，义徙定襄太守，初至，掩定襄狱中重罪、轻系者二百余人，及宾客、昆弟入视亦二百余人，鞫曰"为死罪解脱"。是日，皆报杀四百余人，其后郡中不寒而栗。是时，赵禹、张汤以深刻为九卿，然其治尚辅法而行，纵专以鹰击为治。

《通鉴》卷一九

## 一四二　颜异以腹诽而死

大农令颜异廉直，张汤与之有隙。人有告异，下张汤治。异尝与客语诏令初下，异不应，微反唇。汤奏曰：

"异九卿,见令不便,不入言而腹诽,论死。"异被诛。自是之后,有腹诽之法,而公卿大夫多谄谀取容矣。

《通鉴》卷二〇

## 一四三　作承露盘求长生

元鼎二年春,起柏梁台,作承露盘,高二十丈,大七围,以铜为之。上有仙人掌,以承露,和玉屑饮之,云可长生。宫室之修,自此日盛。

《通鉴》卷二〇

## 一四四　方士栾大拜五利将军

方士栾大,多方略,敢为大言,与武帝言道:"臣之师曰,黄金可成而河决可塞,不死之药可得,仙人可致也。臣师非有求人,人皆求之。陛下必欲致之,则贵其使者,令为亲属,以客礼待之,可使通言于神人。"上方忧河决而黄金不就,乃拜大为五利将军、大通将军,封为乐通侯,食邑二千户,赐甲第,僮千人,又以卫长公主妻之。天子亲如五利之第,使者存问供给,不绝于道。大贵震天下,于是海上燕齐之间,莫不自言有禁方,能神仙。

五利将军治装行,东入海求其师,既而不敢入海。上使人随验,实无所见。五利妄言见其师,其方尽多不验,坐诬罔，腰斩。

《通鉴》卷二〇

## 一四五　东方朔避世金马门

　　武帝时，齐人有东方生名朔，以好古传书，爱经术，多所博观外家之语。朔入长安，诏拜以为郎，常在侧侍中。数召至前谈语，人主未尝不悦也。人主左右诸郎半呼之"狂人"。朔曰："如朔等，所谓避世于朝廷间者也。古之人，乃避世山中。"时坐席中，酒酣，据地歌曰："陆沉于俗，避世金马门。宫殿中可以避世全身，何必深山之中、蒿庐之下。"金马门者，宦署门也，门傍有铜马，故谓之曰"金马门"。

　　东方朔尝曰："传曰：'天下无害灾，虽有圣人，无所施其才；上下和同，虽有贤者，无所立功。'故曰时异则事异。虽然，安可以不务修身乎？诗曰：'鼓钟于宫，声闻于外。鹤鸣九皋，声闻于天。'苟能修身，何患不荣。"

　　至老，朔且死时，谏曰："诗云'营营青蝇，止于蕃。恺悌君子，无信谗言。谗言罔极，交乱四国'。愿陛下远巧佞，退谗言。"帝曰："今顾东方朔多善言？"怪之。居无几何，朔果病死。传曰："鸟之将死，其鸣也哀；人之将死，其言也善。"此之谓也。

《史记》卷一二六

## 一四六　东方朔谏浮海求仙

武帝既已封泰山，而方士更言蓬莱诸神若将可得，上欣然庶几遇之，东至海上望，欲自浮海求仙，群臣莫能止。东方朔曰："夫仙者，得之自然，不必躁求，若其有道，不忧不得，若其无道，虽至蓬莱见仙人，亦无益也。愿陛下还宫静处以待之，仙人将自至。"上乃止。

公孙卿言仙人好楼居，上令作通天茎台，使卿持节设具以候神人。更置甘泉前殿，益广诸宫室。

《通鉴》卷二〇、卷二一

## 一四七　杨王孙裸葬以矫厚葬

杨王孙者，孝武时人也。学黄、老之术，家业千金，厚自奉养生，亡所不致。及病且终，先令其子，曰："吾欲裸葬，以返吾真，必无易吾意。死则为布囊盛尸，入地七尺，既下，从足引脱其囊，以身亲土。"其子欲默而不从，重废父命；欲从之，心又不忍，乃往见王孙友人祁侯。

王孙乃报祁侯曰："盖闻古之圣王，缘人情不忍其亲，故为制礼，今则越之，吾是以裸葬，将以矫世也。夫厚葬诚无益于死者，而俗人竞以相高，靡财单币，腐之地下。或乃今日入而明日发，此真与暴骸于中野何异！且吾闻之，精神者天之有也，形骸者地之有也。精神离形，各归其真，故谓之鬼，鬼之为言归也。其尸块然独处，岂有知哉？裹以币帛，隔以棺椁，支体络束，口含玉石，欲化不得，郁为枯腊，千载之后，棺椁朽腐，乃得归土，就其真宅。由是言之，焉用久客！今费财厚葬，留归隔至，死者不知，生者不得，是谓重惑。於戏！吾不为也。"

祁侯曰："善。"遂裸葬。

《汉书》卷六七

## 一四八　公孙贺惧为丞相

自公孙弘后，丞相李蔡、严青翟、赵周三人比坐事死。石庆虽以谨得终，然数被谴。公孙贺引拜为丞相，不受印绶，顿首涕泣，曰："臣本边鄙，以鞍马骑射为官，材诚不任宰相。"武帝与左右见贺悲哀，感动下泣，曰："扶起丞相。"贺不肯起，上乃起云，贺不得已拜。出，左右问其故，贺曰："主上贤明，臣不足以称，恐负重责，从是殆矣。"

《汉书》卷六六

## 一四九　史马迁著《史记》

司马迁生龙门，耕牧河山之阳。年十岁则诵古文。二十而南游江、淮，上会稽，探禹穴，窥九疑，浮于沅、湘；北涉汶、泗，讲业齐、鲁之都，观孔子之遗风，乡射邹、峄；戹困鄱、薛、彭城，过梁、楚以归。于是迁仕为郎中，奉使西征巴、蜀以南，南略邛、笮、昆明，还报命。

司马迁父太史公谈临终前，执迁手而泣曰："余先周室之太史也。汝复为太史，则续吾祖矣。为太史，无忘吾所欲论著矣。且夫孝始于事亲，中于事君，终于立身。扬名于后世，以显父母，此孝之大者。幽厉之后，王道缺，礼乐衰，孔子修旧起废，论《诗》《书》，作《春秋》，则学者至今则之。自获麟以来四百有馀岁，而诸侯相兼，史记放绝。今汉兴，海内一统，明主贤君忠臣死义之士，余为太史而弗论载，废天下之史文，余甚惧焉，汝其念哉！"迁俯首流涕曰："小子不敏，请悉论，所次旧闻，弗敢缺。"

后，司马迁遭李陵之祸，幽于缧绁。乃喟然而叹曰："是余之罪也夫！身毁不用矣。"退而深惟曰："夫《诗》《书》隐约者，欲遂其志之思也。昔西伯拘羑里，演《周易》；孔子厄陈蔡，作《春秋》；屈原放逐，著《离骚》；左丘失明，厥有《国语》；孙子膑脚，而论兵法；不韦迁蜀，世传《吕览》；韩非囚秦，《说难》《孤愤》；《诗》三百篇，大抵贤圣发愤之所为作也。此人皆意有所郁结，不得通其道也，故述往事，思来者。"于是卒述黄帝，以至太初获麟，凡百三十篇。

司马迁于《报任安书》中曰："仆窃不逊，近自托于无能之辞，网罗天下放失旧闻，考之行事，稽其成败兴坏之理，凡百三十篇，亦欲以究天人之际，通古今之变，成一家之言。草创未就，适会此祸，惜其不成，是以就极刑而无愠色。仆诚已著此书，藏之名山，传之其人，通邑大都，则仆偿前辱之责，虽万被戮，岂有悔哉！然此可为智者道，难为俗人言也？"

迁既死后，其书稍出。宣帝时，迁外孙平通侯杨恽祖述其书，遂宣布焉。王莽时，求封迁后，为史通子。

《史记》卷一三〇；《汉书》卷六二

## 一五〇　江充其人

江充，邯郸人，为人魁岸，容貌甚壮。武帝召充于犬台宫，望见而异之，谓左右曰："燕、赵固多奇士。"既至前，问以当世政事，上悦之。

充因自请，愿使匈奴。诏问其状，充对曰："因变制宜，以敌为师，事不可豫图。"上以充为谒者使匈奴，还，拜为直指绣衣使者，督三辅盗贼，禁察逾侈。贵戚近臣多奢僭，充皆举劾，奏请没入车马，令身待北军击匈奴。奏可。于是贵戚子弟惶恐，皆见上叩头求哀，愿得入钱赎罪。上许之，令各以秩次输钱北军，凡数千万。上以充忠直，奉法不阿，所言中意。

充从上甘泉，逢太子家使乘车马行驰道中，充以属吏。太子闻之，使人谢充曰："非爱车马，诚不欲令上闻之。唯江君宽之！"充不听，遂白奏。上曰："人臣当如是矣。"大见信用，威震京师。

后上疾病，充见上年老，恐晏驾后为太子所诛，因是为奸，奏言上疾祟在巫蛊。于是上以充为使者治巫蛊。充将胡巫掘地求偶人，捕蛊及夜祠，视鬼。民转相诬以巫蛊，吏辄劾以大逆亡道，坐而死者前后数万人。

是时，上春秋高，疑左右皆为蛊祝诅，有与无，莫敢讼其冤者。充既知上意，因言宫中有蛊气，先治后宫希幸夫人，以次及皇后，遂掘蛊于太子宫，得桐木人。太子惧，不能自明，收充，自临斩之。骂曰："赵虏！乱乃国王父子不足邪！乃复乱吾父子也！"戾太子由是遂败，自经死。后武帝知充有诈，夷充三族。

《汉书》卷四五

## 一五一　田千秋敦厚有智

吏民以巫蛊相告者，案验多不实。武帝颇知太子惶恐无他意，会田千秋上书讼太子冤，上乃感悟，召见千秋，曰："父子之间，人所难言也，公独明其不然。"立拜千秋为大鸿胪，族灭江充家，作思子宫。

不久，又以千秋为丞相。千秋无他才能，特以一言寤意，数月取宰相。然为人敦厚有智，居位自称，逾于前后数公。上封为富民侯，以明休息，思富养民也。又以赵过为搜粟都尉，其耕耘田器皆有便巧，以教民，用力少而得谷多，民皆便之。

《通鉴》卷二二

## 一五二　武帝欲立其子先去其母

钩弋夫人之子弗陵，形体壮大，多智，武帝奇爱之，心欲立焉。以其年幼，母少，欲以大臣辅之，察群臣，唯霍光忠厚可任大事，上乃使黄门画周公负成王朝诸侯以赐光。

后数日，帝谴责钩弋夫人，夫人叩头。帝曰："送掖庭狱！"夫人还顾，帝曰："趣行，汝不得活！"卒赐死。顷之，帝闲居，问左右曰："外人言云何？"对曰："人言且立其子，何去其母乎？"帝曰："然！是非儿曹愚人之所知也。往古国家所以乱，由主少母壮也。女主独居骄蹇，淫乱自恣，莫能禁也。汝不闻吕后耶！故不得不先去之也。"

《通鉴》卷二二

## 一五三　霍光受命辅少主

武帝病笃，诏立弗陵为皇太子，年八岁。以霍光为大司马大将军，日䃅为车骑将军，太仆上官桀为左将军，受遗诏辅少主。

光出入禁闼二十馀年，出则奉车，入侍左右，小心谨慎，未尝有过。为人沉静详审。日䃅在上左右，目不忤视者数十年。赐出宫女，不敢近，上欲纳其女后宫，不肯，其笃慎如此。上官桀为未央厩令，上尝体不安，及愈，见马多瘦，上大怒曰："令以我不复见马邪！"欲下吏。桀顿首曰："臣闻圣体不安，日夜忧惧，意诚不在马。"言未卒，泣数行下。上以为爱己，由是亲近，为侍中，稍迁太仆。三人皆上所爱信者，故授以后事。

《通鉴》卷二二

## 一五四　金日䃅笃慎忠信

金日䃅，字翁叔，本匈奴休屠王太子也。武帝元狩中，日䃅与母阏氏、弟伦俱没入官，输黄门养马，时年十四矣。

久之，武帝游宴见马，后宫满侧。日䃅等数十人牵马过殿下，莫不窃视，至日䃅独不敢。日䃅长八尺二寸，容貌甚严，马又肥好，上异而问之，具以本状对。上奇焉，即日赐汤沐衣冠，拜为马监，迁侍中、驸马都尉、光禄大夫。日䃅既亲近，未尝有过失，上甚信爱之，赏赐累千金，出则骖乘，入侍左右。贵戚多窃怨，曰："陛下妄得一胡儿，反贵重之！"上闻，愈厚焉。

日䃅母教诲两子，甚有法度，上闻而嘉之。病死，诏图画于甘泉宫，署曰"休屠王阏氏"。日䃅每见画常拜，向之涕泣，然后乃去。日䃅子二人皆爱，为帝弄儿，常在旁侧。其后弄儿壮大，不谨，自殿下与宫人戏，日䃅适见之，恶其淫乱，遂杀弄儿。弄儿即日䃅长子也。上闻之大怒，日䃅顿首谢，具言所以杀弄儿状。上甚哀，为之泣，已而心敬日䃅。

及上病，嘱霍光以辅少主，光让日䃅。日䃅曰："臣外国人，且使匈奴轻汉。"于是遂为光副。光以女妻日䃅嗣子赏。初，武帝遗诏封日䃅为秺侯，日䃅以帝少不受封。辅政岁馀，病困，大将军光白封日䃅，卧授印绶。一日，卒。

《汉书》卷六八

## 一五五　隽不疑曰吏当刚柔相济

隽不疑，勃海人也。治《春秋》，为郡文学，进退必以礼，名闻州郡。

武帝末，郡国盗贼群起，暴胜之为直指使者，逐捕盗贼，督课郡国，东至海，以军兴诛不从命者，威振州郡。胜之素闻不疑贤，至勃海，遣吏请与相见。不疑冠盛服至门上谒。门下欲使解剑，不疑曰："剑者，君子武备，所以卫身，不可解。请退。"吏白胜之。胜之开阁延请，望见不疑容貌尊严，衣冠甚伟，起迎。登堂坐定，不疑据地曰："窃伏海濒，闻暴公子威名旧矣，今乃承颜接辞。凡为吏，太刚则折，太柔则废，威行施之以恩，然后树功扬名，永终天禄。"胜之知不疑非庸人，敬纳其诫，深接以礼意，问当世所施行。至昏夜，罢去。胜之遂表荐不疑，征诣公车，拜为青州刺史。

《汉书》卷七一

## 一五六　隽不疑严而不残

昭帝时，隽不疑为京兆尹，吏民敬其威信。每行县、录囚徒还，其母辄问不疑："有所平反？活几何人？"若不疑多所平反，母喜笑；或无所出，母怒，为不食。故不疑为吏，严而不残。

《通鉴》卷二三

## 一五七　杜延年谏应俭约宽和

谏大夫杜延年见国家承武帝奢侈，数为大将军霍光言："年岁比不登，流民未尽还，宜修孝文时政，示以俭约宽和，顺天心，悦民意。年岁宜应。"武帝之末，海内虚耗，户口减半。霍光知时务之要，纳延年言，轻徭薄赋，与民休息，百姓充实，稍复文、景之业焉。

《通鉴》卷二三

## 一五八　桑弘羊伐其功

桑弘羊为御史大夫八年。昭帝时征文学贤良问以治乱，皆对愿罢郡国盐铁、酒榷均输，务本抑末，毋与天下争利，然后教化可兴。御史大夫弘羊以为此乃所以安边境、制四夷，国家大业，不可废也。当时相诘难，颇有其议文，是为盐铁议。弘羊伐其功，欲为子弟得官，怨望霍光，与上官桀等谋反，遂诛灭。

《汉书》卷六六

## 一五九　蔡义八十为丞相

蔡义，河内温人也。以明经给事大将军，武帝召见义，说《诗》，甚悦之，擢为光禄大夫给事中。昭帝时，迁御史大夫，代杨敞为丞相。

义为丞相时年八十馀，短小无须眉，貌似老妪，行步俯偻，常两吏扶夹乃能行。时大将军光秉政，议者或言光置宰相不选贤，苟用可专制者。

《汉书》卷六六

## 一六〇　胡建被冤自杀

胡建为渭城令，治甚有声。值昭帝幼，皇后父上官将军安与帝姊盖主私夫丁外人相善。外人骄恣，怨故京兆尹樊福，使客射杀之。客藏公主庐，吏不敢捕。渭城令建将吏卒围捕。盖主闻之，与外人、上官将军多从奴客往，奔射追吏，吏散走。盖主使仆射劾渭城令伤主家奴。大将军霍光寝其奏。后光病，上官氏代听事，下吏捕建，建自杀。吏民称冤，至今渭城立其祠。

《汉书》卷六七

## 一六一　霍光宁负王不敢负社稷

昭帝卒，在位十一年。霍光等迎立昌邑王贺。贺在国素狂纵，动作无节，王吉、龚遂谏，不听。既立，荒淫无度。霍光忧懑，独以问所亲大司农田延年。延年曰："将军为国柱石，审此人不可，何不建白太后，更选贤而立之？"光乃与延年召丞相、将军、列侯、二千石会议未央

· 253 ·

宫。延年按剑，群臣皆叩头曰："万姓之命，在于将军，唯大将军令！"光与群臣俱见太后，太后诏贺归昌邑。光谢曰："王行自绝于天，臣宁负王，不敢负社稷。"光与诸大臣议所立，丙吉、杜延年奏立武帝曾孙病已。皇太后诏曰可。是为宣帝，时年十八岁，事皆决于光。

《通鉴》卷二四

## 一六二　赵广汉治京兆

赵广汉，涿郡人，迁颍川太守。郡大姓原、褚宗族横恣，宾客犯为盗贼，前二千石莫能擒制。广汉既至数月，诛原、褚首恶，郡中震栗。

先是，颍川豪杰大姓相与为婚姻，吏俗朋党。广汉患之，因以计令相怨咎。又教吏为缿筒，及得投书，削其主名，而托以为豪杰大姓子弟所言。其后强宗大族家家结为仇雠，奸党散落，风俗大改。吏民相告讦，广汉得以为耳目，盗贼以故不发，发又辄得。一切治理，威名流闻，及匈奴降者言匈奴中皆闻广汉。

广汉迁京兆尹，为二千石，以和颜接士，遇吏殷勤甚备。事推功善，归之于下，曰："某掾卿所为，非二千石所及。"行之发于至诚。吏见者皆输写心腹，无所隐匿，咸愿为用。广汉聪明，皆知其能之所宜，尽力与否。其或负者，辄先闻知，讽谕不改，乃收捕之，无所逃，按之罪立具，即时伏辜。

广汉为人强力，天性精于吏职。见吏民，或夜不寝至旦。尤善为钩距，以得事情。钩距者，设欲知马价，则先问狗，已问羊，又问牛，然后及马，参伍其价，以类相准，则知马之贵贱不失实矣。唯广汉至精能行之，他人效者莫能及。郡中盗贼，间里轻侠，其根株窟穴所在，及吏受取请求铢两之奸，皆知之。长安少年数人会穷里空舍谋共劫人，坐语未讫，广汉使吏捕治具服。

京兆政清，吏民称之不容口。长老传以为自汉兴治京兆者莫能及。

《汉书》卷七六

## 一六三　夏侯胜非议诏书下狱

宣帝初即位，诏褒武帝，于是群臣大议廷中，皆曰："宜如诏书。"长信少府夏侯胜独曰："武帝虽有攘四夷广土斥境之功，然多杀士众，竭民财力，奢泰无度，天下虚耗，百姓流离，物故者半，无德泽于民，不宜为立庙乐。"公卿共难胜曰："此诏书也。"胜曰："诏书不可用也。人臣之谊，宜直言正论，非苟阿意顺指。议已出口，虽死不悔。"于是丞相劾胜非议诏书，及丞相长史黄霸阿纵胜，俱下狱。

胜、霸既久系，霸欲从胜受经，胜辞以罪死。霸曰："朝闻道，夕死可矣。"胜贤其言，遂授之。系再更冬，讲论不怠。

《汉书》卷七五

## 一六四　夏侯胜扬天子之善言

谏大夫夏侯胜，质朴守正，简易无威仪。尝见宣帝，出道上语，上闻而让之，胜曰："陛下所言善，臣故扬之。尧言布于天下，至今见诵。臣以为可传，故传耳。"朝廷每有大议，上知胜素直，谓曰："先生建正言，无惩前事。"胜后迁为太子太傅，年九十卒。

《通鉴》卷二四

## 一六五　陈万年教子

御史大夫陈万年子咸，年十八，以万年任为郎。有异材，抗直，数言事，刺讥近臣，书数十上，迁为左曹。万年尝病，召咸教戒于床下，语至夜半，咸睡，头触屏风。万年大怒，欲杖之，曰："乃公教戒汝，汝反睡，不听吾言，何也？"咸叩头谢曰："具晓所言，大要教咸谄也。"万年乃不复言。

《汉书》卷六六

## 一六六　宣帝以太守为吏民之本

宣帝兴于闾阎，知民事之艰难。霍光卒后，始亲政事，厉精为治。枢机周密，上下相安。及拜刺史、守，辄亲见问，观其所由，退而考察所行以质其言，有名实不相应，必知其所以然。常称曰："庶民所以安其田里而无叹息愁恨之心者，政平讼理也。与我共此者，其唯良二千石乎！"以为太守，吏民之本。故二千石有治理效辄勉励，增秩、赐金。公卿缺，则选诸所表，以次用之。汉世良吏，于是为盛，称中兴焉。

《通鉴》卷二四

## 一六七　霍氏奢侈而亡

霍光拥昭立宣，功高权重，而多置私党，子孙亲戚又奢侈。茂陵徐福曰："霍氏必亡。夫奢则不逊，不逊则侮上逆道。霍氏秉权日久而又行以逆道，不亡何待！"书三上，辄无果。霍光死才三年，宗族诛夷，被灭者数十家。此时告霍氏者皆有封，独福不与焉。人为徐生之事曰："论功而请宾，曲突徙薪无恩泽，焦头烂额为上客。"宣帝乃赐福帛十匹，后以为郎。

宣帝始立，谒见高庙，大将军光从骖乘，上内严惮之，若有芒刺在背。后车骑将军张安世代光骖乘，天子从容肆体，甚安近焉。及光身死而宗族竟诛，故俗传之曰："威震主者不畜，霍氏之祸萌于骖乘。"

《通鉴》卷二五；《汉书》卷六八

## 一六八　赵充国平羌

赵充国，陇西上邽人也。始为骑士，以良家子善骑射补羽林。为人沉勇有大略，少好将帅之节，而学兵法，通知四夷事。

武帝时，以假司马从贰师将军击匈奴，为虏所围。汉军乏食数日，死伤者多，充国乃与壮士百馀人溃围陷阵，贰师引兵随之，遂得解。身被二十馀创，贰师奏状，诏征充国诣行在所。武帝亲见视其创，嗟叹之，拜为中郎。迁连骑将军长史。

宣帝时，羌犯塞。充国年七十馀，上老之，使御史大夫丙吉问谁可将者，充国对曰："无逾于老臣者矣。"上遣问焉，曰："将军度羌虏何如，当用几人？"充国曰："百闻不如一见。兵难逾度，臣愿驰至金城，图上方略。愿陛下以属老臣，勿以为忧。"上笑曰："诺。"

充国常以远斥候为务，行必为战务，止必坚营壁，尤能持重，爱士卒，先计而后战。遂西至西部都尉府，日飨军士，士皆欲为用。几经战斗，羌兵大败。充国献策，留兵屯田。乃置金城属国。

后，充国乞骸骨，赐安车驷马、黄金六十斤，罢就第。朝廷每有四夷大议，常与参兵谋，问筹策焉。年八十六卒。

《汉书》卷六九

## 一六九　路温舒论逼供

廷尉史巨鹿路温舒上书曰："夫人情，安则乐生，痛则思死，捶楚之下，何求不得！故囚人不胜痛，则饰辞以示之；吏治者利其然，则指导以明之；上奏畏却，则锻炼而周内之。盖奏当之成，虽皋陶听之，犹以为死有馀辜。何者？成炼者众，文致之罪明也。唯陛下省法制，宽刑罚，则太平之风可兴于世。"宣帝善其言。于是每秋后请谳时，上常幸宣室，斋居而决事，狱刑号为平矣。

《通鉴》卷二五

## 一七〇　龚遂罢兵安民

勃海左右郡岁饥，盗贼并起，二千石不能擒制。宣帝选能治者，丞相、御史举龚遂，上拜为勃海太守。召见，问："何以息其盗？"对曰："民困于饥寒而吏不恤，故使陛下赤子弄陛下之兵耳。今欲使臣胜之邪，将安之也？"上曰："欲安之。"遂曰："不可急，唯缓之，然后可治。愿无拘臣以文法，得一切便宜行事。"上许焉。

郡闻新太守至，发兵以迎，遂皆遣还。移书敕各县："悉罢捕盗吏，诸持锄、钩、田器者，皆为良民，吏毋得问；持兵者乃为贼。"遂单车独行至府。盗闻遂令，即时解散，民安土乐业。遂乃开仓廪假贫民，选用良吏尉安牧养焉。乃躬率以俭约，劝民务农桑，各以口率种树畜养。郡中皆有畜积，狱讼止息。

《通鉴》卷二五

## 一七一　召信臣兴水利倡俭约

召信臣，九江寿春人也，任零陵太守。信臣为人勤力有方略，好为民兴利，务在富之。躬劝耕农，出入阡陌，止舍离乡亭，稀有安居时。行视郡中水泉，开通沟渎，起水门提阏凡数十处，以广溉灌，岁岁增加，多至三万顷。民得其利，蓄积有馀。信臣为民作均水约束，刻石立于田畔，以防分争。禁止嫁娶送终奢靡，务出于俭约。府县吏家子弟好游敖，不以田作为事，辄斥罢之，甚者案其不法，以视好恶。其化大行，郡中莫不耕稼力田，百姓归之，户口增倍，盗贼狱讼衰止。吏民亲爱信臣，号之曰召父。荆州刺史奏信臣为百姓兴利，郡以殷富。迁河南太守，治行常为第一。

《汉书》卷八九

## 一七二　尹翁归不以行能骄人

尹翁归任东海太守，过辞廷尉于定国。定国家在东海，欲嘱托邑子两人，令坐后堂待见。定国与翁归语终日，不敢令邑子见。既去，定国乃谓邑子曰："此贤将，汝不任事也，又不可干以私。"

翁归治东海明察，郡中吏民贤不肖，及奸邪罪名尽知之。东海大豪郯许仲孙为奸猾，乱吏治，郡中苦之。二千石欲捕者，辄以力势变诈自解，终莫能制。翁归至，论弃仲孙市，一郡怖栗，莫敢犯禁。东海大治。

以郡治高第入为右扶风。其治扶风，选用廉平疾奸之吏以为右职，接待有礼，好恶与同之；其负翁归，罚亦必行。

翁归为政虽任刑，其在公卿之间清洁自守，语不及私，然温良谦退，不以行能骄人，甚得名誉于朝廷。视事数岁，病卒。家无馀财。

《汉书》卷七六；《通鉴》卷二五

# 一七三　盖宽饶刚直高节

盖宽饶初拜为司马，躬案行士卒庐室，视其饮食居处，有疾病者身自抚循临问，加致医药，遇之甚有恩。及岁尽交代，上临飨卫卒，卫卒数千人皆叩头自请，愿复留共更一年，以报宽饶厚德。宣帝嘉之，以宽饶为太中大夫，多所称举贬黜，奉使称意。擢为司隶校尉，刺举无所回避，小大辄举，所劾奏众多，廷尉处其法，半用半不用，公卿贵戚及郡国吏由使至长安，皆恐惧莫敢犯禁，京师为清。

皇太子外祖平恩侯许伯入第，丞相、御史、将军、中二千石皆贺，宽饶不行。许伯请之，乃往，从西阶上，东向特坐。许伯自酌曰："盖君后至。"宽饶曰："无多酌我，我乃酒狂。"丞相魏侯笑曰："次公醒而狂，何必酒也？"坐者毕属目卑下之。酒酣乐作，长信少府檀长卿起舞，为沐猴与狗斗，坐皆大笑。宽饶不悦，仰视屋而叹曰："美哉！然富贵无常，忽则易人，此如传舍，所阅多矣。唯谨慎为得久，君侯可不戒哉！"因起趋出。

宽饶为人刚直高节，志在奉公。家贫。俸钱月数千，半以给吏民为耳目言事者。身为司隶，子常步行自戍北边，公廉如此。然深刻，在位及贵戚人与为怨，又好言事刺讥，干犯上意。上以其儒者，优容之，然亦不得迁。后以怨谤大逆不道下吏，宽饶自刎北阙下，众莫不怜之。

《汉书》卷七七

## 一七四　魏相防雍蔽去副封

魏相，字弱翁，济阴定陶人也。少学《易》，举贤良，以对策高第，为茂陵令，茂陵大治。迁河南太守，禁止奸邪，豪强畏服。后，多所贬退。相与丙吉相善，时吉为光禄大夫，与相书曰："朝廷已深知弱翁治行，方且大用矣。愿少慎事自重，藏器于身。"相心善其言，为霁威严。居部二岁，征为谏大夫，复为河南太守。

数年，宣帝即位，征相入为大司农，迁御史大夫。故事诸上书者皆为二封，署其一曰副，领尚书者先发副封，所言不善，屏去不奏。相言去副封以防雍蔽。宣帝善之，诏相给事中，皆从其议。

相敕掾史案事郡国及休告从家还至府，辄白四方异闻，或有逆贼风雨灾变，郡不上，相辄奏言之。时丙吉为御史大夫，同心辅政，上皆重之。相为人严毅，不如吉宽。视事九岁卒。

《汉书》卷七四

## 一七五　丙吉问牛喘

丙吉居相位，尚宽大，好礼让。掾史有罪臧，不称职，辄予长休告，终无所案验。吉驭吏嗜酒，尝从吉出，醉呕丞相车上。西曹主吏白欲斥之，吉曰："以醉饱之失去士，使此人将复何所容？西曹地忍之，此不过污丞相车茵耳。"遂不去也。

吉又尝出，逢清道群斗者，死伤横道，吉过之不问，掾史独怪之。吉前行，逢人逐牛，牛喘吐舌，吉止驻，使骑吏问："逐牛行几里矣？"掾史独谓丞相前后失问，或以讥吉，吉曰："民斗相杀伤，长安令、京兆尹职所当禁备逐捕，岁竟丞相课其殿最，奏行赏罚而已。宰相不亲小事，非所当于道路问也。方春少阳用事，未可大热，恐牛近行，用暑故喘，此时气失节，恐有所伤害也。三公典调和阴阳，职当忧，是以问之。"掾史乃服，以吉知大体。

《汉书》卷七四

## 一七六　丙吉不道前恩

御史大夫丙吉为人深厚，不伐善，曾扶立宣帝，而绝口不道前恩，故朝廷莫能明其功也。后因他事，宣帝始知其有旧恩而终不言，大贤之，封吉为博阳侯。

《通鉴》卷二五

## 一七七　疏广不为子孙置产业

太傅疏广谓少傅曰："吾闻知足不辱，知止不殆。今仕宦至二千石，官成名立，如此不去，惧有后悔。"乃上疏乞骸骨，宣帝许之，加赐黄金二十斤，皇太子赠以五十斤。公卿故人送者，车数百辆。

广归乡里，日令其家卖金共具，请族人、故旧、宾客，与相娱乐。或劝广以其金为子孙立产业者，广曰："吾岂老悖不念子孙哉！顾自有旧田庐，令子孙勤力其中，足以供衣食，与凡人齐。今复增益之，但教子孙怠堕耳。贤而多财，则损其志；愚而多财，则益其过。且夫富者众之怨也，吾既无以教化子孙，不欲益其过而生怨。又此金者，圣主所以惠养老臣也，故乐与乡党、宗族共享其赐，以尽吾馀日，不亦可乎！"族人悦服。

《通鉴》卷二五

## 一七八　黄霸力行教化后诛罚

颍川太守黄霸，使邮亭、乡官皆畜鸡、豚，以赡鳏、寡、穷者；然后颁行之于民间，劝以为善防奸之意，及务耕桑、节用、殖财、种树、畜养，去浮淫之费。其治，初若烦碎，然霸精力能推行之。霸力行教化而后诛罚。霸以外宽内明，得吏民心，户口岁增，治为天下第一。

《通鉴》卷二五

西汉（公元前 206 年至公元 24 年）

## 一七九　韩延寿治冯翊得人心

东郡太守韩延寿为吏，崇尚礼义，所至必聘贤士，纳谏议，修治学宫，表孝悌有行。在东郡三岁，令行禁止，断狱大减，由是迁，代萧望之为左冯翊。尝至高陵县，民有昆弟相与讼田，延寿大伤之，曰："幸得备位，为郡表率，不能宣明教化，至令民有骨肉争讼，既伤风化，又使贤长吏、三老等受其耻。咎在冯翊，当先退！"是日，移病不听事，闭阁思过。一县莫知所为，令、丞、三老亦皆自系待罪。于是讼者宗族传相责让，此两昆弟深自悔，肉袒谢，终死不敢复争。郡中莫不传相敕厉，不敢犯。延寿恩信，周遍二十四县。

后，萧望之忌害之，延寿竟坐狡猾不道，弃市。吏民数千人送至渭城，老少争进酒炙，延寿不忍拒逆，计饮酒石馀。使掾吏分谢送者，曰："远苦吏民。延寿死无所恨！"百姓莫不流涕。

延寿三子皆为郎吏。且死，嘱其子勿为吏，以己为诫。子皆以父言去官不仕。

《通鉴》卷二六；《汉书》卷七六

## 一八〇　张安世匿名迹

张汤子安世字子孺，少以父任为郎。用善书给事尚书，精力于职，休沐未尝出。武帝行幸河东，尝亡书三箧，诏问莫能知，唯安世识之，具作其事。后购求得书，以相校无所遗失。上奇其材，擢为尚书令，迁光禄大夫。

宣帝时，安世职典枢机，以谨慎周密自著，外内无间。每定大政，已决，辄移病出；闻有诏令，乃惊，使吏之丞相府问焉。自朝廷大臣莫知其与议也。

尝有所荐，其人来谢，安世大恨，以为举贤达能，岂有私谢邪？有郎功高不调，自言，安世应曰："君之功高，明主所知。人臣执事，何长短而自言乎！"绝不许。已而郎果迁。幕府长史迁，辞去之官，安世问以过失。长史曰："将军为明主股肱，而士无所进，论者以为讥。"安世曰："明主在上，贤不肖较然，臣下自修而已，何知士而荐之？"其欲匿名迹远权势如此。

《汉书》卷五九

## 一八一　于定国为廷尉罪疑从轻

宣帝时，于定国为光禄大夫，迁水衡都尉、廷尉。定国乃迎师学《春秋》，身执经，北面备弟子礼。为人廉恭，虽卑贱徒步往过，定国皆与钧礼，恩敬甚备，学士咸称焉。其决疑平法，务在哀鳏寡，罪疑从轻，加审慎之心。朝廷称之曰："张释之为廷尉，天下无冤民；于定国为廷尉，民自以不冤。"定国食酒至数石不乱，冬月治请谳，饮酒益精明。为廷尉十八岁，迁御史大夫。

《汉书》卷七一

## 一八二　严延年号屠伯

河南太守严延年为治阴鸷酷烈，众人所谓当死者一朝出之，所谓当生者诡杀之，吏民莫能测其深浅，战栗不敢犯禁。冬月，传属县囚会论府上，流血数里，河南号曰"屠伯"。因诽谤政治事下狱，弃市。

初，延年母从东海来，到洛阳，适见报囚，母大惊，止都亭，不肯入府。延年至都亭谒母，母不见。延年免冠顿首良久，母乃见，数责延年："幸得备郡守，不闻仁爱教化，却多刑杀人，欲以立威，岂为民父母意哉！""天道神明，人不可独杀，我不愿当老见壮子被刑戮也！行矣，去汝东归，扫除墓地耳！"后岁馀，果败，东海莫不贤智其母。

《通鉴》卷二七

## 一八三　宣帝责黄霸越职荐举

丞相黄霸荐乐陵侯史高可为太尉。宣帝使尚书召问霸："太尉官不复除授久矣。且将相之官，朕之任焉。侍中、乐陵侯高，帷幄近臣，朕之所自亲，君何越职而举之？"霸免冠谢罪，自是后不敢复有所请。

《通鉴》卷二七

## 一八四　杨恽廉洁公平多怨望

杨恽始读外祖《太史公记》，颇为《春秋》。以材能称。好交英俊诸儒，名显朝廷，擢为左曹。霍氏谋反，恽先闻知，因侍中金安上以闻，召见言状。霍氏伏诛，恽等五人皆封，恽为平通侯，迁中郎将。

恽为中郎将，郎、谒者有罪过，免，荐举其高第有行能者，至郡守、九卿。郎官化之，莫不自厉，绝请谒货赂之端，令行禁止，宫殿之内翕然同声。由是擢为诸吏光禄勋，亲近用事。

初，恽受父财五百万，及身封侯，皆以分宗族。后母无子，财亦数百万，恽尽复分后母昆弟。再受訾千馀万，皆以分施。其轻财好义如此。

恽居殿中，廉洁无私，郎官称公平。然恽伐其行治，又性刻害，好发人阴伏，同位有忤己者，必欲害之，以其能高人。由是多怨于朝廷，与太仆戴长乐相失，卒以是败。

恽既失爵位，家居治，起室宅，以财自娱。岁馀，其友人安定太守孙会宗，与恽书谏诫之，为言大臣废退，当阖门惶惧，为可怜之意，不当治产业，通宾客，有称誉。恽宰相子，少显朝廷，一朝以暗昧语言见废，内怀不服，于报会宗书有怨望，宣帝见而恶之。廷尉当恽大逆无道，腰斩。妻子徙酒泉郡。

《汉书》卷六六

## 一八五　张敞为妇画眉

张敞，河东平阳人。自赵广汉诛后，比更守尹，如黄霸等数人，皆不称职。京师浸废，长安市偷盗尤多，百贾苦之。宣帝以问敞，敞以为可禁。敞既为京兆尹，求问长安父老，偷盗酋长数人，居皆温厚，出从童骑，闾里以为长者。敞皆召见责问，因贳其罪，把其宿负，令致诸偷以自赎。偷长曰："今一旦召诣府，恐诸偷惊骇，愿一切受署。"敞皆以为吏，遣归休。置酒，小偷悉来贺，且饮醉，偷长以赭污其衣裾。吏坐里闾阅，出者污赭辄收缚之，一日捕得数百人。穷治所犯，或一人百馀发，尽行法罚。由是枹鼓稀鸣，市无偷盗，宣帝嘉之。

敞为京兆，朝廷每有大议，引古今，处便宜，公卿皆服，天子数从之。然敞无威仪。又为妇画眉，有司以奏敞。上问之，对曰："臣闻闺房之内，夫妇之私，有过于画眉者。"上爱其能，弗备责也。然终不得大位。

《汉书》卷七六

## 一八六　张敞杀无辜

杨恽之诛也，公卿奏京兆尹张敞，恽之党友，不宜处位。敞之吏絮舜语其家曰："吾为是公尽力多矣，今五日京兆耳。"敞闻舜语，命部吏收舜系狱，昼夜验治，竟致其死事。舜当出死，敞使主薄告舜曰："五日京兆竟如何？冬月已尽，欲延命乎！"乃弃舜市。使者奏敞贼杀无辜，免为庶人。敞诣阙上印绶，亡命。

数月，冀州部中有大贼，宣帝使使者召敞。使者至，妻子家室皆泣,而敞独笑曰:"吾身亡为民,郡吏当就捕。今使者来,此天子欲用我也。"天子引见敞,拜为冀州刺史。

《通鉴》卷二七

## 一八七　严彭祖不苟求富贵

严彭祖为宣帝博士,至河南郡太守。以高第入为左冯翊,迁太子太傅,廉直不事权贵。或说曰:"天时不胜人事,君以不修小礼曲意,无贵人左右之助,经谊虽高,不至宰相。愿少自勉强!"彭祖曰:"凡通经术,固当修行先王之道,何可委曲从俗,苟求富贵乎!"彭祖竟以太傅官终。

《汉书》卷八八

## 一八八　王尊惩治贪污

初元中,王尊任虢令,转守槐里,兼行美阳令事。春正月,美阳女子告假子不孝,曰:"儿常以我为妻,妒笞我。"尊闻之,遣吏收捕验问,辞服。尊曰:"律无妻母之法,圣人所不忍书,此经所谓造狱者也。"尊于是出坐廷上,取不孝子悬磔著树,使骑吏五人张弓射杀之,吏民惊骇。

以高第擢为安定太守。到官,出教告属县曰:"令长丞尉奉法守城，为民父母，抑强扶弱，宣恩广泽，甚劳苦矣。太守以今日至府，愿诸君卿勉力正身以率下。故行贪鄙，能变更者与为治。明慎所职，毋以身试法。"又出教敕掾功曹："各自砥砺，助太守为治。其不中用，促自避退，毋久妨贤。昔孔子治鲁，七日诛少正卯，今太守视事已一月矣，五官掾张辅怀虎狼之心，贪污不轨，一郡之钱尽入辅家，然适足以葬矣。"辅系狱数日死，尽得其狡猾不道，百万奸臧。威震郡中，盗贼分散，入傍郡界。

后，擢为京兆尹。

《汉书》卷七六

## 一八九 薛广德谏止射猎

元帝刘奭至甘泉，射猎。御史大夫薛广德上书谏："窃见关东困极，人民流离，陛下日撞亡秦之钟，听郑、卫之乐，臣诚悼之。今士卒暴露，从官劳倦，愿陛下亟反宫，思与百姓同忧乐，天下幸甚！"上即日还。

上祭宗朝，出便门，欲御楼船。薛当乘舆车，免冠顿首曰："宜从桥。"上曰："大夫冠。"薛曰："陛下不听臣，臣自刎，以血污车轮，陛下不得入庙矣！"上不悦。光禄大夫张猛曰："主圣臣直。乘船危，就桥安。圣主不乘危，御史大夫言可听！"上曰："晓人不当如是邪！"

《通鉴》卷二八

## 一九〇　冯倢伃以身当熊

元帝幸虎圈观斗兽，后宫皆坐。熊逸出圈，攀槛欲上，贵人等皆惊走，冯倢伃直前，当熊而立。左右格杀熊。上问："人情惊惧，何故前当熊？"倢伃对曰："猛兽得人而止，妾恐熊至御坐，故以身当之。"帝嗟叹，倍敬重焉。

《通鉴》卷二九

## 一九一　贡禹上书倡节俭减赋

元帝初即位，征贡禹为谏大夫，数虚己问以政事。是时，年岁不登，郡国多困，禹数奏言，天子纳其忠言，乃下诏令太仆减食谷马，水衡减食肉兽，省宜春下苑以与贫民，又罢角抵诸戏。迁禹为光禄大夫。

自禹在位，书数十上。禹以为古民无赋算口钱，起武帝征伐四夷，重赋于民，民产子三岁则出口钱，故民重困，至于生子辄杀，甚可悲痛。宜令儿七岁去齿乃出口钱，年二十乃算。

天子下其议，令民产子七岁乃出口钱，自此始。又罢上林宫馆希幸御者，及省建章、甘泉宫卫卒，减诸侯王庙卫卒，省其半。馀虽未尽从，然嘉其质直之意。禹又奏欲罢郡国庙，定汉宗庙迭毁之礼，皆未施行。

为御史大夫数月，卒。禹卒后，上追思其议，竟下诏罢郡国庙，定迭毁之礼。

《汉书》卷七二

## 一九二　王吉严于厉志

王吉字子阳，琅邪人，少时学问，居长安。东家有大枣树垂吉庭中，吉妇取枣以啖吉。吉后知之，乃去妇。东家闻而欲伐其树，邻里共止之，因固请吉令还妇。里中为之语曰："东家有树，王阳妇去；东家枣完，去妇复还。"其厉志如此。

吉与贡禹为友，世称"王阳在位，贡公弹冠"，言其取舍同也。元帝初即位，遣使者征贡禹与吉。吉年老，道病卒，上悼之，复遣使者吊祠云。

《汉书》卷七二

## 一九三　诸葛丰刚直其节被收

诸葛丰，琅邪人也。以明经为郡文学，名特立刚直。元帝擢为司隶校尉，刺举无所避。

时，侍中许章以外戚贵幸，奢淫不奉法度，宾客犯事，与章相连。丰案劾章，欲奏其事，适逢许侍中私出，丰驻车举节诏章曰："下！"欲收之。章迫窘，驰车去，丰追之。许侍中因得入宫门，自归上。丰亦上奏，于是收丰节。司隶去节自丰始。

后免为庶人，终于家。

《汉书》卷七七

## 一九四　石显贵幸倾朝

石显，济南人；弘恭，沛人也。皆少坐法腐刑，为中黄门，以选为中尚书。宣帝时任中书官，恭明习法令故事，善为请奏，能称其职。恭为令，显为仆射。元帝即位数年，恭死，显代为中书令。

是时，元帝被疾，不亲政事，方隆好于音乐，以显久典事，中人无外党，精专可信任，遂委以政。事无小大，因显白决，贵幸倾朝，百僚皆敬事显。显为人巧慧习事，能探得人主微指，内深贼，持诡辩以中伤人，忤恨睚眦，辄被以危法。萧望之、张猛、房京等皆被害。

成帝即位后，显失倚，免官，忧病死。

《汉书》卷九三

## 一九五　萬章不受石显财物

萬章与中书令石显相善，亦得显权力，门车常接毂。至成帝初，石显坐专权擅势免官，徙归故郡。显资巨万，当去，留床席器物数百万值，欲以与章，章不受。宾客或问其故，章叹曰："吾以布衣见哀于石君，石君家破，不能有以安也，而受其财物，此为石氏之祸，萬氏反当以为福邪！"诸公以是服而称之。

《汉书》卷九二

## 一九六　萧望之忤权臣被陷害

萧望之，东海兰陵人也。家世以田为业，至望之，好学，治《齐诗》，又从夏侯胜问《论语》《礼服》。京师诸儒称述焉。宣帝时任御史大夫、太子太傅。

中书令弘恭、石显久典枢机，明习文法，亦与车骑将军史高为表里，论议常独持故事，不从望之等。恭、显又时倾仄见诎。望之以为中书政本，宜以贤明之选，自武帝游宴后庭，故用宦者，非国旧制，又违古不近刑人之义，白欲更置士人，由是大与高、恭、显忤。元帝初即位，谦让重改作，议久不定。望之乃为显陷害，竟饮鸩自杀。

《汉书》卷七八

## 一九七　元帝京房君臣对

东郡京房学《易》于焦延寿。延寿常曰："得我道以亡身者，京生也。"房长于说灾变，上疏屡言灾异，有验。元帝悦之，数召见问。尝问上曰："幽、厉之君何以危？所任者何人也？"上曰："君不明而所任者巧佞。"房曰："知其巧佞而用之邪，将以为贤也？"上曰："贤之。"房曰："然则今何以知其不贤？"上曰："以其时乱而君危知之。"房曰："若是，任贤必治，任不肖必乱。幽、厉何不觉悟卒任不肖？"上曰："临乱之君，各贤其臣，令皆觉悟，天下安得危亡之君！"房因免冠顿首曰："今陛下即位以来，春秋所记灾异尽备，陛下视今为治邪？乱邪？"上曰："亦极乱耳，尚何道！"房曰："今所任用者谁与？"上曰："然，幸其愈于彼。"房曰："夫前世之君，亦皆然矣。臣恐后之视今，犹今之视前也！"上良久，乃曰："今为乱者谁？"房曰："上最所信任，与图事帷幄之中，进退天下之士者是矣。"房指中书令石显，上亦知之，谓房曰："已谕。"房出，上不能退石显。后，石显告房诽谤政治，归恶天子，下狱，弃市。

《通鉴》卷二九

## 一九八　元帝多才艺

元帝多才艺，善书大篆，鼓琴瑟，吹洞箫，自度曲，被歌声。晚年多疾，不亲政事。或置鼙鼓于殿下，天子自临轩槛上，投铜丸以击鼓，声中严鼓之节，后宫及左右习知音者莫能为。牵制文艺，优游不断，孝宣之业衰焉。

《通鉴》卷二九

## 一九九　王昭君和匈奴

元帝宫人既多，乃令画工图之，欲有呼者，辄披图召之。其中常者，皆行货赂。王昭君姿容甚丽，志不苟求，工遂毁为其状。后匈奴来和，求美女于汉帝，帝以昭君充行。既召见而惜之。但名字已去，不欲中改，于是遂行。

《世说新语·贤媛》

## 二〇〇　匡衡持禄保位

匡衡，父世农夫，至衡好学，家贫，庸作以供资用，尤精力过绝人。元帝时衡为少傅、光禄勋、御史大夫，为丞相。

时，中书令石显用事，自前相韦玄成及衡皆畏显，不敢失其意。至成帝初即位，衡乃与御史大夫甄谭共奏显，追条其旧恶，并及党与。于是司隶校尉王尊劾奏："衡、谭居大臣位，知显等专权势，作威福，为海内患害，不以时白奏行罚，而阿谀曲从，附下罔上，无大臣辅政之义。既奏显等，不自陈不忠之罪，至不道。"有诏勿劾。衡惭惧，上疏谢罪，因称病乞骸骨。上以新即位，褒优大臣，不许。然群下多是王尊者。

后，匡衡以专地盗土自益，免为庶人，终于家。

《汉书》卷八一

## 二〇一　王凤信讹言而失言

成帝刘骜建始二年，关内大雨四十馀日。京师民相惊，言大水至，百姓奔走相蹂躏，老弱号呼，长安城中大乱。天子召公卿议。大将军王凤以为："太后与上及后宫可御船，令吏民上长安城以避水。"群臣皆从之。左将军王商独曰："自古无道之国，水犹不冒城郭，况今政治和平，上下相安，何因大水一日暴至，此必讹言也。不宜令上城，重惊百姓。"上乃止。有顷，长安中稍定，问之，果讹言。凤大惭，自恨失言。

《通鉴》卷三〇

## 二〇二　王章妻女有见识

　　成帝立，征王章为谏大夫，迁司隶校尉，大臣贵戚敬惮之。王尊免后，代者不称职，章以选为京兆尹。时，帝舅大将军王凤辅政，章虽为凤所举，非凤专权，不亲附凤。上封事，召见，言凤不可任用，宜更选忠贤。上初纳受章言，后不忍退凤。章由是见疑，遂为凤所陷，罪至大逆。

　　初，章为诸生学长安，独与妻居。章疾病，无被，卧牛衣中，与妻决，涕泣。其妻呵怒之曰："仲卿！京师尊贵在朝廷人谁逾仲卿者？今疾病困厄，不自激卬，乃反涕泣，何鄙也！"

　　后章任官历位，及为京兆，欲上封事，妻又止之曰："人当知足，独不念牛衣中涕泣时邪？"章曰："非女子所知也。"书遂上，果下廷尉狱，妻子皆收系。章小女年可十二，夜起号哭曰："平生狱上呼囚，数常至九，今八而止。我君素刚，先死者必君。"明日问之，章果死。

《汉书》卷七六

## 二〇三　刘向著《洪范五行传论》

光禄大夫刘向以王氏权位大盛，而成帝好《诗》、《书》、古文，乃因《尚书·洪范》，集合上古以来历春秋、六国至秦汉符瑞、灾异之记，推迹行事，连传祸福，著其占验，比类相从，各有条目，凡十一篇，号曰《洪范五行传论》，奏之。天子心知向忠，故为凤兄弟起此论也，然终不能夺王氏权。

《通鉴》卷三〇

## 二〇四　成帝无奈王凤专权

刘向少子歆通达有异才，成帝召见，歆诵读诗赋，甚悦之，欲以为中常侍，召取衣冠，临当拜，左右皆曰："未晓大将军。"上曰："此小事，何须关大将军！"左右叩头争之，上于是语凤，凤以为不可，乃止。

上无继嗣，定陶共王来朝，留之京师，不遣归国，旦夕侍上，上甚亲重之。王凤心不便共王在京师，会日食，凤因言："天戒定陶王留京。"上不得已于凤而许之。上与共王相对泣而诀别。

《通鉴》卷三〇

## 二〇五　诸侯王不宜留意诸子书

宣帝之子东平王宇来朝，上疏求诸子及《太史公书》。成帝以问大将军王凤，对曰："今东平王幸得来朝，不思制节谨度，以防危失，而求诸书，非朝聘之义也。诸子书或反经术，非圣人；或明鬼神，信物怪；《太史公书》有战国纵横权谲之谋，汉兴之初谋臣奇策，天官灾异，地形厄塞。皆不宜在诸侯王。不可予。不许之辞宜曰：'五经圣人所制，万事靡不毕载。旦夕讲诵，足以正身虞意。夫小辩破义，小道不通，致远恐泥，皆不足以留意。诸益于经术者，不爱于王。'"对奏，天子如凤言，遂不与。

《汉书》卷八〇

## 二〇六　侯文称豺狼当道安问狐狸

孙宝，颍川人，任广汉太守，蛮夷安辑，吏民称之。成帝时，征为京兆尹。故吏侯文以刚直不苟合，常称疾不肯仕，宝以恩礼请文，欲为布衣友，日设酒食，妻子相对。文求受署为掾，进见如宾礼。数月，以立秋日署文东部督邮。入见，敕曰："今日鹰隼始击，当顺天气取奸恶，以成严霜之诛，掾部渠有其人乎？"文曰："无其人不敢空受职。"宝曰："谁也？"文曰："霸陵杜稚季。"宝曰："其次？"文曰："豺狼横道，不宜复问狐狸。"宝默然。文怪宝气索，知其有故，因曰："明府素著威名，今不敢取稚季，当且阖阁，勿有所问。"宝曰："受教。"稚季耳目长，闻知之，杜门不通水火，穿舍后墙为小户，但持锄自治园。文曰："我与稚季幸同土壤，素无睚眦，顾受将命，分当相直。诚能自改，将不治前事，即不更心，但更门户，适趋祸耳。"稚季遂不敢犯法，宝亦竟岁无所谴。明年，稚季病死。宝为京兆尹三岁，京师称之。后，宝坐免官，文复去吏，死于家。

《汉书》卷七七

## 二〇七　王氏五侯以奢侈相尚

王凤兄弟五人谭、商、立、根、逢于元帝时同日封侯，均以奢侈相尚。成都侯商尝病，欲避暑，从上借明光宫。后又穿长安城，引沣水注第中以行船，立羽盖，张周帷，楫越歌。成帝至商第，见穿城引水，意恨，未言。后微行出，过曲阳侯根第，观园中土山、楼台，象白虎殿，于是上怒。以让车骑将军音。商、根兄弟欲自黥、劓以谢太后。上闻之，大怒。又赐车骑将军音书曰："外家何甘乐祸败！而欲自黥、劓，相戮辱于太后前，伤慈母心，以危乱国家！君其召诸侯，令待府舍！"音、商、根皆请罪，良久乃已。上特欲恐之，实无意诛。

《通鉴》卷三一

## 二〇八　王莽恭俭博学声誉日隆

王太后兄弟八人，独弟曼早死，不侯，太后怜之。曼寡妇渠供养东宫，子莽幼孤，不及等比。其群兄弟皆将军王侯子，以舆马声色佚游相高。莽因折节为恭俭，勤身博学，被服如儒生；又外交英俊，内事诸父，曲有礼意。大将军凤病，莽侍疾，亲尝药，乱首垢面，不解衣带连月。凤且死，以托太后及帝，拜为黄门郎。当世名士，咸为莽言，成帝由是贤莽，太后又数以为言，封莽为新都侯，迁光禄大夫、侍中。莽爵位益尊，节操益谦，散舆马、衣裘施宾客，家无所馀。收赡名士，交结将相、卿大夫甚众。故声誉隆洽，倾其诸父矣。

《通鉴》卷三一

## 二〇九　班倢伃与赵飞燕

班倢伃有宠于成帝。上尝游后庭，欲与班同辇，班辞曰："观古图画，贤圣之君皆名臣在侧，三代末主乃有嬖妾，今欲同辇，得无近似之乎！"上善其言而止。

其后，上微行过阳阿主家，悦歌舞者赵飞燕，召入宫，大幸；有女弟，复召入，姿性尤醲粹，左右见之皆啧啧称赏。披香博士淖方成在帝后，唾曰："此祸水也，灭火必矣！"姊弟俱为倢伃，贵倾后宫。

于是赵飞燕潜告许皇后、班倢伃挟媚道，祝诅后宫，詈及主上。许后被废。考问班婕伃,班对曰:"妾闻死生有命,富贵在天。修正尚未蒙福,为邪欲以何望!使鬼神有知,不受不臣之愬;如其无知,愬之何益!故不为也。"上善其对,赦之。

《通鉴》卷三一

## 二一〇　刘向因赵飞燕事著《列女传》

赵飞燕立为后。其妹为昭仪,居昭阳宫,倍受宠。赵后居别馆,多通侍郎、宫奴多子者。昭仪尝谓帝曰:"妾姊性刚,如有人构陷,赵氏无种矣。"帝信之,有白后奸状者,辄杀之。由是后恣意为淫,无敢言者,然卒无子。

光禄大夫刘向于是采取《诗》《书》所载贤妃、贞妇兴国家及孽嬖乱亡者,序次为《列女传》,凡八篇。又采传记行事,著《新序》《说苑》,凡五十篇,奏之。成帝不能尽用,然嘉其言。

向自见得信于上,故常显讼宗室,讥刺王氏及在位大臣,其言多痛切,发于至诚。上数欲用向为九卿,辄不为王氏居位者及丞相御史所持,故终不迁。居列大夫官前后三十馀年,年七十二卒。卒后十三岁而王氏代汉。

《通鉴》卷三一;《汉书》卷三六

## 二一一　谷永愿危亡之言得上闻

凉州刺史谷永,奏事京师,讫,成帝使尚书问永,受所欲言。永曰："王天下、有国家者，患在上有危亡之事而危亡之言不得上闻。如使危亡之言辄上闻，则商周不易姓而迭兴。夏商之将亡也，行道之人皆知之，晏然自以若天有日，莫能危，大命倾而不寤。陛下诚垂宽明之听，无忌讳之诛，使刍荛之臣得尽所闻于前，群臣之上愿，社稷之长福也。"永前后所上四十馀事，略相反复，专攻上身与后宫而已。党于王氏，上亦知之。不甚亲信也。

《通鉴》卷三一

## 二一二　班伯诫沉湎于酒

成帝尝与张放等侍中，共宴饮禁中。屏风画纣醉踞妲己作长夜之乐。侍中、光禄大夫班伯久疾新起。上指画问伯曰："纣为无道，至于是乎？"对曰："乃用妇人之言，何有踞肆于朝！所谓众恶归之，不如是之甚者也！"上曰："苟不若此，此图何诫？"对曰："沉湎于酒，微子所以告去也。《诗》《书》淫乱之诫，其源皆在于酒！"上乃喟然叹曰："吾久不见班生，今日复闻谠言。"放等不悦，因罢出。

《通鉴》卷三一

## 二一三　张禹外谨厚内殖货财

张禹，从沛郡施雠受《易》，琅邪王阳、胶东庸生问

《论语》，既皆明习，有徒众，举为郡文学。成帝时为丞相，凡六年。

禹为人谨厚，内殖货财，家以田为业。及富贵，多买田至四百顷，皆泾、渭溉灌，极膏腴上贾。它财物称是。禹性习知音声，内奢淫，身居大第，后堂理丝竹管弦。

禹成就弟子尤著者，淮阳彭宣至大司空，沛郡戴崇至少府九卿。宣为人恭俭有法度，而崇恺悌多智，二人异行，禹心亲爱崇，敬宣而疏之。崇每候禹，常责师宜置酒设乐与弟子相娱。禹将崇入后堂饮食，妇女相对，优人管弦铿锵极乐，昏夜乃罢。而宣之来也，禹见之于便坐，讲论经义，日晏赐食，不过一肉卮酒相对。宣未尝得至后堂。及两人皆闻知，各自得也。

初，禹为师，以上数对己问经，为《论语章句》献之。始，鲁扶卿及夏侯胜、王阳、萧望之、韦玄成皆说《论语》，篇第或异。禹先事王阳，后从庸生，采获所安，最后出而尊贵。诸儒为之语曰："欲为《论》，念张文。"由是学者多从张氏，馀家寖微。

《汉书》卷八一

## 二一四　成帝不易槛以旌直臣

朱云，鲁人也。少时通轻侠，借客报仇。长八尺余，容貌甚壮，以勇力闻。年四十，乃变节从博士白子友受《易》，又事前将军萧望之受《论语》，皆能传其业。好倜伉大节，当世以是高之。

成帝时，朱云求见，公卿在前，云曰："今朝廷大臣，上不能匡主，下无以益民，皆尸位素餐者也。臣愿以上方斩马剑，断佞臣一人头以厉其馀！"成帝问："谁也？"对曰："安昌侯张禹！"上大怒曰："小臣居下讪上，廷辱师傅，罪死不赦！"御史将云下，云攀殿槛，槛折。云呼曰："臣得下从龙逢、比干于地下，足矣！未知圣朝何如耳！"左将军辛庆忌叩头曰："此臣素著狂直于世，使其言是，不可诛；其言非，固当容之，臣敢以死争！"上意解，然后得已。及后当治槛，上曰："勿易，因而辑之，以旌直臣。"

《通鉴》卷三二；《汉书》卷六七

## 二一五　孔光不苟合不强谏不泄密

孔光，孔子十四世之孙也。年未二十，举为议郎。匡衡举光方正，为谏大夫。成帝初即位，举为博士，数使录冤狱，行风俗，振赡流民，奉使称旨，由是知名。官至仆射、尚书令，上有所问，据经法以心所安而对，不希指苟合；如或不从，不敢强谏争，以是久而安。有所荐举，唯恐其人之闻知。沐日归休，兄弟妻子燕语，终不及朝省政事。或问光："温室省中树皆何木也？"光默不应，更答以他语，其不泄如是。

《汉书》卷八一

## 二一六　薛宣治冯翊吏民称之

左冯翊太守薛宣得郡中吏民罪名，辄召告其县长吏，使自行罚。晓曰："府所以不自发举者，不欲代县治，夺贤令长名也。"长吏莫不喜惧，免冠谢宣归恩受戒者。

宣为吏赏罚明，用法平而必行，所居皆有条教可纪，多仁恕爱利。池阳令举廉吏狱掾王立，府未及召，闻立受囚家钱。宣责让县，县案验狱掾，乃其妻独受系者钱万六千，受之再宿，狱掾实不知。掾惭恐自杀。宣闻之，移书池阳曰："县所举廉吏狱掾王立，家私受赇，而立不知，杀身以自明，立诚廉士，甚可闵惜！其以府决曹掾书立之枢，以显其魂。府掾史素与立相知者，皆予送葬。"

及冬夏至日，休吏，曹掾张扶独不肯休，坐曹治事。宣出教曰："盖礼贯和，人道尚通。日至，吏以令休，所由来久。曹虽有公职事，家亦望私恩意。掾宜从众，归对妻子，设酒肴，请邻里，一笑相乐，斯亦可矣！"扶惭愧。官属善之。

宣子惠为彭城令，宣尝过其县，心知惠不能，不问以吏事。或问宣："何不教惠以吏职？"宣笑曰："吏道以法令为师，可问而知；及能不能，自有资材，何可学也！"众人传称，以宣言为然。

宣为人好威仪，进止雍容，甚可观也。性密静有思，思省吏职，求其便安。下至财用笔研，皆为设方略，利用而省费。吏民称之，郡中清静。迁为少府，共张职办。

后，迁为御史大夫。代张禹为丞相。然官属讥其烦碎无大体，不称贤也。成帝又好儒雅，宣经术浅，上亦轻焉。

《汉书》卷八三；《通鉴》卷三一

## 二一七　朱博为治疏略不可欺

成帝时，朱博为冀州刺史。博本武吏，不更文法，及为刺史行部，吏民数百人遮道自言，官寺尽满。从事白请且留此县录见诸自言者，事毕乃发，欲以观试博。博心知之，告外趣驾。博出就车见自言者，使从事明敕告吏民："欲言县丞尉者，刺史不察黄绶，各自诣郡。欲言二千石墨绶长吏者，使者行部还，诣治所。其民为吏所冤，及言盗贼辞讼事，各使属其部从事。"博驻车决遣，四五百人皆罢去，如神。吏民大惊，不意博应事变乃至于此。后博徐问，果老从事教民聚会。博杀此吏，州郡畏博威严。徙为并州刺史、护漕都尉，迁琅邪太守。

齐郡舒缓，博新视事，右曹掾史皆移病卧。博问其故，对言："惶恐！故事二千石新到，辄遣吏存问致意，乃敢起就职。"博奋髯抵几曰："观齐儿欲以此为俗邪！"乃召见诸曹史书佐及县大吏，选视其可用者，出教置之。皆斥罢诸病吏，白巾走出府门。郡中大惊。顷之，门下掾赣遂耆老大儒，教授数百人，拜起舒迟。博教主簿曰："赣老生不习吏礼，主簿且教拜起，闲习乃止。"又敕功曹："官属多褒衣大袑，不中节度，自今掾史衣皆令去地三寸。"博尤不爱诸生，所至郡辄罢去议曹。文学儒吏时有奏记称说云云，博见谓曰："如太守汉吏，奉三尺律令以从事耳，无奈生所言圣人道何也！且持此道归，尧、舜君出，为陈说之。"其折逆人如此。视事数年，大改其俗，掾史礼节如楚、赵吏。

博以高第入守左冯翊。其治左冯翊，文理聪明殊不及薛宣，而多武谲，网络张设，少爱利，敢诛杀。然亦纵舍，时有大贷，下吏以此为尽力。

迁廷尉，职典决疑。博恐为官属所诬，视事，召见正监典法掾史，谓曰："廷尉本起于武吏，不通法律，幸有众贤，亦何忧！掾史试与正监共撰前世决事吏议难知者数十事，持以问廷尉，得为诸君覆意之。"正监以为博苟强，意未必能然，即共条白焉。博皆召掾史，并坐而问，为平处其轻重，十中八九。官属咸服博之疏略，材过人也。每迁徙易官，所到辄出奇谲如此，以明示下为不可欺者。

哀帝即位，为光禄大夫，迁为京兆尹，数月超为大司空。

博为人廉俭，不好酒色游宴。自微贱至富贵，食不重味，案上不过三杯，夜寝早起，妻希见其面。

《汉书》卷八三

## 二一八　翟方进由微贱至丞相

翟方进，汝南上蔡人也。家世微贱。方进年十二三，失父孤学，给事太守府为小史，号迟顿不及事，数为掾史所詈辱。因病归家，辞其后母，欲西至京师受经。母怜其幼，随之长安，织屦以给。方进读经博士，受《春秋》。积十馀年，经学明习，徒众日广，诸儒称之。

成帝时，方进为京兆尹，搏击豪强，京师畏之。时，胡常为青州刺史，闻之，与方进书曰："窃闻政令甚明，为京兆能，则恐有所不宜。"方进心知所谓，其后少弛威严。

居官三岁，迁御史大夫。数月，会丞相薛宣免，擢方进为丞相。身既富贵，而后母尚在，方进内行修饰，供养甚笃。及后母终，既葬三十六日，除服起视事，以为身备汉相，不敢逾国家之制。为相公洁，请托不行郡国。方进知能有馀，兼通文法吏事，以儒雅缘饬法律，号为通明相，天子甚器重之，奏事无不当意，内求人主微指以固其位。

《汉书》卷八四

## 二一九　何武正直无赫赫名

何武，蜀郡郫县人也。宣帝时，益州刺史王襄使辩士王褒颂汉德，作《中和》《乐职》《宣布》诗三篇。武年十四五，与成都杨覆众等共习歌之。是时，宣帝循武帝故事，求通达茂异士，召见武等于宣室。上曰："此盛德之事，吾何足以当之哉！"以褒为待诏，武等赐帛。

武兄弟五人，皆为郡吏，郡县敬惮之。武弟显家有市籍，租常不入，县数负其课。市啬夫求商捕辱显家，显怒，欲以事伤之。武曰："以吾家租赋繇役不为众先，奉公吏不亦宜乎！"武卒白太守，召商为卒吏，州里闻之皆服焉。

久之迁武为扬州刺史，二千石有罪，应时举奏，其馀贤与不肖敬之如一，是以郡国各重其守相，州中清平。行部必先即学宫见诸生，试其诵论，问以得失，然后入传舍，出记问垦田顷亩、五谷美恶，已乃见二千石，以为常。后迁为御史丈夫。

武为人仁厚，好进士，奖称人之善。然疾朋党，问文吏必于儒者，问儒者必于文吏，以相参检。其所居亦无赫赫名，去后常见思。多所举奏，号为烦碎，不称贤公。功名略比薛宣，其材不及也，而经术正直过之。

《汉书》卷八六

## 二二〇　王莽为大司马

淳于长有宠于成帝，以外亲居九卿位，以次当代久病之曲阳侯王根为辅政。王莽心害长受宠，具言其与许后姊私通等罪过，以告王根。根使王莽白太后，太后怒。上以太后故，免长官，不治罪。王根荐莽自代。上以莽为大司马，时年三十八岁。

王莽既拔出同列，继四伯父而辅政，遂克己不倦。聘诸贤良，邑钱悉以享士，妻衣不曳地，见之者以为僮仆，问乃知其为夫人。

《通鉴》卷三二

## 二二一　刘歆辑《七略》

王莽荐刘歆为侍中，迁光禄大夫，贵幸，更名秀。成帝令秀典领五经，卒父前业。秀于是总群书而奏其《七略》，有《辑略》《六艺略》《诸子略》《诗赋略》《兵书略》《术数略》《方技略》等，凡万三千二百六十九卷。其叙诸子，分为九流，即儒、道、阴阳、法、名、墨、纵横、杂、农。

《通鉴》卷三三

## 二二二　严君平隐于卜筮

成帝时，蜀严君平卜筮于成都市，以为："卜筮者贱业，而可以惠众人。有邪恶非正之问，则依蓍龟为言利害。与人子言依于孝，与人弟言依于顺，与人臣言依于忠，各因势导之以善，从吾言者，已过半矣。"裁日阅数人，得百钱足自养，闭肆下帘而授《老子》。博览无不通，依老子、庄周之指著书十馀万言。

杨雄少时从游学，以而仕京师显名，数为朝廷在位贤者称君平德。杜陵李强素善雄，久之为益州牧，喜谓雄曰："吾真得严君平矣。"雄曰："君备礼以待之，彼人可见而不可得屈也。"强心以为不然。及至蜀，致礼与相见，卒不敢言以为从事，乃叹曰："杨子云诚知人！"君平年九十馀，遂以其业终，蜀人爱敬，至今称焉。

《汉书》卷七二

## 二二三　哀帝复兴神祠

成帝无嗣，卒后，其侄定陶王欣继位，即哀帝。以常寝疾，尽复前世所尝兴诸神祠七百馀所，岁祠三万七千之多。

关东民无故惊走，持稿或掫一枚，转相付与，曰"行西王母筹"，道中相过逢，多至千数，或被发徒跣，或逾墙入，或乘车骑奔驰，经郡国二十六至京师，不可禁止。民又聚会里巷阡陌，设博戏之具，歌舞祠西王母。

《通鉴》卷三四

## 二二四　何并治颍川

哀帝时，何并任颍川太守。时，颍川钟元为尚书令，领廷尉，用事有权。弟威为郡掾，臧千金。并为太守，过辞钟廷尉，廷尉免冠为弟请一等之罪，愿早就髡钳。并曰："罪在弟身与君律，不在于太守。"元惧，驰遣人呼弟。

阳翟轻侠赵季、李款多畜宾客，以气力渔食闾里，至奸人妇女，持吏长短，纵横郡中，闻并且至，皆亡去。并下车求勇猛晓文法吏且十人，使文吏治三人狱，武吏往捕之，各有所部。敕曰："三人非负太守，乃负王法，不得不治。钟威所犯多在赦前，驱使入函谷关，勿令污民间；不入关，乃收之。赵、李桀恶，虽远去，当得其头，以谢百姓。"钟威负其兄，止洛阳，吏格杀之。亦得赵、李它郡，持头还，并皆悬头于市。郡中清静，表善好士，见纪颍川，名次黄霸。性清廉，妻子不至官舍。数年，卒。

《汉书》卷七七

## 二二五　平当不受侯印

哀帝即位，征平当为光禄大夫、复为光禄勋、御史大夫，至丞相。以冬月，赐爵关内侯。明年春，上使使者召，欲封当。当病笃，不应召。室家或谓当："不可强起受侯印为子孙耶？"当曰："吾居大位，已负素餐之责矣，起受侯印，还卧而死，死有馀罪。今不起者，所以为子孙也。"遂上书乞骸骨。

《汉书》卷七一

## 二二六　哀帝宠董贤

驸马都尉、侍中云阳董贤得幸于哀帝，赏赐累巨万，贵震朝廷。常与上卧起；尝昼寝，身压上袖，上不欲动贤，乃断袖而起。又诏贤妻、贤妹旦夕上下，并侍左右。以贤父恭为少府，关内侯。诏将作大匠为贤起大宅，穷极技巧，赐武库禁兵，上方珍宝。郑崇以贤贵宠过度谏，上怒，下崇狱，竟死狱中。

《通鉴》卷三四

## 二二七　鲍宣刻切陈词

谏大夫渤海鲍宣上书曰："今民有七亡而无一得，又有七死而无一生，欲望刑措，诚难。此非公卿守相贪残成化之所致邪！群臣幸得居尊官，食重禄，岂有肯加恻隐于细民者邪！志但在营私家，为奸利而已。以苟容曲从为贤，以拱默尸禄为智。今贫民菜食不厌，衣又穿空，父子夫妇不能相保，诚可为酸鼻。陛下不救，将安所归命乎！奈何独养外亲与幸臣董贤，多赏赐，以大万数，使苍头庐儿，皆用致富，非天意也。"宣语虽刻切，上以宣名儒，优容之。

《通鉴》卷三四

## 二二八　王嘉封还诏书

丞相王嘉以哀帝宠董贤上书谏，上由是不悦嘉。上令益封董贤二千户，嘉封还诏书，上发怒，召嘉诣廷尉。使者既到府，掾、吏涕泣，共和药进嘉，曰："将相不对理刑狱，君侯宜自决。"嘉引药杯击地，曰："丞相幸得备位三公，奉职负国，当伏刑都市，以示万众。丞相岂儿女子邪！何谓咀药而死。"乃随使者诣廷尉。上闻，大怒之。吏诘问嘉，对曰："幸得充备宰相，不能进贤、退不肖，以是负国，死有馀责。""乱朝而不能退，罪当死，死无所恨！"嘉系狱二十馀日，不食，呕血而死。

《通鉴》卷八六

## 二二九　刘辅郑崇因谏获罪

刘辅，宗室人也。举孝廉，上书言得失，召见，成帝美其材，擢为谏大夫。会上欲立赵婕妤为皇后，先下诏封婕妤父临为列侯。辅上书谏，书奏，上使侍御史收缚辅，系狱，诚死罪一等，论为鬼薪，终于家。

尚书仆射郑崇以董贤贵宠过度谏，由是得罪。数以职事见责，发疾颈痛，欲乞骸骨，不敢。尚书令赵昌佞谄，素害崇，因奏崇与宗族通，疑有奸，请治。哀帝责崇曰："君门如市人，何以欲禁切主上？"崇对曰："臣门如市，臣心如水，愿得考覆。"上怒，下崇狱，穷治，死狱中。

《汉书》卷七七

## 二三〇　哀帝欲禅位于董贤

以董贤为大司马、卫将军，册曰："建尔于公，以为汉辅，往悉尔心，匡正庶事，允执其中。"时，贤年二十有二。

是时，成帝外家王氏衰微，唯平阿侯王谭之子闳为中常侍。闳妻父萧咸有女，董贤之父恭慕之，欲为子宽信求咸女为妇，使闳言之。咸惶恐不敢当，私谓闳曰："董公为大司马，册文言允执其中，此乃尧禅舜之文，非三公故事，此岂家人子弟所能堪邪！"闳闻咸言，亦悟。乃还报于恭，深达咸自谦之意。恭叹曰："我家何用负天下，而为人所畏如是。"

后，哀帝置酒麒麟殿，贤父子、亲属宴饮，中常侍等皆在侧，上从容视贤，笑曰："吾欲法尧禅舜，何如？"王闳进曰："天下乃高皇帝天下，非陛下有也！天子无戏言。"上默然不悦。

《通鉴》卷三五

## 二三一　王莽秉政专权

哀帝二十即位，在位六年，二十五岁卒。太皇太后召董贤，问以丧事调度，不能对。太后曰："令王莽佐君。"董顿首："幸甚！"太后诏尚书，诸发兵符节、百官奏事、中黄门、期门兵皆属莽。莽谒者以太后诏下册贤曰："贤年少，未更事理，为大司马，不合众心，罢归第。"贤与妻皆自杀。父恭等家属徙出长安，县官斥卖董氏财，凡四十三万万。

中山王刘衎即位，是为平帝，时年九岁。太皇太后临朝，大司马莽秉政，百官总已以听于莽，又以莽为太傅，号"安汉公"，权与人主侔矣。

时太师、大司徒咸称莽功德比周公。大司农孙宝曰："今风雨未时，百姓不足，每有一事群臣同声，得无非其美者？"大臣皆失色。宝坐免，终于家。光禄大夫龚遂、大中大夫邴汉，以王莽专政，皆乞骸骨。梅福知王莽必篡汉，一朝弃妻子去，不知所之。其后，人有见于会稽者，变姓名为吴市门卒云。

《通鉴》卷三五

## 二三二　王莽收人心以篡汉

郡国大旱、蝗，青州尤甚，民流亡。王莽白太后，宜衣缯练，损膳，以示天下。莽出钱百万，献田三十顷，付大司农助给贫民。于是公卿皆慕效，凡献田宅者二百三十人。又于长安城中，宅二百区，以居贫民。每有水旱，莽辄素食，左右以白太后，太后召莽曰："闻公菜食，忧民深矣，今秋幸熟，公以时食肉，爱身为国。"

莽以女配帝为后，有司奏："故事聘皇后，黄金二万斤，为钱二万万。"莽深辞谢，受六千四百万，而以其四千三百万，分予十一媵家及九族贫者。王莽出钱千万遗太后左右，以故左右日夜共誉莽。莽又知太后妇人，厌居深宫中，乃令太后四时驾巡四郊，存见孤、寡、贞妇。所到之县，赐民钱帛、牛酒，岁以为常。其欲得太后意如此。

莽奏起明堂、辟雍、灵台，为学者筑舍万区，制度甚盛。网罗天下异能之士，前后至者数千，皆令记说廷中。

群臣奏言："昔周公摄政七年，制度乃定。今安汉公辅政四年，大功毕成，宜升宰衡，位在诸侯王上。"诏曰

"可。"策命安汉公以九锡。

平帝在位五年，饮王莽所上之毒酒而卒。王莽为"摄皇帝"，旋接真天子位，定天下之号曰新。

《通鉴》卷三五、卷三六

## 二三三　孺子退位之剧

哀帝卒后，曾以宣帝玄孙婴为皇太子，号曰孺子，年二岁。王莽称帝后，策命孺子为安定公，封以万户，地方百里。读策毕，莽执孺子手，流涕歔欷曰："昔周公摄位，终得复子明辟；今予独迫皇天威命，不得如意！"哀叹良久。孺子下殿，北面称臣。百僚陪位，莫不感动。

敕乳母不得与婴语，常在四壁中，至于长大，不能名六畜。

《通鉴》卷三七

## 二三四　龚胜龚舍并著名节

龚胜、龚舍二人相友，并著名节，故世谓之楚两龚。少皆好学明经，胜为郡吏，舍不仕。

胜居谏官，数上书求见，言百姓贫，盗贼多，吏不良，风俗薄，灾异数见，不可不忧。制度泰奢，刑罚泰深，赋敛泰重，宜以俭约先下。其言祖述王吉、贡禹之意。为大夫二岁馀，迁徙光禄大夫。胜言董贤乱制度，由是逆上旨。于是胜遂归老于乡里。

初，龚舍以龚胜荐，征为谏大夫，病免。复征为博士，又病去。顷之，哀帝遣使者即楚拜舍为太山太守。舍家居在武原，使者至县请舍，欲令至廷拜授印绶。舍曰："王者以天下为家，何必县官？"遂于家受诏，便道之官。既至数月，上书乞骸骨。上征舍，至京兆东湖界，固称病笃。天子使使者收印绶，拜舍为光禄大夫。数赐告，舍终不肯起，乃遣归。

莽既篡汉，遣使者即拜胜为讲学祭酒，胜称疾不应征。后二年，莽复遣使者奉玺书、太子师友祭酒印绶，安车驷马迎胜，秩上卿。胜固辞曰："今年老矣，且暮入地，岂以一身事二姓，下见故主哉？"胜因言棺敛丧事："衣周于身，棺周于衣。勿随俗动吾冢，种柏，作祠堂。"语毕，遂不复开口饮食，积十四日死，死时七十九矣。使者、太守临敛，门人衰绖治丧者百数。有老父来吊，哭甚哀，既而曰："嗟乎！熏以香自烧，膏以明自销。龚生竟夭天年，非吾徒也。"遂趋而出，莫知其谁。胜居彭城廉里，后世刻石表其里门。

《汉书》卷七二

## 二三五　薛方不应征

薛方尝为郡掾祭酒，尝征不至，及莽以安车迎方，方因使者辞谢曰："尧、舜在上，下有巢、由，今明主方隆唐、虞之德，小臣欲守箕山之节也。"使者以闻，莽悦其言，不强致。方居家以经教授，喜属文，著诗赋数十篇。

《汉书》卷七二

## 二三六　王莽颁行王田制

王莽鉴秦汉以来田地兼并，强者田以千数，弱者无立锥之地，又置奴婢之市，与牛马同栏，缪于"天地之性人为贵"之义。乃颁行王田制，曰："今更名天下田曰王田，奴婢曰私属，皆不得卖买。其男口不盈八而田过百亩者，分馀田于九族、邻里、乡党。故无田，今当受田者，如制度。敢有非井田圣制、无法惑众者，投诸四裔。"

莽意以为制定则天下自平，故锐思于制礼作乐、讲合六经之说。公卿旦入暮出，论议连年不决，不暇省狱讼及民之急务。县宰缺者数年，一切贪残日甚。

莽务揽众事又好改变制度，常御灯火至明，犹不能胜。尚书因是为奸寝事，上书待报者连年不得去，拘系郡县者逢赦而后出，卫卒不交代者至三岁。

《通鉴》卷三七、卷三八

## 二三七　王莽时吏不得俸禄

王莽始以制作未定，上自公侯，下至小吏，皆不得俸禄。及在位四、五年，方才下诏发俸，计分十五等。且岁丰则足其值，有灾害则有所损，以什率多少而损其禄，与百姓同忧喜也。因制度烦碎，课计不可理，吏终不得禄。

各因官职为奸，受取贿赂以自给焉。

《通鉴》卷三八

## 二三八　扬雄善辞赋作《法言》

扬雄字子云，成都人。雄少而好学，不为章句，训诂通而已，博览无所不见。为人简易佚荡，口吃不能剧谈，默而好深湛之思，清静无为，少嗜欲，不汲汲于富贵，不戚戚于贫贱，不修廉隅以徼名当世。家产不过十金，乏无儋石之储，晏如也。自有大度，非圣哲之书不好也；非其意，虽富贵不事也。顾尝好辞赋。

先是时，蜀有司马相如，作赋甚弘丽温雅，雄心壮之，每作赋，常拟之以为式。又怪屈原文过相如，作《离骚》，自投江而死，悲其文，读之未尝不流涕也。以为君子得时则大行，不得时则龙蛇，遇不遇命也，何必湛身哉！乃作书，往往摭《离骚》文而反之，自岷山投诸江流以吊屈原，名曰《反离骚》。雄又作《甘泉赋》《河东赋》《长杨赋》等以讽劝成帝。

雄见诸子各以其知舛驰，虽小辩，终破大道而惑众，使溺于所闻而不自知其非也。及太史公记六国，历楚、汉，讫麟止，不与圣人同，是非颇谬于经。故人时有问雄者，常用法应之，撰以为十三卷，象《论语》，号曰《法言》。

《汉书》卷八七上、卷八七下

## 二三九　扬雄用心于内不求于外

扬雄，成帝时为郎，给事黄门，与莽并列。哀帝之初，又与董贤同官。莽、贤为三公，权倾人主，所荐莫不拔擢，而雄三世不迁官。及莽之世，雄以耆老久次，转为大夫。雄好古乐道，欲以文章名后世，乃作《太玄》以综天地人之道，又作《法言》以评判诸子。用心于内，不求于外，时人皆忽之，而桓谭以为绝伦，虽禄位容貌不能动人，其书必传。

《通鉴》卷三八

## 二四〇　陈遵与张竦操行不同

陈遵少孤，与张竦俱为京兆史。竦博学通达，以廉俭自守，而遵放纵不拘，操行虽异，然相亲友，哀帝之末俱著名字，为后进冠。并入公府，公府掾史率皆羸车小马，不尚鲜明，而遵独极舆马衣服之好，门外车骑交错。又日出醉归，曹事数废。西曹以故事谪之。大司徒马宫大儒优士，又重遵，谓西曹："此人大度士，奈何以小文责之？"遵居长安中，列侯近臣贵戚皆贵重之。牧守当之官，及郡国豪杰至京师者，莫不相因到遵门。

遵嗜酒，每大饮，宾客满堂，辄关门，取客车辖投井中，虽有急，终不得去。遵大率常醉，然事亦不废。长八尺馀，长头大鼻，容貌甚伟。略涉传记，赡于文辞。性善书，与人尺牍，主皆藏去以为荣。

陈遵与张竦，后俱免官，以列侯归长安。竦居贫，无宾客，时时好事者从之质疑问事，论道经书而已。而遵昼夜呼号，车骑满门，酒肉相属。遵常谓竦："吾与尔犹是矣。足下讽诵经书，苦身自约，不敢差跌，而我放意自恣，浮湛俗间，官爵功名，不减于子，而差独乐，顾不优邪！"竦曰："人各有性，长短自裁。子欲为我亦不能，吾而效子亦败矣。虽然，学我者易持，效子者难将，吾常道也。"

《汉书》卷九二

## 二四一　王莽消盗贼攻匈奴之法

王莽见盗贼多，乃令太史推三万六千岁历纪，六岁一改元，布天下。自言己当如黄帝仙升天，欲以诳百姓，消盗贼，众皆笑之。

又博募有奇技术可以攻匈奴者，应者以万数：或言能渡水不用舟楫，可济百万师；或言不持斗粮，服食药物，三军不饥；或言能飞，一日千里，可窥匈奴。莽辄试之，取大鸟翮为两翼，头与身皆着毛，通行环纽，飞数百步堕。莽知其不可用，欲获其名，皆拜为理军，赐以车马。

《通鉴》卷三八

## 二四二　王莽筑九庙

莽起九庙于长安城南，黄帝庙方四十丈，高十七丈，馀庙半之，制度甚盛。博征天下工匠及吏民以义入钱谷助作者，骆驿道路。穷极百工之巧，功费数百万，卒徒死者万数。

《通鉴》卷三八

## 二四三　绿林赤眉起义

四方皆以饥寒穷愁起事，稍群聚，常思岁熟得归乡里，众虽数万，不敢略有城池。而荆州牧发二万人讨绿林。王匡、马武相率迎击于云杜，大破牧军，尽获辎重，众至五万馀人，州郡不能制。

又，樊崇等起义后相与为约：杀人者死，伤人者偿创。恐其众与莽兵乱，乃皆朱其眉以相识别。莽遣太师王匡、更始将军廉丹将锐士十馀万人讨之，所过放纵。民曰："宁逢赤眉，不逢太师！太师尚可，更始杀我！"

《通鉴》卷三八

## 二四四　官吏贪饥民廪食

莽使中黄门王业领长安市买，贱取于民，民甚患之。

业以省费为功,赐爵。莽闻城中饥馑,以问业,业曰:"皆流民也。"乃市所卖粱饭肉羹,持入示莽曰:"居民食咸如此。"莽信之。

流民入关者数十万人,乃置养赡官廪食之,使者监领与小吏共盗其禀,饥死者十之七八。

《通鉴》卷三八

## 二四五　王莽之死

长沙王之后刘演、仲、秀起兵于南阳。诸义军立刘秀之族兄、更始将军刘玄为皇帝。刘秀率部下昆阳、定陵等地。大败王莽军于昆阳,伏尸百馀里。于是海内响应,皆杀其牧守,自称将军,用汉年号,以待诏命。旬月之间,遍于天下。

王莽忧懑不能食,但饮酒,啗鳆鱼,读军书倦,因凭几寐,不复就枕矣。或曰:"古者国有大灾,则哭以厌之。"莽乃率群臣至南郊,陈其符命本末,仰天大哭,气尽,伏而叩头。诸生、小民旦夕会哭,为设餐粥,甚悲哀者,除以为郎,郎至数千人。城破,莽被杀。

《通鉴》卷三九

## 二四六　复见汉官威仪

更始将都洛阳,以刘秀行司隶校尉,使整修宫府。秀从事司察，一如旧章。时，三辅吏士东迎更始，见诸将过，皆冠帻而服妇人衣，莫不笑之。及见司隶僚属，皆欢喜不自胜，或曰："不图今日复见汉官威仪！"

《通鉴》卷三九

## 二四七　寇恂力主守信

更始分遣使者徇郡国，曰："先降者复爵位！"使者至上谷，太守耿况迎，上印绶，使者纳之，一宿，无还意。功曹寇恂勒兵入见使者，请之，不与，曰："天王使者，功曹欲胁之邪！"恂曰："非敢胁使者，窃伤计之不详也。今天下初定，使君建节衔命，郡国莫不延颈倾耳。今始至上谷，而先堕大信，将何以号令他郡乎！"使者不应。恂叱左右召况，取印绶带况，使者不得已，乃承制诏之，况受而归。

《通鉴》卷三九

## 二四八　邓禹愿垂功名于竹帛

更始以刘秀行大司马事。秀至河北，所过郡县，平遣囚徒，除莽苛政，吏民喜悦，争持牛酒迎劳，秀皆不受。南阳邓禹杖策追秀，及于邺。秀曰："生远来，欲仕乎？"禹曰："不愿。但愿明公威德加于四海，禹得效其尺寸，垂功名于竹帛耳！"秀笑，因留宿与语，禹进说曰："今山东未安，赤眉之属动以万数，更始既是常才而不自听断，诸将皆庸人志在财币，争用威力，朝夕自快而已。帝王大业非凡夫所任，分崩离析，形势可见。为今之计，莫如延揽英雄，务悦民心，立高祖之业，救万民之命，以公而言，天下不足定也。"秀大悦，因令禹宿止于中，与定计议。每任使诸将，多访于禹，皆当其才。

《通鉴》卷三九

## 二四九　更始之政乱

更始迁都长安，下诏大赦，非王莽子，皆除其罪，三辅悉平。更始居长乐宫，升前殿，郎吏以次列庭中，更始羞怍，俯首刮席，不敢视。诸将后至者，更始问："虏掠得几何？"

更始纳赵萌女为夫人，委政于萌，日夜饮谯，群臣欲言事，辄醉不能见。赵萌专权，生杀自恣，群小、膳夫皆授以官爵。长安为之语曰："灶下养，中郎将；烂羊胃，骑都尉；烂羊头，关内侯。"诸将在外者，皆专行诛赏，各诸守牧，州郡交错，不知所从。由是关中离心，四海怨叛。

《通鉴》卷三九

## 二五〇　冯异号大树将军

刘秀部分吏卒各隶诸军，士皆言愿属大树将军。大树将军者，冯异也，为人谦退不伐，敕吏士非交战受敌，常行诸营之后。每所止舍，诸将并坐论功，异常独坐树下，故军中号曰"大树将军"。

《通鉴》卷三九

# 东 汉
公元 25 年至 219 年

## 一 刘秀起于宛

世祖光武皇帝讳秀,字文叔,南阳蔡阳人,高祖九世孙也。光武年九岁而孤,养于叔父良。身长七尺三寸,美须眉,大口,隆准,日角。性勤于稼穑,而兄伯升好侠养士,常非笑光武事田业,比之高祖兄仲。王莽天凤中,乃之长安,受《尚书》,略通大义。

时王莽败亡已兆,天下方乱,刘秀乃市兵弩,起于宛,时年二十八。于昆阳以数千人大破王莽十万之众。更始拜光武为破虏大将军,封武信侯。

及王莽被杀,更始将北都洛阳,以光武行司隶校尉,使前整修宫府。更始至洛阳,乃遣光武以破虏将军行大司马事。持节北渡河,镇慰州郡。所到部县,辄见二千石、长吏、三老、官属,下至佐史,考察黜陟,如州牧行部事。辄平遣囚徒,除王莽苛政,复汉官名。吏民喜悦,争持牛酒迎劳,秀皆不受。

《后汉书》卷一上

## 二　赤眉立刘盆子为帝

赤眉樊崇等议，求刘氏共尊立之，得牧牛郎刘盆子等三人。乃书札为符曰"上将军"，又以两空札共置笥中，盆子探得符，诸将皆拜称臣。盆子时年十五，被发徒跣，见众拜，恐畏欲啼。盆子虽立，犹朝夕拜原主牧牛之刘侠卿，时欲出从牧儿戏。

赤眉攻克长安后，刘秀族兄刘玄即更始，上玺绶于盆子。腊日，设乐大会，酒未行，群臣更相辩斗。而兵众遂各逾宫斩关入，掠酒肉，互相杀伤。卫尉勒兵入，格杀百馀人，乃定。盆子惶恐，日夜啼泣，从官皆怜之。

盆子兄刘恭密教弟归玺绶，习为辞让之言。及正旦大会，盆子乃解玺绶，叩头曰："今设置县官而为贼如故，四方怨恨，此皆立非其人所致。愿乞骸骨，避贤圣路。必欲杀盆子以塞责者，无所离死！"因涕泣嘘唏。崇等及会者数百人，莫不哀怜之。乃避席顿首曰："自今已后，不敢放纵！"二十馀日后，大掠如故。

及光武攻长安，樊崇等率十万馀众降。盆子上所得传国玺绶。光武怜盆子，以为赵王郎中，后病失明，赐荥阳官地，食其税终身。

《通鉴》卷四○、卷四一

## 三　刘秀取关中之道

刘秀称帝，是为光武帝，都洛阳。帝拜邓禹为大司徒,王梁为大司空,吴汉为大司马。遣冯异讨赤眉,敕异曰:"三辅遭王莽、更始、赤眉之乱,元元涂炭无所依诉,将军今讨诸不轨,营保降者,遣其渠师诣京师;散其小民,令就农桑;坏其营壁,无使复聚。征伐非必略地、屠城,要在平定安集之耳!卿本能御吏士,念自修敕,无为郡县苦!"异受命而西,所至布威信,降者多。

又诏邓禹还,曰:"慎毋与穷寇争锋!赤眉无谷,自当来东,吾以饱待饥,以逸代劳,折棰笞之,非诸将忧也。无得复妄遁兵。"

《通鉴》卷四〇

## 四 刘旷之孝行

更始时,天下乱,刘旷弟仲被杀。旷扶侍其母,奔走逃难。仲遗腹女始一岁,旷抱仲女而弃其子。母欲还取之,不听,曰:"力不能两活,仲不可以绝类。"遂去不顾,与母俱匿野泽中。旷朝出求食,逢饿贼,将烹之,旷叩头曰:"今旦为老母求菜,老母待旷为命,愿得先归,食母毕,还就死。"因涕泣。贼见其至诚,哀而遣之。旷还,既食母讫,因白曰:"属与贼期,义不可欺。"遂还诣贼。众皆大惊,相谓曰:"常闻烈士,乃今见之。子去矣,吾不忍食子。"于是得全。

《后汉书》卷三九

东汉（公元 25 年至 219 年）

## 五　盛氏事姑至孝

广汉姜诗妻者，同郡庞盛之女也。诗事母至孝，妻奉顺尤笃。母好饮江水，水去舍六、七里，妻常溯流而汲。后值风，不时得还，母渴，诗责而遣之。妻乃寄止邻舍，昼夜纺绩，市珍羞，使邻母以意自遗其姑。如是者久之，姑怪问邻母，邻母具对。姑感惭呼还，恩养愈谨。其子后因远汲溺死，妻恐姑哀伤，不敢言，而托以行学不在。姑嗜鱼鲙，又不能独食，夫妇常力作供鲙，呼邻母共之。

《后汉书》卷八四

## 六　淳于恭之义行

淳于恭，北海淳于人也。善说《老子》，清静不慕荣名。家有山田果树，人或侵盗，辄助为收采。又见偷刈禾者，恭念其愧，因伏草中，盗去乃起，里落化之。

王莽末，岁饥兵起，恭兄崇将为盗所烹，恭请代，得俱免。后崇卒，恭养孤幼，教诲学问，有不如法，辄反用杖自箠，以感悟之，儿惭而改过。时，百姓莫事农桑，恭常独力田耕，乡人止之曰："时方淆乱，死生未分，何空自苦为？"恭曰："纵我不得，他人何伤。"垦耨不辍。后州郡连召，不应，遂幽居养志，潜于山泽。举动周旋，必由礼度。光武时，郡举孝廉，司空辟，皆不应，客隐琅邪

· 313 ·

黔陬山数十年。

《后汉书》卷三九

## 七　卓茂爱民如子

宛人卓茂，宽仁恭爱，恬荡乐道，雅实不为华貌，行己于清浊之间。自束发至白首，未尝与人有争竞，乡党故旧，能行与茂不同，而皆爱慕焉。哀、平间为密县令，视民如子，举善而教，口无恶言，吏民亲爱，不忍欺之。

人尝有言部亭长受其米肉遗者，茂辟左右问之曰："亭长为从汝求乎？为汝有事嘱之而受乎？将平居自以恩意遗之乎？"人曰："往遗之耳。"茂曰："遗之而受，何故言邪？"人曰："窃闻贤明之君，使人不畏吏，吏不取人。今我畏吏，是以遗之，吏既卒受，故来言耳。"茂曰："汝为敝人矣。凡人所以贵于禽兽者，以有仁爱，知相敬事也。今邻里长老尚致馈遗，此乃人道所以相亲，况吏与民乎？吏顾不当乘威力强请求耳。凡人之生，群居杂处，故有经纪礼义以相交接。汝独不欲修之，宁能高飞远走，不在人间邪？亭长素善吏，岁时遗之，礼也。"于是人纳其训，吏怀其恩。

茂初到县，有所废置，吏民笑之，邻城闻者皆嗤其不能。数年，教化大行，道不拾遗，迁京部丞，密人老少皆涕泣随送。及王莽居摄，以病免归。光武即位，茂时年七十有馀。光武诏曰："夫名冠天下，当受天下重赏。今以茂为太傅，封褒德侯。"

《后汉书》卷二五；《通鉴》卷四〇

## 八　伏湛称民皆饥焉能独饱

伏湛，琅邪人，父名儒，湛少传父业，教授数百人。更始立，以为平原太守。时，天下惊扰，而湛独晏然，教授不废。谓妻子曰："夫一谷不登，国君彻膳；今民皆饥，奈何独饱？"乃共食粗粝，悉分奉禄以赈乡里，来客者百馀家。时门下督素有气力，谋欲为湛起兵，湛恶其惑众，即收斩之，徇首城郭，以示百姓，于是郡内以安。平原一境，湛所全也。

光武即位，知湛名儒旧臣，征拜尚书，使典定旧制。时，大司徒邓禹西征关中，帝以湛才任宰相，拜为司直，行大司徒事，后拜为大司徒。

《后汉书》卷二六

## 九　侯霸政理有能名

侯霸，河南密人也。霸矜严有威容，家累千金，不事产业。笃志好学，师事九江太守房元，治《穀梁春秋》。王莽时，为淮平大尹，政理有能名。

更始元年，遣使征霸，百姓老弱相携号哭，遮使者车，或当道而卧。皆曰："愿乞侯君复留期年。"民至乃戒乳妇勿得举子，侯君当去，必不能全。使者虑霸就征，临淮必乱，不敢授玺书，具以状闻。

光武初年，征霸为尚书令。时无故典，朝廷又少旧臣，霸明习故事，收录遗文，条奏前世善政法度有益于时者，皆施行之。每春下宽大之诏，奉四时之令，皆霸所建也。后代伏湛为大司徒。在位明察守正。

《后汉书》卷二六

## 一〇 樊重好货殖赈宗族

樊重，世善农稼，好货殖。其营理产业，物无所弃，课役童隶，各得其宜，故能上下勠力，财利岁倍，至乃开广田土三百馀顷。其所起庐舍，皆有重堂高阁，陂渠灌注。又池鱼牧畜，有求必给。尝欲作器物，先种梓漆，时人嗤之，然积以岁月，皆得其用，向之笑者咸求假焉。资至巨万，而赈赡宗族，恩加乡闾。外孙何氏兄弟争财，重耻之，以田二顷解其忿讼。县中称美，推为三老。年八十馀终。其素所假贷人间数百万，遗令焚削文契。责家闻者皆惭，争往偿之，诸子从敕，竟不肯受。光武即位，追封重为寿张敬候。

《后汉书》卷三二

## 一一 李通功成身退

李通，南阳宛人也。世以贷殖著姓。通与光武共起事，有战功。光武即位，封固始侯，拜大司农。帝每征讨四方，常令通居守京师，镇百姓，修宫室，起学宫。

通布衣唱义，助成大业。然性谦恭，常欲避权势避荣宠。素有消疾，自为宰相，谢病不视事，连年乞骸骨，帝每优宠之。令以公位归第养疾，通复固辞。积二岁，乃听上大司空印绶，以特进奉朝请。

《后汉书》卷一五

## 一二 邓晨为太守汝土以殷

邓晨，南阳新野人，从光武起事。晨好乐郡职，由是拜为中山太守，吏民称之，常为冀州高第。复为汝南太守。晨兴鸿郤陂数千顷田，汝土以殷，鱼稻之饶，流衍它郡。

《后汉书》卷一五

## 一三 马援不做守财奴

马援少时，以家用不足辞其兄况，欲就边田牧。况曰："汝大才，当晚成，且从所好。"遂之北地田牧。常谓客曰："丈夫为志，穷当益坚，老当益壮。"后有畜数千头，谷数万斛，既而叹曰："凡殖财产，贵其能赈施也，否则守钱虏耳！"乃尽散于亲旧。闻西州上将军隗嚣于天水倾身引接士大夫，往从之。嚣甚敬重，与决筹策。

《通鉴》卷四〇

## 一四　宋弘诫朝廷耽悦郑声

大司空宋弘荐沛国桓谭为议郎、给事中。光武令谭鼓琴，爱其繁声。弘闻之，不悦。伺谭内出，正朝服坐府上，遣使召之。谭至，不与让席，且曰："能自改邪，将令相举以法乎？"谭顿首辞谢，良久，乃遣之。后大会群臣，帝使谭鼓琴，谭见弘，失其常度。帝怪而问之，弘乃离席谢曰："臣所以荐桓谭者，望能以忠正导主，而令朝廷耽悦郑声，臣之罪也。"帝改容谢之。

《通鉴》卷四〇

## 一五　宋弘拒与公主婚

宋弘当宴见，御坐新屏风，图画列女，光武帝数顾视之。弘正容言曰："未见好德如好色者。"帝即为彻之。笑谓弘曰："闻义则服，可乎？"对曰："陛下进德，臣不胜其喜。"

时帝姊湖阳公主新寡，帝与共论朝臣，微观其意。主曰："宋公威容德器，群臣莫及。"帝曰："方且图之。"后弘被引见，帝令主坐屏风后，因谓弘曰："谚言贵易交，富易妻，人情乎？"弘曰："臣闻贫贱之知不可忘，糟糠之妻不下堂。"帝顾谓主曰："事不谐矣。"

《后汉书》卷二六

东汉（公元 25 年至 219 年）

## 一六　马援识别二帝

公孙述，字子阳，于蜀称帝。马援与述少时同里，相善。隗嚣使援往观。援以为既至，当握手欢如平生。而述盛陈陛卫以延援入，交拜礼毕，使出就馆。会百官于宗庙中，礼飨官属甚盛，欲授援大将军位，宾客皆乐留。援晓之曰："天下雌雄未定，公孙不吐哺迎国士，与图成败，反修饰边幅，如偶人形，此子何足久稽天下士乎！"因辞归，谓嚣曰："子阳，井底蛙耳，而妄自尊大，不如专意洛阳。"

嚣乃使援奉书洛阳。光武在宣德殿南庑下，但帻，坐，迎笑，谓援曰："卿遨游二帝间，今见卿，大惭。"援谢曰："当今之世非但君择臣，臣亦择君矣！臣与公孙述同县，少相善，臣前至蜀，述陛戟而后进臣。臣今远来，陛下何知非奸人刺客，而简易若是！"帝复笑曰："卿非刺客，顾说客耳！"援曰："天下反复，盗名字者不可胜数，今见陛下恢廓大度，乃知帝王自有真也。"

马援归陇右，隗嚣问以东方事，曰："前到朝廷，上引见数十，每接燕语，自夕至旦，才明勇略，非人敌也。且开心见诚，无所隐伏，阔达多大节，略与高帝同，经学博览，政事文辨，前世无比。"嚣曰："何如高帝？"援曰："不如也。高帝无可无不可；今上好吏事，动如节度，又不喜饮酒。"嚣意不怿。

《通鉴》卷四一

## 一七　郑兴拒以亲为饵

郑兴求归洛阳以葬父母,隗嚣不听,而徙兴舍,益其秩礼。兴入见曰:"今为父母未葬,乞骸骨;若以增秩徙舍,中更停留,是以亲为饵也,无礼甚矣,将军焉用之!愿留妻子独归葬,将军又何猜焉!"嚣乃令与妻子俱东。马援亦随归洛阳。

《通鉴》卷四一

## 一八　逢萌自称迷路东西

逢萌,北海都昌人也。家贫,给事县为亭长。时尉行过亭,萌候迎拜谒,既而掷楯叹曰:"大丈夫安能为人役哉!"遂去之长安学,通《春秋》经。

北海太守素闻其高,遣吏奉谒致礼,萌不答。太守怀恨而使捕之。吏叩头曰:"子康大贤,天下共闻,所在之处,人敬如父,往必不获,只自毁辱。"太守怒,收之系狱,更发它吏。行至劳山,人果相率以兵弩捍御。吏被伤流血,奔而还。

后,光武诏书征萌,托以老耄,迷路东西,语使者云:"朝廷所以征我者,以其有益于政,尚不知方面所在,安能济时乎?"即便驾归。连征不起,以寿终。

《后汉书》卷八三

## 一九　周党不屈体不受禄

光武诏征处士太原周党、会稽严光等至京师。党入见，不以礼屈，伏而不谒，自陈愿守所志。博士范升奏曰："党等文不能演义，武不能死君，采钓虚名，庶几三公之位。私窃虚名，跨上求高，皆大不敬。"书奏，光武诏曰："自古明王、圣主，必有不宾之士。伯夷、叔齐不食周粟，太原周党不受朕禄，亦各有志焉。其赐四十匹，罢之。"

《通鉴》卷四一

## 二〇　严光耕钓富春山

严光，字子陵，会稽馀姚人也。少有高名，与光武同游学。及光武即位，乃变名姓，隐身不见。帝思其贤，乃令以物色访之。后齐国上言："有一男子，披羊裘钓泽中。"帝疑其光，乃备安车玄纁，遣使聘之。三返而后至。舍于北军。给床褥，太官朝夕进膳。

帝车驾即日幸其馆。光卧不起，帝即其卧所，抚光腹曰："咄咄子陵，不可相助为理邪？"光又眠不应，良久，乃张目熟视，曰："昔唐尧著德，巢父洗耳。士故有志，何至相迫乎！"帝曰："子陵，我竟不能下汝邪？"于是升舆叹息而去。

复引光入，论道旧故，相对累日。帝从容问："朕何如昔时？"对曰："陛下差增于往。"因共偃卧，光以足加帝腹上。明日，太史奏客星犯御坐甚急。帝笑曰："朕故人严子陵共卧耳。"

除为谏议大夫，不屈，乃耕于富春山，年八十终于家。

《后汉书》卷八三

## 二一　井丹不坐人车

井丹，扶风郿人也。少受业太学，通五经，善谈论，性清高，未尝修刺候人。

建武末，沛王辅等五王居北宫，皆好宾客，更遣请丹，不能致。信阳侯阴就，光烈皇后弟也，以外戚贵盛，乃诡说五王，求钱千万，约能致丹，而别使人要劫之。丹不得已，既至，就故为设麦饭葱叶之食。丹推去之，曰："以君侯能供甘旨，故来相过，何其薄乎？"更置盛馔，乃食。及就起，左右进辇。丹笑曰："吾闻桀驾人车，岂此邪？"坐中皆失色。就不得已而令去辇。自是隐闭，不关人事，以寿终。

《后汉书》卷八三

## 二二　高凤诵读不觉潦水流麦

高凤，南阳叶人也。少为书生，家以农亩为业，而专精诵读，昼夜不息。妻尝之田，曝麦于庭，令凤护鸡。时天暴雨，而凤持竿诵经，不觉潦水流麦。妻还怪问，凤方悟之。其后遂为名儒，乃教授于西唐山中。

邻里有争财者，持兵而斗，凤往解之，不已，乃脱巾叩头，固请曰："仁义逊让，奈何弃之！"于是争者怀感，投兵谢罪。

凤年老，执志不倦，名声著闻。太守连召请，恐不得免，自言本巫家，不应为吏，又诈与寡嫂讼田，遂不仕。隐身渔钓，终于家。

《后汉书》卷八三

## 二三　赵憙济活诸妇

赵憙，南阳宛人也。少有节操。憙尝为赤眉兵所围，迫急，乃逾屋亡走，与所友善韩仲伯等数十人，携小弱，越山阻，径出武关。仲伯以妇色美，虑有强暴者，而已受其害，欲弃之于道。憙责怒不听，因以泥涂伯仲妇面，载以鹿车，身自推之。每道逢贼，或欲逼略，憙辄言其病状，以此得免。遇更始亲属，皆裸跣涂炭，饥困不能前。憙见之悲感，所装缣制资粮，悉以与之，将护归乡里。

光武帝尝延集内戚宴会，欢甚，诸夫人各各前言："赵憙笃义多恩，往遭赤眉出长安，皆为憙所济活。"帝甚嘉之。后征憙入为太仆，引见谓曰："卿非但为英雄所保也，妇人亦怀卿之恩。"厚加赏赐，拜太尉，赐爵关内侯。卒年八十四。

《后汉书》卷二六

## 二四　崔篆有善政

王莽欲以崔篆为建新大尹，篆不得已，乃叹曰："吾生无妄之世，值浇、羿之君，上有老母，下有兄弟，安得独洁己而危所生哉！"乃遂单车到官，称疾不视事，三年不行县。门下掾谏，篆乃强起班春。所至之县，狱犴填满。篆垂涕曰："嗟乎！刑罚不中，乃陷人于阱。此皆何罪，而至于是！"遂平理，所出二千馀人。掾吏叩头谏曰："朝廷初政，州牧峻刻。宥过申枉，诚仁者之心；然独为君子，将有悔乎！"篆曰："邾文公不以一人易其身，君子谓之知命。如杀一大尹赎二千人，盖所愿也。"遂称疾去。建武初，朝廷多荐言之者，幽州刺史又举篆贤良。篆自以宗门受莽伪宠，惭愧汉朝，遂辞归不仕。客居荥阳，闭门潜思，著《周易林》六十四篇，用决吉凶，多所占验。

《后汉书》卷五二

## 二五　冯良耻为县吏

冯良，出于孤微，少作县吏。年三十，为尉从佐。奉檄迎督邮，即路慨然，耻在厮役，因坏车杀马，毁裂衣冠，乃遁至犍为。妻子求索，踪迹断绝。后乃见草中有败车死马，衣裳腐朽，谓为虎狼盗贼所害，发丧制服。积十许年，乃还乡里。

《后汉书》卷五三

东汉（公元 25 年至 219 年）

## 二六　冯异愿光武无忘河北之难

初，王郎起事，光武自蓟东南驰，晨夜草舍，至饶阳无萎亭。时天寒烈，众皆饥疲，冯异上豆粥。明旦，光武谓诸将曰："昨得公孙豆粥，饥寒俱解。"及至南宫，遇大风雨，光武引车入道傍空舍，异抱薪，邓禹热火，光武对灶燎衣。异复进麦饭兔肩。因复渡滹沱河至信都，使异别收河间兵。还，拜偏将军。从破王郎，封应侯。

及建武六年，冯异自长安入朝，帝谓公卿曰："是我起兵时主薄也，为吾披荆棘，定关中。"既罢，赐珍宝、钱帛，诏曰："仓猝芜萎亭豆粥，滹沱河麦饭，厚意久不报。"异稽首谢曰："臣闻管仲谓桓公曰，愿君无忘射钩，臣无忘槛车，齐国赖之。臣亦愿国家无忘河北之难，小臣不敢忘巾车之恩。"

《后汉书》卷一七；《通鉴》卷四二

## 二七　岑熙无为而化

岑熙少为侍中、虎贲中郎将，朝廷多称其能。迁魏郡太守，招聘隐逸，与参政事，无为而化。视事二年，舆人歌之曰："我有枳棘，岑君伐之。我有蟊贼，岑君遏之。狗吠不惊，足下生氂。含哺鼓腹，焉知凶灾？我喜我生，独丁斯时。美矣岑君，於戏休兹！"

《后汉书》卷一七

## 二八　贾复勇冠诸将

贾复，南阳冠军人也。少好学，习《尚书》。光武至信都，以复为偏将军。及拔邯郸，迁都护将军。从击青犊于射犬，大战至日中，阵坚不却。光武传召复曰："吏士皆饥，可且朝饭。"复曰："先破之，然后食耳！"于是被羽先登，所向皆靡，贼乃败走。诸将咸服其勇。又北与五校战于真定，大破之。复伤创甚。光武大惊曰："我所以不令贾复别将者，为其轻敌也。果然，失吾名将。闻其妇有孕，生女邪，我子娶之，生男邪，我女嫁之，不令其忧妻子也。"复病寻愈，追及光武于蓟，相见甚欢，大飨士卒。

光武即位，拜为执金吾，封冠军侯。复从征伐，未尝丧败，数与诸将溃围解急，身被十二创。帝以复敢深入，希令远征，而壮其勇节，常自从之，故复少方面之勋。诸将每论功自伐，复未尝有言。帝辄曰："贾君之功，我自知之。"

建武十三年，定封胶东侯。复知帝欲偃干戈，修文德，不欲功臣拥众京师，乃与高密侯邓禹并削除甲兵，敦儒学。帝深然之。复为人刚毅方直，多大节。既还私第，阖门养威重。朱祐等荐复宜为宰相，帝方以吏事责三公，故功臣并不用。

《后汉书》卷一七

东汉（公元 25 年至 219 年）

## 二九　王丹好施周急

王丹，京兆下邽人也。王莽时，连征不至。家累千金，隐居养志，好施周急。每岁农时，辄载酒肴于田间，候勤者而劳之。其堕懒者，耻不致丹，皆兼功自厉。邑聚相率，以致殷富。其轻黠游荡废业为患者，辄晓其父兄。没者则赙给，亲自将护。其有遭丧忧者，辄待丹为办，乡邻以为常。行之十馀年，其化大洽，风俗以笃。

丹资性方洁，疾恶强豪。时，河南太守同郡陈遵，关西之大侠也。其友人丧亲，遵为护丧事，赙助甚丰。丹乃怀缣一匹，陈之于主人前，曰："如丹此缣，出自机杼。"遵闻而有惭色。自以知名，欲结交于丹，丹拒而不许。

会前将军邓禹西征关中，军粮乏，丹率宗族上麦二千斛。禹表丹领左冯翊，称疾不视事，免归。后征为太子少傅。

客初有荐士于丹者，因选举之，而后所举者陷罪，丹坐以免。客惭惧自绝，而丹终无所言。寻复征为太子太傅，乃呼客谓曰："子之自绝，何量丹之薄也？"不为设食以罚之，相待如旧。其后逊位，卒于家。

《后汉书》卷二七

## 三〇　李忠治丹阳

李忠从光武征战。建武二年，封中水侯，拜五官中郎将。六年,迁丹阳太守。是时,海内新定,南方海滨江淮,多拥兵据土。忠到郡,招怀降附,其不服者悉诛之,旬月皆平。忠以丹阳越俗不好学,嫁娶礼仪,衰于中国,乃为起学校,习礼容,春秋乡饮,选用明经,郡中向慕之。垦田增多,三岁间流民占著者五万馀口。十四年,三公奏课为天下第一,迁豫章太守。

《后汉书》卷二一

## 三一　朱祐以定城邑为本

朱祐从光武征战,拜为建义大将军,封堵阳侯。祐为人质直,尚儒学。将兵率众,多受降,以克定城邑为本,不存首级之功。又禁制士卒不得虏掠百姓,军人乐放纵,多以此怨之。建武十五年,朝京师,祐奏古者人臣受封,不加王爵,可改诸王为公。帝即施行。又奏宜令三公并去"大"名,以法经典。后遂从其议。

祐初学长安时,光武常与共车而出,共买蜜合药,后追念之,乃赐祐白蜜一石,问何如在长安共买蜜乎?以有旧恩,数蒙赏赐。

《后汉书》卷二一;《东观汉记》卷一一

## 三二　景丹封栎阳侯

景丹,冯翊栎阳人也。从光武征战,建武二年,定封栎阳侯。帝谓丹曰："今关东故王国，虽数县，不过栎阳万户邑。夫'富贵不归故乡，如衣绣夜行'，故以封卿耳。"丹顿首谢。

《后汉书》卷二二

## 三三　光武与诸侯宴语

光武与功臣诸侯宴语，从容言曰："诸卿不遭际会，自度爵禄何所至乎？"高密侯邓禹先对曰："臣少尝学问，可郡文学博士。"帝曰："何言之谦乎！卿邓氏子，志行修整，何为不掾功曹？"馀各以次对，至杨虚侯马武，曰："臣以武勇，可守尉督盗贼。"帝笑曰："且勿为盗贼，自致亭长，斯可矣。"武为人嗜酒，阔达敢言，时醉在御前面折同列，言其短长，无所避忌，帝故纵之，以为笑乐。

《后汉书》卷二二

## 三四　光武省减吏员

光武诏曰："夫张官置吏，所以为民也。今百姓遭难，户口耗少，而县官吏职，所置尚繁，其令司隶、州牧各实所部，省减吏员，县国不足置长吏者并之。"于是并四百馀县，吏职减损，十置其一。

执金吾朱浮上疏曰："盖以为天地之功不可仓猝，艰难之业当累以时日。而间者守宰数见换易，迎新相代，疲劳道路。寻其视事日浅，未足昭见其职，既加严切，人不自保，迫于举劾，惧于刺讥，故争饰诈伪以希誉。夫物暴长者必夭折，功猝成者必亟坏。愿陛下游意于经年之外，望治于一世之后，天下幸甚！"帝采其言。

《通鉴》卷四二

## 三五　光武好图谶

光武好图谶，与郑兴议郊祀事，曰："吾欲以谶断之，何如？"对曰："臣不为谶！"帝怒曰："卿不为谶，非之邪？"兴曰："臣于书有所未学，而无非也。"帝意乃解。

《通鉴》卷四二

## 三六　马援陈灭嚣之策

马援闻隗嚣欲贰于汉，数以书责之，嚣得书增怒。及嚣发兵反，援乃上书陈灭嚣之策。光武使援将兵五千，往来游说嚣将归汉。

帝自将征嚣，光禄勋郭宪谏曰："东方初定，东驾未可远征。"帝召马援问，援因说嚣将有土崩之势，兵进有必破之状；又聚米为山谷，指画形势，开示众军所从道径，往来分析，昭然可晓。帝曰："虏在吾目中矣！"遂进军。嚣大将十三人、属县十六、众十余万皆降。使岑彭、耿弇等围西城、上邽。

颍川盗贼群起，京师骚动。帝闻之曰："吾悔不用郭子横之言。"帝日夜东驰，赐岑彭等书曰："两城若下，便可将兵南击蜀。人苦不知足，既平陇，复望蜀。每一发兵，头须为白！"

《通鉴》卷四二

## 三七　寇恂斩来使迫降高峻

隗嚣将高峻，拥兵万人，据高平坚守。建威大将军耿弇等围之，一岁不拔。光武帝入关，将自征之，寇恂时从驾，谏止，帝不从。进军及汧，峻犹不下，帝遣恂使说降之。

恂奉玺书至，峻遣军师皇甫文出谒，辞礼不屈。恂怒，将诛文。诸将谏曰："高峻精兵万人，率多强弩，西遮陇道，连年不下。今欲降之而反戮其使，无乃不可乎？"恂不应，遂斩之。遣其副归告峻曰："军师无礼，已戮之矣。欲降，急降；不欲，固守。"峻惶恐，即日开城门降。诸将皆贺，因曰："敢问杀其使而降其城，何也？"恂曰："皇甫文，峻之腹心，其所取计者也。今来，辞意不屈，必无降心。全之则文得其计，杀之则峻亡其胆，是以降耳。"诸将皆曰："非所及也。"遂传峻还洛阳。

恂经明行修，名重朝廷，所得秩奉，厚施朋友、故人及从吏士。常曰："吾因士大夫以致此，其可独享之乎！"时人谓其长者，以为有宰相器。

《后汉书》卷一六

## 三八　来歙临终上表

来歙，南阳新野人。数使隗嚣，欲说其归汉，未成。然歙为人有信义，言行不违，及往来游说，皆可案复，西州士大夫皆信重之，多为其言，故得免而东归。

歙与盖延等进攻公孙述将王元，陷之，乘胜遂进。蜀人大惧，使刺客刺歙，未殊，驰召盖延。延见歙，因伏悲哀，不能仰视。歙叱延曰："欲相嘱以军事，而反效儿女子涕泣乎！刃虽在身，不能勒兵斩公耶！"延收泪强起，受所诫。歙自书表曰："臣夜人定后，为人所贼伤，中臣要害。臣不敢自惜，诚恨奉职不称，以为朝廷羞。太中大夫段襄，骨鲠可任，愿陛下裁察。又臣兄弟不肖，终恐被罪，陛下哀怜，数赐教督。"投笔抽刃而绝。

《后汉书》卷一五

## 三九　岑彭遇刺被害

岑彭伐蜀，大胜。公孙述使刺客诈为亡奴，降岑彭，夜，刺杀彭。太中大夫监军郑兴领其营，以俟吴汉至而授之。彭持军整齐，秋毫无犯。邛谷王任贵闻彭威信，数千里遣使迎降。会彭已被害，光武尽以任贵所献，赐彭妻子。蜀人为立庙祠之。

《通鉴》卷四二

东汉（公元 25 年至 219 年）

## 四〇　光武谴责吴汉刘尚

吴汉攻破成都，公孙述战死。吴汉夷述妻子，尽灭公孙氏，放兵大掠，焚述宫室。光武闻之怒，以谴吴汉。又让其副将刘尚曰："城降三日，吏民从服，孩儿老母，口以万数，一旦放兵纵火，闻之可为酸鼻。尚宗室子弟，更尝吏职，何忍行此！仰视天，俯视地，观放麑啜羹，二者孰仁？良失斩将吊民之义也！"

《通鉴》卷一三

## 四一　李业不奉诏饮毒而死

李业，广汉梓潼人也。少有志操，习《鲁诗》。及公孙述僭号，素闻业贤，征之，欲以为博士，业固疾不起。述羞不致之，乃使大鸿胪尹融持毒酒、奉诏命以劫业：若起，则受公侯之位；不起，赐之以药。业乃叹曰："危国不入，乱国不居。亲于其身为不善者，义所不从。君子见危授命，何乃诱以高位重饵哉？"融见业辞志不屈，复曰："宜呼室家计之。"业曰："丈夫断之于心久矣，何妻、子之为？"遂饮毒而死。

《后汉书》卷八一

## 四二　张堪才兼文武秋毫无私

张堪，南阳宛人也。年十六，受业长安，志美行厉，诸儒号曰"圣童"。

光武即位，召拜蜀郡太守，从吴汉伐公孙述。时汉军馀七日粮，阴具船欲遁去。堪闻之，驰往见汉，说述必败，不宜退师之策。汉从之，乃示弱挑敌，述果自出，战死城下。成都既拔，堪先入据其城，捡阅库藏，收其珍宝，悉条列上言，秋毫无私。慰抚吏民，蜀人大悦。

后拜渔阳太守。捕击奸猾，赏罚必信，吏民皆乐为用。匈奴尝以万骑入渔阳，堪率数千骑奔击，大破之，郡界以静。乃于狐奴开稻田八千馀顷，劝民耕种，以致殷富。百姓歌曰："桑无附枝，麦穗两歧。张君为政，乐不可支。"视事八年，匈奴不敢犯塞。

帝尝召见诸郡计吏，问其风土及前后守令能否。蜀郡计掾樊显进曰："渔洋太守张堪昔在蜀，其仁以惠下，威能讨奸。前公孙述破时，珍宝山积，捲握之物，足富十世，而堪去职之日，乘折辕车，布被囊而已。"帝闻，良久叹息。

《后汉书》卷三一

## 四三　窦融不自安数上书辞职

窦融本臣属隗嚣，后率五郡太守及羌小月氏等，步骑数万，辎重五千馀辆，投汉。融先遣从事问会见礼仪，光武甚善之，以宣告百僚。乃置酒高会，引见融等，待以殊礼。拜弟友为奉车都尉，从弟士太中大夫。遂共进军，嚣众大溃，城邑皆降。帝高融功，下诏以安丰、阳泉、蓼、安风四县封融为安丰侯，弟友为显亲侯。遂以次封诸将帅。封爵既毕，乘舆东归，悉遣融等西还所镇。

融以兄弟并受爵位，久专方面，惧不自安，数上书求代。诏报曰："吾与将军如左右手耳，数执谦退，何不晓人意？勉循士民，无擅离部曲。"

及陇、蜀平，诏融与五郡太守奏事京师。融到，诣洛阳城门，上凉州牧、张掖属国都尉、安丰侯印绶，诏遣使者还侯印绶。引见，就诸侯位，赏赐恩宠，倾动京师。数月，拜为冀州牧，十馀日，又迁大司空。融自以非旧臣，一旦入朝，在功臣之右，每召会进见，容貌辞气卑恭已甚，帝以此愈亲厚之。融小心，久不自安，数辞让爵位，不许。融不敢重陈请。卒年七十八。

《后汉书》卷二三

## 四四　孔奋力行清洁

孔奋，字君鱼，扶风茂陵人也。奋少从刘歆受《春秋左氏传》，歆称之，谓门人曰："吾已从君鱼受道矣。"

建武五年，河西大将军窦融请奋署议曹掾，守姑臧长。时天下扰乱，惟河西独安，而姑臧称为富邑，通货羌胡，市日四合，每居县者，不盈数月辄致丰积。奋在职四年，财产无所增。事母孝谨，虽为俭约，奉养极求珍膳。躬率妻、子，同甘菜茹。时天下未定，士多不修节操，而奋力行清洁，为众人所笑，或以为身处脂膏，不能以自润，徒益苦辛耳。奋既立节，治贵仁平，太守梁统深相敬待，不以官属礼之，常迎于大门，引入见母。

陇蜀既平，河西守令咸被征召，财货连毂，弥竟川泽。惟奋无资，单车就路。姑臧吏民及羌胡更相谓曰："孔君清廉仁贤，举县蒙恩，如何今去，不共报德！"遂相赋敛牛、马、器物千万以上，追送数百里。奋谢之而已，一无所受。

《后汉书》卷三一

## 四五　光武痛悼祭遵

颍阳成侯祭遵卒于军。遵为人，廉约小心，克己奉公，赏赐尽与士卒；约束严整，所在吏民不知有军。临终，遗诫薄葬，问以家事，终无所言。帝悼之尤甚。遵丧至河南，车驾素服临之，望哭哀恸；至葬，复临之；既葬，临其坟，存见夫人、家室。其后朝会，帝每叹曰："安得忧国奉公如祭征虏者乎！"卫尉铫期曰："陛下至仁，哀念祭遵不已，群臣各怀惭惧。"

《通鉴》卷四二

## 四六　铫期称不宜封子

铫期重于信义，自为将，有所降下，未尝虏掠。及在朝廷，忧国爱主，其有不得于心，必犯颜谏诤。光武帝尝轻与期出，期顿首车前曰："臣闻古今之戒，变生不意，诚不愿陛下微行数出。"帝为之回舆而还。

期疾笃，母问期当封何子，期言："受国家深恩，如死不知当何以报国，何宜封子也！"上甚怜之。

《后汉书》卷二〇；《东观汉记》卷一〇

## 四七 贵戚敛手避二鲍

赵王刘良入夏城门，与中郎将张邯争道，叱邯旋车；又诘责门侯，使前走数十步。司隶校尉鲍永劾奏"良无藩臣礼，大不敬"。良尊戚贵重，而永劾之，朝廷肃然。永辟鲍恢为都官从事，恢亦抗直，不避强御。光武常曰："贵戚且敛手以避二鲍。"

《通鉴》卷四二

## 四八 马援治陇西

参狼羌等犯武都，陇西太守马援击破之，降者万馀人，于是陇右清静。援务开恩信，宽以待下，任吏以职，但总大体。诸曹时白外事，援辄曰："此丞、掾之任，何足相烦！颇哀老子，使得遨游，若大姓侵小民，黠吏不从令，此乃太守事耳。"

傍县尝有报仇者，吏民惊言羌反，百姓奔入城，狄道长诣门，请闭城发兵。援时与宾客饮，大笑曰："何敢犯我！晓狄道长，归守寺舍，良怖急者，可床下伏！"后稍定，郡中服之。

《通鉴》卷四三

## 四九　卫飒治桂阳

卫飒，河内修武人也。家贫好学问，随师无粮，常佣以自给。建武二年，辟大司徒邓禹府。迁桂阳太守。郡与交州接境，颇染其俗，不知礼则。飒下车，修庠序之教，设婚姻之礼。期年间，邦俗从化。

含洭、浈阳、曲江三县，越之故地，属桂阳。民居深山，滨溪谷，习其风土，不出田租。去郡远者，或且千里。吏事往来，辄发民乘船，名曰"传役"。每一吏出，谣及数家，百姓苦之。飒乃凿山通道五百馀里，列亭传，置邮驿。于是役省劳息，奸吏杜绝。流民稍还，渐成聚邑，使输租赋，同之平民。又耒阳县出铁石，他郡民庶常依因聚会，私为冶铸，遂招来亡命，多致奸盗。飒乃上起铁官，罢斥私铸，岁所增入五百馀万。飒理恤民事，居官如家，其所施政，莫不合于物宜。视事十年，郡内清理。

《后汉书》卷七六

## 五〇　茨充教民桑蚕织履

光武时，茨充为桂阳太守。其地俗不种桑，无蚕织丝麻之利，盛冬皆以火燎足，多剖裂血出，春温或脓溃。充令属县教民种桑柘、养蚕、织履，复令种纻麻。数年之间，人赖其利，衣履温暖。

《东观汉记》卷一八

## 五一　任延治九真武威

任延，南阳宛人也。年十二，为诸生，学于长安，明《诗》《易》《春秋》，显名太学，学中号为"任圣童"。

建武初，诏征为九真太守。九真俗以射猎为业，不知牛耕，民常告籴交阯，每致困乏。延乃令铸作田器，教之垦辟。田畴岁岁开广，百姓充给。民无嫁娶礼法，不识父子之性，夫妇之道。延乃移书属县，各使男年二十至五十，女年十五至四十，皆以年齿相配。其贫无礼娉，令长吏以下各省奉禄以赈助之。同时相娶者二千馀人。是岁风雨顺节，谷稼丰衍。其产子者，始知种姓。咸曰："使我有是子者，任君也。"多名子为"任"。

迁武威太守。既之武威，时将兵长史田绀，郡之大姓，其子弟宾客为人暴害。延收绀系之，父子宾客伏法者五六人。绀少子尚乃聚会轻薄数百人，自号将军，夜来攻郡。延即发兵破之。自是威行境内，吏民累息。河西旧少雨泽，乃为置水官吏，修理沟渠，皆蒙其利。又造立校官，自掾吏子孙，皆令诣学受业，复其徭役。章句既通，悉显拔荣进之。郡遂有儒雅之士。

光武以任延为武威太守，帝亲见，诫之曰："善事上官，无失名誉。"延对曰："臣闻忠臣不和，和臣不忠。履正奉公，臣子之节。上下雷同，非陛下福。善事上官，臣不敢奉诏。"帝叹息曰："卿言是也。"

《后汉书》卷七六；《通鉴》卷四三

## 五二　光武善待功臣

光武在兵间久，厌武事，且知天下疲耗，思乐息肩，自陇蜀平后，非警急，未尝复言军旅。皇太子尝问攻战之事，帝曰："此非尔所及。"

邓禹等知帝偃干戈，修文德，不欲功臣拥众京师，乃去甲兵，敦儒学。帝亦欲完功臣爵土，不令以吏职为过，遂罢左右将军官。耿弇等亦上大将军、将军印绶，皆以列侯就第，加位特进，奉朝请。

帝虽制御功臣，而每能回护，宥其小失。远方贡珍甘，必先遍赐诸侯。故皆保其福禄，无诛谴者。

《通鉴》卷四三

## 五三　郅恽拒不开关

异国有献名马者，日行千里；又进宝剑，价值百金。光武诏以剑赐骑士，马驾鼓车。

尝出猎，车驾夜还，上东门候汝南郅恽拒关不开。上令从者见面于门间，恽曰："火明辽远。"遂不受诏。上乃回，从东中门入。明日，赐恽布百匹，贬东中门侯为参封尉。

《通鉴》卷四三

## 五四　韩歆以直谏死

大司徒韩歆好直言，无隐讳，光武不能容。尝因朝会，帝读隗嚣、公孙述相与书，歆曰："亡国之君皆有才，桀、纣亦有才。"上大怒，以为激发。又，歆于上前证岁将饥凶，指天画地，言甚刚切。坐免归故里。光武犹不释，复遣使宣诏责之，歆及子皆自杀。歆死非其罪，众多不满。帝乃追赐钱谷，以成礼葬之。

《东观汉记》卷一三；《通鉴》卷四三

## 五五　帝城帝乡不可问

光武以天下垦田多不以实自占，又户口、年纪互有增减，乃诏州郡检核。于是刺史、太守多为诈巧，以度田为名，聚民田中，并度庐屋，民遮道啼呼；或优饶豪右，侵刻贫弱。

或云："颍川、弘农可问，河南、南阳不可问。"帝问："何故？"时东海公刘阳年十二，在幄后对曰："河南帝城，多近臣；南阳帝乡，多近亲；田宅逾制，不可为准。"

《通鉴》卷四三

## 五六　强项令董宣

陈留董宣为洛阳令。湖阳公主苍头白日杀人，因匿主家，吏不能得。及主出行，以奴骖乘，宣于夏门亭候之，驻车扣马，大言数主之失，叱奴下车，因格杀之。主即还宫诉，光武大怒，召宣，欲棰杀之。宣叩头曰："愿乞一言而死。"帝曰："欲何言？"宣曰："陛下圣德中兴，而纵奴杀人，将何以治天下乎？臣不须棰，请得自杀。"即以头击地，流血被面。帝令小黄门持之，使宣叩头谢主，宣不从，强使顿之，宣两手据地，终不肯俯。主曰："文叔为白衣时，藏亡匿死，吏不敢至门；今为天子，威不能行一令乎？"帝笑曰："天子不与白衣同。"因敕："强项令出！"赐钱三十万，宣悉以颁诸吏。由是能搏击豪强，京师莫不震栗。

《通鉴》卷四三

## 五七　吴汉隐若敌国

吴汉，南阳人也，质厚少文，造次不能以辞语自达。性强力，每从征伐，光武未安，常侧足而立。诸将见战阵不利，或多惶惧，失其常度，汉意气自若，方整厉器械，激扬吏士。帝时遣人观大司马何为，还言方修战攻之具，乃叹曰："吴公差强人意，隐若一敌国矣！"每当出师，朝受诏，夕则引道。及在朝廷，斤斤谨质，形于体貌。汉尝出征，妻子在后置田业，汉还，让之曰："军师在外，吏士不足，何多贾田宅乎！"遂尽以分与外家、昆弟。汉病笃，车驾亲临，问所欲言，对曰："臣愚，无所知识，惟愿陛下慎无赦而已。"

《东观汉记》卷一〇；《通鉴》卷四三

## 五八　刘昆如实而言

陈留刘昆为江陵令，县有火灾，昆向火叩头，火寻灭；后为弘农太守，虎皆负子渡河。光武闻而异之，征昆为光禄勋。帝问昆曰："前在江陵，反风灭火，后守弘农，虎北渡河，何德政而致是事？"对曰："偶然耳。"左右皆笑，帝叹曰："此乃长者之言也。"顾命书之史册。

《通鉴》卷四三

## 五九　马援诫兄子书

拜马援为伏波将军，南击交趾。马援兄子严、敦并喜讥议，通豪侠，援万里为书诫之曰："吾欲汝曹闻人过失，如闻父母之名，耳可得闻，口不可得言。好议论人长短，此吾所大恶也。龙伯高敦厚周慎，口无择言，谦约节俭，廉公有威，吾爱之重之，愿汝曹效之；杜季良豪侠好义，忧人之忧，乐人之乐，吾爱之重之，不愿汝曹效也。效伯高不得，犹为谨敕之士，所谓'刻鹄不成尚类鹜'者也；效季良不得，陷为天下轻薄子，所谓'画虎不成反类狗'者也。"

《通鉴》卷四四

## 六〇　马援诫游侠通贵戚

马援兄子婿王磐，平阿侯王仁之子也。王莽败，磐拥富赀为游侠，有名江淮，后游京师，与诸贵戚友善。援谓姊子曹训曰："王氏，废姓也。子石当屏居自守，而反游京师长者，用气自行，多所陵折，其败必也。"后岁馀，磐坐事死。磐子肃复出入王侯邸第。马援谓司马吕种曰："诸王若多通宾客，则大狱起矣。卿曹诫慎之！"有上书告肃等受诛之家，为诸王宾客，虑因事生乱。诏郡县收捕诸王宾客，更相牵引，死者千数，吕种亦与其祸，临命叹曰："马将军诚神人也！"

《通鉴》卷四四

## 六一　马援被陷妻子诉冤

马援征为虎贲中郎将，还京师，数被进见。为人明须发，眉目如画，娴于进对，尤善述前世行事。每言及三辅长者，下至闾里少年，皆可观听。自皇太子、诸王侍闻者，莫不属耳忘倦。又善兵策，光武常言"伏波论兵，与我意合"，每有所谋，未尝不用。

援尝曰："方今匈奴、乌桓尚扰北边，欲自请击之。

东汉（公元 25 年至 219 年）

男儿要当死于边野，以马革裹尸还葬耳，何能卧床上在儿女子手中邪！"

援谓黄门郎梁松、窦固曰："凡人为贵，当使可贱，如卿等欲不可复贱，居高坚自持，勉思鄙言。"松后果以贵满致灾，固亦几不免。

援尝有疾，梁松来候之，独拜床下，援不答。松去后，诸子问曰："梁伯孙帝婿，贵重朝廷，公卿已下莫不惮之，大人奈何独不为礼？"援曰："我乃松父友也。虽贵，何得失其序乎？"松由是恨之。

会援征武陵五溪病卒，松遂因事陷之。光武怒，收援新息侯印绶。

初，援在交阯，常饵薏苡实，用能轻身省欲，以胜瘴气。南方薏苡实大，援欲以为种，军还，载之一车。时人以为南土珍怪，权贵皆望之。援时方有宠，故莫以闻。及卒后，有上书谮之者，以为前所载还，皆明珠文犀，帝益怒。援妻孥惶惧，不敢以丧还旧茔，裁买城西数亩地槁葬而已。宾客故人莫敢吊会。援兄子严与援妻子草索相连，诣阙请罪。帝乃出松书以示之，方知所坐，上书诉冤，前后六上，辞甚哀切，然后得葬。

《后汉书》卷二四

## 六二　光武欲以柔道治天下

光武至章陵，修园庙，祠旧宅，置酒作乐。时宗室诸母酣悦相与语曰："文叔少时谨信，与人不款曲，唯直柔耳，今乃能如此！"帝闻之，大笑曰："吾治天下，亦欲以柔道行之。"

光武至南阳，进南顿县舍，置酒会，赐吏民，复南顿田租一岁。父老前叩头曰："皇考居此日久，陛下每来辄加厚恩，愿赐复十年。"帝曰："天下重器，常恐不任，日复一日，敢远期十岁乎！"吏民又言："陛下实惜之，何言谦也！"帝大笑，复增一岁。

《通鉴》卷四三

## 六三　郭伋谏不宜专用南阳人

郭伋，扶风茂陵人也。王莽时为上谷大尹，迁并州牧。

光武时为中山太守、渔阳太守，后调伋为并州牧。过京师谢恩，帝即引见，并召皇太子诸王宴语终日。伋因言选补众职，当简天下贤俊，不宜专用南阳人。帝纳之。伋前在并州，素结恩德，及后入界，所到县邑，老幼相携，逢迎道路。所过问民疾苦，聘求耆德雄俊，设几杖之礼，朝夕与参政事。

始至行部，到西河美稷，有童儿数百，各骑竹马，道次迎拜。伋问："儿曹何自远来？"对曰："闻使君到，喜，故来奉迎。"伋辞谢之。及事讫，诸儿复送至郭外，问："使君何日当还？"伋谓别驾从事，计日告之。行部既还，先期一日，伋为违信于诸儿，遂止于野亭，须期乃入。

《后汉书》卷三一

东汉（公元 25 年至 219 年）

## 六四　杜诗造作水排铸为农器

南阳太守杜诗，性节俭而治清平，以诛暴立威信，善于计略，省爱民役。造作水排，铸为农器，用力省，见功多。

《东观汉记》卷一四

## 六五　张湛矜严好礼

张湛，扶风平陵人也。矜严好礼，动止有则，居处幽室，必自修整，虽遇妻子，若严君焉。及在乡党，详言正色，三辅以为仪表。人或谓湛伪诈，湛闻而笑曰："我诚诈也。人皆诈恶，我独诈善，不亦可乎？"

光武临朝，或有惰容，湛辄陈谏其失。常乘白马，帝每见湛，辄言"白马生且复谏矣"。拜光禄大夫、太子太傅。后称疾不朝，帝强起湛任大司徒。湛至朝堂，遗失溲便，因自陈疾笃，不能复任朝事，遂罢之。卒于家。

《后汉书》卷二七

## 六六　范迁有清行

范迁有清行，代为司徒。迁，沛国人，初为渔阳太守，以智略安边，匈奴不敢入界。及在公辅，有宅数亩，田不过一顷，复推与兄子。其妻尝谓曰："君有四子而无立锥之地，可馀奉禄，以为后世业。"迁曰："吾备位大臣而蓄财求利，何以示后世！"在位四年卒，家无担石焉。

《后汉书》卷二七

## 六七　解经不穷戴侍中

戴凭，汝南平舆人也。习《京氏易》。年十六，郡举明经，征试博士，拜郎中。

时，诏公卿大会，群臣皆就席，凭独立。光武问其意。凭对曰："博士说经皆不如臣，而坐居臣上，是以不得就席。"帝即召上殿，令与诸儒难说，凭多所解释。帝善之，拜为侍中，数进见问得失。正旦朝贺，百僚毕会，帝令群臣能说经者更相难诘，义有不通，辄夺其席以益通者，凭遂重坐五十馀席。故京师为之语曰"解经不穷戴侍中"。在职十八年，卒于官，诏赐东园梓器，钱二十万。

孙期，习《京氏易》《古文尚书》。家贫，事母至孝，牧豕于大泽中，以奉养焉。远人从其学者，皆执经垄畔以追之，里落化其仁让。黄巾起，过期里陌，相约不犯孙先生舍。郡举方正，遣吏赍羊、酒请期，期驱豕入草不顾。司徒黄琬特辟，不行，终于家。

《后汉书》卷七九上

## 六八　欧阳歙因赃罪死

欧阳歙传伏生《尚书》，光武时拜扬州牧，迁汝南太守，推用贤俊，政称异迹，更封夜侯。

歙在郡，教授数百人，视事九岁，征为大司徒。坐在汝南赃罪千馀万发觉下狱。诸生守阙为歙求哀者千馀人，至有自髡剔者。平原礼震，年十七，闻狱当断，驰之京师，行到河内获嘉县，自系，上书求代歙死。书奏，而歙已死狱中。歙掾陈元上书追讼之，言甚切至，帝乃赐棺木，赠印绶，赙缣三千匹。

《后汉书》卷七九上

## 六九　阴兴让爵禄

阴兴，光烈皇后母弟也，为人有膂力。建武二年，为黄门侍郎，典将武骑，从征伐，平定郡国。光武所幸之处，辄先入清宫，甚见亲信。虽好施接宾，然门无侠客。与张宗、鲜于裒不相好，知其有用，犹称所长而达之；友人张汜与兴厚善，以为华而少实，但私之以财，终不为言：是以世称其忠平。

迁侍中，赐爵关内侯。帝后召兴，欲封之，置印绶于前，兴固让曰："臣未有先登陷阵之功，不可复加。"帝嘉兴之让，不夺其志。

兴尝曰："富贵有极，人当知足，夸奢益为观听所讥。"后帝又欲以兴代吴汉为大司马，兴叩头流涕，固让曰："臣不敢惜身，诚亏损圣德，不可苟冒。"至诚发中，感动左右，帝遂听之。

《后汉书》卷三二

## 七〇　虞延执法不受请托

细阳令虞延，每至岁时伏腊，辄休遣徒系，各使归家，并感其恩德，应期而还。有因于家被病，自载诣狱，既至而死，延率掾吏，殡于门外，百姓感悦之。

迁洛阳令。是时，阴氏有客马成者，常为奸盗，延收考之。阴氏屡请，获一书辄加笞二百。信阳侯阴就乃诉光武，谮延多所冤枉。帝临御道之馆，亲录囚徒。延陈其狱状可论者在东，无理者居西。成乃回欲趋东，延前执之，谓曰："尔人之巨蠹，久依城社，不畏熏烧。今考实未竟，宜当尽法！"成大呼称枉，陛戟郎以戟刺延，叱使置之。帝知延不私，谓成曰："汝犯王法，身自取之！"呵使速去。后数日伏诛，于是外戚敛手，莫敢干法。

《后汉书》卷三三

## 七一　杨政学《易》果敢自矜

杨政，字子行，京兆人也。少好学，从范升受《梁丘易》，善说经书。京师为之语曰："说经铿铿杨子行。"教授数百人。为人嗜酒，不拘小节，果敢自矜，然笃于义。

时，帝婿梁松、皇后弟阴就，皆慕其声名，而请与交友。政每共言论，常切磋恳至，不为屈挠。尝诣杨虚侯马武，武难见政，称疾不为起。政入户，径升床排武，把臂责之曰："卿蒙国恩，备位藩辅，不思求贤以报殊宠，而骄天下英俊，此非养身之道也。今日动者刀入胁。"武诸子及左右皆大惊，以为见劫，操兵满侧，政颜色自若。会阴就至，责数武，令为交友。其刚果任情，皆如此也。建初中，官至左中郎将。

《后汉书》卷七九上

## 七二　甄宇号瘦羊博士

甄宇，北海人，治严氏春秋，教授常数百人。建武中征拜博士。每腊，诏赐博士羊人一头，羊有大小肥瘦。时博士祭酒议欲杀羊，秤分其肉，宇曰不可。因先自取其最瘦者，由是不复有争讼。后召会，诏问瘦羊博士，京师因以称之，拜太子少傅，清净少欲，常称老氏知足之分也。

《东观汉记》卷一八

## 七三　刘强废不以过

建武二年，立郭氏为皇后，其子强为皇太子。十七年而郭后废，强常戚戚不自安，数因左右及诸王陈其恳诚，愿备蕃国。光武不忍，迟回者数岁，乃许焉。十九年，封为东海王，二十八年，就国。帝以强废不以过，去就有礼，故优以大封，兼食鲁郡，合二十九县。强临之国，数上书让还东海，又因皇太子固辞。帝不许，深嘉叹之，以强章宣示公卿。

《后汉书》卷四二

## 七四　第五伦说动光武

京兆掾第五伦，领长安市，公平廉介，市无奸枉。每读光武诏书，常叹息曰："此圣主也，一见决矣。"同辈笑之曰："尔说州将尚不能下，安能动万乘乎！"伦曰："未遇知己，道不同故耳。"后举孝廉，补淮阳王医工长。

淮阳王入朝，伦随官属得会见。帝问以政事，大悦。明日，复特召伦，与语至夕。帝谓伦曰："闻卿为吏，笞妇公，不过从兄饭，宁有之邪？"对曰："臣三娶妻，皆无父。少遭饥乱，实不敢妄过人食。众人以臣愚蔽，故生是语耳。"帝大笑，以伦为会稽太守。为政清而有惠，百姓爱之。

《通鉴》卷四四

## 七五　第五伦未尝无私

第五伦拜会稽太守。虽为二千石，躬自斩刍养马，妻执炊爨。受俸裁留一月粮，馀皆贱贸与民之贫羸者。会稽俗多淫祀，好卜筮。民常以牛祭神，百姓财产以之困匮，其自食牛肉而不以荐祠者，发病且死先为牛鸣，前后郡将莫敢禁。伦到官，移书属县，晓告百姓。其巫祝有依托鬼神诈怖愚民，皆案论之。有妄屠牛者，吏辄行罚。民初颇恐惧，或祝诅妄言，伦案之愈急，后遂断绝，百姓以安。

迁蜀郡太守。蜀地肥饶，人吏富实，掾史家资多至千万，皆鲜车怒马，以财货自达。伦悉简其丰赡者遣还之，更选孤贫志行之人以处曹任，于是争赇抑绝，文职修理。所举吏多至九卿、二千石，时以为知人。

司空第五伦以老病乞身，以二千石终其身。伦奉公尽节，言事无所依违。性质悫，少文采，在位以贞自称。或问伦曰："公有私乎？"对曰："昔人有与千里马者，吾虽不受，每三公有所选举，心不能忘，终不用也。若是者，岂可谓无私乎！"

《后汉书》卷四一；《通鉴》卷四七

## 七六　钟离意行政以仁

钟离意，会稽山阴人也。少为郡督邮。时部县亭长有受人酒礼者，府下记案考之。意封还记，入言于太守曰："政化之本，由近及远。今宜先清府内，且阔略远县细微之愆。"太守甚贤之，遂任以县事。建武十四年，会稽大疫，死者万数，意独身自隐亲经给医药，所部多蒙全济。

举孝廉，辟大司徒侯霸府。诏部送徒诣河内，时冬寒，徒病不能行。路过弘农，意辄移属县使作徒衣，县不得已与之，而上书言状，意亦具以闻。光武得奏，以视霸，曰："君所使掾何乃仁于用心？诚良吏也！"意遂于道解徒桎梏，恣所欲过，与克期俱至，无或违者。还，以病免。

后除瑕丘令。吏有檀建者，盗窃县内，意屏人问状，建叩头服罪，不忍加刑，遣令长休。建父闻之，为建设酒，谓曰："吾闻无道之君以刃残人，有道之君以义行诛。子罪，命也。"遂令建进药而死。

二十五年，迁堂邑令。县人防广为父报仇，系狱，其母病死，广哭泣不食。意怜伤之，乃听广归家，使得殡敛。丞掾皆争，意曰："罪自我归，义不累下。"遂遣之。广敛母讫，果还入狱。意密以状闻，广竟得以减死论。

有一尚书案事，误以十为百。明帝见司农上簿，大怒，召郎，将答之。意因入叩头曰："过误之失，常人所容。若以懈慢为愆，则臣位大罪重，郎位小罪轻，答皆在臣，臣当先坐。"乃解衣就格。帝意解，使复冠而贳郎。

《后汉书》卷四一

## 七七　韦彪孝行纯至

韦彪，扶风人，孝行纯至，父母卒，哀毁三年，不出庐寝。服竟，羸瘠骨立异形，医疗数年乃起。好学洽闻，雅称儒宗。光武末，举孝廉，除郎中，以病免，复归教授。安贫乐道，恬于进趣，三辅诸儒莫不慕仰之。章帝时任大鸿胪。

彪清俭好施，禄赐分与宗族，家无馀财，著书十二篇，号曰《韦卿子》。

《后汉书》卷二六

## 七八　范式如约而至

范式，字巨卿，山阳金乡人也，少游太学，为诸生，与汝南张劭为友。劭，字元伯。二人并告归乡里。式谓元伯曰："后二年当还，将过拜尊亲，见孺子焉。"乃共克期日。后期方至，元伯具以白母，请设馔以候之。母曰："二年之别，千里结言，尔何相信之审邪？"对曰："巨卿信士，必不乖违。"母曰："若然，当为尔酝酒。"至其日，巨卿果到，升堂拜饮，尽欢而别。

式举州茂才，四迁荆州刺史。友人南阳孔嵩，家贫亲老，乃变名姓，佣为新野县阿里街卒。式行部到新野，而县选嵩为导骑迎式。式见而识之，呼嵩，把臂谓曰："子非孔仲山邪？"对之叹息，语及平生。曰："昔与子俱曳长裾，游息帝学。吾蒙国恩，致位牧伯，而子怀道隐身，处于卒伍，不亦惜乎！"嵩曰："贫者士之宜，岂为鄙哉！"式敕县代嵩，嵩以为先佣未竟，不肯去。

嵩在阿里，正身厉行，街中子弟，皆服其训化。遂辟公府。之京师，道宿下亭，盗共窃其马，寻问知其嵩也。乃相责让曰："孔仲山善士，岂宜侵盗乎！"于是送马谢之。嵩官至南海太守。

《后汉书》卷八一

## 七九　李善抚养孤儿

李善，南阳淯阳人也，本同县李元苍头也。建武中疫疾，元家相继死没，唯孤儿续始生数旬，而赀财千万，诸奴婢私共计议，欲谋杀续，分其财产。善深伤李氏而力不能制，乃潜负续逃去，隐山阳瑕丘界中，亲自哺养，备尝艰勤。续虽在孩抱，奉之不异长君，有事辄长跪请白，然后行之。闾里感其行，皆相率修义。续年十岁，善与归本县，修理旧业。告奴婢于长吏，悉收杀之。时钟离意为瑕丘令，上书荐善行状。光武诏拜善及续并为太子舍人。

《后汉书》卷八一

## 八〇　光武诏墓地不过三顷

作寿陵。将作大匠窦融上言："园陵广袤，无虑所用。"光武帝曰："古者帝王之葬，皆陶人瓦器，木车茅马，使后世之人不知其处。太宗（即文帝）识终始之义，景帝能述遵孝道，遭天下反覆，而霸陵独完受其福，岂不美哉！令所制地不过二三顷，无为山陵，陂池栽令流水而已。"

《后汉书》卷一下

## 八一　光武与封禅

建武三十年，群臣上言："即位三十年，宜封禅泰山。"诏曰："即位三十年，百姓怨气满腹，吾谁欺，欺天乎！若郡县远遣吏上寿，盛称虚美，必髡，令屯田。"于是群臣不敢复言。但，第二年，即东巡，祭天于泰山，封禅。

封禅后一年，光武卒，年六十二。光武每旦视朝，日昃乃罢，数引公卿、郎将，讲论经理，夜分乃寐。尝曰："我自乐此，不为疲也。"虽以征伐济大业，及天下既定，乃退功臣而进文吏，总揽大纲，量时度力，举无过事，故能恢复前烈，身致太平。

《通鉴》卷四四

## 八二　马皇后谦肃明理

皇太子庄即位，是为明帝。立贵人马氏为皇后。后，马援之女，谦肃，好读书，常衣大练，裙不加缘。诸姬望见后袍衣疏粗，乃笑。后曰："此缯特宜染色，故用之耳。"群臣奏事有难平者，帝数以试后，后辄分解趋理，各得其情，然未尝以家私干政事。帝由是宠敬，始终无衰焉。

《通鉴》卷四四

## 八三　桓荣力学讲授为帝师

桓荣，沛郡龙亢人也。少学长安，习《欧阳尚书》，事博士九江朱普。贫窭无资，常客佣以自给，精力不倦，十五年不窥家园。会朱普卒，荣奔丧九江，负土成坟，因留教授，徒众数百人。王莽败，天下乱。荣抱其经书与弟子逃匿山谷，虽常饥困而讲论不辍，后复客授江淮间。

建武十九年，年六十馀，始辟大司徒府。光武帝召荣，令说《尚书》，甚善之。入使授太子。每朝会，辄令荣于公卿前敷奏经书。帝称善。曰："得生几晚！"帝欲用荣。荣叩头让曰："臣经术浅薄，不如同门生郎中彭闳，扬州从事皋弘。"帝曰："俞，往，汝谐。"因拜荣为博士，引闳、弘为议郎。

车驾幸大学，会诸博士论难于前，荣被服儒衣，温恭有蕴藉，辩明经义，每以礼让相厌，不以辞长胜人，儒者莫之及，特加赏赐。

二十八年，以荣为太子少傅。三十年，拜为太常。荣初遭仓猝，与族人桓元卿同饥厄，而荣讲诵不息。元卿嗤荣曰："但自苦气力，何时复施用乎？"荣笑不应。及为太常，元卿叹曰："我农家子，岂意学之为利乃若是哉！"

明帝即位，尊以师礼，甚见亲重。荣年逾八十，自以衰老，数上书乞身，辄加赏赐。乘舆尝幸太常府，令荣坐东面，设几杖，会百官骠骑将军以下及荣门生数百人，天子亲自执业，每言辄曰"大师在是"。其恩礼若此。

《后汉书》卷三七

## 八四　郑众不见太子

大中大夫郑兴之子众，以通经知名。尝曰："太子储君，无外交之义。汉有旧防，藩王不宜私通宾客。"梁松不听，以缣帛请众见太子及山阳王，松曰："长者意，不可逆。"众曰："犯禁独罪，不如守正而死。"遂不往。及松以怨望、悬飞书诽谤，下狱死，宾客多坐之，唯众不染于辞。

《通鉴》卷四五

## 八五　中国始传佛教

明帝闻西域有神，其名曰佛，因遣使之天竺求其道，得其书及沙门以来。其书大抵以虚无为宗，贵慈悲不杀；以为人死，精神不灭，随复受形；生时所行善恶，皆有报应，故贵修炼精神，以至为佛。善为宏阔胜大之言，以劝诱愚俗。精于其道者，号曰沙门。于是中国始传其术，图其形象。而王公贵人，独楚王英，最先好之。

《通鉴》卷四五

## 八六　袁安平反楚狱

楚王英与方士作金龟、玉鹤，刻文字为符瑞。有告其大逆不道。英自杀。是时，穷治楚狱，其辞语相连，坐死、徙者以千数，而系狱者尚数千人。

有吴郡太守尹兴及其掾吏五百馀人，涉嫌下狱，诸吏不胜掠治，死者大半。惟门下掾陆续等数人，备受鞭灼，饥肉消烂，终无异辞。续母自吴来洛阳，作食以馈续。续对食悲泣不自胜。治狱吏问其故，续曰："母来不得见，故悲耳。"问："何以知之。"曰："母截肉未尝不方，断葱以寸为度，故知之。"使者以状闻，明帝乃赦兴等。

汝南袁安迁楚郡太守，到郡不入府，先往按楚王英狱事，理其无明验者，条上出之。府丞、掾吏皆叩头争，以为"阿附反虏，法与同罪，不可"。安曰："如有不合，太守自当之，不相及也。"遂分具奏。帝感悟即报许，得出者四百馀家。

《通鉴》卷四五

## 八七　班超志在立功异域

班超，扶风平陵人，为人有大志，不修细节。然内孝谨，居家常执勤苦，不耻劳辱。有口辩，而涉猎书传。明帝永平五年，兄固被召诣校书郎，超与母随至洛阳。家贫，常为官佣书以供养。久劳苦，尝辍业投笔叹曰："大丈夫无它志略，犹当效傅介子、张骞立功异域，以取封侯，安能久事笔研间乎？"久之，帝问固："卿弟安在？"固对："为官写书，受值以养老母。"帝乃除超为兰台令史。

《后汉书》卷四七

## 八八　班超出使西域

显亲侯窦固使假司马班超使西域。超行至鄯善，其王广奉超礼敬甚备，后忽疏懈。超度必有匈奴使来，致狐疑未知所从。超会其吏士三十六人，与共饮，酒酣，因激之曰："不入虎穴，焉得虎子。当今之计，独有因夜以火攻虏，使彼不知我多少，必大震怖，可殄尽也。"超等乃斩匈奴使及从士三十馀，其馀百许人悉烧死。超于是召鄯善王，以匈奴使首级示之，一国震怖。超告以汉威德，"自今以后，勿复与北虏通"。广叩头："愿属汉，无二心。"

固复使超使于阗，欲益其兵。超愿但将本所从三十六人，曰："于阗国大而远，今将数百人，无益于强；如有不虞，多益为累耳。"超至于阗，斩其国阻与汉通之巫，鞭笞其相，其王广德惶恐，杀匈奴使者而降。于是诸国皆遣子入侍，西域与汉绝六十五年，至是乃复通焉。

《通鉴》卷四五

## 八九　明帝慎用官吏

明帝奉光武制度，无所变更，后妃之家不得封侯与政。馆陶公主为子求郎，帝不许，而赐钱千万，谓群臣曰："郎官出宰百里，苟非其人，则民受殃，是以难之。"尚书阎章二妹为贵人，章精晓旧典，久次当迁重职，帝为后宫亲属，竟不用。是以吏得其人，民乐其业，户口滋殖焉。

《通鉴》卷四五

## 九〇　吴良责佞邪

吴良，齐国临淄人也。初为郡吏，岁旦与掾史入贺，门下掾王望举觞上寿,谄称太守功德。良于下坐勃然进曰:"望佞邪之人,欺谄无状,愿勿受其觞。"太守敛容而止。宴罢,转良为功曹;耻以言受进,终不肯谒。

《后汉书》卷二七

## 九一　承宫苦学不倦名播匈奴

承宫,琅邪姑幕人也。少孤,年八岁为人牧豕。乡里徐子盛者,以《春秋经》授诸生数百人。宫过息庐下,乐其业,因就听经,遂请留门下,为诸生拾薪。执苦数年,勤学不倦。经典既明,乃归家教授。遭天下丧乱,遂将诸生避地汉中,后与妻子之蒙阴山,肆力耕种。禾黍将熟,人有认之者,宫不与计,推之而去,由是显名。三府更辟,皆不应。

明帝时,征诣公车,拜博士,迁左中郎将。数纳忠言,陈政,论议切悫,朝臣惮其节,名播匈奴。时,北单于遣使求得见宫,明帝敕自整饰,宫对曰:"夷狄眩名,非识实者也。臣状丑,不可以示远,宜选有威容者。"

《后汉书》卷二七

## 九二　包咸拒往教太守子

包咸,会稽曲阿人也。少为诸生,受业长安,习《鲁诗》《论语》。王莽末,去归乡里,于东海界为赤眉所得,遂见拘执。十馀日，咸晨夜诵经自若，乃异而遣之。因住东海，立精舍讲授。光武即位，乃归乡里。太守黄谠，欲召咸入授其子。咸曰："礼有来学，而无往教。"谠遂遣子师之。

建武中，入授皇太子《论语》，拜谏议大夫，明帝时迁大鸿胪。每进见，赐以几杖，入屏不趋，赞事不名。经传有疑，辄遣小黄门就舍即问。

帝以咸有师傅恩，而素清苦，常特赏赐珍玩束帛，奉禄增于诸卿，咸皆散与诸生之贫者。病笃，帝亲辇驾临视。年七十二，卒于官。

《后汉书》卷七九下

## 九三　戴封之义行

戴封，济北刚人也。同学石敬平病卒，封养视殡敛，以所赍粮市小棺，送丧到家。家更敛，见敬平行时书物皆在棺中，乃大异之。封后遇贼，财物悉被略夺，唯馀缣七匹，封乃追以与之，曰："知诸君乏，故送相遗。"贼惊曰："此贤人也。"尽还其器物。

《后汉书》卷八一

## 九四　周泽卧疾斋宫

周泽，北海安丘人也。少习《公羊严氏春秋》，隐居教授，门徒常数百人。永平五年，迁右中郎将。十年，拜太常。十二年，以泽行司徒事，如真。泽性简，忽威仪，颇失宰相之望。数月，复为太常。清洁循行，尽敬宗庙。常卧疾斋宫，其妻哀泽老病，窥问所苦。泽大怒，以妻干犯斋禁，遂收送诏狱谢罪。当世疑其诡激。时人为之语曰："生世不谐，作太常妻，一岁三百六十日，三百五十九日斋。"

《后汉书》卷七九下

## 九五　张玄讲经举数家说

张玄，河内河阳人也。少习《颜氏春秋》，兼通数家法。建武初，举明经，补弘农文学，迁陈仓县丞。清净无欲，专心经书，方其讲问，乃不食终日。及有难者，辄为张数家之说，令择从所安。诸儒皆伏其多通，著录千余人。

玄初为县丞，尝以职事对府，不知官曹处，吏白门下责之。时，右扶风徐业，亦大儒也，闻玄诸生，试引见之，与语，大惊曰："今日相遭，真解矇矣！"遂请上堂，难问极日。

后，会《颜氏》博士缺，玄拜为博士。

《后汉书》卷七九下

## 九六　王望怀义忘罪

王望，迁青州刺史，甚有威名。是时，州郡灾旱，百姓穷荒，望行部，道见饥者，裸行草食，五百馀人，愍然哀之，因以便宜出所在布粟，给其廪粮，为作褐衣。事毕上言，明帝以望不先表请，章示百官，详议其罪。时公卿皆以为望之专命，应依法治之。钟离意独曰："望怀义忘罪，当仁不让，若绳之以法，忽其本情，将乖圣朝爱育之旨。"帝嘉意议，赦而不罪。

《后汉书》卷三九

## 九七　王景修千里汴渠

王景少学《易》，遂广窥众书，又好天文术数之事，沉深多伎艺。时有荐景能理水者，明帝诏与将作谒者王吴共修作浚仪渠。吴用景堨流法，水乃不复为害。

永平十二年，议修汴渠，乃引见景，问以理水形便。景陈其利害，应对敏给，帝善之。又以尝修浚仪，功业有成，乃赐景《山海经》《河渠书》《禹贡图》及钱帛衣物。夏，遂发卒数十万，遣景与王吴修渠筑堤，自荥阳东至千乘海口千馀里。景乃商度地势，凿山阜，破砥绩，直截沟涧，防遏冲要，疏决壅积，十里立一水门，令更相洄注，无复溃漏之患。景虽简省役费，然犹以百亿计。明年夏，渠成。帝亲自巡行，诏滨河郡国置河堤员吏，如西京旧制。景由是知名。

《后汉书》卷七六

## 九八　孟尝使商货流通

合浦太守孟尝，会稽人。郡不产谷实，而海出珠宝，与交阯比境，常通商贩，留籴粮食。先时宰守并多贪秽，责人采求，不知纪极，珠遂渐徙于交阯郡界。于是行旅不至，人物无资，贫者饿死于道。尝到官，革易前敝，曾未逾岁，去珠复还，百姓皆返其业，商货流通，称为神明。

被征当还，吏民攀车请之。尝既不得进，乃载乡民船夜遁去。隐处穷泽，身自耕佣。邻县士民慕其德，就居止者百馀家。

《后汉书》卷七六

## 九九　刘睦能屈伸

宗室刘睦少好学，博通书传，光武爱之，数被延纳。明帝之在东宫，尤见幸待，入侍讽诵，出则执辔。睦性谦恭好士，千里交结，自名儒宿德，莫不造门，由是声价益广。

明帝即位后，法宪颇峻，睦乃谢绝宾客，放心音乐。然性好读书，常为爱玩。岁终，遣中大夫奉璧朝贺，召而谓之曰："朝廷设问寡人，大夫将何辞以对？"使者曰："大王忠孝慈仁，敬贤乐士。臣虽蝼蚁，敢不以实？"睦曰："呀，子危我哉！此乃孤幼时进趣之行也。大夫其对以孤袭爵以来，志意衰惰，声色是娱，犬马是好。"使者受命而行。其能屈伸若此。

《后汉书》卷一四

## 一〇〇　马太后严律外戚

章帝欲封爵诸舅，马太后不听。会大旱，言事者以为不封外戚之故，有司请依旧典。太后诏曰："凡言事者，欲媚朕以要福耳。夫外戚贵盛，鲜不倾覆，故先帝防慎舅氏，不令在枢机之位。今有司奈何以马氏比阴氏乎！"固不许。

太后尝招三辅：诸马婚亲有属托郡县、干乱吏治者，比法闻。太夫人葬，起坟微高，太后以为言，兄廖等实时减削。其外戚有谦素义行者，辄假借温言，赏以财位；如有纤介，则先见严恪之色，然后加谴。常与帝旦夕言道政事，及教授小王《论语》、经书，述叙平生，雍和终日。

马廖虑美业难终，上疏曰："昔元帝罢服官，成帝御浣衣，哀帝去乐府，然而侈费不息，至于衰乱者，百姓从行不从言也。夫改政移风，必有其本。传曰：'吴王好剑客，百姓多创瘢；楚王好细腰，宫中多饿死。'长安语曰：'城中好高髻，四方高一尺；城中好广眉，四方且半额；城中好大袖，四方全匹帛。'斯言如戏，有切事实。前下制度，后稍不行，虽或吏不奉法，良由慢起京师。"太后深纳之。

《通鉴》卷四六

## 一〇一　廉范不禁民夜作

廉范迁蜀郡太守。成都民物丰盛,又邑宇逼侧,旧制,禁民夜作以防火灾,而更相隐蔽,烧者日属。范乃废先令,但严使储水而已。百姓以为便。歌之曰:"廉叔度,来何暮!不禁火,民安作。昔无襦,今五绔。"

《通鉴》卷四六

## 一〇二　章帝出行务为省约

章帝至偃师、卷津,下诏曰:"车驾行秋稼,观收获,因涉郡界,皆精骑轻行,无他辎重。不得辄修道桥,远离城郭,遣吏逢迎,刺探起居,出入前后,以为烦扰。动务省约,但患不能脱粟瓢饮耳。"

《通鉴》卷四六

## 一〇三　马防兄弟贵盛骄陵

明帝时,马援之子防与弟光俱为黄门侍郎。章帝即位,拜防中郎将,稍迁城门校尉。防兄弟贵盛,奴婢各千人以上,资产巨亿,皆买京师膏腴美田。又大起第观,连阁临道,弥亘街路,多聚声乐,曲度比诸郊庙。宾客奔凑,四方毕至,京兆杜笃之徒数百人,常为食客,居门下。刺史、守、令多出其家。岁时赈给乡闾，故人莫不周洽。防又多牧马畜，赋敛羌胡。帝不喜之，数加谴敕，所以禁遏甚备，由是权势稍损，宾客亦衰。

《后汉书》卷二四

## 一○四　鲁恭以德化治中牟

鲁恭，扶风平陵人。父卒时，恭年十二，弟丕七岁，昼夜号踊不绝声，郡中赙赠无所受，乃归服丧，礼过成人，乡里奇之。十五，与母及丕俱居太学，习《鲁诗》，闭户讲诵，绝人间事，兄弟俱为诸儒所称，学士争归之。

太尉赵熹慕其志，每岁时遣子问以酒粮，皆辞不受。恭怜丕小，欲先就其名，托疾不仕。郡数以礼请，谢不肯应，母强遣之，恭不得已而西，因留新丰教授。

章帝时，赵熹举恭直言，拜中牟令。恭专以德化为理，不任刑罚。讼人许伯等争田，累守令不能决，恭为平理曲直，皆退而自责，辍耕相让。亭长从人借牛而不肯还之，牛主讼于恭。恭召亭长，敕令归牛者再三，犹不从。恭叹曰："是教化不行也。"欲解印绶去。掾史涕泣共留之，亭长乃惭悔，还牛，诣狱受罪，恭贳不问。于是吏人信服。

建初七年，郡国螟伤稼，犬牙缘界，不入中牟。河南尹袁安闻之，疑其不实，使仁恕掾肥亲往廉之。恭随行阡陌，俱坐桑下，有雉过，止其傍。傍有童儿，亲曰："儿何不捕之？"儿言："雉方将雏。"亲瞿然而起，与恭诀曰："所以来者，欲察君之政迹耳。今虫不犯境，此一异也；

化及鸟兽，此二异也；竖子有仁心，此三异也。久留，徒扰贤者耳。"还府，白袁安。

恭官司徒，选辟高第，至列卿郡守者数十人。而其耆旧大姓，或不蒙荐举，至有怨望者。恭性谦退，奏议依经，潜有补益，然终不自显，故不以刚直为称。和帝时，卒于家，年八十一。

《后汉书》卷二五

## 一〇五　鲁丕以名儒为郡守

鲁丕，性沉深好学，孳孳不倦，遂杜绝交游，不答候问之礼。士友常以此短之，而丕欣然自得。遂兼通五经，以《鲁诗》《尚书》教授，为当世名儒。

章帝初，诏举贤良方正，大司农刘宽举丕。时对策者百有馀人，唯丕在高第，除为议郎，迁新野令。视事期年，州课第一，擢拜青州刺史。务在表贤明，慎刑罚。

和帝时，迁东郡太守。丕在二郡，修通溉灌，百姓殷富。数荐达幽隐名士。拜陈留太守。年七十五卒于官。

《后汉书》卷二五

## 一〇六　朱晖济贫羸重友情

朱晖，南阳宛人也。章帝初，南阳大饥，米石千馀，晖尽散其家资，以分宗里故旧之贫羸者，乡族皆归焉。

初，晖同县张堪素有名称，尝于太学见晖，甚重之，接以友道，乃把晖臂曰："欲以妻子托朱生。"晖以堪先达，举手未敢对，自后不复相见。堪卒，晖闻其妻子贫困，乃自往候视，厚赈赡之。晖少子颉怪而问曰："大人不与堪为友，平生未曾相闻，子孙窃怪之。"晖曰："堪尝有知己之言，吾以信于心也。"

晖又与同郡陈揖交善，揖早卒，有遗腹子友，晖常哀之。及司徒桓虞为南阳太守，召晖子骈为吏，晖辞骈而荐友。虞叹息，遂召之。其义烈若此。

《后汉书》卷四三

## 一〇七　张禹修水利执法正

章帝时，张禹为下邳相。徐县北界有蒲阳坡，傍多良田，而堙废莫修。禹为开水门，通引灌溉，遂成熟田数百顷。劝率吏民，假与种粮，亲自勉劳，遂大收谷实。禹巡行守舍，止大树下，食糒干饭屑食水而已。邻郡贫者归之千馀户，室庐相属，屠酤成市。后岁至垦千馀顷，民用温给。功曹史戴闰，故太尉掾也，权动郡内，有小谴，禹令自致徐狱，然后正其法。自长史以下，莫不震肃。

《后汉书》卷四四；《东观汉记》卷一六

## 一〇八　魏霸以宽恕为政

魏霸，济阴句阳人也。世有礼义。霸少丧亲，兄弟同居，州里慕其雍和。章帝时，举孝廉，和帝时为巨鹿太守。以简朴宽恕为政。掾史有过，霸先诲其失，不改者乃罢之。吏或相毁诉，霸辄称它吏之长，终不及人短，言者怀惭，谮讼遂息。

征拜将作大匠，典作和帝陵。时盛冬地冻，中使督促，数罚县吏以厉霸。霸抚循而已，初不切责，而反劳之曰："令诸卿被辱，大匠过也。"吏皆怀恩，力作倍功。

《后汉书》卷二五

## 一〇九　窦宪夺公主园田

马太后卒以后，窦皇后兄宪，恃宫掖声势，自王子、公主及阴、马诸家，莫不畏惮。宪以贱值请夺沁水公主园田，主逼威不敢计。后章帝出过园，指以问宪，宪密呵左右不得对。帝大怒切责曰："昔诸豪戚莫敢犯法。今贵主尚见枉夺，何况小民哉！国家弃宪，如孤雏、腐鼠耳！"宪大惧，皇后为毁服深谢，良久乃得解，使以田还主。然，卒不能罪宪。

《通鉴》卷四六

## 一一〇　毛义郑均之义行

庐江毛义，东平郑均，皆以行义称于乡里。

南阳张奉慕毛义名，往候之，坐定，而召书至，以义为安阳令，义捧召书而入，喜动颜色。奉心贱之，辞去。后义母死，征辟皆不应。奉乃叹曰："贤者固不可测，往日之喜，乃为亲屈也。"

郑均兄为县吏，颇受礼遗。均谏不听，乃脱身为佣，岁馀，得钱帛，归以与兄，曰："物尽可复得，为吏坐赃，终身损弃。"兄感其言，遂为廉洁。

《通鉴》卷四六

## 一一一　章帝令诸儒讲经白虎观

章帝好儒术，下诏太常、将、大夫、博士、议郎、郎官及诸生、诸儒会白虎观，讲议五经同异。使五官中郎将魏应承制问，侍中淳于恭奏，帝亲称制临决，如孝宣甘露石渠故事，作《白虎议奏》。

《后汉书》卷三

## 一一二　章帝尊师崇儒

章帝为太子时，受《尚书》于东郡太守张酺。即位后至东郡，引酺及门生并郡县官吏，会庭中，帝先备弟子之仪，使酺讲《尚书》一篇，然后修君臣之礼。行过任城，幸郑均舍，赐尚书禄以终其身，时人号为白衣尚书。

帝至泰山，祠孔子于阙里，大会孔氏男二十以上者六十二人。帝谓孔僖曰："今日之会，宁于卿宗有光荣乎？"对曰："臣闻明王圣主，莫不尊师贵道。今陛下亲屈万乘，辱临敝里，此乃崇礼先师，增辉圣德，至于光荣，非所敢承！"帝大笑曰："非圣者子孙焉有斯言乎！"

《通鉴》卷四七

## 一一三　孔僖谓应容臣子议论

孔僖，鲁国鲁人也。世传《古文尚书》《毛诗》。僖与崔骃相友善，同游太学，习《春秋》。因读吴王夫差时事，僖废书叹曰："若是，所谓画龙不成反为狗者。"骃曰："然。"邻房生梁郁谗和之曰："如此，武帝亦是狗邪？"僖、骃默然不对。郁怒恨之，阴上书告骃、僖诽谤先帝，刺讥当世。事下有司，骃诣吏受讯。僖以吏捕方至，恐诛，乃上书章帝自讼曰："臣之愚意，以为凡言诽谤者，谓实无此事而虚加诬之也。至如孝武皇帝，政之美恶，显在汉史，坦如日月。是为直说书传实事，非虚谤也。夫帝者为善，则天下之善咸归焉；其不善，则天下之恶亦萃焉。斯皆有以致之，故不可以诛于人也。假使所非实是，则固应悛改；倘其不当，亦宜含容，又何罪焉？陛下不推原大数，深自为计，徒肆私忿，以快其意。臣等受戮，死即死耳，顾天下之人，必回视易虑，以此事窥陛下心。自今以后，苟见不可之事，终莫复言者矣。臣之所以不爱其死，犹敢极言者，诚为陛下深惜此大业。陛下若不自惜，则臣何赖焉？"帝始亦无罪僖等意,及书奏,立诏勿问,拜僖兰台令史。

《后汉书》卷七九上

## 一一四　梁鸿与孟光

梁鸿,字伯鸾,扶风平陵人也。受业太学,家贫而尚节介,博览无不通,而不为章句。学毕,乃牧豕于上林苑中。曾误遗火,延及它舍。鸿乃寻访烧者,问所去失,悉以豕偿之。其主犹以为少。鸿曰:"无它财,愿以身居作。"主人许之。因为执勤,不懈朝夕。邻家耆老见鸿非恒人,乃共责让主人,而称鸿长者。于是始敬异焉,悉还其豕。鸿不受而去,归乡里。

势家慕其高节,多欲女之,鸿并绝不娶。同县孟氏有女,状肥丑而黑,力举石臼,择对不嫁,至年三十。父母问其故。女曰:"欲得贤如梁伯鸾者。"鸿闻而娉之。女椎髻,着布衣,操作具而前。鸿大喜曰:"此真梁鸿妻也。能奉我矣!"字之曰德曜,名孟光。

因东出关,过京师,作《五噫之歌》曰:"陟彼北芒兮,噫!顾览帝京兮,噫!宫室崔嵬兮,噫!人之劬劳兮,噫!辽辽未央兮,噫!"章帝闻而非之,求鸿不得。乃易姓运期,名耀,字侯光,与妻子居齐鲁之间。

有顷,又去适吴,依大家皋伯通,居庑下,为人赁舂。每归,妻为具食,不敢于鸿前仰视,举案齐眉。伯通察而异之,曰:"彼佣能使其妻敬之如此,非凡人也。"乃方舍之于家。鸿潜闭著书十馀篇。及卒,伯通等求葬地于吴要离冢傍。咸曰:"要离烈士,而伯鸾清高,可令相近。"葬毕,妻子归扶风。

《后汉书》卷八三

## 一一五　黄香至孝

黄香,江夏安陆人也。家贫无奴仆,香尽心供养,暑则扇床枕,寒即以身温席。年九岁,失母,思慕憔悴,殆不免丧,乡人称其至孝。年十二,太守刘护闻而召之,署门下孝子,甚见爱敬。遂博学经典,究精道术,能文章,京师号曰"天下无双江夏黄童"。初除郎中,元和元年,章帝诏香诣东观,读所未尝见书。

《东观汉记》卷一七;《后汉书》卷八〇上

## 一一六　邓训深为羌胡爱戴

邓禹第六子训,章帝时任护羌校尉。时,羌合兵万骑,来至塞下,未敢攻训,先欲胁月氏胡,训令不得战。议者咸以羌胡相攻,县官之利,以夷伐夷,不宜禁护。训曰:"不然。原诸胡所以难得意者,皆恩信不厚耳。今因其迫急,以德怀之,庶能有用。"遂令开城及所居园门,悉驱群胡妻子内之,严兵守卫。羌掠无所得,又不敢逼诸胡,因即解去。由是湟中诸胡皆言:"汉家常欲斗我曹,今邓使君待我以恩信,开门纳我妻子,乃得父母。"咸欢喜叩头曰："唯使君所命。"训遂抚养其中少年勇者数百人，以为义从。

羌胡俗耻病死，每病临困，辄以刃自刺。训闻有困疾者，辄拘持缚束，不与兵刃，使医药疗之，愈者非一，小大莫不感悦。

训虽宽中容众，而于闺门甚严，兄弟莫不敬惮，诸子进见，未尝赐席接以温色。

病卒官，时年五十三。吏人羌胡爱惜，旦夕临者日数千人。戎俗，父母死，耻悲泣，皆骑马歌呼。至闻训卒，莫不吼号，或以刀自割，又刺杀其犬、马、牛、羊，曰："邓使君已死，我曹亦俱死耳。"前乌桓吏士皆奔走道路，至空城郭。吏执不听，以状白校尉徐傿。傿叹息曰："此义也。"乃释之。遂家家为训立祠，每有疾病，辄此请祷求福。

《后汉书》卷一六

## 一一七　王充著《论衡》

王充，字仲任，会稽上虞人也。充少孤，乡里称孝。后到京师，受业太学，师事扶风班彪。好博览而不守章句。家贫无书，常游洛阳市肆，阅所卖书，一见辄能诵忆，遂博通众流百家之言。后归乡里，屏居教授。仕郡为功曹，以数谏争不合去。

充好论说，始若诡异，终有理实。以为俗儒守文，多失其真，乃闭门潜思，绝庆吊之礼，户牖墙壁各置刀笔。著《论衡》八十五篇，二十馀万言，释物类同异，正时俗嫌疑。

章帝特诏公车征，病不行。年渐七十，志力衰耗，乃造《养性书》十六篇，裁节嗜欲，颐神自守，病卒于家。

《后汉书》卷四九

## 一一八　章帝令曹褒独修汉礼

博士曹褒上疏，以为"宜定文制，著成汉礼"。太常巢堪以为"一世大典，非褒所定，不可许"。玄武司马班固亦以为宜广集诸儒，共议得失。章帝知诸儒拘挛，难与图始，朝廷礼宪，宜以时立，乃拜褒侍中。帝曰："谚云'作舍道边，三年不成'。会礼之家，名为聚讼，互生疑异，笔不得下。昔尧作大章，一夔足矣。"曹褒撰成百五十篇，奏之。帝以众论难一，故但纳之，不复令有司平奏。

章帝卒，年三十一。太子肇即位，是为和帝，年方十岁。和帝用曹褒新礼。

《通鉴》卷四七

## 一一九　窦宪专权而亡

窦宪大破匈奴，出塞五千馀里而还，威名益盛。尚书仆射乐恢刺举无所回避，宪等疾之。恢称疾乞骸骨，窦凤厉州郡，迫胁恢饮药死。于是朝臣震慑，望风承旨，无敢违者。

东汉（公元 25 年至 219 年）

司徒袁安以天子幼弱，外戚擅权，每朝会进见，及与公卿言国家事，未尝不呜咽流涕，自天子及大臣，皆恃赖之。

宪兄弟专权，和帝与内外臣僚莫由亲接，所与居者阉宦而已。中常侍郑众，谨敏有心几，不事豪党，帝遂与众定议诛宪。召执金吾、五校尉勒兵屯卫南、北宫，闭城门，收捕宪党。遣使者收宪大将军印，与诸兄弟皆就国，到国，皆迫令自杀。

《通鉴》卷四七、卷四八

## 一二〇　班固著《汉书》未就死狱中

窦氏宗族宾客以宪为官者，皆免归故郡。班固奴尝醉骂洛阳令种兢，兢因逮考窦氏宾客，收捕固，死狱中。固著《汉书》，尚未就，诏固女弟昭，踵而成之。

华峤论曰："固之序事，不激诡，不抑抗，赡而不秽，详而有体，读之不厌。固讥司马迁是非颇谬于圣人，然其论议，常排死节，否正直，而不叙杀身成仁之为美，则轻仁义、贱守节甚矣。"

《通鉴》卷四八

## 一二一　李郃迟留观变

窦宪纳妻，天下郡国皆有礼庆。汉中郡亦当遣吏，户曹李郃谏曰："窦将军椒房之亲，不修德礼而专权骄恣，危亡之祸，可翘足而待，愿明府一心王室，勿与交通。"

太守固遣之，郃不能止，请求自行，乃许之。郃所在迟留以观其变，行至扶风，而宪就国。凡交通者皆坐免官，汉中太守独不与焉。后李郃官至司空、司徒。

《通鉴》卷四八

## 一二二　梁竦以诗书自娱

梁竦，因兄松下狱死事，出游南土，历江、湖，济沅、湘。后明帝诏听还本郡。竦闭门自养，以经籍为娱，著书数篇，名曰《七序》。

班固见而称曰："孔子著《春秋》而乱臣贼子惧，梁竦作《七序》而窃位素餐者惭。"性好施，不事产业。长嫂舞阴公主赡给诸梁，亲疏有序，特重敬竦，虽衣食器物，必有加异。竦悉分与亲族，自无所服。

竦生长京师，不乐本土，身负其才，郁郁不得意。尝登高远望，叹息言曰："大丈夫居世，生当封侯，死当庙食。如其不然，闲居可以养志，诗书足以自娱，州郡之职，徒劳人耳。"后辟命交至，并无所就。

《后汉书》卷三四

## 一二三　班超离任赠言

班超在西域三十余年，年老思土，上书乞归曰："臣不敢望到酒泉郡，但愿生入玉门关。"朝廷久之未报，超妹昭，号曹大家者，恳切上书曰："妾闻古者十五受兵，六十还之，亦有休息，不任职也。故敢触死为超求哀，乞超馀年，一得生还，复见阙庭，使国家无劳远之虑，西域无仓猝之变，超长蒙葬骨之恩。"和帝感其言，乃征超还。超到洛阳，拜为射声校尉。方一月，卒。

超之被征，任尚代为都护。尚谓超曰："君侯在外三十馀年，宜有以诲之。"超曰："愿进愚言：塞外吏士，本非孝子贤孙，皆以罪过徙补边屯；而蛮夷怀不轨之心，难养易败。今君性严急，水清无大鱼，察政不得下和，宜简易，宽小过，总大纲而已。"超去，尚谓所亲曰："我以班君当有奇策，今所言平平耳。"尚后竟失边和，如超所言。

《通鉴》卷四八

## 一二四　李充休妻

李充，和帝时人。家贫，兄弟六人同食递衣。妻窃谓充曰："今贫居如此，难以久安。妾有私财，愿思分异。"充伪酬之曰："如欲别居，当酝酒具会，请呼乡里内外，共议其事。"妇从充，置酒晏客。充于坐中前跪白母曰："此妇无状，而教充离间母兄，罪合遣斥。"便呵叱其妇，逐令出门，妇衔涕而去。

《后汉书》卷八一

## 一二五　陈重之义行

陈重，豫章宜春人也。少与同郡雷义为友，俱学《鲁诗》《颜氏春秋》。太守张云举重孝廉，重以让义，前后十余通记，云不听。义明年举孝廉，重与俱在郎署。

有同署郎负息钱数十万，债主日至，诡求无已，重乃密以钱代还。郎后觉知而厚辞谢之。重曰："非我之为，将有同姓名者。"终不言惠。又同舍郎有告归宁者，误持邻舍郎绔以去。主疑重所取，重不自申说，而市绔以偿之。后宁丧者归，以绔还主，其事乃显。

重后与义俱拜尚书郎，义代同时人受罪，以此黜退。重见义去，亦以病免。

《后汉书》卷八一

## 一二六　邓后克己节俭有善政

和帝邓皇后讳绥，太傅禹之孙也。后年五岁，太傅夫人爱之，自为剪发。夫人年高目冥，误伤后额，忍痛不言。左右见者怪而问之，后曰："非不痛也，太夫人哀怜为断发，难伤老人意，故忍之耳。"六岁能史书，十二通《诗》《论语》。诸兄每读经传，辄下意难问。志在典籍，不问居家之事。母常非之，曰："汝不习女工以供衣服，乃更务学，宁当举博士邪？"后重违母言，昼修妇业，暮诵经典，家人号曰"诸生"。

后长七尺二寸，姿颜姝丽，绝异于众，左右皆惊。入掖庭为贵人，时年十六。恭肃小心，动有法度。承事阴后，夙夜战兢。接抚同列，常克己以下之，虽宫人隶役，皆加恩借。帝深嘉爱焉。每有宴会，诸姬贵人竞自修整，衣裳鲜明，而后独着素，装服无饰。其衣有与阴后同色者，即时解易。若并时进见，则不敢正坐离立，行则偻身自卑。帝每有所问，常逡巡后对，不敢先阴后言。帝知后劳心曲体，叹曰："修德之劳，乃如是乎！"后阴后渐疏，每当御见，辄辞以疾。

及阴后废，邓后即位，手书表谢，深陈德薄。是时，方国贡献，竞求珍丽之物，自后即位，悉令禁绝，岁时但供纸墨而已。帝每欲官爵邓氏，后辄哀请谦让，故兄骘终帝世不过虎贲中郎将。

及和帝卒，新遭大忧，法禁未设。宫中亡大珠一箧，太后念，欲考问，必有不辜。乃亲阅宫人，观察颜色，即时首服。常以鬼神难征，淫祀无福。乃诏有司罢诸祠官不合典礼者。又减服御珍膳靡丽难成之物，自非供陵庙，稻粱米不得导择，朝夕一肉饭而已。旧太官汤官经用岁且二万万，太后敕止，杀省珍费，自是裁数千万。及郡国所贡，皆减其过半。悉斥卖上林鹰犬。其蜀、汉金银器，并不复调。离宫别馆储峙米糒薪炭，悉令省之。又诏诸园贵人，其宫人若羸老不任使者，令园监实核上名，自御北宫增喜观阅问之，恣其去留，即日免遣者五六百人。

及殇帝崩，太后定策立安帝，犹临朝政。以连遭大忧，百姓苦役，殇帝陵中秘藏，及诸工作，事事减约，十分居一。

太后自入宫掖，从曹大家受经书，兼天文、算数。昼省王政，夜则诵读，而患其谬误，惧乖典章，乃博选诸儒刘珍等及博士、议郎、四府掾史五十馀人，诣东观雠校传记。事毕奏御，赐葛布各有差。又诏中官近臣于东观受读经传，以教授宫人。

自太后临朝，水旱十载，四夷外侵，盗贼内起。每闻人饥，或达旦不寐，而躬自减彻，以救灾厄，故天下复平，岁还丰穰。在位二十年，卒年四十一。

《后汉书》卷一〇上

## 一二七　班昭号大家作《女诫》

扶风曹世叔妻者，同郡班彪之女也，名昭，字惠班。博学高才。世叔早卒，有节行法度。兄固著《汉书》，其八《表》及《天文志》未及竟而卒，和帝诏昭就东观藏书阁踵而成之。帝数召入宫，令皇后诸贵人师事焉，号曰大家。每有贡献异物，辄诏大家作赋颂。及邓太后临朝，与闻政事。以出入之勤，特封子成关内侯，官至齐相。

时《汉书》始出，多未能通者，同郡马融伏于阁下，从昭受读，后又诏融兄续继昭成之。

昭作《女诫》七篇，马融善之，令妻女习焉。昭年七十馀卒。

《后汉书》卷八四

## 一二八　乐羊子受妻之教

河南乐羊子之妻者，不知何氏之女也。羊子尝行路，得遗金一饼，还以与妻，妻曰："妾闻志士不饮盗泉之水，廉者不受嗟来之食，况拾遗求利，以污其行乎！"羊子大惭，乃捐金于野，而远寻师学。

一年来归，妻跪问其故。羊子曰："久行怀思，无它异也。"妻乃引刀趋机而言曰："此织生自蚕茧，成于机杼，一丝而累，以至于寸，累寸不已，遂成丈匹。今若断斯织也，则损失成功，稽废时日。夫子积学，当日知其所无，以就懿德。若中道而归，何异断斯织乎？"羊子感其言，复还终业，遂七年不返。妻常躬勤养姑，又远馈羊子。

尝有它舍鸡谬入园中，姑盗杀而食之，妻对鸡不餐而泣。姑怪问其故。妻曰："自伤居贫，使食有它肉。"姑竟弃之。

后盗欲有犯妻者，乃先劫其姑。妻闻，操刀而出。盗人曰："释汝刀从我者可全，不从我者，则杀汝姑。"妻仰天而叹，举刀刎颈而死。盗亦不杀其姑。太守闻之，即捕杀贼盗，而赐妻缣帛，以礼葬之，号曰"贞义"。

《后汉书》卷八四

## 一二九　李穆姜义导前妻之子

汉中李穆姜，其夫为程文矩，有二男，而前妻四子。文矩为安众令，丧于官。四子以母非所生，憎毁日积，而穆姜慈爱温仁，衣食资供，皆兼倍所生。或谓母曰："四子不孝甚矣，何不别居以远之？"对曰："吾方以义相导，使其自迁善也。"及前妻长子兴遇疾困笃，母恻隐自然，亲调药膳，恩情笃密。兴疾久乃瘳，于是呼三弟谓曰："继母慈仁，出自天受。吾兄弟不识恩养，禽兽其心。虽母道益隆，我曹过恶亦已深矣！"遂将三弟诣南郑狱，陈母之德，状己之过，乞就刑辟。县言之于郡，郡守表异其母，蠲除家徭，遣散四子，许以修革。自后训导愈明，并为良士。

《后汉书》卷八四

## 一三〇　唐羌谏止贡龙眼

岭南贡鲜龙眼、荔枝，十里一置，五里一侯，昼夜传送。临武长唐羌上书曰："臣闻上不以滋味为德，下不以贡膳为功。伏见交阯七郡，献生龙眼等，鸟惊风发，南州土地炎热，恶虫猛兽，不绝于路，至于触犯死亡之害。死者不可复生，来者犹可救也。此二物升殿，未必延年益寿。"和帝下诏曰："勿复受献。"

《通鉴》卷四八

## 一三一　蔡伦造纸

蔡伦，桂阳人也。以永平末始给事宫掖，建初中，为小黄门。及和帝即位，转中常侍，豫参帷幄。伦有才学，尽心敦慎，数犯严颜，匡弼得失。每至休沐，辄闭门绝宾，暴体田野。后，监作秘剑及诸器械，莫不精工坚密，为后世法。

自古书契多编以竹简，其用缣帛者谓之为纸。缣贵而简重，并不便于人。伦乃造意，用树肤、麻头及敝布、鱼网以为纸。元兴元年奏上之，帝善其能，自是莫不从用焉，故天下咸称"蔡侯纸"。

元初元年，邓太后以伦久宿卫，封为龙亭侯，邑三百户。

《后汉书》卷七八

## 一三二　郭玉言医贵人之难

郭玉者，广汉洛人也。初，有老父不知何出，常渔钓于涪水，因号涪翁。乞食人间，见有疾者，时下针石，辄应时而效，乃著《针经》《诊脉法》传于世。弟子程高，寻求积年，翁乃授之。高亦隐迹不仕。玉少师事高，学方诊六微之技，阴阳隐侧之术。和帝时，为太医丞，多有效应。帝奇之，仍试令嬖臣美手腕者与女子杂处帷中，使玉各诊一手，问所疾苦。玉曰："左阳右阴，脉有男女，状若异人。臣疑其故。"帝叹息称善。

玉仁爱不矜，虽贫贱厮养，必尽其心力，而医疗贵人，时或不愈。帝乃令贵人羸服变处，一针即差。召玉诘问其状。对曰："医之为言意也。腠理至微，随气用巧，针石之间，毫芒即乖。神存于心手之际，可得解而不可得言也。夫贵者处尊高以临臣，臣怀怖慑以承之。其为疗也，有四难焉：自用意而不任臣，一难也；将身不谨，二难也；骨节不强，不能使药，三难也；好逸恶劳，四难也。针有分寸，时有破漏，重以恐惧之心，加以裁慎之志，臣意且犹不尽，何有于病哉！此其所为不愈也。"帝善其对。年老卒官。

《后汉书》卷八二下

## 一三三　王涣明察奸伏

洛阳令广汉王涣，居身平正，能以明察发擿奸伏，外行猛政，内怀仁慈。凡所平断，莫不悦服，京师以为有神，卒于位。百姓莫不咨嗟流涕。涣丧西归，道经弘农，民设祭于路，吏问其故，咸言："平常持米到洛，为吏所抄，恒亡其半，自王君任事，不见侵枉，故来报恩。"洛阳民为立祠、作诗，每祭，辄弦歌而荐之。

《通鉴》卷四八

## 一三四　杨震不受赠

弘农杨震孤贫好学，通达博览，教授二十馀年，不答州郡礼命。邓骘闻而辟之，置之幕府，时震年已五十馀，累迁荆州刺史、东莱太守。当之郡，道经昌邑，故所举王密为昌邑令，夜怀金十斤以遗震。震曰："故人知君，君不知故人，何也？"密曰："暮夜无知者。"震曰："天知，地知，我知，子知，何谓无知者。"密愧而出。后转为涿郡太守，子孙常蔬食、步行，故旧或欲令为开产业，震不肯，曰："使后世称为清白吏子孙，以此遗之，不亦厚乎！"

震官至太尉，因刚直被谗害。临终前，慷慨谓其诸子门人曰："死者士之常分。吾蒙恩居上司，疾奸臣狡猾而不能诛，恶嬖女倾乱而不能禁，何面目复见日月！身死之日，以杂木为棺，布单被裁足盖形，勿归冢次，勿设祭祠。"因饮鸩而卒，时年七十馀。

《通鉴》卷四九；《后汉书》卷五四

## 一三五　虞诩不避难事

虞诩年十二，能通《尚书》。早孤，孝养祖母。县举顺孙，国相奇之，欲以为吏。诩辞曰："祖母九十，非诩不养。"相乃止。后祖母终，服阕，辟太尉李修府，拜郎中。

邓骘恶虞诩，欲以法中伤之。会朝歌宁季数千人攻杀长吏，屯聚连年，州郡不能禁，乃以诩为朝歌长，故旧皆吊之，诩笑曰："事不避难，臣之职也。不遇盘根错节，无以别利器，此乃吾立功之秋也。"始到，谒河内太守马棱，棱曰："君儒者，当谋谟朝堂，乃至朝歌，甚为君忧之。"诩告棱，不足忧，并设计讨之，数千人俱散，县境皆平。

《后汉书》卷五八；《通鉴》卷四九

## 一三六　杜根避祸十五年

刘祜即位，是为安帝，时年十三。

郎中杜根尝上书言："帝年长，宜亲政事。"邓太后怒，令盛以缣囊，于殿上扑杀之，既而载出城外，根得苏，诈死三日，目中生蛆，因得逃脱，为宜城山中酒家保，积十五年。安帝亲政，拜根侍御史。或问根曰："故知不少，何至自苦如此？"根曰："周旋民间，非绝迹之处，邂逅发露，祸及亲知，故不为也。"

《通鉴》卷五〇

## 一三七　法雄禁捕仁及飞走

安帝时，法雄任南郡太守。郡滨带江沔，又有云梦薮泽，多虎狼之暴，前太守赏募张捕，反为所害者甚众。雄乃移书属县曰："凡虎狼之在山林，犹人之居城市。古者至化之世，猛兽不扰，皆由恩信宽泽，仁及飞走。太守虽不德，敢忘斯义。记到，其毁坏槛阱，不得妄捕山林。"是后虎害稍息，人以获安。在郡数岁，岁常丰稔。

《后汉书》卷三八

## 一三八　翟酺以骗术拜尚书

翟酺，广汉洛人也。四世传《诗》。酺好《老子》，尤善图纬、天文、历算。征拜议郎，迁侍中。

安帝时，尚书有缺，诏将大夫六百石以上试对政事、天文、道术，以高第者补之。酺自恃能高，而忌故太史令孙懿，恐其先用，乃往候懿。既坐，言无所及，唯涕泣流连。懿怪而问之，酺曰："图书有汉贼孙登，将以才智为中官所害。观君表相，似当应之。酺受恩接，凄怆君之祸耳！"懿忧惧，移病不试。由是酺对第一，拜尚书。

《后汉书》卷四八

## 一三九　薛包之孝悌至行

汝南薛包少有至行，父娶后妻而憎包，分出之。包日夜号泣，不能去，至被殴打，不得已，庐于舍外，旦入洒扫。父怒，又逐之，乃庐于里门，晨昏不废。积岁馀，父母惭而还之。及父母亡，弟子求分财异居，包不能止，乃分其财。奴婢引其老者，曰"与我共事久，若不能使"；田庐取其荒废者，曰"吾少时所治，意所恋也"；器物取朽败者，曰"我素所服食，身口所安也"。弟子数破其产，辄复给治。安帝闻其名，征至，拜郎中。包以死自乞，诏赐告归。

《通鉴》卷三九

## 一四〇　周燮论度时而动

汝南周燮、南阳冯良学行深纯，隐居不仕，名重于世。安帝聘之，燮宗族更劝之曰："夫修德立行，所以为国，君独何为守东冈之陂乎？"对曰："夫修道者度其时而动，动而不时，焉得享乎！"与良皆自载至近县，称病而还。

《通鉴》卷五〇

## 一四一　虞诩荐左雄

顺帝时，虞诩任司隶校尉，诩上疏曰："臣见方今公卿以下，类多拱默，以树恩为贤，尽节为愚，至相诫曰：'白璧不可为，容容多后福'。伏见议郎左雄，有王臣蹇蹇之节，宜擢在喉舌之官，必有匡弼之益。"顺帝由是拜雄为尚书。

诩尝谓诸尚书曰："小人有怨，不远千里，断发刻肌，诣阙告诉，而不为理，岂臣下之义？君与浊长吏何亲，而与怨人何仇乎？"闻者皆惭。

诩好刺举，无所回容，数以此忤权戚，遂九见谴考，三遭刑罚，而刚正之性，终老不屈。

《后汉书》卷六一；《通鉴》卷五一

## 一四二　梁商居高位存谦柔

梁商之女，立为皇后。顺帝以商为大将军，商称疾不起。乃使太常桓焉奉策就第即拜，商诣阙受命。商自以戚属居大位，每存谦柔，虚己进贤，于是京师翕然，称为良辅，帝委重焉。每有饥馑，辄载租谷于城门，赈与贫馁，不宣己惠。检御门族，未曾以权盛干法。而性慎弱无威断。

商病笃，敕子冀等曰："吾以不德，享受多福。生无以辅益朝廷，死必耗废帑藏，衣衾饭含玉匣珠贝之属，何益朽骨。百僚劳扰，纷华道路，只增尘垢，虽云礼制，亦有权时。方今边境不宁，盗贼未息，岂宜重为国损！气绝之后，载至冢舍，即时殡敛。敛以时服，皆以故衣，无更裁制。殡已开冢，冢开即葬。祭食如存，无用三牲。孝子善述父志，不宜违我言也。"及卒，帝亲临丧，诸子欲从其诲，朝廷不听。

《后汉书》卷三四

## 一四三　樊英出处进退失据

樊英，南阳鲁阳人也。少受业三辅，习《京氏易》，兼明五经。隐于壶山之阳，受业者四方而至。州郡前后礼请，不应；公卿举贤良方正、有道，皆不行。

顺帝策书备礼，玄纁征之，复固辞疾笃。乃诏切责郡县，驾载上道。英不得已，到京，称疾不肯起。乃强舆入殿，犹不以礼屈。帝怒，谓英曰："朕能生君，能杀君；能贵君，能贱君；能富君，能贫君。君何以慢朕命？"英曰："臣受命于天。生尽其命，天也；死不得其命，亦天也。陛下焉能生臣，焉能杀臣！臣见暴君如见仇雠，立其朝犹不肯，可得而贵乎？虽在布衣之列，环堵之中，晏然自得，不易万乘之尊，又可得而贱乎？陛下焉能贵臣，焉能贱臣！臣非礼之禄，虽万钟不受；若申其志，虽箪食不厌也。陛下焉能富臣，焉能贫臣！"帝不能屈，而敬其名，使出就太医养疾，月致羊、酒，待以师傅之礼。

英初被诏命，金以为必不降志，及后应对，又无奇谋深策，谈者以为失望。初，河南张楷与英俱征，既而谓英曰："天下有二道，出与处也。吾前以子之出，能辅是君也，济斯人也。而子始以不訾之身，怒万乘之主；及其享受爵禄，又不闻匡救之术，进退无所据矣。"

《后汉书》卷八二上

## 一四四　李固与黄琼书

朝廷征江夏黄琼，李固以书迎之曰："诚欲枕山栖谷，拟迹巢、由，斯则可矣；若当辅政济民，今其时也。自生民以来，善政少而乱俗多，必待尧、舜之君，此为士行其志终无时矣。尝闻语曰：'峣峣者易缺，皦皦者易污。'盛名之下，其实难副。近樊英被征初至，朝廷待若神明，虽无大异，言行所守，亦无所缺，而毁谤布流，应时折减者，岂非观听望深，声名太盛乎！是故俗论皆言'处士纯盗虚声'。愿先生弘此远谟，一雪此言耳！"琼至，拜议郎，稍迁尚书仆射。琼昔随父在台阁，习见故事，居职后，达练官曹，争议朝堂，莫能抗夺。琼官至司空、司徒、太尉。

李固，李郃之子，少好学，常改易名姓，杖策驱驴，负笈从师，不远千里，遂究览坟籍，为世大儒。每到太学，密入公府，定省父母，不令同业诸生知其为郃子也。

《通鉴》卷五一

## 一四五　沈景训导河间王

河间王刘政，傲狠不奉法。顺帝以侍御史沈景有强能，擢为河间相。景到国，谒王，王不正服，箕踞殿上。景峙不为礼，问王所在。虎贲曰："是非王邪！"景曰："王不正服，常人何别！今相谒王，岂谒无礼者邪！"王惭而更服，景然后拜。出，请王傅而责之曰："诸君空受爵禄，曾无训导之义！"因奏治其罪，诏书让政而诘责傅。景因捕诸奸人，奏案其罪，杀戮尤恶者数十人，出冤狱百馀人。政为改节，悔过自修。

《通鉴》卷五一

## 一四六　张衡作浑天仪

太史令南阳张衡，善属文，虽才高于世，而无骄尚之情。善机巧，尤致思于天文、阴阳、历算，作浑天仪、候风地动仪，著《灵宪》。衡以中兴以后，儒者争学图纬，上疏曰："图谶成于哀平之际，皆虚伪之徒以要世取资。宜收藏图谶，一禁绝之，则朱紫无所眩，典籍无瑕玷矣。"

《通鉴》卷五一、卷五二

## 一四七　王符著《潜夫论》

王符，安定临泾人也。少好学，有志操，与马融、窦章、张衡、崔瑗等友善。自和、安之后，世务游宦，当途者更相荐引，而符独耿介不同于俗，以此遂不得升进。志意蕴愤，乃隐居著书三十馀篇，以讥当时失得，不欲彰显其名，故号曰《潜夫论》。其指訏时短，讨谪物情，足以观见当时风政。

《后汉书》卷四九

## 一四八　左雄接受所荐者劾奏

尚书令左雄荐冀州刺史周举为尚书，既而雄为司隶校尉荐冯直任将。直尝坐赃受罪，举以此劾奏雄。雄曰："诏书使我选武猛，不使我选清高。"举曰："诏书使君选武猛，不使君选贪污！"雄曰："进君，适所以自伐也。"举曰："君不以举之不才误升诸朝，举不敢阿君以为君羞。"雄悦，谢曰："吾尝事冯直之父，又与直善，今汝以此奏吾，是吾之过也。"天下益以此贤之。

《通鉴》卷五二

## 一四九　张纲劾奏外戚梁冀

遣侍中杜乔、光禄大夫周举、张纲等八人，分行州郡，表贤良，显忠勤，查有罪者。乔等受命之部。张纲独埋其车轮于洛阳都亭，曰："豺狼当路，安问狐狸！"遂奏："大将军冀、河南尹不疑，以外戚蒙恩，居阿衡之任，而专肆贪叨，纵恣无极，谨条其无君心之十五事，斯皆臣子所切齿者也。"书进，京师震竦。时皇后宠方盛，诸梁姻戚满朝，顺帝虽知纲言直，不能用也。

杜乔至兖州，表奏泰山太守李固为政天下第一，上征固为将作大匠。廷尉吴雄、将作大匠李固上言："八使所纠，宜急诛罚。"顺帝乃更下八使奏章，令考正其罪。

《通鉴》卷五二

## 一五〇　张纲抚平广陵

梁冀恨张纲，思有以中伤之。时广陵张婴扰乱扬、徐间积十馀年，二千石不能制。冀乃以纲为广陵太守。纲单车到职，径诣婴垒门，婴大惊闭垒。纲于门罢遣吏民，独留与所亲者十馀人，以书喻婴，请相见。婴见纲至诚，乃出拜谒。纲延置上坐，曰："前后两千石多肆贪暴，故致公等怀愤相聚，二千石信有罪，然为之者又非义也。今主上仁圣，欲以恩德服叛，故遣太守来，思以爵禄相荣，不愿以刑罚相加，今诚转祸为福之时也。公其深计之。"婴闻，乃辞还营，明日将所部万馀人降。纲大会，置酒为乐，散遣部众，任从所之，亲为卜居宅，相田畴，欲为吏者，引召之。人情悦服，南州晏然。在郡一岁，卒。张婴等五百馀人为之制服行丧，负土成坟。

《通鉴》卷五二

## 一五一　苏章区别私恩与公法

冀州刺史苏章，有故人为清河太守。章行部欲案其奸赃，乃请太守，为设酒肴，陈平生之好甚欢。太守喜曰："人皆有一天，我独有二天！"章曰："今夕苏孺文与故人饮，私恩也；明日冀州刺史案事者，公法也。"遂举正其罪，州境肃然。后以摧折权豪忤旨，坐免。

《通鉴》卷五二

## 一五二　民不忍欺胶东相

胶东相吴祐，政崇仁简，民不忍欺。啬夫孙性，私赋民钱，市衣以进其父，父得而怒曰："有君如是，何忍欺之！"促归伏罪。性惭惧诣阁，持衣自首。祐屏左右问其故，性具谈父言。祐曰："所谓'观过斯知仁'矣。"使归谢其父，还以衣遗之。

祐在胶东九年，大将军梁冀表为长史。及冀诬奏太尉李固，祐闻而请见，与冀争之，不听。时扶风马融在坐，为冀章草，祐因谓融曰："李公之罪，成于卿手。李公即诛，卿何面目见天下之人乎？"冀怒而起入室，祐亦径去。冀遂出祐为河间相，因自免归家，不复仕，躬灌园蔬，以经书教授。年九十八卒。

《通鉴》卷五二；《后汉书》卷六四

## 一五三　李固杜乔死于狱

顺帝卒，太子炳即皇帝位，年二岁。未满一年，又卒。大将军梁冀立刘缵为皇帝，年八岁，是谓质帝。质帝少而聪慧，尝因朝会，目梁冀曰："此跋扈将军也！"冀闻，深恶之，使左右毒死之。太尉李固伏尸号哭，冀大怒。冀立刘志为帝，时年十五岁，是为桓帝。李固、杜乔持异议，被免职。

冀收固下狱，门生王调、赵承等上诉，太后诏赦之。及出狱，京师市里皆称万岁。冀闻之，大惊，畏固名德终为己害，仍诬枉之，固遂死狱中。

冀使人胁杜乔曰："早从宜，妻子可得全。"乔不肯。明日，冀遣骑至其门，不闻哭声，乔亦死狱中。

冀暴固、乔尸于城北四衢，令"有敢临者加其罪"。郭亮、董班、杨匡等不听，乞固、乔尸，太后从之。郭、董、杨皆隐匿，终身不仕。

《通鉴》卷五三

## 一五四　陈寔不拘申诉

朗陵侯荀淑，莅事明治，称为神君。李固、李膺皆师宗之。膺性简亢，无所交接，唯以淑为师，以陈寔为友。淑之子爽尝就谒膺，因为其御，既还，喜曰："今日乃得御李君矣！"其见慕如此。

陈寔出于单微，为郡西门亭长。同郡钟皓以笃行称，荐寔为郡功曹，后为太丘长，修德清静，百姓以安。邻县民归附者，寔辄训导发遣，各令为本。司官行部，吏虑民有讼者，白欲禁止，寔曰："讼以求直，禁之理将何申！其勿有所拘。"司官闻而叹息曰："陈君所言若是，岂有冤于人乎！"亦竟无讼者。以沛相赋违法，解印绶去。

陈寔为太丘长，时吏有诈称母病求假。事觉收之，令吏杀焉。主簿请付狱，考众奸。寔曰："欺君不忠，病母不孝，不忠不孝，其罪莫大。考求众奸，岂复过此。"

陈寔卒，海内赴吊者三万馀人。寔在乡里，平心率物，其有争讼，辄求判正，晓譬曲直，退无怨者，至乃叹曰："宁为刑罚所加，不为陈君所短！"

客有问陈寔少子季方："足下家君太丘，有何功德，而荷天下重名？"季方曰："吾家君譬如桂树生泰山之阿，上有万仞之高，下有不测之深；上为甘露所沾，下为渊泉所润。当斯之时，桂树焉知泰山之高，渊泉之深，不知有功德与无也！"

陈太丘与友期行，期日中。过中不至，太丘舍去，去后乃至。元方时年七岁，门外戏。客问元方："尊君在不？"答曰："待君久不至，已去。"友人便怒曰："非人哉！与人期行，相委而去。"元方曰："君与家君期日中。日中不至，则是无信；对子骂父，则是无礼。"友人惭，下车引之。元方入门不顾。

《通鉴》卷五三、卷五八；《世说新语·德行、方正》

## 一五五　梁冀骄奢淫侈

梁冀妻孙寿，封为襄城君，兼食阳翟租，岁入五千万，加赐赤绂，比长公主。寿善为妖态，冀甚宠惮之。冀爱监奴秦宫，官至太仓令，得出入寿所，威权大震，刺史、二千石皆谒辞之。

冀与寿对街为宅，殚极土木，互相竞夸，金玉珍怪，充绩藏室。又广开园囿，采土筑山，十里九阪，深林绝涧，有若自然，奇禽驯兽飞走其间。冀、寿共乘辇车，游观第内，或连日继夜以骋娱恣。

客到门不得通，皆谢门者，门者累千金。尝有西域贾胡，误杀其兔苑之兔，转相告言，坐死者十余人。又起第于城西，以纳奸亡；或取良人悉为奴婢，至数千口，名曰自卖人。

扶风孙奋，富而性吝，冀以马乘遗之，以贷钱五千万，奋以三千万与之。冀大怒，乃告郡县，认奋母为其守藏婢，云盗白珠十斛、紫金千斤以逃。遂收考奋兄弟死于狱中，悉没其赀财亿七千余万。

《通鉴》卷五三

## 一五六　陈蕃有志扫除天下

陈蕃，字仲举，汝南平舆人也。蕃年十五，尝闲处一室，而庭宇芜秽。父友同郡薛勤来候之，谓蕃曰："孺子何不洒扫以待宾客？"蕃曰："大丈夫处世，当扫除天下，安事一室乎！"勤知其有清世志，甚奇之。

初，公府辟举方正，不就。太尉李固表荐，征拜议郎，再迁为乐安太守。时，李膺为青州刺史，名有威政，属城闻风，皆自引去，蕃独以清绩留。郡人周璆，高洁之士，前后郡守招命莫肯至，唯蕃能致焉。字而不名，特为置一榻，去则悬之。

《后汉书》卷六六

## 一五七　陈蕃延笃抗拒梁冀

梁冀遣书乐安太守陈蕃，有所请托，不得通。使者诈称他客求谒蕃，蕃怒，笞杀之，坐左转修武令。

时皇子有疾，下郡县市珍药。而梁冀遣客遗书京兆，并货牛黄。京兆南阳延笃发书收客，曰："大将军椒房外家，而皇子有疾，必应陈进医方，岂当使客千里求利乎！"遂杀之。冀惭而不得言。有司承旨求其事，笃以病免。

《通鉴》卷五三

## 一五八　黄宪士所仰服

黄宪，字叔度，汝南慎阳人也。世贫贱，父为牛医。

颍川荀淑至慎阳，遇宪于逆旅，时年十四，淑竦然异之，揖与语，移日不能去。谓宪曰："子，吾之师表也。"既而前至袁阆所，未及劳问，逆曰："子国有颜子，宁识之乎？"阆曰："见吾叔度邪？"

是时，同郡戴良才高倨傲，而见宪未尝不正容，及归，罔然若有失也。其母问曰："汝复从牛医儿来邪？"对曰："良不见叔度，不自以为不及；既睹其人，则瞻之在前，忽焉在后，固难得而测矣。"

同郡陈蕃、周举常相谓曰："时月之间不见黄生，则鄙吝之萌复存乎心。"及蕃为三公，临朝叹曰："叔度若在，吾不敢先佩印绶矣。"太守王龚在郡，礼进贤达，多所降致，卒不能屈宪。

郭林宗少游汝南，先过袁阆，不宿而退，进往从宪，累日方还。或以问林宗。林宗曰："奉高（阆字也）之器，譬诸泛滥，虽清而易挹。叔度汪汪若千顷陂，澄之不清，淆之不浊，不可量也。"

宪初举孝廉，又辟公府，友人劝其仕，宪亦不拒之，暂到京师而还，竟无所就。年四十八终，天下号曰"征君"。

《后汉书》卷五三

## 一五九　刘陶忧民无食而反

或上言："民之贫困以货轻钱薄，宜改铸大钱。"太学生刘陶上议曰："当今之忧，不在于货，在于民饥。愿陛下宽刻薄之禁，后治铸之议，听民庶之谣吟，问路叟之所忧。天下之心，国家大事，粲然皆见，无有遗惑者矣。伏念当今地广而不得耕，民众而无所食，群小竞进，秉国之位，鹰扬天下，鸟钞求饱，吞肌及骨，并噬无厌。诚恐卒有役夫穷匠起于版筑之间，投斤攘臂，登高远呼，使愁怨之民响应云合，虽方尺之钱，何有能救其危也。"

《通鉴》卷五四

## 一六〇　梁冀专权由盛而亡

梁冀一门，前后七侯，三皇后，六贵人，二大将军，夫人、女食邑者七人，尚公主者三人，其馀卿、将、尹、校五十七人。冀专擅威柄，凶恣日积。宫卫近侍，并树所亲，禁省起居，纤微必知。其四方调发，岁时贡献，皆输上第于冀，乘舆乃其次焉。吏民赍货求官、请罪者，道路相望。百官迁召，皆先到冀门谢恩，然后敢诣尚书。

冀秉政几二十年，天子拱手，不得有所亲与。桓帝既不平之，乃与宦官单超、左悺、徐璜、具瑗、唐衡等五人出血为盟，共议诛梁。逼梁及妻孙寿自杀。梁、孙中外宗亲，无少长皆弃市。

诏赏诛梁冀之功，封单超等五人为侯。

《通鉴》卷五四

## 一六一　五侯专横无度

单超等五宦官同日封侯，故世谓之"五侯"。自是权归宦官，朝廷日乱矣。

超病，帝遣使者就拜车骑将军。卒，赐东园秘器、棺中玉具，赠侯将军印绶，使者理丧。及葬，发五营骑士，侍御史护丧，将作大匠起冢茔。

其后四侯转横，天下为之语曰："左回天，具独坐，徐卧虎，唐两墯（持两端而任意为之）。"皆竞起第宅，楼观壮丽，穷极伎巧。多取良人美女以为姬妾，皆珍饰华侈，拟则宫人，其仆从皆乘牛车而从列骑。又养其疏属，或乞嗣异姓，或买苍头为子，并以传国袭封。兄弟姻戚皆宰州临郡，辜较百姓，与盗贼无异。

《后汉书》卷七八

## 一六二　范滂欲澄清天下

是时新诛梁冀，天下相望新政。太尉黄琼首居公位，乃举奏州郡素行暴污者，至死徙者十馀人，海内称之。

琼辟汝南范滂。滂少厉清节，为州里所服。为清诏使，案察冀州，滂登车揽辔，慨然有澄清天下之志。守令藏污者，皆望风解印绶去。其所举奏，莫不厌塞众议。滂奏刺史、二千石权豪之党二十馀人。尚书责滂所劾过多，疑有私故，滂对曰："农夫去草，嘉谷必茂。忠臣除奸，王道以清。若臣言有贰，甘受显戮！"尚书不能对。

《通鉴》卷五四

## 一六三　徐穉姜肱不应征召

尚书令陈蕃上疏荐五处士，豫章徐穉、彭城姜肱等。桓帝悉以安车、玄纁备礼征之，皆不至。

穉家贫，常自耕稼，非其力不食。陈蕃为豫章太守时，不接宾客，唯穉来，特设一榻，去则悬之。穉虽不应诸公之辟，然闻其死丧，辄负笈赴吊，常预炙鸡一只，以鸡置前，酹酒毕，则去，不见丧主。

肱与二弟仲海、季江俱以孝友著闻。肱尝与季江为盗所劫，盗欲杀之，肱曰："弟年幼，父母所怜，又未聘娶，愿杀身济弟。"季江曰："兄年德在前，家之珍宝，国之英俊，乞自受戮，以代兄命。"盗遂两释焉。帝既征肱不至，乃使画工图其形状。肱卧于幽暗，以被蒙面，言患眩疾，不欲出风，工竟不得见之。

《通鉴》卷五四

## 一六四　魏桓不愿生行死归

桓帝征安阳魏桓，其乡人劝之行，桓曰："夫干禄求进，所以行其志。今后宫千数其可损乎？厩马万匹其可减乎？左右权豪其可去乎？"皆对曰："不可。"桓乃然叹曰：

"使桓生行死归，于诸子何有哉！"遂隐身不出。

《通鉴》卷五四

## 一六五　桓帝可与为善可与为非

桓帝从容问侍中爰延："朕何如主也？"对曰："陛下为汉中主。"帝曰："何以言之？"对曰："尚书令陈蕃任事则治，中常侍黄门与政则乱，陛下可与为善，可与为非。"帝曰："今侍中面称朕违，敬闻阙矣。"

《通鉴》卷五四

## 一六六　徐穉不答国事

司空黄琼卒，穉往吊，进酹，哀哭而去，人莫知者。诸名士推问丧宰，宰曰："先时有一书生来，衣粗薄而哭之哀，不记姓字。"众曰："必徐孺子也。"于是选茅容轻骑追之，及于途。容为沽酒市肉，穉为饮食。容问国家之事，穉不答；更问稼穑之事，穉乃答之。容还以语诸人，或曰："可与言而不言失人，然则孺子其失人乎？"太原郭泰曰："不然。孺子为人，清洁高廉，饥不可得食，寒不可得衣，而为季伟饮酒食肉，此为已知其贤也！所以不答国事者，是其智可及，其愚不可及也！"

《通鉴》卷五五

## 一六七　郭林宗不危言善知人

或问汝南范滂曰："郭林宗何如人？"

滂曰："隐不违亲，贞不绝俗，天子不得臣，诸侯不得友，吾不知其它。"后遭母忧，有至孝称。林宗虽善人伦，而不为危言，故宦官擅政而不能伤也。乃党事起，知名之士多被其害，唯林宗及汝南袁闳得免焉。遂闭门教授，弟子以千数。卒于家，时年四十二。四方之士千馀人，皆来会葬。同志者乃共刻石立碑，蔡邕为其文，既而谓涿郡卢植曰："吾为碑铭多矣，皆有惭德，唯郭有道无愧色耳。"

林宗奖拔士人，皆如所鉴。

茅容，陈留人也。年四十馀，耕于野，时与等辈避雨树下，众皆夷踞相对，容独危坐愈恭。林宗行见之而奇其异，遂与共言，因请寓宿。旦日，容杀鸡为馔，林宗谓为己设，既而以供其母，自以草蔬与客同饭。林宗起拜之曰："卿贤乎哉！"因劝令学，卒以成德。

孟敏，钜鹿杨氏人也。客居太原。荷甑堕地，不顾而去。林宗见而问其意。对曰："甑已破矣，视之何益？"林宗以此异之，因劝令游学。十年知名，三公俱辟，并不屈云。

庾乘，颍川鄢陵人也。少给事县廷为门士。林宗见而拔之，劝游学官，遂为诸生佣。后能讲论，自以卑第，每处下坐，诸生博士皆就雠问，由是学中以下坐为贵。后征辟并不起，号曰"征君"。

《后汉书》卷六八

## 一六八　郭林宗游洛阳

郭林宗游洛阳，李膺与相见，为友。后归乡里，诸儒送至河上，车数千辆，膺唯与林宗同舟而济，众宾望之，以为神仙焉。

同郡宋冲素服其德，尝劝之仕，林宗曰："吾夜观天象，昼察人事，天之所废，不可支也，吾将优游卒岁而已。"然犹周旋京师，诲诱不息。徐穉以书诫之曰："大木将颠，非一绳所维，何为栖栖不遑宁处！"林宗感寤曰："谨拜斯言，以为师表。"

《通鉴》卷五五

## 一六九　杨秉有三不惑

太尉杨秉，清白寡欲，尝称："我有三不惑，酒、色、财也。"秉卒后，所举贤良刘瑜至京师上书，言："中官不当继体传爵，嬖女冗食空宫，第舍穷极奇巧，州郡官府奸情贿赂，民愁郁结起入贼党等。"诏特问瑜灾咎之征。执政者欲令瑜依违其辞，乃更以他事，瑜复悉心对八千馀言，有切于前，拜为议郎。

《通鉴》卷五五

## 一七〇　黄门常侍畏李膺校尉

李膺曾被枉免职，后复拜司隶校尉。小黄门张让弟朔为野王令，贪残无道，畏膺威严，逃还京师，匿于兄家合柱中。膺知其状，率吏卒破柱取朔，付洛阳狱，受辞毕，即杀之。让诉冤于桓帝。帝诘以不先请便加诛，膺对曰："昔仲尼为鲁司寇，七日而诛少正卯。今臣到官已一旬，私惧以稽留为愆，不意获速疾之罪。诚自知罪责，死不旋踵，特乞留五日，克殄元恶，退就鼎镬，始生之愿也。"帝无复言，顾让曰："此汝弟之罪，司隶何愆！"自此诸黄门、常侍皆鞠躬屏气，休沐不敢出宫省。帝怪问其故，并叩头泣曰："畏李校尉。"

时朝廷日乱，纲纪颓弛，而膺独以声名自高，士有被其容接者，名为登龙门。

《通鉴》卷五五

## 一七一　刘宽以蒲鞭罚吏民

征东海相刘宽为尚书令。宽，温仁多恕，虽在仓猝，未尝疾言厉色。吏民有过，但用蒲鞭罚之，示辱而已，终不加苦。每见父老，慰以农里之言；少年，勉以孝悌之训；人皆悦而化之。

《通鉴》卷五五

## 一七二　皇甫规欲以计避仕途

以皇甫规代张奂为度辽将军。规自以为连在大位，欲求退避，数上病，不见听。会友人至，规越界迎之，因令客密告并州刺史胡芳，言规擅离军营，当急举奏。芳曰："规欲避仕途，故激发我耳。吾当为朝廷爱才，何能中此子计邪！"遂无所问。

《通鉴》卷五五

## 一七三　桓帝保护宦官

山阳太守翟超，以郡人张俭为东部督邮。中常侍侯览家在防东，残暴百姓。览丧母还家，大起茔冢。俭举奏览罪，而览伺候遮截。俭遂破览家宅，籍没资财，具奏其状，复不得进。

徐璜兄子宣为下邳令，暴虐尤甚，射杀太守之女。东海相汝南黄浮闻之，收宣家属，无少长悉考之，掾吏以下固争，浮曰："徐宣国贼，今日杀之，明日坐死，足以瞑目矣！"即案宣罪弃市。于是宦官诉冤于桓帝，帝大怒，超、浮并坐髡钳。

《通鉴》卷五五

## 一七四　宦官告李膺等结党

太学诸生三万馀人，郭泰（即林宗）、贾彪为其冠，与李膺、陈蕃、王畅更相褒重。学中语曰："天下模楷，李元礼；不畏强御，陈仲举；天下俊秀，王叔茂。"于是中外承风，竞以臧否相尚，自公卿以下，莫不畏其贬议。

宦官使人上书，告"李膺等养太学游士，交结诸郡生徒，共为部党，诽讪朝廷，疑乱风俗"。桓帝震怒，班下郡国，逮捕党人，布告天下，使同忿疾。

太尉陈蕃却之，曰："今所按者，皆海内人誉，忧国忠公之臣，岂有罪名不章而致收掠者乎！"不肯平署。帝愈怒，遂下膺等于黄门北寺狱，其辞所连及，杜密、陈寔、范滂等二百馀人。陈蕃复上书极谏被免职。贾彪又谏，同时请辞。审讯中李膺等多引宦官子弟，宦官惧，请帝赦李膺等二百馀人皆归田，禁锢终身。

汝南陈仲举、颍川李元礼二人，共论其功德，不能定先后。蔡伯喈评之曰："陈仲举强于犯上，李元礼严于摄下。犯上难，摄下易。"

《通鉴》卷五五；《世说新语·品藻》

## 一七五　史弼所治平原无党人

收捕党人时，郡国所奏相连及者，多百数。唯平原相史弼独无所上，从事坐传舍责曰："诏书疾党人，青州六郡，其五有党，平原何治而独无？"弼曰："画界分境，水土异齐，风俗不同，他郡自有，平原自无，胡可相比。若承望上司，诬陷良善，淫刑滥罚，以逞非礼，则平原之人，户可为党。相有死而已，所不能也！"从事大怒，即收郡僚职送狱，遂举奏弼。会党禁解，弼以俸赎罪，所脱者甚众。

《通鉴》卷五六

东汉（公元 25 年至 219 年）

## 一七六　王畅严惩豪贵躬行俭约

桓帝时，王畅拜南阳太守。前后二千石逼惧帝乡贵戚，多不称职。畅深疾之，下车奋厉威猛，其豪党有衅秽者，莫不纠发。诸受赃二千万以上不自首实者，尽入财物；若其隐伏，使吏发屋伐树，埋井夷灶，豪右大震。

郡中豪族多以奢靡相尚，畅常布衣皮褥，车马羸败，以矫其敝。同郡刘表时年十七，从畅受学。进谏曰："夫奢不僭上，俭不逼下，循道行礼，贵处可否之间。蘧伯玉耻独为君子。府君不希孔圣之明训，而慕夷、齐之末操，无乃皎然自贵于世乎？"畅曰："夫以约失之鲜矣。闻伯夷之风者，贪夫廉，懦夫有立志。虽以不德，敢慕遗烈。"

《后汉书》卷五六

## 一七七　种暠甚得百姓羌胡欢心

种暠始为县门下史。时河南尹田歆外甥王谌，名知人。歆谓之曰："欲自用一名士以报国家，尔助我求之。"明日，谌送客于大阳郭，遥见暠，异之。还白歆曰："为尹得孝廉矣，近洛阳门下史也。"歆笑曰："当得山泽隐滞，乃洛阳吏邪？"谌曰："山泽不必有异士，异士不必在山泽。"歆即召暠于庭，辩诘职事。暠辞对有序，歆甚知之，召署主簿，遂举孝廉，辟太尉府。

后凉州羌动，以嵩为凉州刺史，甚得百姓欢心。被征当迁，吏人诣阙请留之，太后叹曰："未闻刺史得人心若是。"乃许之。嵩复留一年，迁汉阳太守，戎夷男女送至汉阳界，嵩与相揖谢，千里不得乘车。及到郡，化行羌胡，禁止侵掠。迁使匈奴中郎将。时，辽东乌桓反叛，复转辽东太守，乌桓望风率服，迎拜于界上。

会匈奴寇并、凉二州，桓帝擢嵩为度辽将军。嵩到营所，诚心怀抚，信赏分明，由是羌胡、龟兹、莎车、乌孙等皆来顺服。嵩乃去烽燧，除候望，边方晏然无警。

年六十一卒。并、凉边人咸为发哀。匈奴闻嵩卒，举国伤惜。单于每入朝贺，望见坟墓，辄哭泣祭祀。

《后汉书》卷五六

## 一七八　袁闳苦身修节散发绝世

袁闳，少励操行，苦身修节。父贺，为彭城相。闳往省谒，变名姓，徒行。既至府门，连日吏不为通，会阿母出，见闳惊，入白夫人，乃密呼见。既而辞去，贺遣车送之，闳称眩疾不肯乘，返，郡界无知者。及贺卒郡，闳兄弟迎丧，不受赙赠，缞绖扶柩，冒犯寒露，体貌枯毁，手足血流，见者莫不伤之。服阕，累征聘举召，皆不应。居处厌陋，以耕学为业。从父逢、隗并贵盛，数馈之，无所受。

桓帝末，闳散发绝世，欲投迹深林。以母老不宜远遁，乃筑土室，四周于庭，不为户，自牖纳饮食而已。且于室中东向拜母。母思闳，时往就视，母去，便自掩闭，兄弟妻子莫得见也。及母殁，不为制服设位，时莫能名，或以为狂生。潜身十八年，黄巾起，攻没郡县，闳诵经不移。相约语不入其间，乡人就闳避难，皆得全免。年五十七，卒于土室。

《后汉书》卷四五

## 一七九　无禁忌者之证

章帝时，司隶校尉下邳赵兴不恤讳忌，每入官舍，辄更缮修馆宇，移穿改筑，故犯妖禁，而家人爵禄，益用丰炽，官至颍川太守。子峻，太傅，以才器称。孙安世，鲁相。三叶皆为司隶，时称其盛。

顺帝时，廷尉河南吴雄，以明法律，断狱平，起自孤宦，致位司徒。雄少时家贫，丧母，营人所不封土者，择葬其中。丧事促办，不问时日，巫皆言当族灭，而雄不顾。及子䜣孙恭，三世廷尉，为法名家。

桓帝时，汝南有陈伯敬者，行必矩步，坐必端膝。呵叱狗马，终不言死；目有所见，不食其肉。行路闻凶，便解驾留止；还触归忌，则寄宿乡亭。年老寝滞，不过举孝廉。后坐女婿亡吏，太守邵夔怒而杀之。时人罔忌禁者，多谈为证焉。

《后汉书》卷四六

## 一八〇　应奉聪明强记

应奉，少聪明，自为童儿及长，凡所经履，莫不暗记。读书五行并下。为郡决曹史，行部四十二县，录囚徒数百千人。及还，太守备问之，奉口说罪者姓名，坐状轻重，无所遗脱，时人奇之。著《汉书后序》，多所述载。大将军梁冀举茂才。官至武陵太守、司隶校尉。

桓帝时，党事起，奉乃慨然以疾自退。追愍屈原，因以自伤，著《感骚》三十篇，数万言。诸公多荐举，会病卒。

《后汉书》卷四八

## 一八一　边韶才捷著作东观

边韶，字孝先，陈留浚仪人也。以文章知名，教授数百人。韶口辩，曾昼日假卧，弟子私嘲之曰："边孝先，腹便便。懒读书，但欲眠。"韶潜闻之，应时对曰："边为姓，孝为字。腹便便，五经笥。但欲眠，思经事。寐与周公通梦，静与孔子同意。师而可嘲，出何典记？"嘲者大惭。韶之才捷皆此类也。

桓帝时，为临颍侯相，征拜太中大夫，著作东观。

《后汉书》卷八〇上

## 一八二　张升任情不羁

张升，陈留尉氏人。升少好学，多关览，而任情不羁。其意相合者，则倾身交结，不问穷贱；如乖其志好者，虽王公大人，终不屈从。常叹曰："死生有命，富贵在天。其有知我，虽胡越可亲；苟不相识，从物何益？"

《后汉书》卷八〇下

## 一八三　甑中生尘范史云

范冉，字史云，陈留外黄人也。少为县小吏，年十八，奉檄迎督邮，冉耻之，乃遁去。到南阳，又游三辅，就马融通经，历年乃还。

冉好违时绝俗，为激诡之行。与汉中李固、河内王奂亲善。奂后为考城令，境接外黄，屡遣书请冉，冉不至。及奂迁汉阳太守，将行，冉乃与弟协步赍麦酒，于道侧设坛以待之。冉见奂车徒骆驿，遂不自闻，惟与弟共辩论于路。奂识其声，即下车与相揖对。奂曰："行路仓猝，非陈契阔之所，可共到前亭宿息，以叙分隔。"冉曰："子前在考城，思欲相从，以贱质自绝豪友耳。今子远适千里，会面无期，故轻行相候，以展诀别。如其相追，将有慕贵之讥矣。"便起告违，拂衣而去。奂瞻望弗及，冉长逝不顾。

桓帝时，以冉为莱芜长，遭母忧，不到官。后辟太尉府，以狷急不能从俗，常佩韦于朝。议者欲以为侍御史，因遁身逃命于梁、沛之间，徒行敝服，卖卜于市。

遭党人禁锢，遂推鹿车，载妻子，捃拾自资。或寓息客庐，或依宿树荫。如此十馀年，乃结草室而居焉。所止单陋，有时粮粒尽，穷居自若，言貌无改。闾里歌之曰："甑中生尘范史云，釜中生鱼范莱芜。"

《后汉书》卷八一

## 一八四　韩康口不二价

韩康，字伯休，京兆霸陵人。常采药名山，卖于长安市，口不二价，三十馀年。时有女子从康买药，康守价不移。女子怒曰："公是韩伯休耶？乃不二价乎？"康叹曰："我本欲避名，今小女子皆知有我，何用药为？"乃遁入霸陵山中。桓帝备玄纁之礼，以安车聘之。使者奉诏造康，康不得已，乃许诺。辞安车，自乘柴车，冒晨先使者发。至亭，亭长以韩征君当过，方发人牛修道桥。及见康柴车幅巾，以为田叟也，使夺其牛。康即释驾与之。有顷，使者至，知夺牛翁乃征君也。使者欲奏杀亭长。康曰："此自老子与之，亭长何罪！"乃止。康因中道逃遁，以寿终。

《后汉书》卷八三

## 一八五　为孝女曹娥立碑

孝女曹娥者，会稽上虞人也。父盱，能弦歌，为巫祝。于县江溯涛迎婆娑神，溺死，不得尸骸。娥年十四，乃沿江号哭，昼夜不绝声，旬有七日，遂投江而死。至元嘉元年，县长度尚改葬娥于江南道傍，为立碑焉。

《后汉书》卷八四

## 一八六　赵娥为父报仇

酒泉赵娥，父为同县人所杀，而娥兄弟三人，时俱病物故，仇乃喜而自贺，以为莫己报也。娥阴怀感愤，乃潜备刀兵，常帷车以候仇家。十馀年不能得。后遇于都亭，刺杀之。因诣县自首。曰："父仇已报，请就刑戮。"禄福长尹嘉义之，解印绶欲与俱亡。娥不肯去。曰："怨塞身死，妾之明分；结罪理狱，君之常理。何敢苟生，以枉公法！"后遇赦得免。州郡表其闾。

《后汉书》卷八四

## 一八七　汉阴老父不观天子

汉阴老父者，不知何许人也。桓帝延熹中，幸竟陵，过云梦，临沔水，百姓莫不观者，有老父独耕不辍。尚书郎张温异之，使问曰："人皆来观，老父独不辍，何也？"老父笑而不对。温下道百步，自与言。老父曰："我野人耳，不达斯语。请问天下乱而立天子邪？理而立天子邪？立天子以父天下邪？役天下以奉天子邪？昔圣王宰世，茅茨采椽，而万人以宁。今子之君，劳人自纵，逸游无忌。吾为子羞之，子何忍欲人观之乎！"温大惭。问其姓名，不告而去。

《后汉书》卷八三

## 一八八　窦武谋诛宦官未成

窦武，扶风平陵人。武少以经行著称，常教授于大泽中，不交时事，名显关西。长女选入掖庭，桓帝以为贵人，拜武郎中。其冬，贵人立为皇后，武迁越骑校尉、城门校尉。在位多辟名士，清身疾恶，礼赂不通，妻子衣食裁充足而已。是时，羌蛮寇难，岁俭民饥，武得两宫赏赐，悉散与太学诸生，及载肴粮于路，丐施贫民。

时，国政多失，内官专宠，李膺、杜密等为党事考逮。永康元年，上疏谏。诏原李膺、杜密等，自黄门北寺、若卢、都内诸狱，系囚罪轻者皆出之。

其冬，桓帝卒，灵帝立，时年十二。拜武为大将军，常居禁中。帝既立，论定策功，更封武为闻喜侯，辅朝政。征天下名士废黜者前司隶李膺、宗正刘猛、太仆杜密、庐江太守朱宇等，列于朝廷。窦武、陈蕃谋杀宦官曹节、王辅等，未成。陈蕃被杀，窦武自杀。

《后汉书》卷六九

## 一八九　灵帝问钩党事

宦官疾恶膺等，每下诏书，辄申党人之禁。曹节讽有司奏捕钩党，下州郡考治。是时，灵帝年十四，问曹节等曰："何以为钩党？"对曰："钩党，即党人也。"上曰："党人何用为恶而欲诛之邪？"对曰："皆相举群辈，欲为不轨。"上曰："不轨欲如何？"对曰："欲图社稷。"上乃可其奏。

《通鉴》卷五六

## 一九〇　党人从容赴难

或谓李膺曰："可去矣。"对曰："事不辞难，罪不逃刑，臣之节也。吾年已六十，死生有命，去将安之。"乃诣诏狱，考死。

汝南督邮吴导受诏捕范滂，至征羌，抱诏书闭传舍，伏床而泣，一县不知所为。滂闻之曰："必为我也。"即自诣狱。县令郭揖大惊，出，解印绶，引与俱亡，曰："天下大矣，子何为在此！"滂曰："滂死则祸塞，何敢以罪累君，又令老母流离乎！"其母就与之诀，曰："汝今得与李、杜齐名，死亦何恨！既有令名，复求寿考，可兼得乎！"滂跪受教，再拜而辞。顾其子曰："吾欲使汝为恶，恶不可为；使汝为善，则我不为恶。"行路闻之，莫不流涕。

凡党人死者百馀人，妻子皆徙边，天下豪杰及儒学有行义者，宦官一切指为党人。有怨隙者，因相陷害，睚眦之忿，滥入党中。州郡承旨，或有未尝交关者，亦罹祸毒，其死、徙、废、禁者又六七百人。

司马光评曰：党人生昏乱之世，不在其位，四海横流，而欲以口舌救之，臧否人物，激浊扬清，撩虺蛇之头，践虎狼之尾，以至身被淫刑，祸及朋友，士类歼灭而国随以亡，不亦悲乎！夫唯郭泰（即郭林宗）既明且哲，以保其身，卓乎其不可及也。

《通鉴》卷五六

## 一九一　侯览贪侈奢纵

侯览者，桓帝初为中常侍，以佞猾进，倚势贪放，受纳货遗以巨万计。延熹中，览上缣五千匹，赐爵关内侯。又托以与议诛梁冀功，进封高乡侯。

灵帝建宁二年，丧母还家，大起茔冢。督邮张俭因举奏览贪侈奢纵，前后请夺人宅三百八十一所，田百一十八顷。起立第宅十有六区，皆有高楼池苑，堂阁相望，饰以绮画丹漆之属，制度重深，僭类宫省。又豫作寿冢，石椁双阙，高庑百尺，破人居室，发掘坟墓。虏夺良人，妻略妇子，及诸罪衅，请诛之。而览伺候遮截，章竟不上。俭遂破览冢宅，藉没资财，具言罪状。又奏览母生时交通宾客，干乱郡国。复不得御。览遂诬俭为钩党，及故长乐少府李膺、太仆杜密等，皆夷灭之。

熹平元年，有司举奏览专权骄奢，策收印绶，自杀。

《后汉书》卷七八

## 一九二　孟佗贿张让得刺史

灵帝时，中常侍张让有监奴典任家事，交通货赂，威形喧赫。扶风人孟佗，资产饶赡，与奴朋结，倾谒馈问，无所遗爱。奴咸德之，问佗曰："君何所欲？力能办也。"曰："吾望汝曹为我一拜耳。"时宾客求谒让者，车恒数百千辆，佗时诣让，后至，不得进，监奴乃率诸仓头迎拜于路，遂共舆车入门。宾客咸惊，谓佗善于让，皆争以珍玩赂之。佗分以遗让，让大喜，遂以佗为凉州刺史。

《后汉书》卷七八

## 一九三　捕大字报作者

有人书朱雀阁，言："天下大乱，曹节、王甫幽杀太后，公卿皆尸禄，无忠言者。"诏司隶校尉刘猛逐捕，十日一会。猛以诽书言直，不肯急捕，月馀，不得书者之名。猛左迁谏议大夫，以御史中丞段颎代之。颎乃四出逐捕，太学游生系者千馀人。

《通鉴》卷五七

## 一九四　山民赍钱送刘宠

刘宠为豫章太守，又三迁拜会稽太守。山民愿朴，乃有白首不入市井者，颇为官吏所扰。宠简除烦苛，禁察非法，郡中大化。征为将作大匠。山阴县有五六老叟，尨眉皓发，自若邪山谷间出，人赍百钱以送宠。宠劳之曰："父老何自苦？"对曰："山谷鄙生，未尝识郡朝。它守时吏发求民间，至夜不绝，或狗吠竟夕，民不得安。自明府下车以来，狗不夜吠，民不见吏。年老遭值圣明，今闻当见弃去，故自扶奉送。"宠曰："吾政何能及公言邪？勤苦父老！"为人选一大钱受之。

桓、灵间为司空，频迁司徒、太尉。宠前后历宰二郡，累登卿相，而清约省素，家无货积。尝出京师，欲息亭舍，亭吏止之，曰："整顿洒扫，以待刘公，不可得止。"宠无言而去，时人称其长者，以老病卒于家。

《后汉书》卷七六

## 一九五　蔡邕书五经精音律

蔡邕，字伯喈，陈留圉人。性笃孝，母常滞病三年，邕自非寒暑节变，未尝解襟带，不寝寐者七旬。母卒，庐于冢侧，动静以礼。与叔父从弟同居，三世不分财，乡党高其义。少博学，师事太傅胡广。好辞章、数术、天文，妙操音律。

灵帝建宁三年，辟司徒桥玄府，玄甚敬待之。召拜郎中，校书东观。邕以经籍去圣久远，文字多谬，俗儒穿凿，疑误后学。熹平四年，乃与五官中郎将堂溪典，光禄大夫杨赐等，奏求正定五经文字。灵帝许之，邕乃自书丹于碑，镌刻立于太学门外。于是后儒晚学，咸取正焉。及碑始立，其观视及摹写者，车乘日千馀辆，填塞街陌。

吴人有烧桐以爨者，邕闻火烈之声，知其良木，因请而裁为琴，果有美音，而其尾犹焦，故时人名曰"焦尾琴"焉。

初，邕在陈留也。其邻人有以酒食召邕者，比往而酒以酣焉。客有弹琴于屏，邕至门试潜听之，曰："嘻！以乐召我而有杀心，可也？"遂反。将命者告主人曰："蔡君向来，至门而去。"邕素为邦乡所宗，主人遽自追而问其故，邕具以告，莫不怃然。弹琴者曰："我向鼓弦，见螳螂方向鸣蝉，蝉将去而未飞，螳螂为之一前一却。吾心耸然，惟恐螳螂之失之也。此岂为杀心而形于声者乎？"邕莞然而笑曰："此足以当之矣。"

《后汉书》卷六〇下

## 一九六　赵苞之忠与孝

赵苞，甘陵东武城人。从兄忠，为中常侍，苞深耻其门族有宦官名势，不与忠交通。

任广陵令，视事三年，政教清明。郡表其状，迁辽西太守，抗厉威严，名振边俗。以到官明年，遣使迎母及妻子，垂当到郡，道经柳城，值鲜卑万馀人入塞寇钞，苞母及妻子遂为所劫质，载以击郡。苞率步骑二万，与贼对阵。贼出母以示苞，苞悲号谓母曰："为子无状，欲以微禄奉养朝夕，不图为母作祸。昔为母子，今为王臣，义不得顾私恩毁忠节，唯当万死，无以塞罪。"母遥谓曰："人各有命，何得相顾以亏忠义！"苞即时进战，其母妻皆为所害。苞殡敛母毕，自上归葬。灵帝遣策吊慰，封鄃侯。

苞葬讫，谓乡人曰："食禄而避难，非忠也；杀母以全义，非孝也。如是，有何面目立于天下！"遂呕血而死。

《后汉书》卷八一

## 一九七　灵帝呈顽皮少年本性

灵帝作列肆于后宫，使诸采女贩卖，更相盗窃争斗，帝着商贾服，从之饮宴为乐。又于西园弄狗，着进贤冠，带绶。又驾四驴，帝躬自操辔，驱驰周旋。京师转相仿效，驴价遂与马齐。帝好为私畜，收天下之珍货，每郡国贡献，先输中署，名为"导引费"。

《通鉴》卷五八

## 一九八　公卿放枭而囚鸾凤

招公卿以谣言举刺史、二千石为民蠹害者。太尉许馘、司空张济承望内官，受取货赂，其宦者子弟、宾客，虽贪污秽浊，皆不敢问，而虚纠边远小郡清修有惠化者二十六人，吏民诣阙陈诉。司徒陈耽上言："公卿所举，率党其私，所谓放枭而囚鸾凤。"

《通鉴》卷五八

东汉（公元 25 年至 219 年）

## 一九九　张角起事

　　巨鹿张角奉事黄、老，以妖术教授，号太平道。咒符水以治病，令病者跪拜施符水，或时病愈，众共神而信之。角分遣弟子周行四方，十馀年间，徒众数十万，自青、徐、幽、冀、荆、扬、兖、豫八州之人，莫不毕应。或弃卖财产，流移奔赴，填塞道路，未至病死者以万数。郡县言角以善道教化，为民所归。

　　张角遂置三十六方。方，犹将军也。大方万馀人，小方六七千，各立渠帅。讹言"苍天已死，黄天当立，岁在甲子，天下大吉"。以白土书京城寺门，及州郡官府，皆作"甲子"字。大方马元义等先收荆、扬数万人，期会发于邺。以中常侍封谞、徐奉等为内应，约以三月五日内外皆起。事泄，马元义被车裂。角晨夜驰敕诸方，一时俱起，皆着黄巾以为标帜。旬月之间，天下响应，京师震动。

　　以河南尹何进、卢植、皇甫嵩等往讨之。

《通鉴》卷五八

## 二〇〇　曹腾奉事四帝而无过

　　曹腾，沛国谯人也。安帝时，除黄门从官。顺帝即位，腾为小黄门，迁中常侍。桓帝得立，腾与州辅等七人，以定策功，皆封亭侯，腾为费亭侯，迁大长秋，加位特进。

· 427 ·

腾用事省闼三十馀年，奉事四帝，未尝有过。其所进达，皆海内名人。时蜀郡太守因计吏赂遗于腾，益州刺史种暠于斜谷关搜得其书，上奏太守，并以劾腾，请下廷尉案罪。帝曰："书自外来，非腾之过。"遂寝暠奏。腾不为纤介，常称暠为能吏，时人嗟美之。

腾卒，养子嵩嗣。种暠后为司徒，告宾客曰："今身为公，乃曹常侍力焉。"嵩，灵帝时货赂中官及输西园钱一亿万，故位至太尉。曹操即嵩之子。

《后汉书》卷七八

## 二〇一　曹操少时之行为

曹操少好飞鹰走狗，游荡无度，其叔父数言之于其父嵩。操患之，后逢叔父于路，乃佯败面喎口。叔父怪而问其故，对曰："卒中恶风。"叔父以告嵩。嵩惊愕，呼操，见口貌如故。嵩问曰："叔父言汝中风，已差乎？"操曰："初不中风，但失爱于叔父，故见罔耳。"嵩乃疑焉。自后叔父有所告，嵩终不复信，操于是益得肆意矣。

《三国志》卷一裴松之注

## 二〇二　曹操参与讨黄巾

南阳何颙见曹操，叹曰："汉家将亡，安天下者，必此人也。"有许劭者，与从兄许靖俱有高名，好评论人物，每月辄更其品题，故汝南俗有月旦评焉。操往造劭而问之曰："我何如人？"劭曰："子，治世之能臣，乱世之奸雄。"操大喜而去。

及张角兴兵，乃与皇甫嵩等共讨黄巾军。

《通鉴》卷五八

## 二〇三　灵帝敛钱修宫室

中常侍张让、赵忠说灵帝税天下田，亩十钱，以修宫室、铸铜人。又诏发州郡材木文石，部送京师。黄门、常侍不中者，因强拆贱买，仅得本贾十分之一，复货之，宦官复不为即受，材木遂至腐积，宫室连年不成。刺史、太守又增私调，百姓呼嗟。刺史、二千石及茂才孝廉迁除，皆责助军、修宫钱，大郡二三千万，馀各有差。当之官者，皆先至西园定价，然后得去。时巨鹿太守司马直新除，以有清名，减责三百万。直怅然曰："为民父母而反割剥百姓以称时求，吾不忍也。"辞疾，不听。行至孟津，上书极陈当世之失，即吞药自杀。书奏，帝为暂绝修宫钱。

是时三公往往因常侍、阿保入钱西园而得之。崔烈因保母入钱五百万，故得为司徒。及拜日，百僚毕会，帝顾谓亲幸者曰："悔不少靳，可至千万！"程夫人于傍应曰："崔公冀州名士，岂肯买官！赖我得是，反不知好邪！"

又，帝造万金堂于西园，引司农金钱、缯帛满积堂中，复藏寄小黄门、常侍家钱各数千万，又于河间买田宅，起第观。

《通鉴》卷五八

## 二〇四　灵帝讲武厌大兵

望气者以为京师当有大兵，两宫流血，灵帝欲厌之，乃发四方兵，讲武于平乐观下。起大坛，上建十二重华盖，盖高十丈。东北为小坛，建九重华盖，高九丈。列步骑数万人，结营为阵。甲子，帝亲出临军，驻大华盖下，大将军何进，驻小华盖下。帝躬甲胄、介马，称无上将军，行阵三匝而还。帝问讨虏校尉盖勋曰："吾讲武如何？"对曰："臣闻先王曜德不观兵。今寇在远而设近阵，不足以昭果毅，只黩武耳！"帝曰："善！恨见君晚，群臣初无是言也。"勋谓袁绍曰："上甚聪明，但蔽于左右耳！"

《通鉴》卷五九

## 二〇五　曹操笑引外兵诛宦官

灵帝卒，刘辩即位，年十四，何太后临朝，以大将军何进，参录尚书事。进信用袁绍及其从弟袁术，复征智谋之士何颙、荀攸、郑泰等二十馀人。

袁绍说何进诛诸宦官。何太后不听。绍等又为画策，多召四方猛将豪杰，使引兵向京师，以胁太后。进然之。广陵陈琳谏曰："行权立断，则天人顺之。而反委释利器，更征外助，大兵聚会，强者为雄，所谓倒持干戈，授人以柄，功必不成，只为乱阶耳！"进不听。典军校尉曹操闻而笑曰："宦者之官，古今宜有，但不当假之权宠，使至于此。既治其罪，当诛元恶，何至纷纷召外兵乎？欲尽诛之，事必宣露，吾见其败也。"

《通鉴》卷五九

## 二〇六　董卓立献帝专朝政

何进召董卓将兵诣京师，侍御史郑泰谏曰："董卓残忍寡义，志欲无厌，若借之朝政，授以大事，将恣凶欲，必危朝廷。"进不听，泰乃弃官去。

进谋事泄，被宦官张让等斩杀。袁绍、袁术及何进部曲吴匡等，勒兵进宫，捕诸宦官，无少长皆杀之，凡二千馀人，或有无须而误死者。

董卓之京，步骑不过三千，后并丁原部曲，兵始大盛。董卓欲立陈留王协，协年九岁。袁绍曰："公欲废嫡立庶，恐众不从公议。"卓按剑叱绍曰："竖子敢然！天下之事，岂不在我！我欲为之，谁敢不从！尔谓董卓刀为不利乎？"绍勃然曰："天下健者岂惟董公！"引佩刀，横揖，径出。卓以新至，见绍大家，故不敢害。

刘协即皇帝位，是为献帝。以董卓为相国，赞拜不名，入朝不趋，剑履上殿。董卓性残忍，一旦专政，据有国家甲兵、珍宝，所愿无极，语宾客曰："我相，贵无上也！"是时，洛中贵戚，室第相望，金帛财产，家家充积，卓纵放兵士，突其庐舍，剽掳资物，妻略妇女，人情崩恐，不保朝夕。

《通鉴》卷五九

## 二〇七　皇甫规妻骂董卓而死

皇甫规妻者，不知何氏女也。妻善属文，能草书，时为规答书记，众人怪其工。及规卒时，妻年犹盛而容色美。后董卓为相国，娉以軿辎百乘，马二十匹，奴婢钱帛充路。妻乃轻服诣卓门，跪自陈清，辞甚酸怆。卓使傅奴侍者悉拔刀围之，而谓曰："孤之威教，欲令四海风靡，何有不行于一妇人乎？"妻知不免，乃立骂卓曰："君毒害天下，犹未足邪！妾之先人，清德奕世。皇甫氏文武上才，为汉忠臣。君亲非其趋使走吏乎？敢欲行非礼于尔君夫人邪！"卓乃引车庭中，以其头悬轭，鞭扑交下。妻谓持杖者曰："何不重乎？速尽为惠。"遂死车下。

《后汉书》卷八四

## 二〇八　弘农王饮鸩悲歌

灵帝卒，皇子辩即位。董卓废少帝为弘农王而立协，是为献帝。扶弘农王下殿，北面称臣。群臣含悲，莫敢言。

明年，山东义兵大起，讨董卓之乱。卓乃置弘农王于阁上，使郎中令李儒进鸩，曰："服此药，可以避恶。"王曰："我无疾，是欲杀我耳！"不肯饮。强饮之，不得已，乃与妻唐姬及宫人饮宴别。酒行，王悲歌曰："天道易兮我何艰！弃万乘兮退守蕃。逆臣见迫兮命不延，逝将去汝兮适幽玄！"因令唐姬起舞，姬举袖而歌曰："皇天崩兮后土颓，身为帝兮命夭摧。死生路异兮从此乖，奈我茕独兮心中哀！"因泣下呜咽，坐者皆歔欷。王谓姬曰："卿王者妃，势不复为吏民妻。自爱，从此长辞！"遂饮药而死。时年十八。

《后汉书》卷一〇下

## 二〇九　董卓迁都长安之浩劫

关东州郡皆起兵讨董卓，卓迁都长安以避之。收诸富室，没入其财物，死者不可胜计；悉驱徙其馀民数百万口于长安，步骑驱蹙，更相蹈藉，饥饿寇掠，积尸盈路。悉烧宫庙、官府、居家，二百里内，室屋荡尽，无复鸡犬。又使吕布发诸帝陵及公卿以下冢墓，收其珍宝。卓获山东兵，以猪膏涂布十馀匹，用缠其身，然后烧之，先从足起。

《通鉴》卷五九

## 二一〇　刘翊济贫以至于死

刘翊，字子相，颍川颍阴人也。家世丰产，常能周施而不有其惠。曾行于汝南界中，有陈国张季礼远赴师丧，遇寒冰车毁，顿滞道路。翊见而谓曰："君慎终赴义，行宜速达。"即下车与之，不告姓名，自策马而去。季礼意其子相也，后故到颍阴，还所假乘。翊闭门辞行，不与相见。

常守志卧疾，不屈聘命。河南种拂临郡，引为功曹，翊以拂名公之子，乃为起焉。拂以其择时而仕，甚敬任之。黄纲恃程夫人权力，求占山泽以自营植。拂召翊问曰："程氏贵盛，在帝左右，不听则恐见怨，与之则夺民利，为之奈何？翊曰："名山大泽不以封，盖为民也。明府听之，则被佞幸之名矣。若以此获祸，贵子申甫，则自以不孤也。"拂从翊言，遂不与之。乃举翊为孝廉，不就。

后黄巾起，郡县饥荒，翊救给乏绝，资其食者数百人。乡族贫者，死亡则为具殡葬，嫠独则助营妻娶。

献帝迁都西京，翊散所握珍玩，唯馀车马，自载东归。出关数百里，见士大夫病亡道次，翊以马易棺，脱衣敛之。又逢知故困馁于路，不忍委去，因杀所驾牛，以救其乏。众人止之，翊曰："视没不救，非志士也。"遂俱饿死。

《后汉书》卷八一

## 二一一　王烈以德感人

王烈，太原人也。少师事陈寔，以义行称乡里。有盗牛者，主得之，盗请罪曰："刑戮是甘，乞不使王彦方知也。"烈闻而使人谢之，遗布一端。或问其故，烈曰："盗惧吾闻其过，是有耻恶之心。既怀耻恶，必能改善，故以此激之。"后有老父遗剑于路，行道一人见而守之，至暮，老父还寻，得剑，怪而问其姓名，以事告烈。烈使推求，乃先盗牛者也。诸有争讼曲直，将质之于烈，或至途而返，或望庐而还。其以德感人若此。

《后汉书》卷八一

## 二一二　刘备关羽张飞与赵云

涿郡刘备，景帝中山靖王之后，少孤贫，与母以贩履为业，垂手下膝，顾自见其耳；有大志，少语言，喜怒不形于色。尝与公孙瓒同师事卢植，由是往依时据冀州之瓒。瓒以为平原相。

备少与河东关羽、涿郡张飞相友善；以羽、飞为别部司马。备与二人寝则同床，恩若兄弟，而稠人广坐，待立终日，随备周旋，不避艰险。常山赵云时亦在瓒部，刘备见而奇之，深加接纳，云遂从备至平原，为备主骑兵。

《通鉴》卷六〇

## 二一三　管宁与邴原

公孙度威行海外，北海管宁、邴原皆往依焉。

管宁少时与华歆为友，尝与歆共锄菜，见地有金，宁挥锄不顾，与瓦石无异；歆捉而掷之。宁既见度，乃庐于山谷，时避难者多居郡南，而宁独居北，示无还志，后渐来从之，旬月而成邑。宁每见度，语唯经典，不及世事；还山专讲诗书，非学者无见也。由是度安其贤，民化其德。

邴原远行游学，八九年才能归，师以原不饮酒，会米肉送之，原曰："本能饮酒，但以荒思废业，故断之耳。"于是共坐饮酒，终日不醉。原性刚直，清议以格物，度等心不安之。宁谓原曰："潜龙以不见成德。言非其时，招祸之道也。"密遣原逃归，度闻之，亦不复追。

《通鉴》卷六〇

## 二一四　王允结吕布诛董卓

王允，太原祁人也。献帝即位，拜太仆，再迁尚书令，代杨彪为司徒。及董卓迁都关中，允悉收敛兰台、石室图书秘纬要者以从。既至长安，皆分别条上。又集汉朝旧事所当施用者，一皆奏之。经籍具存，允有力焉。时董卓尚留洛阳，朝政大小，悉委之于允。允矫情屈意，每相承附，卓亦推心，不生乖疑，故得扶持王室于危乱之中，臣主内外，莫不倚恃焉。

允见卓祸毒方深，篡逆已兆，与士孙瑞、杨瓒谋诛之，乃潜结卓将吕布，使为内应。卓入贺，吕布因刺杀之。布持矛刺卓，促兵斩之。吏士皆正立不动，大呼万岁。百姓歌舞于道，士女卖其珠玉衣装市酒肉相庆者，填满街肆。暴卓尸于市。卓素肥，脂流于地，守尸吏为大炷，置卓脐中，光明达曙，如是积日。坞中有金二三万斤，银八九万斤，锦绮奇玩积如丘山。

允性刚棱疾恶，初惧董卓豺狼，故折节图之。卓既歼灭，自谓无复患难，及在际会，每乏温润之色，杖正持重，不循权宜之计，是以群下不甚附之。

董卓将校及在位者多凉州人，允议罢其军。卓部曲将李傕、郭汜等先将兵在关东，因不自安，遂合谋为乱，攻围长安。城陷，吕布奔走。布驻马青琐门外，招允曰："公可以去乎？"允曰："若蒙社稷之灵，上安国家，吾之愿也。如其不获，则奉身以死之。朝廷幼少，恃我而已，临难苟免，吾不忍也。努力谢关东诸公，勤以国家为念。"允被杀，年五十六。

《后汉书》卷六六；《通鉴》卷六〇

## 二一五　蔡邕因过死于狱

董卓初专政，闻蔡邕之名而征之，邕称疾不就。卓怒詈曰："我能族人！"邕惧而应命。到，署祭酒，甚见敬重，三日之内，周历三台，补侍御史、治书御史，迁尚书，迁侍中。

卓之死也，蔡邕在王允坐，闻之惊叹。允勃然叱之曰："董卓国之大贼，几亡汉室，君为王臣，所宜同疾，而怀私遇，反相伤痛，岂不共为逆哉！"即收付廷尉。邕谢曰："身虽不忠，古今大义，耳所常闻，岂当背国而向卓也！愿黥首刖足，继成汉史。"太尉马日磾谓允曰："伯喈旷世逸才，多识汉事，当续成后史，为一代大典；而所坐至微，诛之，无乃失人望乎！"王允不许，邕遂死狱中。

《通鉴》卷五九、卷六〇

## 二一六　李傕郭汜放兵劫掠

李傕、郭汜内斗，相攻数月，死者以万数。董卓初死，三辅民尚数十万户，李傕等放兵劫掠，加以饥馑，二年间，民相食略尽。献帝东还，至洛阳。是时，宫室烧尽，百官披荆棘，依墙壁间，州郡各拥强兵，委输不至；尚书郎以下或饥死，或为兵士所杀。

《通鉴》卷六一、卷六二

## 二一七　胡广庸庸历事六帝

胡广，字伯始，在公台三十馀年，历事安、顺、冲、质、桓、灵六帝，礼任甚优，每逊位辞病，及免退田里，未尝满岁，辄复升进。凡一履司空，再作司徒，三登太尉，又为太傅。其所辟命，皆天下名士。与故吏陈蕃、李咸并为三司。

广年八十二卒。性温柔谨素，常逊言恭色。达练事体，明解朝章。虽无謇直之风，屡有补阙之益。故京师谚曰："万事不理问伯始，天下中庸有胡公。"

《后汉书》卷四四

东汉（公元25年至219年）

## 二一八　羊续悬鱼以拒贿

羊续，太山平阳人也。灵帝时，拜续为南阳太守。当入郡界，乃赢服间行，侍童子一人，观历县邑，采问风谣，然后乃进。

时，权豪之家多尚奢丽，续深疾之，常敝衣薄食，车马羸败。府丞尝献其生鱼，续受而悬于庭；丞后又进之，续乃出前所悬者以杜其意。续妻后与子秘俱往郡舍，续闭门不纳妻，自将秘行，其资藏惟有布衾、盐、麦数斛而已，顾敕秘曰："吾自奉若此，何以资尔母乎？"使与母俱归。

灵帝欲以续为太尉。时拜三公者，皆输东园礼钱千万，令中使督之，名为"左骖"。其所之往，辄迎致礼敬，厚加赠赂。续乃坐使人于单席，举缊袍以示之，曰："臣之所资，惟斯而已。"帝不悦，以此故不登公位。

《后汉书》卷三一

## 二一九　贾琮治交阯

贾琮，东郡聊城人也。旧交阯土多珍产，明玑、翠羽、犀、象、玳瑁、异香、美木之属，莫不自出。前后刺史率多无情行，上承权贵，下积私赂，财计盈给，辄复求见迁代，故吏民怨叛。交阯屯兵反，执刺史及合浦太守，自称"柱天将军"。灵帝特敕精选能吏，有司举琮为交阯刺史。琮到部，讯其反状，咸言赋敛过重，民不聊生，故聚为盗贼。琮即移书告示，各使安其资业，招抚荒散，蠲复徭役，诛斩渠帅为大害者，简选良吏试守诸县，岁间荡定，百姓以安。巷路为之歌曰："贾父来晚，使我先反；今见清平，吏不敢饭。"

《后汉书》卷三一

## 二二〇　马融为世通儒

马融，字季长，扶风茂陵人。才高博洽，为世通儒，教养诸生，常有千数。涿郡卢植，北海郑玄，皆其徒也。善鼓琴，好吹笛，达生任性，不拘儒者之节。居宇器服，多存侈饰。尝坐高堂，施绛纱帐，前授生徒，后列女乐，弟子以次相传，鲜有入其室者。尝欲训《左氏春秋》，及见贾逵、郑众注，乃曰："贾君精而不博，郑君博而不精。既精既博，吾何加焉！"著《三传异同说》。注《孝经》《论语》《诗》《易》《三礼》《尚书》《列女传》《老子》《淮南子》《离骚》，所著赋、颂、碑、诔、书、记、表、奏、七言、琴歌、对策、遗令，凡二十一篇。

初，融不敢违忤势家，遂为梁冀草奏李固，又作大将军《西第颂》，以此颇为正直所羞。年八十八，卒于家。

《后汉书》卷六〇上

## 二二一　郑玄之为学为人

郑玄，字康成，北海高密人也，就学于扶风马融。融门徒四百馀人，升堂进者五十馀生。融素骄贵，玄在门下，三年不得见，乃使高业弟子传授于玄。玄日夜寻诵，未尝怠倦。会融集诸生考论图纬，闻玄善算，乃召见于楼上，玄因从质诸疑义，问毕辞归。融喟然谓门人曰："郑生今去，吾道东矣。"

玄自游学，十馀年乃归乡里。家贫，客耕东莱，学徒相随已数百千人。及党事起，乃与同郡孙嵩等四十馀人俱被禁锢，遂隐修经业，杜门不出。

灵帝末，党禁解，大将军何进闻而辟之。州郡不敢违意，遂迫胁玄，不得已而诣之。进为设几杖，礼待甚优。玄不受朝服，而以幅巾见。一宿逃去。时年六十。

大将军袁绍总兵冀州，遣使邀玄，大会宾客，玄最后至，乃延升上坐。身长八尺，饮酒一斛，秀眉明目，容仪温伟。绍客多豪俊，并有才说，见玄儒者，未以通人许之，竞设异端，百家互起。玄依方辩对，咸出问表，皆得所未闻，莫不嗟服。时汝南应劭亦归于绍，因自赞曰："故太山太守应中远，北面称弟子何如？"玄笑曰："仲尼之门考以四科（德行、言语、政事、文学），回、赐之徒不称官阀。"劭有惭色。绍乃举玄茂才，表为左中郎将，皆不就。征为大司农，给安车一乘，所过长吏送迎。玄乃以病自乞还家。卒年七十四。门人相与撰玄答诸弟子问五经。玄所著述凡百馀万言。

郑玄欲注《春秋传》，尚未成时，行与服子慎遇宿客舍，先未相识，服在外车上与人说己注《传》意。玄听之良久，多与己同。玄就车与语曰："吾久欲注，尚未了。听君向言，多与吾同。今当尽以所注与君。"遂为服氏注。

郑玄家奴婢皆读书。尝使一婢，不称旨，将挞之。方自陈说，玄怒，使人曳著泥中。须臾，复有一婢来，问曰："胡为乎泥中？"答曰："薄言往愬，逢彼之怒。"

《后汉书》卷三五；《世说新语·文学》

## 二二二　张楷讲学所居成市

张楷，字公超，通《严氏春秋》《古文尚书》，门徒常百人。宾客慕之，自父党凤儒，偕造门焉。车马填街，徒从无所止，黄门及贵戚之家，皆起舍巷次，以候过客往来之利。楷疾其如此，辄徙避之。家贫无以为业，常乘驴车至县卖药，足给食者，辄还乡里。司隶举茂才，除长陵令，不至官。隐居弘农山中，学者随之，所居成市，后华阴山南遂有公超市。五府连辟，举贤良方正，不就。

《后汉书》卷三六

## 二二三　荀悦强记好著述

荀悦，年十二，能说《春秋》。家贫无书，每之人间，所见篇牍，一览多能诵记。性沉静，美姿容，尤好著述。灵帝时阉官用权，士多退身穷处，悦乃托疾隐居，时人莫之识，唯从弟彧特称敬焉。初辟镇东将军曹操府，迁黄门侍郎。献帝颇好文学，悦与彧及少府孔融侍讲禁中，旦夕谈论。累迁秘书监、侍中。时，政移曹氏，天子恭己而已。悦志在献替，而谋无所用。尝以《左传》体以为汉纪三十篇、政论数十篇。

《后汉书》卷六二

## 二二四　卢植学为儒宗刚毅有大节

卢植，涿郡涿人也。少与郑玄俱事马融，能通古今学，好研精而不守章句。融外戚豪家，多列女倡歌舞于前。植侍讲积年，未尝转眄，融以是敬之。学终辞归，阖门教授。性刚毅有大节，常怀济世志，不好辞赋，能饮酒一石。

大将军何进谋诛中官，乃召并州牧董卓。卢植知卓凶悍难制，必生后患，固止之。进不从。及卓至，果陵虐朝廷，乃大会百官于朝堂，议欲废立。群僚无敢言，植独抗议不同。卓怒罢会，将诛植。蔡邕、彭伯谏卓："卢尚书海内大儒，人之望也。今先害之，天下震怖。"卓乃止，但免植官而已。

植以老病求归，惧不免祸，乃诡道出。卓果使人追之，不及。遂隐于上谷，不交人事。所著碑、诔、表、记凡六篇。

建安中，曹操过涿郡，告守令曰："卢植名著海内，学为儒宗，士之楷模，国之桢干也。孤到此州，嘉其馀风。《春秋》之义，贤者之后，宜有殊礼。亟遣丞掾除其坟墓，存其子孙，并致薄醮，以彰厥德。"

《后汉书》卷六四

## 二二五　桥玄称劫质不得以财赎

桥玄，灵帝时官至司空、司徒。玄少子十岁，独游门次，卒有三人持杖劫执之，入舍登楼，就玄求货，玄不与。有顷，司隶校尉阳球率河南尹、洛阳令围守玄家。球等恐并杀其子，未欲迫之。玄瞋目呼曰："奸人无状，玄岂以一子之命而纵国贼乎！"促令兵进。于是攻之，玄子亦死。玄乃诣阙谢罪，乞下天下："凡有劫质，皆并杀之，不得赎以财宝，开张奸路。"诏书下其章。初自安帝以后，法禁稍弛，京师劫质，不避豪贵，自是遂绝。

玄卒时年七十五。玄性刚急无大体，然谦俭下士，子弟亲宗无在大官者。及卒，家无居业，丧无所殡，当时称之。

初，曹操微时，人莫知者。尝往候玄，玄见而异焉。谓曰："今天下将乱，安生民者其在君乎！"操常感其知己。及后经过玄墓，辄凄怆致祭。

《后汉书》卷五一

## 二二六　陈球拒绝行贿

陈球，下邳淮浦人也。球少涉儒学，迁繁阳令。时魏郡太守讽县求纳货贿，球不与之，太守怒而挝督邮，欲令逐球。督邮不肯，曰："魏郡十五城，独繁阳有异政，今受命逐之，将致议于天下矣。"太守乃止。

灵帝时，球官至廷尉、太尉。谋诛宦官，事泄，下狱死。

《后汉书》卷五六

## 二二七　荀彧投曹操

荀彧少有才名，何颙见而异之，曰："王佐才也！"及天下乱，彧谓父老曰："颍川四战之地，宜亟避之。"乡人多怀土不能去，彧独率宗族去袁绍。绍待彧以上宾之礼。彧度绍终不能定大业，闻曹操有雄略，乃去绍投操。操与语，大悦，曰："吾子房也！"以为奋武司马。其乡人留者多为催、汜等所杀。

《通鉴》卷六〇

## 二二八　曹操始奉天子令不臣

曹操追黄巾至济北，悉降之，得戎卒三十馀万，男女百馀万口，收其精锐者号青州兵。

曹操辟陈留毛玠为治中从事，玠言于操曰："今天下分崩，乘舆播荡，生民废业，饥馑流离，公家无经岁之储，百姓无安固之志，难以持久。宜奉天子以令不臣，修耕植以畜军资。如此，则霸王之业可成也。"操纳其言。

曹操在许昌，谋迎天子，将兵至洛阳，扶车驾出，迁都许。献帝至曹操营，以操为大将军，封武平侯。

《通鉴》卷六〇、卷六二

## 二二九　曹操得谋士荀攸郭嘉

曹操以荀彧为侍中，守尚书令。操问彧以策谋之士，彧荐其从子攸及颍川郭嘉。

操征攸为尚书，与语，大悦曰："公达，非常人也。吾得与之计事，天下当何忧哉！"以为军师。

初，郭嘉往见袁绍，绍甚敬礼之，居数十日，谓绍谋臣辛评、郭图曰："夫智者审于量主，故百全而功名可立。袁公徒欲效周公之下士，而不知用人之机，多端寡要，好谋无决，欲与共济天下大难、定霸王之业，难矣。吾将更举而求主，子盍去乎？"二人曰："袁氏有恩德于天下，人多归之，且今最强，去将何之！"嘉乃至操，操与论天下事，喜曰："使孤成大业者，必此人也。"嘉出，亦喜曰："真吾主也！"

操以山阳满宠为许令，操从弟洪有宾客在许界数犯法，宠收治之，洪书报宠，不听。洪以白操，操召许主者，宠知将欲原客，乃速杀之。操喜曰："当事不当尔邪！"

《通鉴》卷六二

## 二三〇　孔融幼有异才

孔融，字文举，鲁国人，幼有异才。年十岁，随父诣京师。时河南尹李膺以简重自居，不妄接士宾客，敕外自非当世名人及与通家，皆不得白。融欲观其人，故造膺门。语门者曰："我是李君通家子弟。"门者言之。膺请融，问曰："高明祖父尝与仆有恩旧乎？"融曰："然。先君孔子与君先人李老君同德比义，而相师友，则融与君累世通家。"众坐莫不叹息。太中大夫陈炜后至，坐中以告炜。炜曰："夫人小而聪了，大未必奇。"融应声曰："观君所言，将不早惠乎？"膺大笑曰："高明必为伟器。"

年十三，丧父，哀悴过毁，扶而后起，州里归其孝。性好学，博涉多赅览。

初，曹操攻屠邺城，袁氏妇子多见侵略，而操子丕私纳袁熙妻甄氏。融乃与操书，称"武王伐纣，以妲己赐周公"。操不悟，后问出何经典。对曰："以今度之，想当然耳。"

融闻人之善，若出诸己，言有可采，必演而成之，面告其短，而退称所长，荐达贤士，多所奖进，知而未言，以为己过。

《后汉书》卷七〇

## 二三一　孔融才疏意广

北海太守孔融，才疏意广，迄无成功。高谈清教，盈溢官曹，辞气清雅，可玩而诵，论事考实，难可悉行。但能张开纲罗，而目里甚疏；造次能得人心，久久亦不愿附也。其所任用，好奇取异，多剽轻小才。清隽之士，皆备座席而已，不与论政事，曰："此民望，不可失也。"

青州刺史袁谭攻融，自春至夏，战士所馀才数百人，流矢交集，而融犹隐几读书，谈笑自若。城破，妻子被虏。曹操与融有旧，征为将作大匠。

《通鉴》卷六二

## 二三二　祢衡恃才傲慢致死

祢衡，字正平，平原人也。少有才辩，而尚气刚傲，好矫时慢物。孔融爱衡才，数称述于曹操。操欲见之，而衡素相轻疾，自称狂病，不肯往，而数有恣言。操怀忿，而以其才名，不欲杀之。闻衡善击鼓，乃召为鼓史，因大会宾客，阅试音节。诸史过者，皆令脱其故衣，更着岑牟、单绞之服。次至衡，衡方为《渔阳》参挝，声节悲壮，听者莫不慷慨。衡进至操前而止，吏呵之曰："鼓史何不改装，而轻敢进乎？"衡曰："诺。"于是先解衵衣，次释馀服，裸身而立，徐取岑牟、单绞而着之，毕，复参挝而去，颜色不怍。操笑曰："本欲辱衡，衡反辱孤。"

孔融退而数之曰："正平大雅，固当尔邪？"因宣操区区之意。衡许往。融复见操，说衡狂疾，今求得自谢。操喜，敕门者有客便通，待之极晏。衡乃着布单衣、疏巾，手持三尺杖，坐大营门，以杖捶地大骂。吏曰："外有狂生，坐于营门，言语悖逆，请收案罪。"操怒，谓融曰："祢衡竖子，孤杀之犹雀鼠耳。顾此人素有虚名，远近将谓孤不能容之，今送与刘表，视当何如。"于是遣人骑送之。

临发，众人为之祖道，先供设于城南，乃更相诫曰："祢衡勃虐无礼，今因其后到，咸当以不起折之也。"及衡至，众人莫肯兴，衡坐而大号。众问其故，衡曰："坐者为冢，卧者为尸。尸冢之间，能不悲乎！"

刘表及荆州士大夫，先服其才名，甚宾礼之，文章言议，非衡不定。表尝与诸文人共草章奏，并极其才思。时衡出，还见之，开省未周，因毁以抵地。表忧然为骇。衡乃从求笔札，须臾立成，辞义可观。表大悦，益重之。

后复侮慢于表，表耻，不能容，以江夏太守黄祖性急，故送衡与之，祖亦善待焉。衡为作书记，轻重疏密，各得体宜。祖持其手曰："处士，此正得祖意，如祖腹中之所欲言也。"

祖长子射，为章陵太守，尤善于衡。尝与衡俱游，共读蔡邕所作碑文，射爱其辞，还恨不缮写。衡曰："吾虽一览，犹能识之，唯其中石缺二字，为不明耳。"因书出之，射驰使写碑还校，如衡所书，莫不叹伏。射时大会宾客，人有献鹦鹉者，射举卮于衡曰："愿先生赋之，以娱嘉宾。"衡揽笔而作，文无加点，辞采甚丽。

后黄祖在蒙冲船上，大会宾客，而衡言不逊顺，祖惭，乃呵之。衡更熟视曰："死公！"祖大怒，遂令杀之。衡时年二十六。

《后汉书》卷八〇下

## 二三三　曹操屯田许下

袁绍在河北，军人仰食桑椹。袁术在江淮，取给蒲赢。枣祗请曹操建置屯田，操从之，以祗为屯田都尉，以任峻为典农中郎将，募民屯田许下，得谷百万斛。于是州郡例置田官，所在积谷，仓禀皆满。故曹操征战四方，无运粮之劳，遂能兼并群雄。军国之饶，起于祗而成于峻。

《通鉴》卷六二

## 二三四　郭嘉论曹操十胜袁绍

吕布辕门射戟，一发而中戟支，袁术将纪灵与刘备皆惊，各解兵。

刘备归曹操，操厚遇之，以为豫州牧。或谓操曰："备有英雄之志，今不早图，后必为患。"操以问郭嘉，嘉曰："有是。然公起义兵，推诚杖信以招俊杰，犹惧其未也。今备以穷归，已而害之，是以害贤为名也。如此，则智士将自疑，回心择主，公谁与定天下乎？夫除一人之患以阻四海之望，安危之机也，不可不察。"操笑曰："君得之矣！"遂益其兵，给粮食，使东至沛，以图吕布。

袁绍与操书，辞语傲慢，操谓荀彧、郭嘉曰："今将讨不义，而力不敌，如何？"对曰："今绍有十败，公有十胜，道、义、治、度、谋、德、仁、明、文、武。绍虽强，无能为也。"

《通鉴》卷六二

## 二三五　高顺谏吕布

吕布将高顺，为人清白有威严，少言辞，所将七百馀兵，军令整齐，每战必克。布后疏顺，夺其兵，及当攻战，则复令顺将，顺终无恨意。布性决易，所为无常，顺每谏曰："将军举动不肯详思，忽有失得，动辄言误，误岂可数乎！"布知其忠而不能从。

《通鉴》卷六二

## 二三六　曹操何夔评袁术

曹操辟陈国何夔为掾，问以袁术何如，对曰："天之所助者顺，人所助者信。术无信顺之实而望天人之助，其可得乎！"操曰："为国失贤则亡，君不为术所用，亡，不亦宜乎！"操性严，掾属公事往往加杖；夔常蓄毒药，誓死无辱，是以终不见及。

《通鉴》卷六二

## 二三七　贾诩用兵因势而变

张绣率兵追曹操，贾诩止之曰："不可追也，追必败。"绣不听，大败而还。诩登城谓绣曰："促更追之，更战必胜。"绣谢曰："不用公言，以至于此，今已败，奈何复追？"诩曰："兵势有变，促追之！"绣遂收散卒更追，果以胜还。绣问诩曰："以精兵追退军而公曰必败，以败卒击胜兵而公曰必克，悉如公言，何也？"诩曰："此易知耳。将军虽善用兵，非曹公敌也。曹公军新退，必自断后，故知必败。曹公攻将军，既无失策，力未尽而引退，必国内有故也。已破将军，必轻军速进，留诸将断后，诸将虽勇，非将军敌，故虽用败兵而战必胜也。"绣乃服。

《通鉴》卷六二

## 二三八　吕布命丧白门楼

吕布兵败，于白门楼降。布见操曰："明公之所患不过于布，今已服矣。若令布将骑，明公将步，天下不足定也。"顾谓刘备曰："玄德，卿为座上客，我为降虏，绳缚我急，独不可一言邪！"操笑曰："缚虎，不得不急。"乃命缓布缚。刘备曰："不可，明公不见丁原、董太师乎！"操颔之。布目备曰："大耳贼，最不可信！"

操谓陈宫曰："奈卿老母何？"宫曰："宫闻以孝治天下者不害人之亲，老母存否，在明公，不在宫也。"操曰："奈卿妻子何？"宫曰："宫闻施仁政于天下者不绝人之祀，妻子存否，在明公，不在宫也。"宫请就刑，遂出，不顾，操为之泣涕，并吕布、高顺皆杀之。操召宫之母，养之终其身，嫁宫之女，抚视其家，皆厚于初。

《通鉴》卷六二

东汉（公元25年至219年）

## 二三九　曹操荀彧评袁绍及其谋士

袁绍既克公孙瓒，心益骄，欲攻许，沮授以为不可，绍不从。许下诸将闻绍将攻许，皆惧，曹操曰："吾知绍之为人，志大而智小，色厉而胆薄，忌克而少威，兵多而分划不明，将骄而政令不一。土地虽广，粮食虽丰，适足以为吾奉也。"荀彧曰："田丰刚而犯上，许攸贪而不治，审配专而无谋，逢纪果而自用，此数人者，势不相容，必生内变。颜良、文丑，一夫之勇耳，可一战而擒也。"

《通鉴》卷六三

## 二四〇　贾诩论不如从曹公

袁绍遣人招张绣，并与贾诩书结好。绣欲许之。诩曰："不如从曹公。"绣曰："袁强曹弱，又先与曹为仇，从之如何？"诩曰："此乃所以宜从也。夫曹公奉天子以令天下，其宜从一也；绍强盛，我以众从之，必不以我为重，曹公众弱，其得我必喜，其宜从二也；夫有王霸之志者，固将释私怨以明德于四海，其宜从三也。愿将军无疑！"绣率众降曹，曹与欢宴，拜其为扬武将军。

曹丕为五官将，而临淄侯植才名方盛，各有党与，有夺宗之议。丕使人问诩自固之术，诩曰："愿将军恢崇德度，躬素士之业，朝夕孜孜，不违子道。如此而已。"文帝从之，深自砥砺。曹操又尝屏除左右问诩，诩默然不

· 453 ·

对。太祖曰:"与卿言而不答,何也?"诩曰:"属适有所思,故不即对耳。"太祖曰:"何思?"诩曰:"思袁本初、刘景升父子也。"太祖大笑,于是太子遂定。

诩自以非曹操旧臣,而策谋深长,惧见猜疑,阖门自守,退无私交,男女嫁娶,不结高门,天下之论智计者归之。

《通鉴》卷六三;《三国志》卷一〇

## 二四一　曹操与刘备论英雄

曹操从容谓刘备曰:"今天下英雄,唯使君与操耳!本初之徒,不足数也。"备方食,失匕箸,值天雷震,备因曰:"圣人曰'迅雷风烈必变',良有以也。"

会操遣备邀袁术,郭嘉等皆谏曰:"备不可遣!"操悔,追之,不及。备遂杀徐州刺史,留关羽守下邳,身还小沛。曹操击刘备,破之,获其妻子,擒关羽。

《通鉴》卷六三

## 二四二　卫觊献强本弱敌之策

曹操使治书侍御史河东卫觊,镇抚关中。觊书与荀彧曰:"关中膏腴之地,顷遭荒乱,人民流入荆州者十万馀家,闻本土安宁,皆企望思归,而归者无以自业,诸将竞召为部曲,郡县贫弱,不能与争,兵家遂强,一旦变动,必有后忧。夫盐,国之大宝也,乱来放散,宜如旧置使者

东汉（公元 25 年至 219 年）

监卖，以其值市犁牛，若有归民，以供给之，勤耕积粟，以丰殖关中，远民闻之，必日夜竞还。又使司隶校尉留治关中以为之主，则诸将日削，官民日盛，此强本弱敌之利也。"或以白操，操从之。关中由是服从。

《通鉴》卷六三

## 二四三　袁绍不听谋士攻许之策

曹操与刘备连兵之时，冀州别驾田丰说袁绍袭操之后，绍辞以子疾，未得行。丰举杖击地曰："嗟乎！遭难遇之时，而以婴儿病失其机会，惜哉，事去矣。"

曹操还军官渡，绍乃议攻许。田丰曰："曹操既破刘备，则许下非复空虚，不如以久持之。乘虚迭出，以挠河南，使敌疲于奔命，民不得安业，不及三年，可坐克也。"绍不从。丰强谏忤绍，绍以为沮众，械系之。进军黎阳。

沮授临行会其宗族，散资财以与之，曰："势存则威无不加，势亡则不保一身，哀哉。"其宗弟曰："曹士马不敌，君何惧焉！"授曰："以曹操之明略又挟天子以为资，我虽克公孙瓒，众实疲蔽，而主骄将忕，军之破败，在此举矣。"

《通鉴》卷六三

## 二四四　袁绍官渡大败

袁绍与曹操战于官渡，沮授数献良计，绍均不听，失颜良、文丑二将，袁军夺气。关羽既斩颜良，乃尽封曹操所赐，拜书告辞，奔刘备于袁军。

袁绍不用谋士许攸之计，许奔操。许建言袭乌巢，燔其粮草。操大喜，自将步骑五千人，皆用袁军旗帜，衔枚缚马口，夜从间道出。既出大放火，营中乱。绍军既失粮谷，大溃。绍与八百骑渡河。操追之不及，尽收其辎重、图书、珍宝。馀众皆降，操尽坑之，所杀七万馀人。冀州城邑多降于操。

操收绍书，得许下及军中人书，皆焚之，曰："当绍之强，孤犹不能自保，况众人乎！"

或谓田丰曰："君必见重矣。"丰曰："袁公貌宽而内忌，不亮吾忠，而吾数以至言迕之，若胜喜，犹能救我，今战败而恚，内忌待发，吾不望生。"绍果杀之。而曹操闻丰不从戎，喜曰："绍必败矣。"

初，袁绍与曹操共起兵，绍问操曰："若事不辑，则方面何所可据？"操曰："足下意以为何如？"绍曰："吾南据河，北阻燕、代，兼戎狄之众，南向以争天下，庶可以济乎？"操曰："吾任天下之智力，以道御之，无所不可。"

《通鉴》卷六三；《三国志》卷一

## 二四五　孙权举贤任能

孙策性好猎，所乘马精骏，从骑绝不能及，猝遇刺客三人，射策中颊。策创甚，呼弟权，佩以印绶，曰："举江东之众，决机于两阵之间，与天下争衡，卿不如我；举贤任能，各尽其心，以保江东，我不如卿。"策卒，年二十六。

策以事授权，权哭未及息。策长史张昭谓权曰："此宁哭时邪！今奸宄竞逐，豺狼满道，乃欲哀亲戚，顾礼制，是犹开门而揖盗，未可以为仁也。"乃改易权服，扶令上马，使出巡军。是时，张昭、周瑜等谓权可与共成大业。权待张昭以师傅之礼，而周瑜、程普、吕范等为将率。招延俊秀，聘求名士，鲁肃、诸葛瑾等始为宾客。分部诸将，镇抚山越，讨不从命。

《通鉴》卷六三；《三国志》卷四七

## 二四六　张昭孙策之间

张昭，字子布，彭城人也。少好学，善隶书，博览众书，弱冠察孝廉，不就。汉末大乱，昭南渡江。孙策创业，命昭为长史、抚军中郎将，升堂拜母，如比肩之旧，文武之事，一以委昭。昭每得北方士大夫书疏，专归美于昭，昭欲默而不宣则惧有私，宣之则恐非宜，进退不安。策闻之，欢笑曰："昔管仲相齐，一则仲父，二则仲父，而桓公为霸者宗。今子布贤，我能用之，其功名独不在我乎！"

《三国志》卷五二

## 二四七　郭嘉献计平定袁绍二子

曹操与袁谭、袁尚战，二人败走邺，操追至，收其麦。

诸将欲乘胜攻之，郭嘉曰："袁绍爱此二子，今权力相侔，各有党与，急之则相保，缓之则争心生。不如南向荆州，以待其变，变成而后击之，可一举定也。"操曰："善"。

后，谭、尚相争相斗，实力大减，操逐一平定之。

嘉深通有算略，达于事情。太祖曰："唯奉孝为能知孤意。"年三十八，疾笃，曹操问疾者交错。及卒，临其丧，哀甚，谓荀攸等曰："诸君年皆孤辈也，唯奉孝最少。天下事竟，欲以后事属之，而中年夭折，命也夫！"

后曹操大败于赤壁还，叹曰："郭奉孝在，不使孤至此。"初，陈群非嘉不治行检，数廷诉嘉，嘉意自若。太祖愈益重之，然以群能持正，亦悦焉。

《通鉴》卷六四；《三国志》卷一四

## 二四八　曹操释免陈琳

郭嘉说曹操多辟青、冀、幽、并名士以为掾属，使人心归附，操从之。官渡之战，袁绍使陈琳为檄书数操罪恶，连及家世，极其丑诋。及袁氏败，琳归操，操曰："卿昔为本初移书，但可罪状孤身，何乃上及父祖邪！"琳谢罪，操释之，使与阮瑀俱管记室。

《通鉴》卷六四

## 二四九　诸葛亮隆中对

刘备在荆州，访士于襄阳司马徽。徽曰："儒生俗士，岂识时务，识时务者在乎俊杰。此间自有伏龙、凤雏。"备问为谁，答曰："诸葛孔明、庞士元也。"徐庶见备于新野，备器之，庶谓备曰："诸葛孔明，卧龙也，将军岂愿见之乎？"备曰："君与俱来。"庶曰："此人可就见，不可屈致也。将军宜枉驾顾之。"

备由是诣亮，凡三往，乃见。因屏人曰："今曹操已拥百万之众，挟天子而令诸侯，此诚不可与争锋。孙权据有江东，已历三世，国险而民附，贤能为之用，此可与为援而不可图也。荆州用武之国，而其主不能守，此殆天所以资将军也。益州险塞，沃野千里，天府之国，刘璋暗弱，张鲁在北，民殷国富而不知存恤，智能之士思得明君。将军既帝室之胄，信义著于海内，若跨有荆、益，抚和戎、越，结好孙权，内修政治，外观时变，则霸业可成，汉室可兴矣。"备曰："善。"于是与亮相好日密。关羽、张飞不悦，备解之曰："孤之有孔明，犹鱼之有水也。诸君不复言。"

《通鉴》卷六五

## 二五〇　崔琰毛玠用人之则

罢三公，复置丞相、御史大夫，以操为丞相。操以崔琰、毛玠为丞相东、西曹掾，并典选举。其所用皆清正之士，虽于时有盛名而行不由本者，终莫得进。拔敦实，斥华伪，进冲逊，抑阿党。由是天下之士莫不以廉节自励，虽贵宠之臣，舆服不敢过度。至乃长吏还者，垢面羸衣，独乘柴车，军吏入府，朝服徒行。吏洁于上，俗移于下。操闻之，叹曰："用人如此，使天下人自治，吾复何为哉！"

《通鉴》卷六五

## 二五一　许攸孔融之死

许攸恃功骄嫚，尝于众坐呼操小字曰："阿瞒，卿非我，不得冀州也。"操笑曰："汝言是也。"然内不乐，杀之。

太中大夫孔融，恃其才望，数戏侮曹操，发辞偏宕，多致乖忤。操以融名重天下，外相容而内甚嫌之。有司承操风旨，构成其罪。弃市。

孔融被收，中外惶怖。时融儿大者九岁，小者八岁。二儿故琢钉戏，了无遽容。融谓使者曰："冀罪止于身，二儿可得全不？"儿徐进曰："大人岂见覆巢之下，复有完卵乎？"寻亦收至。

《通鉴》卷六四、卷六五；《世说新语·言语》

## 二五二　刘备不忍弃民众

曹操南击刘表，至新野，表次子琮举荆州降。时刘备屯樊城，或劝备攻琮，荆州可得。备曰："刘表托我以遗孤，背信自济，吾所不为，死何面目见刘荆州乎！"备过刘表墓，涕泣而去。比到当阳，众十馀万人，日行十馀里。别遣关羽乘船数百艘，使会江陵。或谓备曰："宜速行保江陵，今虽拥大众，披甲者少，若曹公兵至，何以拒之。"备曰："济大事者必以人为本，今人归吾，吾何忍弃之。"操将精骑兵五千急追之，一日一夜行三百馀里，及于当阳之长坂。备弃妻子，与孔明、张飞、赵云等数十骑走。

徐庶母为操所获，庶辞备，指其心曰："本欲与将军共图王霸之业者，以此方寸之地也。今失老母，方寸乱矣，无益于事，请从此别。"遂诣操。

张飞将二十馀骑拒后，飞据水断桥，瞋目横矛曰："身是张翼德也，可来共决死！"操兵无敢近者。

或谓备："赵云已北走。"备曰："子龙不弃我走也。"顷之，云身抱备子禅，与关羽船会，与俱到夏口。

《通鉴》卷六五

## 二五三　周瑜孙权决计抗曹

周瑜，字公瑾，庐江舒人也。瑜长壮有姿貌。初，孙坚子策与瑜同年，独相友善，瑜推道南大宅以舍策，升堂拜母，有无通共。

建安三年，策授瑜建威中郎将，即与兵二千人，骑五十匹。瑜时年二十四，吴中皆呼为周郎。顷之，策欲取荆州，以瑜为中护军，领江夏太守，从攻皖，拔之。时得乔公两女，皆国色也。策自纳大乔，瑜纳小乔。复进寻阳，破刘勋，讨江夏，还定豫章、庐陵，留镇巴丘。

及曹操取荆州，率大军攻吴。孙权问计群下，议者咸曰："拒之不顺，不如迎之。"瑜曰："不然。请得精兵三万人，进住夏口，保为将军破之。"权曰："老贼欲废汉自立久矣，徒忌二袁、吕布、刘表与孤耳。今数雄已灭，惟孤尚存，孤与老贼，势不两立。君言当击，甚与孤合，此天以君授孤也。"权拔刀斫前奏案曰："诸将吏敢复有言当迎操者，与此案同！"

《三国志》卷五四

## 二五四　周瑜火烧赤壁

刘备在樊口。吏望见周瑜船，备乘单舸往见周瑜，曰："今拒曹公，深为得计。战卒有几？"瑜曰："三万人。"备曰："恨少。"瑜曰："此自足用。刘豫州但观瑜破之。"

吴军与操军遇于赤壁。初交战，操军不利，次江北。瑜部将黄盖曰："今寇众我寡，难与持久。操军方连船舰，首尾相接，可烧而走也。"先以书遗操，诈云欲降。时东南风急，盖以十舰最著前，中江举帆，馀舰以次进。操军士吏皆出营立观，指为盖降。去北军二里馀，同时发火，火烈风猛，船往如箭，烧尽北船，延及岸上营房，烟炎张天，人马烧溺死者甚众。瑜等率轻锐继其后，雷鼓大震，北军大坏。操引军从华容道步行，陷泥中，死者甚众。刘备、周瑜水陆并进，追操至南郡。时操军兼以饥疫，死者大半。

《通鉴》卷六五

东汉（公元 25 年至 219 年）

## 二五五　周瑜雅量高致

曹操密遣九江蒋干往说周瑜。干以才辩独步江淮之间，乃布衣葛巾，自托私行诣瑜。瑜出迎之，立谓干曰："子翼良苦，远涉江湖，为曹氏作说客邪！"因延干，与周观营中，行视仓库、军资、器仗讫，还饮宴，示之侍者服饰珍玩之物。因谓干曰："丈夫处世，遇知己之主，外托君臣之义，内结骨肉之恩，言行计从，祸福共之，假使苏、张更生，能移其意乎！"干但笑，终无所言。还白操，称瑜雅量高致，非言辞所能动也。

《通鉴》卷六六

## 二五六　和洽论通人情为可继

丞相掾和洽言于曹操曰："天下之人，材德各殊，不可以一节取也。俭素过中，自以处身则可，以此格物，所失或多。今朝廷之议，吏有着新衣、乘好车者，谓之不清；形容不饰、衣裘敝坏者，谓之廉洁。至令士大夫故污辱其衣，藏其舆服；朝府大吏，或自挈壶餐以入宫寺。夫立教观俗，贵处中庸，为可继也。今崇一概难堪之行以规殊途，勉而为之，必有疲瘁。古之大教，务在通人情而已；凡激诡之行，则容隐伪矣。"操善之。

《通鉴》卷六六

## 二五七　曹操之自白书

曹操作铜雀台于邺。布自白书："孤始孝廉，自以本非岩穴知名之士，恐为世人之所凡愚，欲好作政教以立名誉，故在济南，除残去秽，平心选举。以是为豪强所忿，恐致家祸，故以病还乡里。时年纪尚少，乃于谯东五十里筑精舍，欲秋夏读书，冬春射猎，为二十年规，待天下清乃出仕耳。然不能得如意，征为典军校尉，意遂更欲为国家讨贼立功，使题墓道言'汉故征西将军曹侯之墓'，此其志也。而遭值董卓之难，兴举义兵。后领兖州，破降黄巾三十万众；又讨袁术，使穷沮而死；摧破袁绍，枭其二子；复定刘表，遂平天下。身为宰相，人臣之贵已极，意望已过矣。设使国家无有孤，不知当几人称帝，几人称王。或者人见孤强盛，又性不信天命，恐妄相忖度，言有不逊之志，每用耿耿，故为诸君陈道此言。然欲孤便委捐所典兵众以还执事，归就武平侯国，实不可也。何者？诚恐已离兵为人所祸，既为子孙计，又已败则国家倾危，是以不得慕虚名而处实祸也。江湖未静，不可让位；至于邑土，可得而辞。今上还阳夏、柘、苦三县，户二万，但食武平万户，且以分损谤议，少减孤之责也。"

《通鉴》卷六六

## 二五八　周瑜赍志而殁

周瑜见孙权，建议取蜀而并张鲁，权许之。瑜还江陵治行装，于道病，与权书曰："修短命矣，诚不足惜。但恨微志未展，不复奉教命耳。方今曹操在北，疆场未静；刘备寄寓，有似养虎；天下之事，未知终始，此朝士旰食之秋，至尊垂虑之日也。鲁肃忠烈，临事不苟，可以代瑜。倘所言可采，瑜死不朽矣！"卒于巴丘，时年三十六。

瑜少精意于音乐，虽三爵之后，其有阙误，瑜必知之，知之必顾，故时人谣曰："曲有误，周郎顾。"

《通鉴》卷六六；《三国志》卷五四

## 二五九　鲁肃向孙权建言

鲁肃，字子敬，临淮东城人也。生而失父，与祖母居。家富于财，性好施与。尔时天下已乱，肃不治家事，大散财货，摽卖田地，以赈穷弊、结士为务，甚得乡邑欢心。

周瑜为居巢长，将数百人故过候肃，并求资粮。肃家有两囷米，各三千斛，肃乃指一囷与周瑜，瑜益知其奇也，遂相亲结。

孙权见肃，与语甚悦之。众宾罢退，肃亦辞出，乃独引肃还，合榻对饮。因密议曰："今汉室倾危，四方云扰，孤承父兄馀业。君既惠顾，何以佐之？"肃对曰："窃料之，汉室不可复兴，曹操不可卒除。为将军计，惟有鼎足江东，以观天下之衅。规模如此，亦自无嫌。何者？北方诚多务也。因其多务，剿除黄祖，进伐刘表，竟长江所极，据而有之。然后建号帝王以图天下，此高帝之业也。"

权曰："今尽力一方，冀以辅汉耳，此言非所及也。"张昭非肃谦下不足，颇訾毁之，云肃年少粗疏，未可用。权不以介意，益贵重之。

会权得曹操欲东之问，与诸将议，皆劝权迎之，而肃独不言。权起更衣，肃追于宇下，权知其意，执肃手曰："卿欲何言？"肃对曰："今肃可迎操耳，如将军，不可也。何以言之？今肃迎操，操当以肃还付乡党，品其名位，犹不失下曹从事，乘犊车，从吏卒，交游士林，累官故不失州郡也。将军迎操，欲安所归？愿早定大计，莫用众人之议也。"权叹息曰："此诸人持议，甚失孤望；今卿廓开大计，正与孤同，此天以卿赐我也。"

曹操破走，权大请诸将迎肃。肃将入阁拜，权起礼之，因谓曰："子敬，孤持鞍下马相迎，足以显卿未？"肃趋进曰："未也。"众人闻之，无不愕然。就坐，徐举鞭言曰："愿至尊威德加乎四海，总括九州，克成帝业，更以安车软轮征肃，始当显耳。"权抚掌欢笑。后备诣京见权，求都督荆州，惟肃劝权借之，共拒曹公。曹公闻权以土地业备，方作书，落笔于地。

肃年四十六卒。

《三国志》卷五四

## 二六〇　孙权劝吕蒙读书

孙权谓吕蒙曰："卿当涂掌事，不可不学！"蒙辞以军中多务。权曰："孤岂欲卿治经为博士邪！但当涉猎，见往事耳。卿言多务，孰若孤？孤常读书，自以为大有所益。"蒙乃始就学。及鲁肃过寻阳，与蒙论议，大惊曰："卿今者才略，非复吴下阿蒙!"蒙曰："士别三日，当刮目相待，大兄何见事之晚乎!"

《通鉴》卷六六

## 二六一　程昱力主不杀降者

河间民反，五官中郎将曹丕遣将军贾信讨之，得胜。馀众千馀人请降，议者皆曰："曹公有旧法，围而后降者不赦。"程昱曰："此乃扰攘之际，权时之宜。今天下略定，不可诛之；纵诛之，宜先启闻。"议者皆曰："军事有专无请。"昱曰："凡专命者，谓有临时之急耳。今此贼制在贾信之手，故老臣不愿将军行之也。"丕曰："善。"即白操，操果不诛。既而闻昱之谋，甚悦，曰："君非徒明于军计，又善处人父子之间。"

《通鉴》卷六六

## 二六二　荀彧荀攸之不同结局

列侯诸将议，曹丞相宜进爵国公，九锡备物，以彰殊勋。荀彧以为，不宜如此。操由是不悦。操东击孙权，彧以疾留寿春。操馈之食，发视，乃空器，于是饮药而卒，时年五十。彧行义修整而有智谋，好推贤进士，故时人皆惜之。

荀攸深密有智防，自从曹操攻讨，常谋谟帷幄，时人及弟子莫知其所言。官至尚书令，得善终。

操尝称："荀彧之进善，不进不休；荀攸之去恶，不去不止。"又称："二荀之论人，久而益信，吾没世不忘。"又曰："忠正密谋，抚宁内外，文若（即彧）是也。公达（即攸）其次也。""公达外愚内智，外怯内勇，外弱内强，不伐善，无施劳，智可及，愚不可及，虽颜子、宁武不能过也。"

曹丕在东宫，操谓曰："荀公达，人之师表也，汝当尽礼敬之。"攸曾病，世子问病，独拜床下，其见尊异如此。攸与钟繇善，繇言："我每有所行，反覆思惟，自谓无以易；以咨公达，辄复过人意。"

《通鉴》卷六六、卷六七；《三国志》卷一〇

## 二六三　曹操孙权交相评论

曹操进军击孙权，号步骑四十万，权率众七万御之，相守月馀。操见其舟船器仗军伍整肃，叹曰："生子当如孙仲谋，如刘景升儿子，豚犬耳！"权为笺与操说："春水方生，公宜速去。"别纸言："足下不死，孤不得安。"操语诸将曰："孙权不欺孤。"乃撤军还。

《通鉴》卷六六

## 二六四　时人皆服袁涣之清

袁涣尝为吕布所拘留。布欲使涣作书詈辱刘备，涣不

可，再三强之，不许。布大怒，以兵胁涣曰："为之则生，不为则死。"涣颜色不变，笑而应之曰："涣闻唯德可以辱人，不闻以骂。使彼固君子邪，且不耻将军之言，彼诚小人邪，将复将军之意，则辱在此不在于彼。且涣他日之事刘将军，犹今日之事将军也，如一旦去此，复骂将军，可乎？"布惭而止。

布之破也，见曹操皆拜。涣独高揖不为礼。时操又给众官车各数乘，使取布军中物，唯其所欲。众人皆重载，唯涣取书数百卷，资粮而已，众人闻之，大惭。涣谓所亲曰："脱我以行阵，令军发足以为行粮而已，不以此为我有。"曹操益以此重焉。

后征为谏议大夫、丞相军祭酒。前后得赐甚多，皆散尽之，家无所储，终不问产业，乏则取之于人，不为皦察之行，然时人服其清。

时有传刘备死者，君臣皆贺，涣以尝为备举吏，独不贺。

《三国志》卷一一

## 二六五　张飞义释严颜

刘备取蜀，以诸葛亮、关羽守荆州，与张飞、赵云将兵泝流克巴东。至江州，破巴郡，生获太守严颜。飞呵曰："大军既至，何以不降？"颜曰："卿等无状，侵夺我州。我州但有断头将军，无降将军！"飞怒，令左右牵去斫头。颜容止不变，曰："斫头便斫头，何为怒邪！"飞壮而释之，引为宾客。

《通鉴》卷六七

## 二六六　刘备庞统取成都

庞统，字士元，襄阳人也。少时朴钝，未有识者。颍川司马徽清雅有知人鉴，统弱冠往见徽，徽采桑于树上，坐统在树下，共语自昼至夜。徽甚异之，称统当为南州士之冠冕，由是渐显。

刘备领荆州，统以从事守耒阳令，在县不治，免官。吴将鲁肃遗备书曰："庞士元非百里才也，使处治中、别驾之任，始当展其骥足耳。"诸葛亮亦言之于备。备见与善谈，大器之，以为治中从事。亲待亚于诸葛亮，遂与亮并为军师中郎将。亮留镇荆州。统随从入蜀。

刘备从庞统计，斩蜀将，向成都，所过辄克。于涪大会，置酒作乐，谓统曰："今日之会，可谓乐矣。"统曰："伐人之国而以为欢，非仁者之兵也。"先主醉，怒曰："武王伐纣，前歌后舞，非仁者邪？卿言不当，宜速起出！"于是统逡巡引退。先主寻悔，请还。统复故位，初不顾谢，饮食自若。先主谓曰："向者之论，阿谁为失？"统对曰："君臣俱失。"先主大笑，宴乐如初。

进围雒县，统率众攻城，为流矢所中，卒，时年三十六。先主痛惜，言则流涕。

《三国志》卷三七

## 二六七　刘备治蜀

刘备因法正、张松等为内应，攻占成都。刘璋降，群下莫不流涕。备迁璋于公安，尽归其财物。而取蜀中金银，分赐将士，至于谷帛，各还所主。备领益州牧，诸葛亮为军师将军、益州太守，法正为蜀郡太守、扬武将军。刘璋旧部董和、黄权、李严、吴懿、费观等，皆予任用，尽其器能。有志之士，无不竞劝，益州之民，是以大和。

时议者欲以成都名田宅分赐诸将。赵云曰："霍去病以匈奴未灭，无用家为。今国贼非但匈奴，未可求安也。益州人民，初罹兵革，田宅皆可归还，令安居复业，然后可役调，得其欢心，不宜夺之，以私所爱也。"备从之。

《通鉴》卷六七

## 二六八　诸葛亮宽待法正

法正外统都畿，内为谋主，一餐之德、睚眦之怨，无不报复，擅杀毁伤己者数人。或谓诸葛亮曰："法正太纵横，将军宜启主公，抑其威福。"亮曰："主公之在公安也，北畏曹操之强，东惮孙权之逼，近则惧孙夫人生变于肘腋。法孝直为之辅翼，令翻然翱翔，不可复制。如何禁止孝直，使不得少行其志意邪！"

《通鉴》卷六七

## 二六九　诸葛亮治蜀尚严峻

诸葛亮佐备治蜀，颇尚严峻，人多怨叹者。法正劝亮如高祖入关，缓刑弛禁。亮曰："君知其一，不知其二。秦人无道，政苛民怨，匹夫大呼，天下土崩，高祖因之，可以弘济。刘璋暗弱，德政不举，威刑不肃。蜀土人士，专权自恣，君臣之道，渐以陵替。宠之以位，位极则贱；顺之以恩，恩竭则慢。所以致敝，实由于此。吾今威之以法，法行则知恩；限之以爵，爵加则知荣。荣恩并济，上下有节，为治之要，于斯而著矣。"

《通鉴》卷六七

## 二七〇　张鲁传五斗米教

张鲁，字公旗。初，祖父陵，顺帝时客于蜀，学道鹤鸣山中，造作符书，受其道者辄出米五斗。陵传子衡，衡传于鲁，鲁遂自号"师君"。其来学者，初名为"鬼卒"，后号"祭酒"。祭酒各领部众，众多者名曰"理头"。皆校以诚信，不听欺妄，有病但令首过而已。诸祭酒各起义舍于路，同之亭传，悬置米肉以给行旅。食者量腹取足，过多则鬼能病之。犯法者先加三原，然后行刑。不置长吏，以祭酒为理。朝廷不能讨，遂就拜鲁镇夷中郎将，领汉宁太守，通其贡献。

鲁自在汉川垂三十年，闻曹操征之，至阳平，欲举汉中降。左右欲悉焚宝货仓库。鲁曰："本欲归命国家，其意未遂。今日之走，以避锋锐，非有恶意。"遂封藏而去。操入南郑，甚嘉之。又以鲁本有善意，遣人慰安之。鲁即与家属出逆，拜镇南将军，封阆中侯，邑万户，待以客礼。

《后汉书》卷七五

## 二七一　献帝守位伏后被杀

献帝自都许以来，守位而已，左右侍卫莫非曹氏之人。议郎赵彦常为帝陈言时策，魏公操恶而杀之。操尝以事入见殿中，帝不胜其惧，因曰："君若能相辅，则厚；不尔，幸垂恩相舍。"操失色，俯仰而出。旧仪：三公领兵，朝见，令虎贲执刃挟之。操出，顾左右，汗流浃背，自后不复朝请。

伏皇后怀惧操，乃与父完书，言曹操残暴之状，令密图之。事泄，操大怒，使御史大夫郗虑收皇后玺绶，以尚书令华歆为副，勒兵入宫。后闭户藏壁中。歆坏户发壁，就牵后出。后被发、徒跣，行泣，过与帝诀曰："不能相活邪！"献帝曰："我亦不知命在何时！"顾谓虑曰："郗公，天下宁有是邪！"遂将后下暴室，以幽死。所生二皇子皆被鸩杀，兄弟及宗族死者百馀人。

《通鉴》卷六七

## 二七二　周泰战如熊虎肤如刻画

孙权以平虏将军周泰督濡须，朱然、徐盛以泰出身寒门，不服。权会诸将，大为酣乐，命泰解衣，权手指其创痕，问以所起，泰辄记昔战斗处以对。毕，使复服，权把其臂流涕曰："幼平，卿为孤兄弟，战如熊虎，不惜躯命，被创数十，肤如刻画，孤亦何心不待卿以骨肉之恩，委卿从兵马之重乎？"于是盛等乃服。

《通鉴》卷六八

## 二七三　文姬归汉

陈留董祀妻者，同郡蔡邕之女也，名琰，字文姬。博学有才辩，又妙于音律。适河东卫仲道。夫亡无子，归宁于家。献帝时，天下丧乱，文姬为胡骑所获，没于南匈奴左贤王，在胡中十二年，生二子。曹操素与邕善，痛其无嗣，乃遣使者以金璧赎之，而重嫁于祀。

祀为屯田都尉，犯法当死，文姬诣曹操请之。时公卿名士及远方使驿坐者满堂，操谓宾客曰："蔡伯喈之女在外，今为诸君见之。"及文姬进，蓬首徒行，叩头请罪，音辞清辩，旨甚酸哀，众皆为改容。操曰："诚实相矜，然文状已去，奈何？"文姬曰："明公厩马万匹，虎士成林，何惜疾足一骑，而不济垂死之命乎！"操感其言，乃追原祀罪。时且寒，赐以头巾履袜。操因问曰："闻夫人家先多坟籍，犹能忆识之不？"文姬曰："昔亡父赐书四千许卷，流离涂炭，罔有存者。今所诵忆，才四百馀篇耳。"操曰："今当使十吏就夫人写之。"文姬曰："妾闻男女之别，礼不亲授。乞给纸笔，真草唯命。"于是缮书送之，文无遗误。

《后汉书》卷八四

## 二七四　神医华佗二三事

　　华佗，字元化，沛国谯人也。兼通数经，晓养性之术，年且百岁而犹有壮容，时人以为仙。沛相陈珪举孝廉，太尉黄琬辟，皆不就。

　　精于方药，处剂不过数种，心识分铢，不假称量，针灸不过数处。若疾发结于内，针药所不能及者，乃令先以酒服麻沸散，既醉无所觉，因刳破腹背，抽割积聚。若在肠胃，则断截湔洗，除去疾秽，既而缝合，傅以神膏，四五日创愈，一月之间皆平复。

　　有一郡守笃病久，佗以为盛怒则差。乃多受其货而不加功。无何弃去，又留书骂之。太守果大怒，令人追杀佗，不及，因瞋恚，吐黑血数升而愈。

　　有疾者，诣佗求疗，佗曰："君病根深，应当剖破腹。然君寿亦不过十年，病不能相杀也。"病者不堪其苦，必欲除之，佗遂下疗，应时愈。十年竟死。

　　广陵太守陈登，忽患胸中烦懑，面赤，不食。佗脉之，曰："府君胃中有虫，欲成内疽，腥物所为也。"即作汤二升，再服，须臾，吐出三升许虫，头赤而动，半身犹是生鱼脍，所苦便愈。佗曰："此病后三期当发，遇良医可救。"登至期疾动，时佗不在，遂死。

曹操闻而召佗，常在左右，操积苦头风眩，佗针，随手而差。

为人性恶，难得意，且耻以医见业，又去家思归，乃就操求还取方，因托妻疾，数期不返。操累书呼之，又敕郡县发遣，佗恃能厌事，独不肯至。操大怒，使人察之，知妻诈疾，乃收付狱讯，考验首服。荀彧请曰："佗方术实工，人命所悬，宜加全宥。"操不从，竟杀之。佗临死，出一卷书与狱吏，曰："此可以活人。"吏畏法不敢受，佗不强与，索火烧之。

广陵吴普、彭城樊阿，皆从佗学。普依准佗疗，多所全济。佗语普曰："人体欲得劳动，但不当使极耳。动摇则谷气得销，血脉流通，病不得生，譬犹户枢，终不朽也。是以古之仙者，为导引之事，熊经鸱顾，引挽腰体，动诸关节，以求难老。吾有一术，名五禽之戏：一曰虎，二曰鹿，三曰熊，四曰猿，五曰鸟。亦以除疾，兼利蹄足，以当导引。体有不快，起作一禽之戏，怡而汗出，因以著粉，身体轻便而欲食。"普施行之，年九十馀，耳目聪明，齿牙完坚。

《后汉书》卷八二下

## 二七五　曹丕以术自饰定为太子

魏王操有四子，丕、彰、植、熊。丞相主薄杨修，数

东汉（公元25年至219年）

称植之才，劝操立以为嗣。操以函密访于外，崔琰、毛玠、贾诩皆主立长。操尝出征，丕、植并送路侧，植称述功德，发言有章，左右属目，操亦悦焉。丕怅然自失。济阴吴质耳语曰："王当行，流涕可也。"及辞，丕涕泣而拜，操及左右咸歔欷，于是皆以植多华辞而诚心不及也。植既任性而行，丕御之以术，矫情自饰，宫人左右并为之称说，故遂定为太子。

太子抱议郎辛毗颈而言曰："辛君知我喜不？"毗以告其女宪英，英叹曰："太子，代君主宗庙、社稷者也。代君，不可以不戚；主国，不可以不惧。宜戚而惧，而反以为喜，何以能久，魏其不昌乎？"

《通鉴》卷六八

## 二七六　曹彰愿为将破乌丸

曹操子彰，字子文。少善射御，膂力过人，手格猛兽，不避险阻。数从征伐，志意慷慨。操尝抑之曰："汝不念读书慕圣道，而好乘汗马击剑，此一夫之用，何足贵也！"课彰读诗书，彰谓左右曰："丈夫一为卫、霍，将十万骑驰沙漠，驱戎狄，立功建号耳，何能作博士邪？"太祖尝问诸子所好，使各言其志。彰曰："好为将。"太祖曰："为将奈何？"对曰："被坚执锐，临难不顾，为士卒先；赏必行，罚必信。"太祖大笑。

建安二十三年，代郡乌丸反，彰率师大破之，斩首获生以千数。彰乃倍常科大赐将士，将士无不悦喜。时鲜卑大人轲比能将数万骑观望强弱，见彰力战，所向皆破，乃请服。北方悉平。

时操在长安，召彰诣行在所。彰自代过邺，太子谓彰曰："卿新有功，今西见上，宜勿自伐，应对常若不足者。"彰到，如太子言，归功诸将。操喜，持彰须曰："黄须儿竟大奇也！"

《三国志》卷一九

## 二七七　曹植善属文任性而行

曹植，字子建，年十岁馀，诵读诗、论及辞赋数十万言，善属文。曹操尝视其文，谓植曰："汝倩人邪？"植跪曰："言出为论，下笔成章，顾当面试，奈何倩人？"时邺铜雀台新成，操悉将诸子登台，使各为赋。植援笔立成，可观，操甚异之。性简易，不治威仪。舆马服饰，不尚华丽。每进见难问，应声而对，特见宠爱。

植既以才见异，而丁仪、丁廙、杨修等为之羽翼。曹操狐疑，几为太子者数矣。而植任性而行，不自雕励，饮酒不节。曹丕御之以术，矫情自饰，宫人左右，并为之说，故遂定为嗣。

植宠日衰。曹操以杨修颇有才策，而又袁氏之甥也，于是以罪诛修。植益内不自安。建安二十四年，曹仁为关羽所围。太祖以植为南中郎将，行征虏将军。欲遣救仁，呼有所敕戒。植醉不能受命，于是悔而罢之。

曹丕即位后，封植为陈王。植每欲求别见独谈，论及时政，幸冀试用，终不能得，怅然绝望。时法制，待藩国既自峻迫，寮属皆贾竖下才，兵人给其残老，大数不过二百人。又植以前过，事事复减半，植常汲汲无欢，遂发疾卒，时年四十一。

《三国志》卷一九

## 二七八　曹冲聪察仁爱

曹冲，生五六岁，智意所及，有若成人之智。时孙权曾致巨象，曹操欲知其斤重，访之群下，咸莫能出其理。冲曰："置象大船之上，而刻其水痕所至，称物以载之，则校可知矣。"操大悦，即施行焉。

时军国多事，用刑严重。太祖马鞍在库，而为鼠所啮，库吏惧必死，议欲面缚首罪，犹惧不免。冲谓曰："待三日中，然后自归。"冲于是以刀穿单衣，如鼠啮者，谬为失意，貌有愁色。操问之，冲对曰："世俗以为鼠啮衣者，其主不吉。今单衣见啮，是以忧戚。"操曰："此妄言耳，无所苦也。"俄而库吏以啮鞍闻，操笑曰："儿衣在侧，尚啮，况鞍悬柱乎？"一无所问。

冲仁爱识达，皆此类也。凡应罪戮，而为冲微所辨理，赖以济宥者，前后数十。年十三，建安十三年疾病，操亲为请命。及亡，哀甚。

《三国志》卷二〇

## 二七九　王粲才高举笔成文

王粲，字仲宣，山阳高平人。献帝西迁，粲徙长安，蔡邕见而奇之。时邕才学显著，贵重朝廷，常车骑填巷，宾客盈坐。闻粲在门，倒屣迎之。粲至，年既幼弱，容状短小，一坐尽惊。邕曰："此王公孙也，有异才，吾不如也。吾家书籍文章，尽当与之。"

年十七，司徒辟，诏除黄门侍郎，以西京扰乱，不就，乃之荆州依刘表。表以粲貌寝而体弱，不甚重也。表卒，太祖辟为丞相掾，赐爵关内侯。

初，粲与人共行，读道边碑，人问曰："卿能暗诵乎？"曰："能。"因使背而诵之，不失一字。观人围棋，局坏，粲为覆之。棋者不信，以帕盖局，使更以他局为之。用相比校，不误一道。其强记默识如此。性善算，作算术，略尽其理。善属文，举笔便成，无所改定，时人常以为宿构；然正复精意覃思，亦不能加也。著诗、赋、论、议垂六十篇。建安二十二年春，病卒，时年四十一。

粲才既高，辩论应机。钟繇、王朗等虽各为魏卿相，至于朝廷奏议，皆阁笔不能措手。

《三国志》卷二一

## 二八〇　曹丕评建安七子

曹丕为五官将，及平原侯植皆好文学。王粲与徐干

（字伟长）、陈琳（字孔璋）、阮瑀（字元瑜）、应玚（字德琏）、刘桢（字公幹）并见友善。

曹操以琳、瑀为司空军谋祭酒，管记室，军国书檄，多琳、瑀所作也。琳作诸书及檄，草成呈操。操先苦头风，是日疾发，卧读琳所作，翕然而起曰："此愈我病。"数加厚赐。操尝使瑀作书与韩遂，时太祖适近出，瑀随从，因于马上具草，书成呈之。太祖揽笔欲有所定，而竟不能增损。

玚、桢各被曹操辟，为丞相掾属。

瑀以十七年卒。干、琳、玚、桢二十二年卒。

曹丕书与吴质曰："昔年疾疫，亲故多罹其灾，徐、陈、应、刘，一时俱逝。观古今文人，类不护细行，鲜能以名节自立。而伟长独怀文抱质，恬淡寡欲，有箕山之志，可谓彬彬君子矣。著《中论》二十馀篇，辞义典雅，足传于后。德琏常斐然有述作意，其才学足以著书，美志不遂，良可痛惜！孔璋章表殊健，微为繁富。公干有逸气，但未遒耳。元瑜书记翩翩，致足乐也。仲宣独自善于辞赋，惜其体弱，不起其文，至于所善，古人无以远过也。昔伯牙绝弦于钟期，仲尼覆醢于子路，痛知音之难遇，伤门人之莫逮也。诸子但为未及古人，自一时之俊也。"

《三国志》卷二一

## 二八一　赵子龙一身是胆

曹操自长安出斜谷，军临汉中。刘备曰："曹公虽来，无能为也。"乃敛众拒险，终不交锋。黄忠引兵欲取操米粮，过期不还。赵云将数十骑出营视之，值操扬兵大出，云猝与相遇，遂前突其陈，且斗且却。魏兵散而复合，追至营前，云入营，更大开门，偃旗息鼓。魏兵疑有伏，引去。云雷鼓震天，惟以劲弩射。魏兵惊骇，自相践踏，堕汉水中死者甚多。备明旦来，至云营，视作战处，曰："子龙一身都为胆也！"

操与备相持积月，魏军士多逃亡，操悉引兵还长安，刘备遂有汉中。

《通鉴》卷六八

## 二八二　关羽拒与黄忠并列

刘备自称汉中王，立子禅为太子。以关、张、马、黄为前、右、左、后将军。遣费诗即荆州授关羽印绶。羽闻黄忠与己并，怒曰："大丈夫不与老兵同列。"不肯受拜。诗谓羽曰："今汉中王以一时之功隆崇汉升，然意之轻重，宁当与君侯齐乎！愚意君侯不宜计官号之高下、爵禄之多少为意也。仆一介之使，衔命之人，君侯不受拜，如是便还，但惜此举动，恐有后悔耳！"羽大感悟，遽即受拜。

《通鉴》卷六八

## 二八三　关羽失荆州走麦城

关羽与曹仁战于樊城，会大霖雨，汉水溢，平地数丈。于禁等七军皆没，禁等穷迫，降。庞德被擒，立而不跪，羽杀之。

羽遣兵屯偃城。吕蒙乘隙偷袭江陵，释于禁，得关羽及将士家属，皆安抚之，约令军中不得有所求取于民。蒙同乡取民家一笠以覆官铠，官铠虽公，蒙以为不可以乡里故而废军法，遂垂涕斩之。于是军中震栗，道不拾遗。孙权到江陵，荆州将士悉皆归附。

关羽自知孤穷，乃西走麦城。羽及其子平被获。斩之。

吕蒙未及受封而疾发，权迎置于所馆之侧，治护者万方。欲数见其颜色，又恐劳动，常穿壁瞻之，见小能下食，则喜顾左右，不然则叹，夜不能寐。病中瘳，为下赦令，群臣毕贺，已而竟卒，年四十二。权哀痛殊甚，为置守冢三百家。

《通鉴》卷六八

## 二八四　杨修捷悟

杨德祖（修）为魏武主簿，时作相国门，始构榱桷，魏武自出看，使人题门作"活"字，便去。杨见，即令坏之。既竟，曰："门中'活'，'阔'字。王正嫌门大也。"

人饷魏武一杯酪，魏武啖少许，盖头上题"合"字以示众。众莫能解。次至杨修，修便啖，曰："公教人啖一口也，复何疑？"

魏武尝过曹娥碑下，杨修从，碑背上见题作"黄绢幼

· 483 ·

妇外孙齑臼"八字。魏武谓修曰："解不？"答曰："解。"魏武曰："卿未可言，待我思之。"行三十里，魏武乃曰："吾已得。"令修别记所知。修曰："黄绢，色丝也，于字为绝。幼妇，少女也，于字为妙。外孙，女子也，于字为好。齑臼，受辛也，于字为辞。所谓'绝妙好辞'也。"魏武亦记之，与修同，乃叹曰："我才不及卿，乃觉三十里。"

　　魏武征袁本初，治装，馀有数十斛竹片，咸长数寸，众云并不堪用，正令烧除。太祖思所以用之，谓可为竹椑楯，而未显其言。驰使问主簿杨德祖，应声答之，与帝心同。众伏其辩悟。

《世说新语·捷悟》

## 二八五　杨修交关诸侯获诛

　　杨修与丁仪谋立曹植为魏嗣，丕患之，以车载废簏纳吴质，与之谋。修以白操，操未及推验。丕惧，告质，质曰："无害也。"明日，复以簏载绢以入，修复白之，推验，无人，操由是疑焉。其后植以骄纵见疏，而植连缀不止，修亦不敢自绝。每就植，虑事有阙，忖度操意，豫作答教十馀条。于是教才出，答已入。操怪其捷，推问，始泄，恶之。乃发修前后漏泄言教，交关诸侯，收杀之。

《通鉴》卷六八

## 二八六　曹操追杀匈奴使

魏武将见匈奴使，自以形陋，不足雄远国，使崔季珪代，帝自捉刀立床头。既毕，令间谍问曰："魏王何如？"匈奴使答曰："魏王雅望非常，然床头捉刀人，此乃英雄也。"魏武闻之，追杀此使。

《世说新语·容止》

## 二八七　仲长统著《昌言》

仲长统，字公理，山阳高平人也。少好学，博涉书记，赡于文辞。年二十馀，游学青、徐、并、冀之间，与交友者多异之。

并州刺史高干，袁绍甥也。素贵有名，招致四方游士，士多归附。统过干，干善待遇，访以当时之事。统谓干曰："君有雄志而无雄才，好士而不能择人，所以为君深戒也。"干雅自多，不纳其言，统遂去之。无几，干以并州叛，卒至于败。并、冀之士皆以是异统。

统性俶傥，敢直言，不矜小节，默语无常，时人或谓之狂生。每州郡命召，辄称疾不就。常以为凡游帝王者，欲以立身扬名耳，而名不常存，人生易灭，优游偃仰，可以自娱。欲卜居清旷，以乐其志，论之曰：

"使居有良田广宅，背山临流，沟池环匝，竹木周布，场圃筑前，果园树后。舟车足以代步涉之艰，使令足以息四体之役。养亲有兼珍之膳，妻孥无苦身之劳。良朋萃止，则陈酒肴以娱之；嘉时吉日，则亨羔豚以奉之。蹰躇畦苑，游戏平林，濯清水，追凉风，钓游鲤，弋高鸿。讽于舞雩之下，咏归高堂之上。安神闺房，思老氏之玄虚；呼吸精和，求至人之仿佛。与达者数子，论道讲书，俯仰二仪，错综人物。弹《南风》之雅操，发清商之妙曲。消摇一世之上，睥睨天地之间。不受当时之责，永保性命之期。如是，则可以陵霄汉，出宇宙之外矣。岂羡夫入帝王之门哉！"

尚书令荀彧闻统名，奇之，举为尚书郎。后参丞相曹操军事。每论说古今及时俗行事，恒发愤叹息。因著论，名曰《昌言》，凡三十四篇，十馀万言。献帝逊位之岁，统卒，时年四十一。

《后汉书》卷四九

# 三　国

公元 220 年至 264 年

## 一　献帝让位于曹丕

魏武王曹操卒,时年六十六岁。子丕即位。次年,献帝让位于魏。丕故作辞谢,推让再三,乃接皇帝位,是为文帝。礼毕后,帝谓群臣曰:"舜禹之事,吾知之矣。"

论者评曰:曹操知人善察,难眩以伪。识拔奇才,不拘微贱,随能任使,皆获其用。与敌对阵,意思安闲,如不欲战然;及至决机乘胜,气势盈溢。勋劳宜赏,不吝千金;无功望施,分毫不与。用法峻急,有犯必戮。雅性节俭,不好华丽。故能芟刈群雄,几平海内。

《通鉴》卷六九;《三国志》卷二

## 二　陈群立九品中正法

尚书陈群以朝廷选用人才,乃立九品官人之法;州郡皆置中正以定其选，择州郡之贤有识鉴者为之，区别人物，第其高下。

《通鉴》卷六九

## 三　贾逵称刺史应有督察之才

以贾逵为豫州刺史。是时天下初定，刺史多不能摄郡。逵曰："州本以察二千石以下，故皆应严能鹰扬，有督察之才，不言安静宽仁、有恺悌之德也。今长吏慢法，盗贼公行，州知而不纠，天下复何取正乎！"其二千石以下，阿纵不如法者皆举奏免之。外修军旅，内治民事，兴陂田，通运渠，吏民称之。

《通鉴》卷六九

## 四　钟繇舆车上殿

钟繇，字符常。文帝时为廷尉、迁太尉，时司徒华歆、司空王朗，并先世名臣。文帝罢朝，谓左右曰："此三公者，乃一代之伟人也，后世殆难继矣！"明帝即位，迁太傅。繇有膝疾，拜起不便，时华歆亦以高年疾病，朝见皆使载舆车，虎贲舁上殿就坐。是后三公有疾，遂以为故事。

《三国志》卷一三

## 五　华歆高行显名

华歆，字子鱼，平鲁高唐人也。歆与北海邴原、管宁俱游学，三人相善，时人号三人为"一龙"，歆为龙头，原为龙腹，宁为龙尾。

歆少以高行显名。避西京之乱，与同志郑泰等六七人，间步出武关。道遇一丈夫独行，愿得俱，皆哀欲许之。歆独曰："不可。今已在危险之中，祸福患害，义犹一也。无故受人，不知其义。既以受之，若有进退，可中弃乎！"众不忍，卒与俱行。此丈夫中道堕井，皆欲弃之。歆曰："已与俱矣，弃之不义。"相率共还出之，而后别去。众乃大义之。

孙策见华歆，执子弟之礼，礼为上宾。是时四方贤士大夫避地江南者甚众，皆出其下，人人望风。每策大会，坐上莫敢先发言，歆时起更衣，则论议讙哗。歆能剧饮，至石馀不乱。

文帝践阼，歆为司徒。歆素清贫，禄赐以赈，施亲戚故人，家无担石之储。公卿尝并赐没入生口，唯歆出而嫁之。帝叹息，下诏曰："司徒，国之俊老，所与和阴阳、理庶事也。今大官重膳，而司徒蔬食，甚无谓也。"特赐御衣，及为其妻子男女皆作衣服。

歆性周密，举动详慎。常以为人臣陈事，务以讽谏合道为贵，就有所言，不敢显露，故其事多不见载。

歆淡于财欲，前后宠赐，诸公莫及，然终不殖产业。陈群常叹曰："若华公，可谓通而不泰，清而不介者矣。"

《三国志》卷一三

## 六　苏则称市珠不足贵

扶风苏则及临菑侯曹植闻魏氏代汉，皆发服悲哭，文帝闻植如此，而不闻则也。帝在洛阳，尝从容言曰："吾应天而禅，而闻有哭者，何也？"则谓为见问，须髯悉张，欲正论以对。侍中傅巽掐则曰："不谓卿也。"于是乃止。

文帝问则曰："前破酒泉、张掖，西域通使，敦煌献径寸大珠，可复求市益得不？"则对曰："若陛下化洽中国，德流沙漠，即不求自至；求而得之，不足贵也。"帝默然。

《三国志》卷一六

## 七　辛毗引裾而谏

文帝欲徙冀州士卒家十万户实河南。群司以为不可，而帝意甚盛。侍中辛毗求见，帝知其欲谏，作色以待之，曰："卿谓徙之非邪？"毗曰："诚以为非也。"帝曰："吾不与卿议也。"毗曰："陛下安能不与臣议邪！臣所言非私也，乃社稷是虑也，安得怒臣！"帝不答，起入内，毗随而引其裾，帝遂奋衣不还，良久乃出，曰："卿持我何太急邪！"毗曰："今徙，既失民心，又无以食也，故臣不敢不力争。"帝乃徙其半。

《通鉴》卷六九

## 八　司马芝抑强扶弱私请不行

司马芝，河内温人也。文帝黄初中，入为河南尹，抑强扶弱，私请不行。会内官欲以事托芝，不敢发言，因芝妻伯父董昭。昭犹惮芝，不为通。芝为教与群下曰："盖君能设教，不能使吏必不犯也。吏能犯教，而不能使君必不闻也。夫设教而犯，君之劣也；犯教而闻，吏之祸也。君劣于上，吏祸于下，此政事所以不理也。可不各勉之哉！"于是下吏莫不自励。

门下循行尝疑门干盗簪，干辞不符，曹执为狱。芝教曰："凡物有相似而难分者，鲜能不惑。就其实然，循行何忍重惜一簪，轻伤同类乎！其寝勿问。"

芝性亮直，与宾客谈论，有不可意，便面折其短，退无异言。卒于官，家无馀财，自魏迄今为河南尹者莫及芝。

《三国志》卷一二

## 九　乐详博学勤于教授

黄初中，乐详征拜博士。于时太学初立，有博士十馀人，学多褊狭，又不熟悉，略不亲教，备员而已。惟详五业并授，其或难解，质而不解，详无愠色，以杖画地，牵譬引类，至忘寝食，以是独擅名于远近。详学优能少，故历三世，竟不出为宰守。至正始中，以年老罢归于舍，本国宗族归之，门徒数千人。

《三国志》卷一六

## 一〇　胡质断案

胡质，寿春人。黄初中，徙吏部郎，为常山太守，迁任东莞。士卢显为人所杀，质曰："此士无仇而有少妻，所以死乎！"悉见其比居年少，书吏李若见问而色动，遂穷诘情状。若即自首，罪人斯得。每军功赏赐，皆散之于众，无入家者。在郡九年，吏民便安，将士用命。

《三国志》卷二七

## 一一　郑浑修水利种树木

郑浑，文帝时阳平、沛郡太守。郡界下湿，患水涝，百姓饥乏。浑于萧、相二县界，兴陂遏，开稻田。郡人皆以为不便，浑曰："地势洿下，宜溉灌，终有鱼稻经久之利，此丰民之本也。"遂躬率吏民，兴立功夫，一冬间皆成。比年大收，顷亩岁增，租入倍常，民赖其利，刻石颂之，号曰郑陂。

转为山阳、魏郡太守，其治仿此。又以郡下百姓，苦乏材木，乃课树榆为篱，并益树五果，榆皆成藩，五果丰实。入魏郡界，村落齐整如一，民得财足用饶。明帝闻之，下诏称述，布告天下，迁将作大匠。浑清素在公，妻子不免于饥寒。

《三国志》卷一六

## 一二　常林为官清白而严

常林，河内温人，少单贫。虽贫，自非手力，不取之于人。性好学，汉末为诸生，带经耕锄。其妻常自馈饷之，林虽在田野，其相敬如宾。文帝时，官至少府、大司农。

林性既清白，当官又严。少府寺与鸿胪对门，时崔林为鸿胪。崔性阔达，不与林同，数闻林挞吏声，不以为可。林夜挞吏，不胜痛，叫呼敖敖彻曙。明日，崔出门，与林车相遇，乃啁林曰："闻卿为廷尉，尔邪？"林不觉答曰："不也。"崔曰："卿不为廷尉，昨夜何故考囚乎？"林大惭，然不能自止。

《三国志》卷二三

## 一三　吉茂修行安贫

吉茂，冯翊人。茂修行，从少至长，冬则被裘，夏则短褐，行则步涉，食则茨藿，臣役妻子，室如悬磬。其或馈遗，一不肯受。虽不以此高人，亦心疾不义而贵且富者。年八十三卒。

《三国志》卷二三

## 一四　任嘏沉默潜行不显其美

任嘏八岁丧母，号泣不绝声，自然之哀，同于成人，故幼以至性见称。年十四始学，疑不再问，三年中诵五经，皆究其义，兼包群言，无不综览，于时学者号之神童。

遂遇荒乱，家贫卖鱼，会官税鱼，鱼贵数倍，嘏取值如常。又与人共买生口，各雇八匹。后生口家来赎，时价直六十匹。共买者欲随时价取赎，嘏自取本价八匹。共买者惭，亦还取本价。比居者擅耕嘏地数十亩种之，人以语嘏，嘏曰："我自以借之耳。"耕者闻之，惭谢还地。及邑中争讼，皆诣嘏质之，然后意厌。其子弟有不顺者，父兄窃数之曰："汝所行，岂可令任君知邪！"其礼教所化，率皆如此。文帝时官至河东太守。

嘏为人淳粹恺悌，虚己若不足，恭敬如有畏。其修身履义，皆沉默潜行，不显其美，故时人少得称之。著书三十八篇，凡四万馀言。

《三国志》卷二七

## 一五　简雍以滑稽言事

简雍，字宪和，涿郡人也。少与刘备有旧，随从周旋。刘备入益州，拜雍为昭德将军。

时天旱禁酒，酿者有刑。吏于人家索得酿具，论者欲令与作酒者同罚。雍与备游观，见一男女行道，谓备曰："彼人欲行淫，何以不缚？"备曰："卿何以知之？"雍对曰："彼有其具，与欲酿者同。"备大笑，而原欲酿者。雍之滑稽，皆此类也。

《三国志》卷三八

## 一六　董和殷勤尽言

董和，字幼宰，刘璋时任益州太守。刘备定蜀，征和为掌军中郎将，与诸葛亮并署左将军大司马府事，献可替否，共为欢交。自和居官食禄，外牧殊域，内于机衡，二十馀年，死之日家无担石之财。亮后为丞相，教与群下曰："夫参署者，集众思广忠益也。若远小嫌，难相违覆，旷阙损矣。董幼宰参署七年，事有不至，至于十返，来相启告。苟能幼宰之殷勤，有忠于国，则亮可少过矣。"

《三国志》卷三九

## 一七　刘巴恭默守静

刘巴，字子初。刘璋遣法正迎刘备，巴谏曰："备，雄人也，入必为害，不可内也。"既入，巴复谏曰："若使备讨张鲁，是放虎于山林也。"璋不听。巴闭门称疾。备攻成都，令军中曰："其有害巴者，诛及三族。"

刘备定益州，巴辞谢罪负，备不责。而诸葛孔明数称荐

· 495 ·

之，先主辟为左将军西曹掾。迁尚书，后代法正为尚书令。躬履清俭，不治产业，又自以归附非素，惧见猜嫌，恭默守静，退无私交，非公事不言。备称尊号，昭告于皇天上帝后土神祇，凡诸文诰策命，皆巴所作也。章武二年卒。

《三国志》卷三九

## 一八　刘备大败于夷陵

刘备称帝。备耻关羽之没，将击孙权。张飞当自阆中发兵，其帐下将张达、范强杀飞。关羽善待卒伍而骄于士大夫，飞爱礼君子而不恤军人。刘备常诫飞曰："卿刑杀既过差，又日鞭挝健儿而令在左右，此取祸之道也。"飞不改，致遭刺。

赵云谏备曰："若先灭魏，则权自服。不应先与吴战，兵势一交，不得卒解，非策之上也。"群臣谏者甚众，备皆不听。

备自秭归出，自巫峡建平连营至夷陵界，立数十屯，自正月至六月相持不决。陆逊料其久住而不胜，兵疲意沮，乃进攻汉军。敕各持一把茅，以火攻，拔之，一尔势成，通率诸军，同时俱攻，破其四十馀营。

初，逊为大都督，诸将或孙策时旧部，或公室贵戚，各自矜持，不相听从。逊按剑曰："诸军并荷国恩，当相辑睦，共翦强虏刘备，上报所受，而不相顺，何也？仆虽书生，受命主上，岂复得辞！军令有常，不可犯也！"及至破备，计多逊出，诸将乃服。

曹丕闻汉兵树栅连营七百馀里，谓群臣曰："备不晓兵。岂有七百里营可以拒敌者乎！苞原隰险阻而为军者为敌所擒，此兵忌也。"后七日，吴破汉书到。

《通鉴》卷六九

## 一九　赵咨绍介孙权

孙权遣中大夫南阳赵咨之魏。文帝曹丕问曰："吴主何等主也？"对曰："聪明、仁智、雄略之主也。"丕问其状，对曰："纳鲁肃于凡品，是其聪也；拔吕蒙于行阵，是其明也；获于禁而不害，是其仁也；取荆州兵不血刃，是其智也；据三州虎视天下，是其雄也；屈身于陛下，是其略也。"丕曰："吴王颇知学乎？"对曰："吴王浮江万艘，带甲百万，任贤使能，志存经略，虽有馀闲，博览书传，历史籍，采奇异，不效书生寻章摘句而已。"

丕曰："吴可征否？"咨对曰："大国有征伐之兵，小国有备御之固。"又曰："吴难魏乎？"咨曰："带甲百万，江、汉为池，何难之有？"又曰："吴如大夫者几人？"咨曰："聪明特达者八九十人，如臣之比，车载斗量，不可胜数。"咨频载使北，人敬异。权闻而嘉之，拜骑都尉。

《通鉴》卷六九；《三国志》卷四七

## 二〇　文帝求珍玩于吴

文帝遣使求大贝、明珠、象牙、犀角、玳瑁、翡翠、斗鸭、长鸣鸡等于吴。吴群臣曰:"所求珍玩之物,非礼也,宜勿与。"孙权曰:"方有事于西北,江表元元,恃主为命。彼所求者,于我瓦石耳,孤何惜焉!且彼在谅暗之中,而所求若此,宁可与言礼哉!"皆具以与之。

《通鉴》卷六九

## 二一　孙权听谏罢酒

吴王孙权于武昌临钓台,大醉,使人以水洒群臣,曰:"今日酣饮,惟醉堕台中,乃当止耳!"张昭正色不言,出外,车中坐。王遣人呼昭还,曰:"为共作乐耳,公何为怒乎?"昭对曰:"昔纣为糟丘酒池、长夜之饮,当时亦以为乐,不以为恶也。"王默然惭,遂罢酒。

《通鉴》卷六九

## 二二　诸葛亮与法正

诸葛亮与尚书令法正好尚不同,而以公义相取,亮每奇法正智术。及刘备伐吴而败,时正已卒,亮叹曰:"孝直若在,必能制上东行,就使东行,必不倾危矣。"

《通鉴》卷六九

## 二三　诸侯王有名无实

立曹植为鄄城王。是时，诸侯王皆寄地空名而无其实。王国各有老兵百馀人以为守卫，隔绝千里之外，不听朝聘，虽有王侯之号，而侪于匹夫，皆思为布衣而不能得。法既峻切，诸侯王过恶日闻。独北海王衮谨慎好学，未尝有失。其相表称衮美。衮闻之，大惊惧，让曰："修身自守，常人之行耳，而诸君乃以与闻，是适所以增其负累也。"

《通鉴》卷六九

## 二四　文帝防外戚与政

文帝诏曰："夫妇人与政，乱之本也。自今以后，群臣不得奏事太后，后族之家不得当辅政之任，又不得横受茅土之爵。若有背违，天下共诛之。"

卞太后每见外亲，不假以颜色，常言："居处当节俭，不当望赏、念自佚也。吾事武帝四十馀年，行俭日久，不能自变为奢。有犯科禁者，吾且能加罪一等耳，莫望钱米恩贷也。"

《通鉴》卷六九

## 二五　刘备托孤教子

刘备病笃，命丞相亮辅太子禅，谓亮曰："君才十倍曹丕，必能安国，终定大事，嗣子可辅，辅之，如其不才，君可自取。"亮涕泣曰："臣敢不竭股肱之力，效忠贞之节，继之以死。"备又为诏，敕太子曰："人五十不称夭，吾年已六十有馀，何所复恨，但以卿兄弟为念耳。勉之，勉之！勿以恶小而为之，勿以善小而不为！惟贤惟德，可以服人。汝父德薄，不足效也。汝与丞相从事，事之如父。"卒于永安，年六十三。

《通鉴》卷七〇

## 二六　杨颙谏诸葛亮

刘禅即位，时年十七。政事无巨细，咸决于亮。亮乃约官职，修法制。尝自校簿书，主薄杨颙直入，谏曰："为治有体，上下不可相侵。请为明公以作家譬之：今有人，使奴执耕稼，婢典炊灶，鸡主司晨，犬主吠盗，牛负重载，马涉远路，私业无旷，所求皆足，雍容高枕，饮食而已。忽一旦尽欲以身亲其役，不复付任，劳其体力为碎务，形疲神困，终无一成，岂其智之不如奴婢鸡狗哉，失为家主之法也。是故古人称'坐而论道，为之王法；作而行之，谓之士大夫'。故丙吉不问横道死人而问牛喘，陈平不肯知钱谷之数，云自有主，彼诚达于位分之体也。今明公为治，乃躬自校簿书，流汗终日，不亦劳乎！"亮谢之。及颙卒，亮垂泣三日。

《通鉴》卷七〇

## 二七　邓芝以诚说孙权修好

汉尚书邓芝言于诸葛亮曰："宜遣大使重申吴好。"亮即令芝至吴，吴王见之。芝曰："吴蜀修好，共为唇齿，进可并兼天下，退可鼎足而立，此理之自然也。大王今若委质于魏，魏必上望大王之入朝，下求太子之内侍，若不从命，则奉辞伐叛，蜀亦顺流见可而进，如此，江南之地非复大王之有也。"吴王默然良久曰："君言是也。"遂绝魏，专与汉连和。

次年，汉复遣芝之吴，吴主谓曰："若天下太平，二主分治，不亦乐乎？"芝对曰："天无二日，士无二主。如并魏之后，大王未深识天命，君各茂其德，臣各尽其忠，将提枹鼓，则战争方始耳。"吴王大笑曰："君之诚款乃当尔邪！"

芝为大将军二十馀年，赏罚明断，善恤卒伍。身之衣食资仰于官，不苟素俭，然终不治私产，妻子不免饥寒。死之日，家无馀财。性刚简，不饰意气，不得士类之和。

《通鉴》卷七〇；《三国志》卷四五

## 二八　诸葛亮攻心服孟获

益州郡雍闿使孟获诱扇诸夷，诸夷皆从之。诸葛亮率众讨，参军马谡送之数十里。亮曰："虽共谋之历年，今可更惠良规。"谡曰："南中甚险远，不服久矣；虽今日破之，明日复反。今公方倾国北伐，彼知国势内虚，其叛亦速。若殄尽遗类以除后患，既非广仁者之情，且又不可仓猝也。夫用兵之道，攻心为上，攻城为下，心战为上，兵战为下，愿公服其心而已。"亮纳其言。

诸葛亮到南中，所在皆捷，斩雍闿，生擒孟获，七纵七擒。获止不去，曰："公，天威也，南人不复反矣！"亮遂至滇池。亮不留兵，不运粮，悉收其俊杰孟获等以为官属，出其金银、耕牛、战马以给军国之用。自是终亮之世，夷不复反。

《通鉴》卷七〇

## 二九　曹丕挟嫌欲诛曹洪

都阳侯曹洪性吝啬，曹丕在东宫，尝从洪贷绢百匹，不称意，恨之，遂以舍客犯法，下狱当死，群臣并救，不许。卞太后责怒丕曰："非子廉无有今日。"又谓郭后曰："令曹洪今日死，吾明日敕帝废后。"于是郭后泣涕屡请，乃得免官，削爵土。

郭后无子，母养被诛之甄夫人之子睿。帝与睿猎，见子母鹿，帝射杀其母，命睿射其子，睿泣曰："陛下已杀其母，臣不忍复杀其子。"帝为之恻然。帝疾笃，乃立睿为太子。文帝卒，太子即皇帝位，是为明帝。

《通鉴》卷七〇

## 三〇　文帝下笔成章著《典论》

文帝丕天资文藻，下笔成章，博闻强识，才艺兼该。帝初在东宫，疫疠大起，时人凋伤，帝深感叹，与素所敬者大理王朗书曰："生有七尺之形，死唯一棺之土，唯立德扬名，可以不朽，其次莫如著篇籍。疫疠数起，士人凋落，余独何人，能全其寿？"故论撰所著《典论》、诗赋，盖百馀篇，集诸儒于肃城门内，讲论大义，侃侃无倦。卒年四十。

《三国志》卷二

## 三一　曹植七步成诗

文帝尝令曹植七步中作诗，不成者行大法。应声便为诗曰："煮豆持作羹，漉菽以为汁。萁在釜下燃，豆在釜中泣。本自同根生，相煎何太急？"

《世说新语·文学》

## 三二　陈群以臣下雷同或相仇为患

明帝初莅政，镇军大将军陈群上疏曰："夫臣下雷同，是非相蔽，国之大患也。若不和睦则有仇党，有仇党则毁誉无端，毁誉无端则真伪失实，此皆不可不深察也。"

群前后数密陈得失,每上封事,辄削其草,时人及其子弟莫能知也,论者或讥群居位拱默。少帝正始中诏撰群臣上书,以为《名臣奏议》,朝士乃见群谏事,皆叹息焉。

《通鉴》卷七〇;《三国志》卷二二

## 三三　杨阜议政

杨阜,天水人。明帝诏大议政治之不便于民者,阜议以为:"致治在于任贤,兴国在于务农。若舍贤而任所私,此忘治之甚者也。广开宫馆,高为台榭,以妨民务,此害农之甚者也。百工不敦其器,而竞作奇巧,以合上欲,此伤本之甚者也。孔子曰:'苛政甚于猛虎。'今守功文俗之吏,为政不通治体,苟好烦苛,此乱民之甚者也。当今之急,宜去四甚,并诏公卿郡国,举贤良方正敦朴之士而选用之,此亦求贤之一端也。"

阜又上疏欲省宫人诸不见幸者,乃召御府吏问后宫人数。吏守旧令,对曰:"禁密,不得宣露。"阜怒,杖吏一百,数之曰:"国家不与九卿为密,反与小吏为密乎?"帝闻而愈敬惮阜。

初,曹洪置酒大会,令女倡着罗縠之衣,蹋鼓,一坐皆笑。阜厉声责洪曰:"男女之别,国之大节,何有于广坐之中裸女人形体!虽桀、纣之乱,不甚于此。"遂奋衣辞出。洪立罢女乐,请阜还坐,肃然惮焉。

《三国志》卷二五

## 三四　仓慈获民夷爱戴

淮南仓慈，明帝太和中迁敦煌太守。旧大族田地有馀，而小民无立锥之土；慈皆随口割赋，稍稍使毕其本值。先是，属城狱讼众猥，县不能决，多集治下；慈躬往省阅，料简轻重，自非殊死，但鞭杖遣之，一岁决刑曾不满十人。

又常日西域杂胡欲来贡献，而诸豪族多逆断绝；既与贸迁，欺诈侮易，多不得分明。胡常怨望，慈皆劳之。欲诣洛者，为封过所，欲从郡还者，官为平取，辄以府见物与共交市，使吏民护送道路，由是民夷翕然称其德惠。

数年卒官，吏民悲感如丧亲戚，图画其形，思其遗像。及西域诸胡闻慈死，悉共会聚于戊己校尉及长吏治下发哀，或有以刀画面，以明血诚，又为立祠，遥共祠之。

《三国志》卷一六

## 三五　王肃赞司马迁

王肃，明帝时为散骑常侍。帝尝问："司马迁以受刑之故，内怀隐切，著《史记》非贬孝武，令人切齿。"对曰："司马迁记事，不虚美，不隐恶。刘向、扬雄服其善叙事，有良史之才，谓之实录。汉武帝闻其述《史记》，取孝景及己本纪览之，于是大怒，削而投之。于今此两纪有录无书。后遭李陵事，遂下迁蚕室。此为隐切在孝武，而不在于史迁也。"

少帝正始元年，出为广平太守。公事征还，拜议郎。顷之，迁太常。时大将军曹爽专权，任用何晏、邓飏等。肃与太尉蒋济、司农桓范论及时政，肃正色曰："此辈即弘恭、石显之属，复称说邪！"爽闻之，诫何晏等曰："当共慎之！公卿已比诸君前世恶人矣。"

《三国志》卷一三

## 三六　董允守正下士

董允，为太子洗马。后主禅袭位，迁黄门侍郎。丞相亮将北征，住汉中，虑后主富于春秋，朱紫难别，以允秉心公亮，欲任以宫省之事。上疏荐曰："愚以为宫中之事，事无大小，悉以咨之，必能裨补阙漏，有所广益。若无兴德之言，则戮允等以彰其慢。"

允处事为防制，甚尽匡救之理。后主常欲采择以充后宫，允以为古者天子后妃之数不过十二，今嫔嫱已具，不宜增益，终执不听。后主益严惮之。后主渐长大，爱宦人黄皓。皓便辟佞慧，欲自容入。允常上则正色匡主，下则数责于皓。皓畏允，不敢为非。终允之世，皓位不过黄门丞。

允尝与尚书令费祎、中典军胡济等共期游宴，严驾已办，而郎中董恢诣允修敬。恢年少官微，见允停出，逡巡求去，允不许，曰："本所以出者，欲与同好游谈也，今君已自屈，方展阔积，舍此之谈，就彼之宴，非所谓也。"

乃命解骖，祎等罢驾不行。其守正下士，凡此类也。

《三国志》卷三九

## 三七　诸葛亮出师未捷身先死

诸葛亮既东和孙吴、南服孟获，乃率诸军北驻汉中，为复兴汉，北伐曹魏。殚精极虑，六出祁山，有负有胜，迄未功成。食少事烦，积劳成疾，卒于军中，享年五十有四。

亮屡上疏刘禅，最著名者，被称为前、后《出师表》。述其志念由来，艰辛委曲，虽成败利钝未可逆料，仍鞠躬尽瘁，死而后已，拳拳之心溢于言表。传颂后世，感人至深。所谓"出师未捷身先死，常使英雄泪满襟"者也。

初，亮尝与汉主言："成都有桑八百株，薄田十五顷，子弟衣食，自有馀饶，臣不别治生以长尺寸。若臣死之日，不使内有馀帛，外有赢财，以负陛下。"卒如其所言。

《通鉴》卷七二

## 三八　马谡失街亭

马谡，字幼常，以荆州从事随刘备入蜀，除绵竹成都令、越巂太守。才器过人，好论军计，丞相诸葛亮深加器异。备临终谓亮曰："马谡言过其实，不可大用，君其察之！"亮犹谓不然，以谡为参军，每引见谈论，自昼达夜。

建兴六年，亮出军向祁山，亮违众拔谡，统大众在前，与魏将张郃战于街亭，为郃所破，士卒离散。亮进无所据，退军还汉中。谡下狱死，亮为之流涕。死时年三十九。

谡临终与亮书曰："明公视谡犹子，谡视明公犹父，愿深惟殛鲧兴禹之义，使平生之交不亏于此，谡虽死无恨于黄壤也。"于时十万之众为之垂涕。亮自临祭，待其遗孤若平生。

《三国志》卷三九

## 三九　王平屡立战功

王平，字子均，巴西宕渠人也。建兴六年，属参军马谡先锋。谡舍水上山，举措烦扰，平连规谏谡，谡不能用，大败于街亭。众尽星散，惟平所领千人，鸣鼓自持，魏将张郃疑其伏兵，不往逼也。于是平徐徐收合诸营遗迸，率将士而还。丞相亮既诛马谡，平独见崇显，封亭侯。后屡立战功，官至镇北大将军，统汉中。

平生长戎旅，手不能书，其所识不过十字，而口授作书，皆有意理。使人读《史》《汉》诸纪传，听之，备知其大义，往往论说不失其指。遵履法度，言不戏谑，从朝至夕，端坐彻日，怀无武将之体。然性狭侵疑，为人自轻，以此为损焉。

《三国志》卷四三

## 四〇　郤正论为储君之道

秘书郎郤正数从大司农孟光谘访，光问正太子所习读并其情性好尚，正答曰："奉亲虔恭，夙夜匪懈，有古世子之风；接待群僚，举动出于仁恕。"光曰："如君所道，皆家户所有耳；吾今所问，欲知其权略智调何如也。"正曰："世子之道，在于承志竭欢，既不得妄有所施为，且智调藏于胸怀，权略应时而发，此之有无，焉可豫设也？"光解正慎宜，不为放谈，乃曰："吾好直言，无所回避，每弹射利病，为世人所讥嫌；疑君意亦不甚好吾言，然语有次。今天下未定，智意为先，智意虽有自然，然亦可力强致也。此储君读书，宁当效吾等竭力博识以待访问，如博士探策讲试以求爵位邪！当务其急者。"正深谓光言为然。

《三国志》卷四二

## 四一　宗预抗直不屈

宗预，南阳安众人也。建安中，随张飞入蜀。建兴初，丞相亮以为主簿，迁参军右中郎将。及亮卒，吴虑魏或承衰取蜀，增巴丘守兵万人，一欲以为救援，二欲以事分割也。蜀闻之，亦益永安之守，以防非常。预将命使吴，孙权问预曰："东之与西，譬犹一家，而闻西更增白帝之守，何也？"预对曰："臣以为东益巴丘之戍，西增白帝之守，皆事势宜然，俱不足以相问也。"权大笑，嘉其抗直，甚爱待之，见敬亚于邓芝、费祎。

延熙十年，为屯骑校尉。时车骑将军邓芝自江州还，来朝，谓预曰："礼，六十不服戎，而卿甫受兵，何也？"预答曰："卿七十不还兵，我六十何为不受邪？"芝性骄傲，自大将军费祎等皆避下之，而预独不为屈。

后为镇军大将军，领兖州刺史。时都护诸葛瞻初统朝事，廖化过预，欲与预共诣瞻许。预曰："吾等年逾七十，所窃已过，但少一死耳，何求于年少辈而屑屑造门邪？"遂不往。

《三国志》卷四五

## 四二　孙权张昭君臣之间

吴王孙权称皇帝，百官毕贺，吴主归功周瑜。张昭举笏欲褒赞功德，未及言，吴主曰："如张公之计，今已乞食矣。"昭大惭，伏地流汗。

张昭以老病还官位及所统领。昭曾以直言忤旨，不进见。后，吴主请见昭，昭避席谢，吴主跪止之。昭坐定，仰曰："昔太后以陛下属老臣，是以思尽臣节以报厚恩，而意虑浅短，违逆盛旨。然臣愚心所以事国，志在忠益毕命而已；若乃变心易虑以偷荣取容，此臣所不能也。"吴主辞谢焉。

辽东公孙渊背魏投吴，奉表称臣于吴。吴主大悦，封其为燕王。举朝大臣张昭等皆以为不可，吴主不听。吴主反复难昭，昭意弥切。吴主不能堪，按剑怒曰："吴国士人入宫则拜孤，出宫则拜君，孤之敬君亦为至矣，而数于众中折孤，孤常恐失计。"昭熟视吴主，涕泣横流；吴主掷刀于地，与之对泣。然卒未用其言，昭因称疾不朝。吴主恨之，土塞其门，昭又于内以土封之。后，公孙渊背吴投魏。

张昭容貌矜严，有威风，吴主以下，举邦惮之。卒年八十一。

《通鉴》卷七一、卷七二、卷七三

## 四三　顾雍为相与为人

顾雍，吴郡吴人也。蔡伯喈从朔方还，尝避怨于吴，雍从学琴书。弱冠为合肥长，有治迹。孙权领会稽太守，不之郡，以雍为丞，行太守事，讨除寇贼，郡界宁静，吏民归服。权为吴王，领尚书令，封遂乡侯，拜侯还寺，而家人不知，后闻乃惊。

雍为人不饮酒，寡言语，举动时当。权尝叹曰："顾君不言，言必有中。"至饮宴欢乐之际，左右恐有酒失而雍必见之，是以不敢肆情。权亦曰："顾公在坐，使人不乐。"惮如此。

黄武四年为丞相。其所选用文武将吏各随能所任，心无适莫。时访逮民间，及政职所宜，辄密以闻。若见纳用，则归之于上，不用，终不宣泄。权以此重之。于公朝有所陈及，辞色虽顺而所执者正。

吕壹、秦博为中书，典校诸官府及州郡文书。壹等因此渐作威福，毁短大臣，排陷无辜，雍等皆见举白，用被谴让。后壹奸罪发露，收系廷尉。雍往断狱，壹以囚见，雍和颜色，问其辞状，临出，又谓壹曰："君意得无欲有所道？"壹叩头无言。时尚书郎怀叙面詈辱壹，雍责叙曰："官有正法，何至于此！"

权嫁从女，请雍父子及孙谭，谭时为选曹尚书，见任贵重。是日，权极欢。谭醉酒，三起舞，舞不知止。雍内怒之。明日，召谭，诃责之曰："君王以含垢为德，臣下以恭谨为节。昔萧何、吴汉并有大功，何每见高帝，似不能言。汉奉光武，亦信恪勤。汝之于国，宁有汗马之劳，可书之事邪？但阶门户之资，遂见宠任耳，何有舞不复知止？虽为酒后，亦由恃恩忘敬，谦虚不足。损吾家者必尔也。"因背向壁卧，谭立过一时，乃见遣。

雍为相十九年，卒年七十六。

《三国志》卷五二

## 四四　顾邵留心下士举善以教

顾雍之子邵，博览书传，好乐人伦。少与舅陆绩齐名，而陆逊、张敦、卜静等皆亚焉。自州郡庶几及四方人士，往来相见，或言议而去，或结厚而别，风声流闻，远近称之。

年二十七，邵为豫章太守。小吏资质佳者，辄令就学，择其先进，擢置右职，举善以教，风化大行。初，钱唐丁谞出于役伍，阳羡张秉生于庶民，乌程吴粲、云阳殷礼起乎微贱，邵皆拔而友之，为立声誉。秉遭大丧，亲为制服结经。邵当之豫章，发在近路，值秉疾病，时送者百数，邵辞宾客曰："张仲节有疾，苦不能来别，恨不见之，暂还与诀，诸君少时相待。"其留心下士，惟善所在，皆此类也。

《三国志》卷五二

## 四五　郑泉称不畏龙鳞

郑泉，陈郡人。博学有奇志，而性嗜酒，其间居每曰："愿得美酒满五百斛船，以四时甘脆置两头，反复饮之，惫即住而啖肴膳。酒有斗升减，随即益之，不亦快乎！"孙权以为郎中。尝与之言："卿好于众中面谏，或失礼敬，宁畏龙鳞乎？"对曰："臣闻君明臣直，今值朝廷上下无讳，实恃洪恩，不畏龙鳞。"后侍宴，权乃怖之，使提出付有司促治罪。泉临出屡顾，权呼还，笑曰："卿言不畏龙鳞，何以临出而顾乎？"对曰："实侍恩覆，知无死忧，至当出阁，感惟威灵，不能不顾耳。"

《三国志》卷四七

## 四六　孙权深信诸葛瑾

诸葛瑾，字子瑜，汉末避乱江东。孙权姊婿见而异之，荐之于权，与鲁肃等并见宾待。建安二十年，权遣瑾使蜀通好刘备，与其弟亮俱公会相见，退无私面。

后瑾代吕蒙为南郡太守，人有密谗瑾者。此语颇流闻于外，陆逊表保明瑾无此，宜以散其意。权报曰："子瑜与孤从事积年，恩如骨肉，深相明究，其为人非道不行，非义不言。玄德昔遣孔明至吴，孤尝语子瑜曰：'卿与孔明同产，且弟随兄，于义为顺，何以不留孔明？'子瑜答孤言：'弟亮以失身于人，委质定分，义无二心。弟之不留，犹瑾之不往也。'其言足贯神明。今岂当有此乎？孤前得妄语文疏，即封示子瑜，并手笔与子瑜，即得其报，论天下君臣大节，一定之分。孤与子瑜，可谓神交，非外言所闲也。知卿意至，辄封来表，以示子瑜，使知卿意。"

瑾子恪，名盛当世，权深器异之；然瑾常嫌之，谓非保家之子，每以忧戚。年六十八卒，遗命令素棺，敛以时服。

《三国志》卷五二

## 四七　虞翻险遭杀害

虞翻，字仲翔，少好学，有高气，为《老子》《论语》《国语》训注皆传于世。翻与孔融书，并示以所著《易》注。融答书曰："闻延陵之理乐，睹吾子之治《易》，乃知东南之美者，非徒会稽之竹箭也。"会稽张纮又与融书曰："虞仲翔前颇为论者所侵，美宝为质，雕摩益光，不足以损。"

孙权既为吴王，欢宴之末，自起行酒，翻伏地佯醉，不持。权去，翻起坐。权于是大怒，手剑欲击之，侍坐者莫不惶遽。惟大司农刘基起抱权谏曰："大王以三爵之后手杀善士，虽翻有罪，天下孰知之？且大王以能容贤畜众，故海内望风，今一朝弃之，可乎？"权曰："曹孟德尚杀孔文举，孤于虞翻何有哉？"基曰："孟德轻害士人，天下非之。大王躬行德义，欲与尧、舜比隆，何得自喻于彼乎？"翻由是得免。权因敕左右，自今酒后言杀，皆不得杀。

《三国志》卷五七

## 四八　陆绩志在著述

陆绩，吴郡吴人也。绩年六岁，于九江见袁术。术出橘，绩怀三枚，去，拜辞，堕地。术谓曰："陆郎作宾客而怀橘乎？"绩跪答曰："欲归遗母。"术大奇之。孙策在吴，张昭、张纮、秦松为上宾，共论四海未泰，须当用武治而平之。绩年少末坐，遥大声言曰："昔管夷吾相齐桓公，九合诸侯，一匡天下，不用兵车。孔子曰：'远人不服，则修文德以来之。'今论者不务道德怀取之术，而惟尚武，绩虽童蒙，窃所未安也。"昭等异焉。

绩容貌雄壮，博学多识，星历算数，无不该览。虞翻旧齿名盛，庞统荆州令士，年亦差长，皆与绩友善。孙权统事，辟为郁林太守，加偏将军，给兵二千人。绩既有躄疾，又意在儒雅，非其志也。虽有军事，著述不废，作《浑天图》，注《易》释《玄》，皆传于世。年三十二卒。

《三国志》卷五七

## 四九　步骘能屈能伸

步骘,淮阴人也。世乱,避难江东,单身穷困,与广陵卫旌同年相善,俱以种瓜自给,昼勤四体,夜诵经传。

会稽焦征羌,郡之豪族。骘与旌求食其地,惧为所侵,乃共修刺奉瓜,以献征羌。征羌方在内卧,驻之移时,旌欲委去,骘止之曰:"本所以来,畏其强也;而今舍去,欲以为高,只结怨耳。"良久,征羌开牖见之,身隐几,坐帐中,设席致地,坐骘、旌于牖外。旌愈耻之,骘辞色自若。征羌作食,身享大案,肴膳重沓,以小盘饭与骘、旌,惟菜茹而已。旌不能食,骘极饭致饱乃辞出。旌怒骘曰:"何能忍此?"骘曰:"吾等贫贱,是以主人以贫贱遇之,固其宜也,当何所耻?"

孙权称帝,骘代陆逊都督西陵。赤乌九年,代陆逊为丞相,犹诲育门生,手不释书,被服居处有如儒生。然门内妻妾服饰奢绮,颇以此见讥。在西陵二十年,邻敌敬其威信。性宽弘得众,喜怒不形于声色,而外内肃然。

《三国志》卷五二

## 五〇　张纮遗书诫孙权

张纮,广陵人。游学京都,还本郡,举茂才,公府辟,皆不就,避难江东。孙权以纮为长史。吴建都秣陵,即金陵,系纮首倡,权善之。

纮病困，授子靖留笺曰："自古有国有家者，咸欲修德政以比隆盛世，至于其治，多不馨香。非无忠臣贤佐，暗于治体也，由主不胜其情，弗能用耳。夫人情惮难而趋易，好同而恶异，与治道相反。《传》曰：'从善如登，从恶如崩'，言善之难也。人君承奕世之基，据自然之势，操八柄之威，甘易同之欢，无假取于人；而忠臣挟难进之术，吐逆耳之言，其不合也，不亦宜乎！离则有衅，巧辩缘闲，眩于小忠，恋于恩爱，贤愚杂错，长幼失叙，其所由来，情乱之也。故明君悟之，求贤如饥渴，受谏而不厌，抑情损欲，以义割恩，上无偏谬之授，下无希冀之望。宜加三思，含垢藏疾，以成仁覆之大。"时年六十卒。权省书流涕。

《三国志》卷五三

## 五一　阚泽劝孙权读《过秦论》

阚泽，会稽山阴人也。家世农夫，至泽好学，居贫无资，常为人佣书，以供纸笔，所写既毕，诵读亦遍。追师论讲，究览群籍，兼通历数，由是显名。孙权称尊号，以泽为尚书，迁中书令，加侍中。赤乌五年，拜太子太傅，领中书如故。

泽以经传文多，难得尽用，乃斟酌诸家，刊约礼文及诸注说以授二宫。每朝廷大议，经典所疑，辄咨访之。性谦恭笃慎，人有非短，口未尝及，容貌似不足者，然所闻少穷。权尝问："书传篇赋，何者为美？"泽欲讽喻以明治乱，因对贾谊《过秦论》最善，权览读焉。泽卒，权痛惜感悼，食不进者数日。

《三国志》卷五三

## 五二　辛毗曰天下未尝缺一人

魏将张郃与蜀战，为流矢所中死。明帝惜郃，临朝而叹曰："蜀未平而郃死，将若之何！"司空陈群曰："郃诚良将，国所依也。"辛毗心以为郃虽可惜，然已死，乃持群曰："陈公，是何言欤！当建安之末，天下不可一日无武皇帝也，及委国祚，而文皇帝受命。黄初之世，亦谓不可无文皇帝也，及委弃天下，而陛下龙兴。今国内所少，岂张郃乎？"陈群曰："亦诚如辛毗言。"帝笑曰："陈公可谓善变矣。"

《三国志》卷二五裴松之注

## 五三　双面人刘晔之辩词

侍中刘晔为明帝所亲重。帝将伐蜀，朝臣内外皆曰不可。晔入与帝议，则曰可；出与朝臣言，则曰不可。后帝与杨暨论伐蜀，暨切谏，帝曰："卿书生，焉知兵事！"暨谢曰："臣言诚不足采，刘晔先帝谋臣，常曰蜀不可伐。"帝曰："晔与吾言蜀可伐。"帝召晔对质，晔终不言。后独见，晔责帝曰："伐国，大谋也。常恐梦泄，焉敢向人言之。陛下显然露之，臣恐敌国已闻之矣。"于是帝谢之。

晔出，责暨曰："夫钓者中大鱼，则纵而随之，须可制而后牵，则无不得也。人主之威，岂徒大鱼而已。子诚直臣，然计不足采，不可不思也。"暨亦谢之。后，帝知其伪，从此疏，晔遂发狂，以忧死。

《通鉴》卷七二

## 五四　陈矫慎评司马懿

明帝尝猝至尚书门，尚书令陈矫跪而问帝曰："陛下欲何之？"帝曰："欲按行文书耳。"矫曰："此自臣职分，非陛下所宜临也。若臣不称其职，则请就黜退，陛下宜还。"帝惭，回车而返。帝尝问矫："司马公忠贞，可谓社稷之臣乎？"矫曰："朝廷之望也，社稷则未知也。"

《通鉴》卷七二

## 五五　刘衮家训

中山恭王衮病危，令世子曰："汝幼为人君，知乐不知苦，必将以骄奢为失者也。兄弟有不良之行，当造膝谏之，谏之不从，流涕喻之，喻之不改，乃白其母，犹不改，当以奏闻，并辞国土。与其守宠罹祸，不若贫贱全身也。此亦谓大罪恶耳，其微过细故，当掩覆之。"

《通鉴》卷七三

## 五六　王昶诫子侄书

明帝诏公卿各举才德兼备者一人，司马懿以兖州刺史太原王昶应选。昶为人谨厚，名其兄子曰默曰沉，名其子曰浑曰深，为书诫之曰："吾以四者为名，欲使汝曹顾名思义，不敢违越也。夫物速成则疾亡，晚就而善终。朝华之草，夕而零落；松柏之茂，隆寒不衰。夫能屈以为伸，让以为得，弱以为强，鲜不遂矣。夫毁誉者，爱恶之源而祸福之机也。人或毁己，当退而求之于身。若已有可毁之行，则彼言当矣；若已无可毁之行，则彼言妄矣。当则无怨于彼，妄则无害于身，又何反报焉！谚云'救寒莫如重裘，止谤莫如自修'。斯言信矣。"

《通鉴》卷七三

## 五七　卫觊谏制裁侈靡

尚书卫觊上疏曰："武皇帝之时，后宫食不过一肉，衣不用锦绣，茵蓐不缘饰，器物无丹漆，用能平定天下，造福子孙，此皆陛下之所览也。当今之务，宜君臣上下，计校府库，量入为出，犹恐不及；而工役不缀，侈靡日崇，帑藏日竭。诚皆圣虑所宜制裁也。"

《通鉴》卷七三

三国（公元 220 年至 264 年）

## 五八　卢毓称循名可得常士

明帝疾浮华之士，诏吏部尚书卢毓曰："选举莫取有名，名如画地作饼，不可啖也。"毓对曰："名不足以致异人，而可以得常士。常士畏教慕善，然后有名，非当疾也。愚臣既不足以识异人，又主者正以循名按常为职，但当有以验其后耳。古者敷奏以言，明试以功；今考绩之法废，而以毁誉相进退，故真伪浑杂，虚实相蒙。"帝纳其言，令常侍刘邵作考课法。

卢毓论人及选举，皆先性行而后言才。黄门郎李丰尝以问毓，毓曰："才所以为善，大才成大善，小才成小善；今之称有才而不能为善，是才不中器也！"丰服其言。

《通鉴》卷七三

## 五九　司马懿平辽东

司马懿至辽东，大破公孙渊，围其都襄平。渊使相国、御史大夫请解围却兵，懿命斩之。渊复遣侍中卫演乞克日送子为质。懿谓演曰："军事大要有五，能战当战，不能战当守，不能守当走；馀二事，但有降与死耳。汝不肯面缚，此为决就死也，不须送质。"不久，城破，懿入城诛其公卿以下及兵民七千馀人。辽东、乐浪、带方、玄菟四郡皆平。

《通鉴》卷七四

## 六〇　是仪独据实而言

吴中书郎吕壹,深文巧诋,排陷无辜,诬故江夏太守刁嘉谤讪国政,吴主孙权怒,收嘉,系狱问。时同坐人皆畏怖壹,并言闻之。侍中是仪独云无闻,遂穷诘累日,诏旨转厉,群臣为之屏息。仪曰:"今刀锯已在臣颈,臣何敢隐讳,自取夷灭!顾以闻知当有本末。"据实答问,辞不倾移,吴主遂舍之,嘉亦得免。

吕壹又诬左将军朱据,吴主觉,曰:"朱据见枉,况吏民乎!"乃穷治壹罪。

丞相顾雍至廷尉断狱,壹以囚见。雍和颜色问其辞状,临出,又谓壹曰:"君意得无欲有所道乎?"壹叩头无言。壹伏诛。

《通鉴》卷七四

## 六一　司马懿诛曹爽

明帝病,司马懿入见,帝执其手曰:"吾以后事属君,君与曹爽辅太子。"帝寻殂。太子芳即位,年八岁。曹爽以懿为太傅,礼貌虽存,而诸所兴造,希复由之。爽用何晏、邓飏、丁谧之谋,专朝政,树亲党,屡改制度。太傅不能禁,乃称疾,不与政事。

爽骄奢无度,私取先帝才人以为伎乐。作窟室,绮疏四周,与其党何晏等纵酒其中。爽兄弟数俱出游,司农桓范曰："总万机，典禁兵，不宜并出，若有闭城门，谁复纳入。"爽曰："谁敢尔邪？"

河南尹李胜出为荆州刺史，过辞太傅。懿令两婢侍，持衣，衣落；指口言渴，婢进粥，懿不持杯而饮，粥流出沾胸。懿使声气断属，说："年老枕疾，死在旦夕。君当屈并州，并州近胡，好为之备。恐不复相见，以子师、昭为托。"胜曰："当去荆州，非并州。"胜退告爽曰："司马公尸居馀气，形神已离，不足虑矣。"故爽等不复设备。

懿乃乘间收捕爽、晏、飏、谧等，皆下狱，俱夷三族。

《通鉴》卷七四、卷七五

## 六二　何晏好清谈

何晏，何进之孙，其母被曹操纳为夫人。晏长于宫省，又尚公主，无所顾忌，服饰拟于太子。文帝特憎之，故黄初时无所任事。明帝立，为冗官。至少帝时，曲合曹爽，亦以才能，用为散骑侍郎，迁侍中尚书，主选举，其宿与之有旧者，多被拔擢。

晏性自喜，粉白不去手，行步顾影。尤好老、庄之言，作《道德论》。与夏侯玄、荀粲及山阳王弼之徒，竞为清谈，祖尚虚无，谓六经为圣人糟粕。由是天下士大夫争慕效之，遂成风流，不可复制焉。

何晏云："服五石散，非唯治病，亦觉神明开朗。"

《三国志》卷九；《通鉴》卷七五；《世说新语·言语》

## 六三　管辂为何晏卜卦

管辂，字公明，平原人也。容貌粗丑，无威仪而嗜酒，饮食言戏，不择非类，故人多爱之而不敬也。

辂年八九岁，便喜仰视星辰，得人辄问其名，夜不肯寐。父母常禁之，犹不可止。自言："我年虽小，然眼中喜视天文。"常云："家鸡野鹄，犹尚知时，况于人乎？"与邻比儿共戏土壤中，辄画地作天文及日月星辰。每答言说事，语皆不常，宿学者人不能折之，皆知其当有大异之才。及成人，果明《周易》占相之道。体性宽大，多所含受；憎己不仇，爱己不褒，每欲以德报怨。常谓："忠孝信义，人之根本，不可不厚；廉介细直，士之浮饰，不足为务也。"

何晏尝与管辂论《易》。时邓飏在坐，谓辂曰："君自谓善《易》，而语初不及《易》中辞义，何也？"辂曰："夫善《易》者不言《易》也。"晏含笑赞之，曰："可谓要言不烦也！"

晏因谓辂曰："试为作一卦，知位当至三公否？"又问："连梦见青蝇数十，来集鼻上，驱之不去，何也？"辂曰："今君侯位尊势重，而怀德者鲜，畏威者众，殆非小心求福之道也。又，鼻者天中之山，高而不危，所以长守贵，今青蝇臭恶而集之，位峻者颠，轻豪者亡，不可不深思也。愿君非礼勿履，然后三公可至，青蝇可驱也。"飏曰："此老生之常谈。"辂曰："夫老生者见不生，常谈者见不谈。"辂还舍，具以语其舅，舅责其言太切至。辂曰：

"与死人语，何所畏邪！"

《三国志》卷二九；《通鉴》卷七五

## 六四　何晏著《道德二论》

何晏，字平叔，为吏部尚书，有位望。王弼字辅嗣，未弱冠，往见之。晏闻弼名，因条向者胜理语弼曰："此理仆以为极，可得复难不？"时谈客盈坐，弼便作难，一坐人便以为屈，于是弼自为客主数番，皆一坐所不及。

何平叔注《老子》，始成，诣王辅嗣。见王注精奇，乃神伏曰："若斯人，可与论天人之际矣！"因以所注为《道德二论》。

《世说新语·文学》

## 六五　辛宪英教其弟

司马鲁芝闻有变，将营骑砍门出赴曹爽。呼参军辛敞与俱去。

敞与其姊宪英谋："天子在外，太傅闭城门，人云将不利国家，于事可得乎？"宪英曰："以吾度之，太傅此举，不过以诛曹爽耳。"敞曰："然则事就乎？"宪英曰："得无殆，爽之才非太傅敌也。"敞曰："然则敞可以无出乎？"宪英曰："安可以不出！职守，人之大义也。从众而已。"敞遂出。事定之后，敞叹曰："不谋于姊，几不获于义。"

太傅懿以鲁芝乃为其主,宥之,以芝为御史大夫。

《通鉴》卷七五

## 六六　蒋琬宽以待人

蒋琬为大司马,东曹掾杨戏素性简略,琬与言论,时不应答。或谓琬曰:"公与戏言而不应,其慢甚矣!"琬曰:"人心不同,各如其面,面从后言,古人所诫。戏欲赞吾是邪,则非其本心;欲反吾言,则显吾之非,是以默然,是戏之快也。"

杨敏尝毁琬曰:"作事愦愦,诚不如前人。"或以白琬,主者请推治敏罪,琬曰:"吾实不如前人,无可推也。"后敏坐事系狱,众人犹惧其必死,琬心无适莫,敏得免重罪。

《通鉴》卷七四

## 六七　费祎识悟过人

大司马蒋琬固辞州职于大将军费祎,汉主乃以祎为益州刺史,以侍中董允守尚书令,为祎之副。时军国多事,公务烦杂,祎为尚书令,识悟过人,每省读文书,举目暂视,已究其意旨,其速数倍于人,终亦不忘。常以朝晡听事,其间接纳宾客,饮食嬉戏,加之博弈,每尽人之欢,事亦不废。及董允代祎，欲效祎之所行，事多愆滞。允乃叹曰："人才力相远若此，非吾之所及也。"乃听事终日，而犹有不暇焉。

董允秉心公亮，献可替否，备尽忠益，汉主甚严惮之。

《通鉴》卷七四

## 六八　诸葛恪才捷善应对

诸葛恪，瑾长子也。少知名。弱冠拜骑都尉，与顾谭、张休等侍太子登讲论道艺，并为宾友。从中庶子转为左辅都尉。

恪父瑾面长似驴，孙权大会群臣，使人牵一驴入，长检其面，题曰"诸葛子瑜"。恪跪曰："乞请笔益两字。"因听与笔。恪续其下曰"之驴"。举坐欢笑，乃以驴赐恪。他日复见，权问恪曰："卿父与叔父孰贤？"对曰："臣父为优。"权问其故，对曰："臣父知所事，叔父不知，以是为优。"权又大噱。后蜀使至，群臣并会，权谓使曰："此诸葛恪雅好骑乘，还告丞相，为致好马。"恪因下谢，权曰："马未至而谢何也？"恪对曰："夫蜀者陛下之外厩，今有恩诏，马必至也，安敢不谢？"恪之才捷，皆此类也。权甚异之，欲试以事，令守节度。节度掌军粮谷，文书繁猥，非其好也。

《三国志》卷六四

## 六九　吕岱诫诸葛恪

孙权以太子亮幼少，议所付讬。孙峻荐大将军诸葛恪可付大事。吴主嫌恪刚狠自用，峻曰："当今朝臣之才，无及恪者。"吕岱诫恪曰："世方多难，子每事必十思。"恪曰："孔子云再思可矣，今君令恪十思，明恪之劣也！"岱无以答，时咸谓之失言。

孙权卒，年七十一。少傅孙弘素与诸葛恪不平，惧为恪所治，秘不发丧，欲矫诏诛恪。孙峻告恪，恪请弘咨事，于坐中杀之。太子亮即位，以恪为太傅，吕岱为大将军。

《通鉴》卷七五

## 七〇　司马师以过归己

大将军司马师命魏军七万，分三路攻吴。吴诸葛恪将兵四万救之，大胜，获车乘、牛马各以千数，资器山积，振旅而归。魏之朝议欲贬黜诸将，师曰："此我过也，诸将何罪！"悉宥之。是以人皆愧悦。论者曰："大将军以败为己过，过消而业隆，可谓智矣。若乃讳败推过，归咎万物，常执其功而隐其失，上下离心，贤愚解体矣。"

《通鉴》卷七五、卷七六

## 七一　诸葛恪被诛之由

诸葛恪入侵淮南，驱略民人。吴士疲劳，病者大半，死伤涂地，而恪晏然自若。徐乃旋师，由是众庶失望，怨谤兴矣。

汝南太守邓艾言于司马师曰："诸葛恪新秉国政，而内无其主，不念抚恤上下以立根基，竞于外事，虚用其民，死者万数，载祸而归，此恪获罪之日也。恪不虑大患，其亡可待也。"

未几，孙峻与吴主谋，诛恪。

陆逊尝为恪曰："在我前者吾必奉之同升，在我下者则扶接之。今观君气陵其上，意蔑乎下，非安德之基也。"

《通鉴》卷七六

## 七二　曹髦不受司马昭之废辱

司马师废帝立曹髦，时年十四。师卒后，司马昭为大将军。昭围吴之寿春，以轻骑绝其转输，命诸军按甲而守，卒不烦攻而破。昭曰："古之用兵，全国为上，戮其元首而已，吴兵就得亡还，适可以示中国之大度耳。"一无所杀，分布近郡以安处之。

以昭为相国，封晋公。曹髦见威权日去，召侍中王沈、尚书王经等谓曰："司马昭之心，路人皆知。吾不能生受废辱，今日当与卿自出讨之"。王经曰："今权在其门,为日久矣。宿卫空阙,陛下何所资用,祸殆不测!"曰:"行之决矣!使死何惧,况不必死邪!"帝遂拔剑升辇战,贾充令人刺帝,帝殒于车下。

迎立曹奂即皇帝位,是为元帝。

《通鉴》卷七七

## 七三　吕岱愿闻己过

吴大司马吕岱卒,年九十六。初,吴郡徐原,慷慨有才志,岱知其可成,与共言论,后遂荐拔,官至侍御史。原性忠直,岱时有得失,原辄谏争,又公论之,人或以告岱,岱叹曰:"是我所以贵原也。"及原死,岱哭之哀,曰:"吾复于何闻过。"

《通鉴》卷七七

## 七四　王祥王览兄弟情深

王祥,性至孝,后母苛虐,每欲危害祥,祥色养无怠。盛寒之月,后母曰:"吾思食生鱼。"祥脱衣,将剖冰求之,少顷,坚冰解,下有鱼跃出,因奉以供,时人以为孝感之所致也。

后母朱氏子览,年数岁,每见祥被楚挞,辄涕泣抱持母;母以非理使祥,览辄与祥俱往。及长,娶妻,母虐使祥妻,妻亦趋而共之,母患之,为之少止。祥渐有时誉,母深疾之,密使鸩祥。览知之,径起取酒,祥争而不与,母遽夺反之。自后，母赐祥食，览辄先尝，母遂止。

汉末遭乱，祥隐居三十馀年，不应州郡之命。徐州刺使吕虔檄为别驾，委以州事，州界清静，政化大行。

后官至大司农、司空。晋武帝时，位至太保。卒年八十五。族孙戎叹曰："太保可谓清达矣！"又称："祥不在能言之流。及与之言，理致清远，将非以德掩其言乎！"

《通鉴》卷七七；《三国志》卷一八；《晋书》卷三三

## 七五　刘禅黄皓治下之蜀汉

刘禅以董厥、诸葛瞻共平章尚书事。时中常侍黄皓用事，厥、瞻皆不能矫正，士大夫多附之。秘书令郤正久在内职，与皓比屋，周旋三十馀年，澹然自守，以书自娱，既不为皓所爱，亦不为皓所憎，故官不过六百石，亦不罹其祸。

吴主使五官中郎将薛珝聘于汉，及还，吴主问汉政得失，对曰："主暗而不知其过，臣下容身以求免罪，入朝不闻直言，经其野民皆菜色。臣闻燕雀处堂，子母相乐，以为至安，突决栋焚，而燕雀怡然不知祸之将至，其是之谓乎！"

《通鉴》卷七七

## 七六　王弼注《老子》与《易》

山阳王弼，字辅嗣，幼而察慧，年十馀，好老氏，通辩能言。性和理，乐游宴，解音律，善投壶。其论道傅会文辞，不如何晏，自然有所拔得，多晏也，颇以所长笑人，故时为士君子所疾。弼与钟会善，会论议以校练为家，然每服弼之高致。何晏以为圣人无喜怒哀乐，其论甚精，钟会等述之。弼与不同，以圣人茂于人者神明也，同于人者五情也，神明茂故能体冲和以通无，五情同故不能无哀乐以应物，然则圣人之情，应物而无累于物者也。今以其无累，便谓不复应物，失之多矣。

弼注《老子》，为之指略，致有理统。著《道略论》，注《易》，往往有高丽言。太原王济好谈，病老、庄，常云："见弼《易》注，所悟者多。"

为人浅而不识物情，少帝正始十年秋，遇疠疾亡，时年二十四，无子绝嗣。

《三国志》卷二八

## 七七　竹林七贤

谯郡嵇康，文辞壮丽，好言老庄而尚奇任侠，与陈留阮籍、阮咸、河内山涛、河南向秀、琅邪王戎、沛国刘伶特相友善，号竹林七贤。皆崇尚虚无，轻蔑礼法，纵酒昏酣，遗落世事。

《通鉴》卷七八

## 七八　嵇康性烈才俊超然独达

谯郡嵇康，家世儒学，少有俊才，旷迈不群，高亮任性，不修名誉，宽简有大量。学不师授，博洽多闻，长而好老、庄之业，恬静无欲。性好服食，尝采御上药。善属文论，弹琴咏诗，自足于怀抱之中。以为神仙者，禀之自然，非积学所致。至于导养得理，以尽性命，若安期、彭祖之伦，可以善求而得也，著《养生篇》。知自厚者所以丧其所生，其求益者必失其性，超然独达，遂放世事，纵意于尘埃之表。

康撰录上古以来圣贤、隐逸、遁心、遗名者，集为传赞，自混沌至于管宁，凡百一十有九人，盖求之于宇宙之内，而发之乎千载之外者矣。故世人莫得而名焉。

钟会闻康名而造之。会，名公子，以才能贵幸，乘肥衣轻，宾从如云。康方箕踞而锻，会至，不为之礼。康问会曰："何所闻而来？何所见而去？"会曰："有所闻而来，有所见而去。"会深衔之。

大将军司马昭尝欲辟康。康既有绝世之言，又从子不善，避之河东。及山涛为选曹郎，举康自代，康答书拒绝，因自说不堪流俗，而非薄汤、武。司马昭闻而怒焉。钟会劝昭除之，遂杀康。康临刑自若，援琴而鼓，既而叹曰："雅音于是绝矣！"时人莫不哀之。

初，康采药于汲郡共北山中，见隐者孙登。康欲与之言，登默然不对。逾时将去，康曰："先生竟无言乎？"登乃曰："子才多识寡，难乎免于今之世。"

康别传云：孙登谓康曰："君性烈而才俊，其能免乎？"称康临终之言曰："袁孝尼尝从吾学《广陵散》，吾每固之不与。《广陵散》于今绝矣！"

孙登，字公和，不知何许人，无家属，于汲县北山土窟中得之。夏则编草为裳，冬则被发自覆。好读《易》鼓琴，见者皆亲乐之。每所止家，辄给其衣服食饮，得无辞让。

《三国志》卷二一

## 七九　阮籍生平

阮籍，字嗣宗，陈留尉氏人也。籍容貌瑰杰，志气宏放，傲然独得，任性不羁，而喜怒不形于色。或闭户视书，累月不出；或登临山水，经日忘归。博览群籍，尤好《庄》《老》。嗜酒能啸，善弹琴。当其得意，忽忘形骸。时人多谓之痴。

籍本有济世志，属魏、晋之际，天下多故，名士少有全者，籍由是不与世事，遂酣饮为常。司马昭初欲为其子炎求婚于籍，籍醉六十日，不得言而止。钟会数以时事问之，欲因其可否而致之罪，皆以酣醉获免。

有司言有子杀母者，籍曰："嘻！杀父乃可，至杀母乎！"坐者怪其失言。司马昭曰："杀父，天下之极恶，而以为可乎？"籍曰："禽兽知母而不知父，杀父，禽兽之类也。杀母，禽兽之不若。"众乃悦服。

籍闻步兵厨营人善酿，有贮酒三百斛，乃求为步兵校尉。会司马昭让九锡，公卿将劝进，使籍为其辞。籍沉醉忘作，临诣府，使取之，见籍方据案醉眠。使者以告，籍便书案，使写之，无所改窜。辞甚清壮，为时所重。

籍虽不拘礼教，然发言玄远，口不臧否人物。性至孝，母终，正与人围棋，对者求止，籍留与决赌。既而饮酒二斗，举声一号，吐血数升。及将葬，食一蒸肫，饮二斗酒，然后临诀，直言穷矣，举声一号，因又吐血数升，毁瘠骨立，殆致灭性。裴楷往吊之，籍散发箕踞，醉而直视，楷吊唁毕便去。或问楷："凡吊者，主哭，客乃为礼。籍既不哭，君何为哭？"楷曰："阮籍既方外之士，故不崇礼典。我俗中之士，故以轨仪自居。"时人叹为两得。

籍又能为青白眼，见礼俗之士，以白眼对之。及嵇喜来吊，籍作白眼，喜不怿而退。喜弟康闻之，乃赍酒挟琴造焉，籍大悦，乃见青眼。由是礼法之士疾之若仇，而司马昭每保护之。

王戎弱冠诣阮籍，时刘公荣在坐。阮谓王曰："偶有二斗美酒，当与君共饮。彼公荣者，无预焉。"二人交觞酬酢，公荣遂不得一杯。而言语谈戏，三人无异。或有问之者，阮答曰："胜公荣者，不得不与饮酒；不如公荣者，不可不与饮酒；唯公荣，可不与饮酒。"

籍嫂尝归宁，籍相见与别。或讥之，籍曰："礼岂为我设邪！"邻家少妇有美色，当垆沽酒。籍尝诣饮，醉，便卧其侧。籍既不自嫌，其夫察之，亦不疑也。兵家女有才色，未嫁而死。籍不识其父兄，径往哭之，尽哀而还。其外坦荡而内淳至，皆此类也。

时率意独驾，不由径路，车迹所穷，辄恸哭而返。尝登广武，观楚、汉战处，叹曰："时无英雄，使竖子成名！"登武牢山，望京邑而叹，于是赋《豪杰诗》。魏元帝末卒，时年五十四。

籍能属文，初不留思。作《咏怀诗》八十馀篇，为世所重。著《达庄论》，叙无为之贵。文多不录。

《晋书》卷四九；《世说新语·简傲》

## 八〇　向秀作《思旧赋》

向秀，字子期，河内怀人也。清悟有远识，少为山涛所知，雅好老庄之学。庄周著内外数十篇，历世才士虽有观者，莫适论其旨统也，秀乃为之隐解，发明奇趣，振起玄风，读之者超然心悟，莫不自足一时也。始，秀欲注，嵇康曰："此书讵复须注，正是妨人作乐耳。"及成，示康曰："殊复胜不？"又与康论养生，辞难往复，盖欲发康高致也。

康善锻，秀为之佐，相对欣然，傍若无人。又共吕安灌园于山阳。康既被诛，秀应本郡计入洛。司马昭问曰："闻有箕山之志，何以在此？"秀曰："以为巢、许狷介之士，未达尧心，岂足多慕。"帝甚悦。秀乃自此役，作《思旧赋》：

"余与嵇康、吕安居止接近，其人并有不羁之才，嵇意远而疏，吕心旷而放，其后并以事见法。嵇博综伎艺，于丝竹特妙，临当就命，顾视日影，索琴而弹之。逝将西迈，经其旧庐。于时日薄虞泉，寒冰凄然。邻人有吹笛者，发声寥亮。追想曩昔游宴之好，感音而叹，故作赋云。"

后为散骑侍郎，转黄门侍郎、散骑常侍，在朝不任职，容迹而已。

《晋书》卷四九

## 八一　刘伶因酒而名

刘伶，字伯伦，沛国人也。身长六尺，容貌甚陋。放情肆志，常以细宇宙齐万物为心。澹默少言，不妄交游，与阮籍、嵇康相遇，欣然神解，携手入林。初不以家产有无介意。常乘鹿车，携一壶酒，使人荷锸而随之，谓曰："死便埋我。"

尝渴甚，求酒于其妻。妻捐酒毁器，涕泣谏曰："君酒太过，非摄生之道，必宜断之。"伶曰："善！吾不能自禁，惟当祝鬼神自誓耳。便可具酒肉。"妻从之。伶跪祝曰："天生刘伶，以酒为名。一饮一斛，五斗解酲。妇儿之言，慎不可听。"仍引酒御肉，隗然复醉。

尝醉与俗人相忤，其人攘袂奋拳而往。伶徐曰："鸡肋不足以安尊拳。"其人笑止。

刘伶恒纵酒放达，或脱衣裸形在屋中，人见讥之。伶曰："我以天地为栋宇，屋室为衣，诸君何为入我裈中？"

《晋书》卷四九；《世说新语·任诞》

## 八二　邓艾钟会破蜀

司马昭大举伐汉，或以问参相国军事刘寔，曰："钟会、邓艾其平蜀乎？"寔曰："破蜀必矣，而皆不还。"客问其故，寔笑而不答。

邓艾自阴平行无人之地七百里，凿山通道，登至江油。

诸葛亮子瞻，战死于绵竹。瞻子尚叹曰："父子荷国重恩，不早斩黄皓，使国败殄民，用生何为！"策马冒阵而死。

刘禅遣使降于艾。其子刘谌曰："若理穷力屈，祸败将及，便当君臣父子背城一战，同死社稷，以见先帝，奈何降乎！"刘禅不听。谌哭于昭烈之庙，先杀妻子而后自杀。艾至成都北，刘禅面缚舆榇降。

艾在成都颇自矜伐。钟会内有异志，因言艾反状，诏钟会至成都收艾，置艾于槛车，行至绵竹西，被监军卫瓘之部下杀。钟会与姜维合谋反，被乱军所杀。

邓艾口吃，语称艾艾。司马昭尝戏之曰："卿云艾艾，定是几艾？"对曰："凤兮凤兮，故是一凤。"

钟毓、钟会少有令誉。年十三，司马昭闻之，语其父钟繇曰："可令二子来。"于是敕见。毓面有汗，帝曰："卿面何以汗？"毓对曰："战战惶惶，汗出如浆。"复问会："卿何以不汗？"对曰："战战栗栗，汗不敢出。"

钟毓兄弟小时，值父昼寝，因共偷服药酒。其父时觉，且托寐以观之。毓拜而后饮，会饮而不拜。既而问毓何以拜，毓曰："酒以成礼，不敢不拜。"又问会何以不拜，会曰："偷本非礼，所以不拜。"

钟会撰《四本论》，始毕，甚欲使嵇康一见。置怀中，既定，畏其难，怀不敢出，于户外遥掷，便回急走。

《通鉴》卷七八；《世说新语·语言、文学》

## 八三　谯周献策降魏

谯周，字允南，巴西西充国人也。周耽古笃学，家贫未尝问产业，诵读典籍，欣然独笑，以忘寝食。研精六经，尤善书札。颇晓天文，而不以留意，诸子文章非心所存，不悉遍视也。

周任光禄大夫，虽不与政事，以儒行见礼，时访大议，辄据经以对，而后生好事者亦咨问所疑焉。

景耀六年冬，魏大将军邓艾克江油，长驱而前。后主使群臣会议，计无所出。或以为蜀之与吴，本为和国，宜可奔吴，或以为南中七郡，阻险斗绝，易以自守，宜可奔南。惟周以为："自古已来，无寄他国为天子者，今若入吴，固当臣服。且魏能并吴，吴不能并魏明矣。等为小称臣，孰与为大，再辱之耻，何与一辱？若欲奔南，则当早为之计，然后可果。今大敌以近，祸败将及，群小之心，无一可保？恐发足之日，其变不测，何至南之有乎！"群臣虽难之，无以易周之理。遂从周策。

《三国志》卷四二

## 八四　郤正淡于荣利

郤正，字令先，河南偃师人也。少以父死母嫁，单茕只立，而安贫好学，博览坟籍。弱冠能属文。性澹于荣利，而尤耽意文章。

后主从谯周之计降魏，东迁洛阳，时扰攘仓猝，蜀之大臣无翼从者，惟正及殿中督张通，舍妻子单身随侍。后主赖正相导宜适，举动无阙，乃慨然叹息，恨知正之晚。

时论嘉之。

《三国志》卷四二

## 八五　刘禅乐不思蜀

晋王司马昭封刘禅为安乐公。昭与禅宴,为之作蜀技,旁人皆为之感怆,而禅喜笑自若。昭谓贾充曰:"人之无情,乃至于此!虽使诸葛亮在,不能辅之久全,况姜维邪!"他日昭问禅曰:"颇思蜀否?"禅曰:"此间乐,不思蜀也。"郤正闻之,谓禅曰:"宜泣而答曰:'先人坟墓,远在岷蜀,乃心西悲,无日不思。'"会昭复问,禅对如前,昭曰:"何乃似郤正语邪!"禅惊曰:"诚如尊言。"左右皆笑。

《通鉴》卷七八

附

# 秦汉三国纪年表[*]

| 国　号 | 帝　号 | 年　号 | 年　数 | 某年号元年当公元年数 |
|---|---|---|---|---|
| 秦 | 始皇帝 |  | 12 | 221 B.C.[①] |
|  | 二世 |  | 3 | 209 B.C. |
|  | 子婴 |  | 1 | 206 B.C. |
| 西汉 | 高祖 |  | 12 | 206 B.C. |
|  | 惠帝 |  | 7 | 194 B.C. |
|  | 高后 |  | 8 | 187 B.C. |
|  | 文帝 |  | 23 | 179 B.C. |
|  | 景帝 |  | 16 | 156 B.C. |
|  | 武帝 | 建元 | 6 | 140 B.C.[②] |
|  |  | 元光 | 6 | 134 B.C. |
|  |  | 元朔 | 6 | 128 B.C. |
|  |  | 元狩 | 6 | 122 B.C. |
|  |  | 元鼎 | 6 | 116 B.C. |
|  |  | 元封 | 6 | 110 B.C. |
|  |  | 太初 | 4 | 104 B.C. |
|  |  | 天汉 | 4 | 100 B.C. |
|  |  | 太始 | 4 | 96 B.C. |
|  |  | 征和 | 4 | 92 B.C. |
|  |  | 后元 | 2 | 88 B.C. |

---

[*] 转载自《辞海·秦汉纪年表》《两千年中西历对照表》。
[①] 秦始皇统一中国。
[②] 年号自此始。

续表

| 国 号 | 帝 号 | 年 号 | 年 数 | 某年号元年当公元年数 |
|---|---|---|---|---|
| 西汉 | 昭帝 | 始元 | 6 | 86B.C. |
| | | 元凤 | 6 | 80B.C. |
| | | 元平 | 1 | 74B.C. |
| | 宣帝 | 本始 | 4 | 73B.C. |
| | | 地节 | 4 | 69B.C. |
| | | 元康 | 4 | 65B.C. |
| | | 神爵 | 4 | 61B.C. |
| | | 五凤 | 4 | 57B.C. |
| | | 甘露 | 4 | 53B.C. |
| | | 黄龙 | 1 | 49B.C. |
| | 元帝 | 初元 | 5 | 48B.C. |
| | | 永光 | 5 | 43B.C. |
| | | 建昭 | 5 | 38B.C. |
| | | 竟宁 | 1 | 33B.C. |
| | 成帝 | 建始 | 4 | 32B.C. |
| | | 河平 | 4 | 28B.C. |
| | | 阳朔 | 4 | 24B.C. |
| | | 鸿嘉 | 4 | 20B.C. |
| | | 永始 | 4 | 16B.C. |
| | | 元延 | 4 | 12B.C. |
| | | 绥和 | 2 | 8B.C. |
| | 哀帝 | 建平 | 4 | 6B.C. |
| | | 元寿 | 2 | 2B.C. |
| | 平帝 | 元始 | 5 | 1A.D. |
| | 孺子婴 | 居摄 | 2 | 6A.D. |
| | | 初始 | 1 | 8A.D. |
| | 王莽 | 始建国 | 5 | 9A.D. |
| | | 天凤 | 6 | 14A.D. |
| | | 地皇 | 3 | 20A.D. |
| | 淮阳王 | 更始 | 2 | 23A.D. |

附　秦汉三国纪年表

续表

| 国　号 | 帝　号 | 年　号 | 年　数 | 某年号元年当公元年数 |
|---|---|---|---|---|
| 东汉 | 光武帝 | 建武 | 31 | 25 A. D. |
| | | 建武中元 | 2 | 56 A. D. |
| | 明帝 | 永平 | 18 | 58 A. D. |
| | 章帝 | 建初 | 8 | 76 A. D. |
| | | 元和 | 3 | 84 A. D. |
| | | 章和 | 2 | 87 A. D. |
| | 和帝 | 永元 | 16 | 89 A. D. |
| | | 元兴 | 1 | 105 A. D. |
| | 殇帝 | 延平 | 1 | 106 A. D. |
| | 安帝 | 永初 | 7 | 107 A. D. |
| | | 元初 | 6 | 114 A. D. |
| | | 永宁 | 1 | 120 A. D. |
| | | 建光 | 1 | 121 A. D. |
| | | 延光 | 4 | 122 A. D. |
| | 顺帝 | 永建 | 6 | 126 A. D. |
| | | 阳嘉 | 4 | 132 A. D. |
| | | 永和 | 6 | 136 A. D. |
| | | 汉安 | 2 | 142 A. D. |
| | | 建康 | 1 | 144 A. D. |
| | 冲帝 | 永嘉 | 1 | 145 A. D. |
| | 质帝 | 本初 | 1 | 146 A. D. |
| | 桓帝 | 建和 | 3 | 147 A. D. |
| | | 和平 | 1 | 150 A. D. |
| | | 元嘉 | 2 | 151 A. D. |
| | | 永兴 | 2 | 153 A. D. |
| | | 永寿 | 3 | 155 A. D. |
| | | 延熹 | 9 | 158 A. D. |
| | | 永康 | 1 | 167 A. D. |
| | 灵帝 | 建宁 | 4 | 168 A. D. |
| | | 熹平 | 6 | 172 A. D. |
| | | 光和 | 6 | 178 A. D. |
| | | 中平 | 6 | 184 A. D. |
| | 献帝 | 初平 | 4 | 190 A. D. |
| | | 兴平 | 2 | 194 A. D. |
| | | 建安 | 24 | 196 A. D. |

· 543 ·

续表

| 国 号 | 帝 号 | 年 号 | 年 数 | 某年号元年当公元年数 |
|---|---|---|---|---|
| 魏 | 文帝 | 黄初 | 7 | 220 A. D. |
| | 明帝 | 太和 | 6 | 227 A. D. |
| | | 青龙 | 4 | 233 A. D. |
| | | 景初 | 3 | 237 A. D. |
| | 少帝 | 正始 | 9 | 240 A. D. |
| | | 嘉平 | 5 | 249 A. D. |
| | 高贵乡公 | 正元 | 2 | 254 A. D. |
| | | 甘露 | 4 | 256 A. D. |
| | 元帝 | 景元 | 4 | 260 A. D. |
| | | 咸熙 | 1 | 264 A. D. |
| 蜀 | 先主 | 章武 | 2 | 221 A. D. |
| | 后主 | 建兴 | 15 | 223 A. D. |
| | | 延熙 | 20 | 238 A. D. |
| | | 景耀 | 5 | 258 A. D. |
| | | 炎兴 | 1 | 263 A. D. |
| 吴 | 大帝 | 黄武 | 7 | 222 A. D. |
| | | 黄龙 | 3 | 229 A. D. |
| | | 嘉禾 | 6 | 232 A. D. |
| | | 赤乌 | 13 | 238 A. D. |
| | | 太元 | 1 | 251 A. D. |
| | 侯官侯 | 建兴 | 2 | 252 A. D. |
| | | 五凤 | 2 | 254 A. D. |
| | | 太平 | 2 | 256 A. D. |
| | 景帝 | 永安 | 6 | 258 A. D. |
| | 归命侯 | 元兴 | 1 | 264 A. D. |
| | | 甘露 | 1 | 265 A. D. |
| | | 宝鼎 | 3 | 266 A. D. |
| | | 建衡 | 3 | 269 A. D. |
| | | 凤凰 | 3 | 272 A. D. |
| | | 天册 | 1 | 275 A. D. |
| | | 天玺 | 1 | 276 A. D. |
| | | 天纪 | 4 | 277 A. D. |